Copyright © The Curators of the University of Missouri,
University of Missouri Press, Columbia, MO 65201
Copyright desta edição © 2019 É Realizações Editora
Título original: *The Collected Works of Eric Voegelin, Volume 26, History of Political Ideas, Volume VIII, Crisis and the Apocalypse of Man*

Editor
Edson Manoel de Oliveira Filho
Produção editorial, capa e projeto gráfico
É Realizações Editora
Preparação de texto
Liliana Cruz e William C. Cruz
Revisão de texto
Mariana Cardoso
Diagramação
Nine Design Gráfico | Mauricio Nisi Gonçalves

Cip-Brasil. Catalogação na Publicação
Sindicato Nacional dos Editores de Livros, RJ

V862h
    Voegelin, Eric, 1901-1985
        História das ideias políticas : a crise e o apocalipse do homem / Eric Voegelin ; edição de texto e introdução à edição americana David Walsh ; tradução Elpídio Mário Dantas Fonseca. - 1. ed. - São Paulo : É Realizações, 2019.
        472 p. ; 16 cm. (Filosofia atual)
        Tradução de: The collected works of Eric Voegelin, volume 26, history of political ideas, volume VIII, crisis and the apocalypse of man
        Inclui índice
        ISBN 978-85-8033-355-8
        1. Filosofia. 2. Ciência política - Filosofia. I. Walsh, David. II. Fonseca, Elpídio Mário Dantas. III. Título. IV. Série.
18-54336   CDD: 193
                                                            CDU: 1(430)

    Meri Gleice Rodrigues de Souza - Bibliotecária CRB-7/6439
    13/12/2018 18/12/2018

Reservados todos os direitos desta obra. Proibida toda e qualquer reprodução desta edição por qualquer meio ou forma, seja ela eletrônica ou mecânica, fotocópia, gravação ou qualquer outro meio de reprodução, sem permissão expressa do editor.

É Realizações Editora, Livraria e Distribuidora Ltda.
Rua França Pinto, 498 · São Paulo SP · 04016-002
Telefone: (5511) 5572 5363
atendimento@erealizacoes.com.br · www.erealizacoes.com.br

Este livro foi impresso pela RR Donnelley, em janeiro de 2019.
Os tipos são da família Minion Condensed e Adobe Garamond Regular. O papel do miolo é Lux Cream 70 g, e o da capa, Cordenons Stardream Sapphire 285 g.

Coleção
FILOSOFIA
ATUAL

HISTÓRIA DAS IDEIAS POLÍTICAS
VOLUME VIII

A CRISE E O APOCALIPSE DO HOMEM

ERIC VOEGELIN

EDIÇÃO DE TEXTO E INTRODUÇÃO À
EDIÇÃO AMERICANA

DAVID WALSH

TRADUÇÃO
ELPÍDIO MÁRIO DANTAS FONSECA

Sumário

Introdução do editor............................... 13

NONA PARTE: A CRISE

1. Helvétius... 55
  § 1. Observações introdutórias 55
  § 2. A herança de Locke 57
    a. O Ensaio de Locke........................... 57
    b. O fisicismo de Helvétius 60
    c. Vauvenargues 63
  § 3. A nova filosofia da existência 65
    a. A inversão de direção........................ 65
    b. Inércia e ennui.............................. 66
    c. Paixão..................................... 68
    d. A genealogia das paixões..................... 70
    e. O amour de soi 71
    f. A instrumentalização do homem 73
    g. Poder 74
    h. Desordem como a natureza do homem........ 75
    i. Salvação como processo social................ 78
  § 4. A herança de Pascal.......................... 79
    a. Angústia da existência....................... 79
    b. Divertissement e felicidade................... 80
    c. O nada e a humildade........................ 81
    d. O moi haïssable.............................. 83
    e. Pascal e Helvétius 83
  § 5. Religiosidade anticristã 84
    a. Os dois eus 84
    b. O véu de Maya.............................. 86
  § 6. Felicidade e virtude.......................... 89
    a. Bentham e Lenin............................ 89
    b. A felicidade do maior número................ 90
    c. Evolução social............................. 92
    d. Nacionalismo e internacionalismo............ 94

e. Luta de classes 96

f. A ordem jesuíta 97

§ 7. Conclusão 100

2. O positivismo 109

§ 1. O Discours Préliminaire de D'Alembert 110

   a. A posição histórica do Discours 110

   b. Os princípios da Encyclopédie 111

   c. A ideia de genealogia 112

      aa. Revolta e justiça 112

      bb. O desaparecimento da Bios Theoretikos 114

      cc. Em direção a um novo Pouvoir Spirituel 116

      dd. O dilema da moral utilitária 118

   d. A ideia de progresso 121

      aa. O "presente autorizado" 121

      bb. Garantia contra o passado 123

      cc. Garantia contra o futuro 125

      dd. O papel da tecnologia 127

   e. Progresso e ascensão da América e da Rússia. 128

§ 2. O historicismo de Turgot. 130

   a. A lei das três fases 131

   b. Turgot e Comte 132

   c. Definição de progresso 133

   d. O continuum da história 134

   e. A masse totale como portadora de significado. 136

      aa. A perda do significado cristão da história 137

      bb. A perda da ideia cristã de homem. 139

      cc. A perda da ideia cristã de humanidade. 140

   f. O apelo à imaturidade utilitária 141

      aa. O apelo ao homem comum. 141

      bb. O tribalismo da humanidade. 142

      cc. O apelo aos líderes 144

   g. História profana versus história sagrada 145

   h. As categorias de história de Turgot 149

      aa. A Metathesis 149

      bb. O ritmo interno da forma política. 150

      cc. As bouleversements 151

      dd. A mélange des nations. 153

ee. A estagnação do Leste..................................... 154

ff. A desigualdade dos homens............................ 155

i. O dilema de Turgot 157

j. O conflito entre progresso e existência política depois de Turgot..... 158

k. O padrão de cruz das ideias............................... 162

 aa. Ênfase na existência política 162

 bb. Ênfase no progresso.................................. 164

l. A Géographie politique.................................... 170

 aa. Relações globais...................................... 170

 bb. Fatores geográficos empíricos 172

 cc. Géographie politique *teorética* 173

 dd. Géographie politique *positiva – O presente* 174

 ee. Géographie politique *positiva – O passado*............. 176

 ff. Religião e geografia política.......................... 177

m. Conclusão 179

§ 3. O Esquisse *de Condorcet*................................. 180

a. O Esquisse *como um evangelho* 180

b. Propagando a fé 181

c. Dirigindo o destino da humanidade....................... 186

d. Calculabilidade do progresso 187

e. O programa 188

 aa. A destruição da civilização histórica 188

 bb. Reformas sociais 190

 cc. Criando o super-homem............................. 191

f. Contemplação e Campos Elíseos 193

3. O apocalipse do homem: Comte 195

§ 1. Comte e a interpretação da crise 195

§ 2. A cisão na vida de Comte 197

a. A suposição de uma perturbação mental 198

b. O diagnóstico de Littré.................................. 200

c. O critério de insanidade................................. 202

d. Dumas acerca dos Deux Messies 203

e. A estrutura da crise...................................... 205

f. Um diagnóstico do liberalismo de Littré.................... 206

g. Cegueira voluntária 208

§ 3. A continuidade na vida de Comte........................... 210

a. A autobiografia intelectual de Comte 211

b. As fases na obra de Comte *213*

c. Meditação e renovação pessoal *216*

d. Intervenção e regeneração social *217*

e. O estilo de explicação *218*

f. A monumentalização da vida privada de Comte *219*

g. O apocalipse do homem *222*

§ 4. Unidade mental *223*

a. A harmonização do coração e do intelecto *223*

b. As preces a Clotilde *225*

c. A divinização da mulher *227*

d. A historicidade da mente *229*

e. Fechamento monádico *231*

§ 5. A religião da humanidade e a Revolução Francesa *233*

a. A era positivista *234*

b. O Grand-Être e a ficção de Cristo *235*

c. Impotência espiritual *238*

d. A vontade de poder – A prisão *240*

e. A abolição de Cristo e a proibição de perguntas *241*

f. A França e a República ocidental *242*

g. Napoleão – A Rússia e a República ocidental *244*

h. A herança da Revolução Francesa *246*

i. O Estado como igreja *248*

j. A espontaneidade da religiosidade coletiva *250*

§ 6. Revolução, restauração e crise *251*

a. Elucidação de conceitos *253*

b. A revolução permanente dos liberais *258*

c. Internacionalismo *261*

d. De Maistre *263*

e. A santa aliança *267*

f. Saint-Simon *272*

§ 7. A intuição de Comte *279*

a. O publicista *279*

b. Os gnósticos *282*

c. O messias *287*

d. Conclusão *292*

4. Existência revolucionária: Bakunin 299

§ 1. Reação e revolução *300*

a. Renascimento partindo do fundamento 300

b. O terceiro reinado da liberdade 302

c. Ativismo e o agente histórico............................. 304

d. Sumário 306

§ 2. A Confissão *de Bakunin*.................................... 308

a. Motivos *da* Confissão.................................... 310

aa. As fontes imediatas 310

bb. O problema do arrependimento 312

cc. O reacionário consistente 313

dd. O eros político...................................... 314

ee. A aventura demoníaca 315

b. A Confissão 316

aa. Desilusão... 317

bb. A corrupção do ocidente – Comunismo................ 317

cc. O impasse social.................................... 319

dd. A fé sob a vontade 322

ee. O mistério do drama histórico........................ 323

ff. O imperialismo pan-eslavo........................... 324

gg. Revolta da alma x necessidade marxista............... 326

hh. Um apelo ao czar................................... 328

c. A Sombra da Confissão 329

§ 3. Anarquismo 329

a. Terrorismo.. 330

b. Kropotkin... 332

c. Tolstói 333

d. Gandhi 336

§ 4. Fundando um novo reinado 337

a. Aliança social-democrata internacional.................... 338

b. A criação de uma nova comunidade 339

c. O homem sem país....................................... 340

d. Criação limitada e criação fantástica 343

§ 5. O caso Nechaiev.. 345

a. Os Princípios da Revolução 346

b. O desaparecimento da contemplação 348

c. Autoaniquilação – O "salto" místico 349

d. O mistério do mal na existência histórica.................. 350

§ 6. A obra tardia de Bakunin.................................. 352

a. Eliminações 353

b. Corolários *353*

c. Satanismo e materialismo *356*

5. Socialismo gnóstico: Marx **361**

§ 1. A lógica da ideia *363*

a. A revolução e suas funções *363*

b. A visão – Os reinos da necessidade e da liberdade *365*

c. O descarrilamento *368*

d. O movimento – Revisionismo *370*

e. O movimento – Comunismo *373*

f. Conclusão *378*

§ 2. Dialética invertida *381*

a. A formulação da questão *382*

b. A distorção antifilosófica *384*

c. Idofobia *386*

d. O meio marxista de expressão *390*

e. Especulação docetológica *393*

f. Inversão *401*

g. Conclusão *404*

§ 3. Gênese da ideia *404*

a. Revolta gnóstica *404*

b. As "Teses sobre Feuerbach" – O novo materialismo *409*

c. Crítica do céu e crítica da terra *413*

d. Revolução política ocidental e revolução radical alemã *414*

e. Revolução alemã e protestantismo *417*

f. Emancipação e alienação *419*

g. Substância e processo de história *420*

h. O homem socialista *425*

i. Comunismo tosco e comunismo verdadeiro *428*

j. O Manifesto *430*

k. Táticas *436*

l. Conclusão *438*

Índice remissivo **445**

A CRISE E O APOCALIPSE
DO HOMEM

Introdução do Editor

O volume final da *História das Ideias Políticas* de Eric Voegelin é o único que viu previamente a luz do dia durante a vida do autor. Por estímulo de John Hallowell, Voegelin deu permissão para uma edição deste material aparecer sob o título *From Enlightenment to Revolution* [Do Iluminismo à Revolução]. Sentiu claramente que a discussão era bastante concisa para valer por si mesma, separada dos volumes precedentes.[1] Mas agora a obra pode ser restaurada ao contexto legítimo das reflexões culminantes de Voegelin no final de sua pesquisa magistral da história do pensamento político. Foram restauradas todas as passagens atingidas pelos cortes e ajustes que Hallowell fez para permitir que o material se apresentasse como uma obra individual. Aqui temos o próprio volume final de Voegelin, embora não deva ser lido como uma conclusão. Ao contrário, foi o ponto onde Voegelin interrompeu a obra para retomar os mesmos materiais dentro do conjunto teórico mais requintado de *Order and History* [Ordem e História]. Dentro deste e do volume precedente, *The New Order and Last Orientation* [A Nova

---

[1] A obra principal de Hallowell, *Main Currents in Modern Political Thought* (New York, Holt, 1950), apresenta um tratamento paralelo. Ver também Gerhart Niemeyer, *Between Nothingness and Paradise*. Baton Rouge, Louisiana State University Press, 1971; e Henri de Lubac, *The Drama of Atheist Humanism*. Trad. Edith M. Riley. New York, New American Library, 1950.

Ordem e a Última Orientação], podemos ver as pressões que compeliram essa mudança de atenção filosófica.

Vistos como uma história das ideias políticas, estes volumes são, na melhor das hipóteses, idiossincráticos, se não completamente irregulares. Contrariamente à expectativa normal de um exame da história do pensamento político, o tratamento que Voegelin deu, à medida que o projeto continuava, foi seguir os fios de problemas, em vez da apresentação convencional de pensadores. Em consequência, frequentemente não trata de grandes pensadores, ao passo que dá atenção generosa a personagens menores até agora não notadas pela disciplina. Esperar-se-ia, por exemplo, um volume acerca do Iluminismo, que incluísse alguma discussão de Rousseau, Hume, Kant ou Hegel, para não mencionar os fundadores americanos e Burke. No entanto, em vez disso, temos considerações minuciosas acerca de Vico e Schelling, assim como de personagens relativamente desconhecidas como Helvétius e Turgot. É claro que não foi porque Voegelin não lera as personagens importantes omitidas, já que o texto está cercado de consciência do significado delas. Foi simplesmente porque, a despeito da grandeza delas, não iluminavam a linha específica de inquirição que ele estava interessado em perseguir. Assim como a escassez de seu tratamento de Santo Tomás, em comparação com Wycliffe, dirigiu a atenção estritamente pelas exigências de análise dos movimentos maiores de ordem e desordem. Raramente Voegelin trata de uma personagem simplesmente por causa da integralidade, à maneira de uma história das ideias convencional. Apenas às ideias que ilustram a emergência ou o declínio cruciais da ordem é que se acorda espaço. As estabilizações meramente clássicas de ordem como um todo figuram de maneira muito menos proeminente. A muitos respeitos, Voegelin é ele mesmo um teórico da crise e é levado a explorar mais profundamente as personagens que encontram o seu lugar no redemoinho.

A erudição fabulosa à sua disposição sugere que ele atue como um historiador da filosofia. Mas a motivação para sua empresa é quase totalmente definida pela luta da verdade que emerge da mentira; da ordem que emerge da desordem; e do ser que emerge do não ser. Voegelin é quintessencialmente um filósofo da história, mais do que um historiador da filosofia. Não pretende oferecer-nos uma visão geral do curso da história do pensamento político, e a impossibilidade de conciliar seu projeto com o gênero de manual, por fim, foi o que forçou o seu abandono. Desde seu primeiro livro, *On the Form of the American Mind* [Da Forma da Mente Americana], podemos reconhecer o caminho para a penetração teorética dos problemas de ordem. Voegelin procurou extrair as fontes evocativas das quais a ordem é obtida ou perdida, não apenas para falar dela. Está imerso na luta mesma com a qual o material de sua inquirição também está comprometido. Erudição de ordem elevada certamente está à vista, mas não existe dentro de um universo próprio. Está colocada estritamente a serviço da mesma empresa com a qual os textos em si estão preocupados. Este envolvimento com textos numa busca comum pela verdade é que constitui a excitação de todo o tratamento de Voegelin como pensador. O imperativo de tal envolvimento com o desafio das próprias fontes está ainda hoje tão longe de absorção pela disciplina da teoria política que não é sequer reconhecido como uma exigência indispensável de erudição. Convencionalmente ainda atuamos na suposição de que podemos entender um autor sem entender aquilo a que ele se refere. Curiosamente, Heidegger é um dos poucos contemporâneos a ter compreendido a mesma mendacidade.[2]

---

[2] Reclamando de traduções literalisticamente "precisas" do fragmento do Ápeiron de Anaximandro, Heidegger insiste que temos de "antes de tudo ver como está com o material por traduzir. Mas o material aqui é um material para o pensamento. Reconhecida nossa preocupação com a linguagem filologicamente iluminada, temos de, ao traduzir, primeiro de tudo, pensar na matéria envolvida. Portanto apenas pensadores podem ajudar em nossa tentativa de traduzir o fragmento deste pensador primitivo". *Early Greek Thinking*. Trad. David Farrell Krell e Frank A. Capuzzi. San Francisco, HarperSanFrancisco, 1975, p. 14. O mesmo ponto é central, é claro, para muitos dos antigos alunos de Heidegger, como Hans-Georg Gadamer, em *Truth and Method*. Trad. Joel Weinsheimer e David G. Marshall. New York, Crossroad, 1989.

O resultado deste tratamento firme, que se recusa a exigir um ponto de vista ilusório fora da luta pela ordem, é que a investigação filosófica é inevitavelmente marcada pela problemática concreta de seu próprio conjunto histórico. Para Voegelin, esta foi a crise inequívoca do mundo moderno que culminou na convulsão totalitária. Foi a experiência formativa de sua vida adulta, feita pessoal por sua fuga, por um triz, da destruição nazista.[3] Assim como com outros *émigrés* [emigrados] europeus, os acontecimentos concentraram o espírito na possibilidade de pesadelo da política ideológica moderna. A revolução totalitária tornou-se a lente através da qual passou a ser visto o desenrolar da civilização moderna. Embora a modernidade como um todo claramente não tenha sucumbido à tentação totalitária, o fato de sua irrupção no coração da civilização europeia significou que era a possibilidade última latente no desenrolar histórico daquele mundo. Longe de ser um colapso isolado do progresso moderno, a sublevação totalitária foi sua expressão lógica final. Esta perspectiva é o que explica a concentração de Voegelin no ramo mais extremo da modernidade. Foi aí que ele desenterrou as sementes da convulsão que lhe tinha engolfado virtualmente o mundo.

É por isso que este volume contém tão pouco foco nas personagens principais do Iluminismo. Contribuíram essencialmente para a estabilização da ordem, ao passo que Voegelin estava interessado nas forças que impulsionaram o processo para seu desfecho mais radical. Muitas vezes foram as personagens menos proeminentes que ilustraram tais implicações mais revolucionárias, como procura demonstrar este volume. Seu título, quando só, *From Enlightenment to Revolution* [Do Iluminismo à Revolução], exprimia sucintamente esta intenção. O autor e o editor consideraram-no uma colaboração para a avaliação do Iluminismo então em curso. No meio do terceiro grande conflito do século XX, a Guerra Fria, era

---

[3] Para o relato das experiências de Voegelin, ver *Autobiographical Reflections*. Ed. Ellis Sandoz (1989) Columbia, University of Missouri Press, 1999. [Em português: *Reflexões Autobiográficas*. Trad. Maria Inês de Carvalho. São Paulo, É Realizações, 2008.]

importante examinar cuidadosamente em que grau ambos os lados, o liberal e o totalitário, se originavam das mesmas fontes históricas na modernidade. Uma compreensão do mundo exigia um reconhecimento franco do grau de inter-relações entre adversários ostensivamente implacáveis.[4] Somente assim seria possível empreender profundamente a longo prazo o processo de remediação que poderia trazer a reorientação espiritual apropriada. Aquele propósito mais amplo é restaurado neste título, *Crisis and the Apocalypse of Man* [Crise e o Apocalipse do Homem], seguindo a própria sugestão de Voegelin no texto.[5] É o problema com o qual lutaram todos os oito volumes: a desintegração da síntese cristã medieval precária e a crise espiritual emergente do mundo moderno. Esta não é uma obra de um século ou dois particulares, mas exige uma remeditação abrangente acerca do caráter da civilização ocidental como um todo. Essa foi a tarefa a que se dirigiu a *História* de Voegelin e aquela a que podemos retornar agora.

Se formos retomar a luta, contudo, devemos compartilhar o reconhecimento básico do qual partiram Voegelin e todos os contempladores sérios. Ou seja, que não há nenhum ponto de partida independente fora da experiência em que estamos imersos. Assim como a sublevação totalitária foi o acontecimento que definiu o mundo de Voegelin, o colapso do projeto totalitário é a característica mais distinta de nossa época. Podemos ser encaminhados a outras formas de desordem, mas não estamos, tanto quanto podemos prever, precipitando-nos num extremo ideológico futuro. Isso faz uma diferença substancial. Dirige-nos menos para as vozes da intensificação apocalíptica do que para o que Voegelin traçava. Quando aquele fio mais radical aparentemente exauriu seu ímpeto, naturalmente a atenção se volta para os componentes de um caráter mais moderado, se menos consistente. Nas evocações

---

[4] O mesmo ponto se fez muito famoso por Alexander Solzhenitsyn em seu discurso mal recebido em Harvard. Seus anfitriões não aceitaram bem a lembrança da semelhança deles com a oposição totalitária. Ver *A World Split Apart*. Trad. Irina Ilovayskaya Alberti. New York, Harper and Row, 1978.

[5] Ver adiante, p. 222-23.

dos direitos e das tradições constitucionais, sejam de Kant, sejam de Burke, reconhecemos o ponto em que o arco descendente da modernidade podia ser detido e a estabilidade, atingida para um futuro menos ameaçado de sublevações. Não há nenhuma necessidade histórica de forças de extremismo revolucionário suplantarem todas as outras. Nossa própria experiência revelou a exaustão daquela "força medonha" assim como as impressionantes reservas moral e espiritual mantidas pelos compromissos liberais com a realidade política e histórica. Pode bem ser que a inconclusividade que caracteriza a linguagem abreviada liberal possa revelar-se a evocação mais duradoura da ordem possível dentro da complexidade do mundo moderno. Mas mesmo que o futuro então pertença aos confusos, e mesmo que dependa de evitar a clareza que tornaria transparente a confusão, ainda haverá necessidade do tipo de penetração filosófica que entende o cenário como um todo. Esse será o papel da obra de Eric Voegelin. Ele demonstra que a exploração da ordem, embora comece das prioridades do próprio momento histórico dela, não pode permanecer amarrada aos limites da situação. Se a busca pelas forças de ordem e desordem na existência é consciienciosa, deve afinal alcançar o horizonte mais abrangente de que é capaz. Ou como anunciou Voegelin logo após completar este manuscrito: "A existência do homem na sociedade política é existência histórica; e uma teoria da política, se penetra os princípios, tem de, ao mesmo tempo, ser uma teoria da história".[6]

Tal é a concepção que sustenta a *História das Ideias Políticas* e este volume em particular. Não apresenta uma visão geral abrangente da transição desde o Iluminismo do século XVIII até os movimentos revolucionários do século XIX, mas, antes, entra nas forças motoras que constituem a crise iminente do mundo moderno dentro daquele período. O foco de Voegelin está no processo pelo qual o apocalipse do homem surge para substituir o apocalipse de Deus. Isso certamente

---

[6] *The New Science of Politics – An Introduction.* Chicago, University of Chicago Press, 1952, p. 1.

lança luz nos movimentos de Iluminismo e revolução, mas também faz consideravelmente mais. Identifica o segredo do apelo deles. Comparadas às representantes de correntes dominantes do Iluminismo fora da França, as novas motivações dinâmicas estão mais próximas da superfície entre os filósofos radicais. São eles o alvo da exploração examinadora de Voegelin na primeira metade do volume. Ele é pleno conhecedor da futilidade e incoerência das ideias por seus próprios méritos. Mas sua atenção é dirigida pela contribuição que deram coletivamente para a grande sublevação espiritual do século XIX. É o fenômeno do messias secular, a autodivinização do homem através dos grandes pensadores ideológicos, que é o alvo último. O Iluminismo radical poderia bem ser considerado, como foi ao tempo por quase todo o mundo, como um espetáculo secundário de extremistas, não fosse a incorporação deles na vasta explosão revolucionária dos dois séculos seguintes. Tolices intelectuais benignas tornaram-se, nas mãos de homens com a tendência titânica necessária para transformação, os componentes dos credos ideológicos que procuraram aperfeiçoar e destruir nosso mundo.

O mérito principal da seletividade de Voegelin é que ele pode demonstrar até que ponto os componentes dos sistemas ideológicos tinham todos sido gerados por personagens que, em si mesmas, não tinham a intensidade espiritual para implementar suas ideias. Helvétius é o exemplo mais óbvio. Um capítulo minucioso é dedicado a dissecar as múltiplas camadas de sua incoerência fragmentária, mas vale a pena o exercício. No final, Voegelin é capaz de expor a lista abrangente de componentes que primeiro se revelam neste intelectual de segunda classe, mostrando, assim, o poder evocativo das ideias independente da superficialidade da fonte. Na estrutura geral evocam a forma de "religiosidade intramundana", que se desenvolve através do instrumento de uma genealogia de paixões, obtida da perversão que assume a desordem como a norma da existência humana, e dirigiram-se para a "instrumentalização do homem" nas mãos de um legislador iluminado. Helvétius criou com isso a artificialidade moderna da política, que é o produto de manipulação por administradores utilitários, cujas próprias intervenções são dirigidas pelo fim da felicidade para o maior número, um princípio último apenas porque não há nenhum propósito mais alto para a existência humana do que a estabilização máxima do processo evolucionário. Todos os elementos do utilitarismo como uma "religião intramundana" estão completamente presentes, com exceção do próprio componente especificamente inspiracional.

A consciência da necessidade desse ingrediente adicional, o extático ou transformacional, não está completamente ausente. D'Alembert alude a ele em seu reconhecimento da necessidade de um novo culto público para substituir a ineficácia da simbolização cristã. Vários esforços, como sugere Voegelin, foram empreendidos para transformar o deísmo numa nova religião civil, incluindo os experimentos revolucionários com uma religião da razão, *L'Être Suprême* [O Ente Supremo] de Robespierre, e as várias formas de teofilantropia. Subsequentemente adquirimos uma apreciação mais ampla do papel de movimentos como a maçonaria, o Iluminismo, o espiritismo e a influência difundida do oculto na segunda metade do século XVIII. Este ampliar-se das sugestões de Voegelin não mudou significativamente a direção delas porque as novas formas espirituais até o período da revolução tendiam todas a coexistir em harmonia com as expressões mais exotéricas da Cristandade. igrejas alternativas dos intelectuais ainda não eram vistas como hostis à própria Cristandade. Neste sentido, tais novidades espirituais podem ter apresentado um fundamento receptivo, mas não deram nascimento ao novo *pouvoir spirituel* que se tornou o apocalipse do homem. Tais aspirações formaram a direção que se desenrolava, mas não constituíram uma ruptura decisiva da compreensão cristã do homem e da ordem em que ele se encontra.

Talvez ninguém ilustre melhor as tensões do que Turgot. A análise de Voegelin estabelece seu significado por engalfinhar-se com o problema crucial da ordem da história em que a perspectiva da autotransformação do homem haveria de fazer-se. Turgot recebe de longe o tratamento mais compreensivo, porque Voegelin reconhece a nota de honestidade na reflexão dele. Há, por exemplo, o problema de o que o progresso da física matemática pode significar para a raça humana como um todo, a maior parte de cujos membros não têm nem familiaridade com tais desenvolvimentos nem interesse neles. Turgot reconhecia que, para a maior parte dos homens, a história neste sentido não tinha um significado progressista. Em vez disso, ele cunhou a abstração substituta de *la masse totale* como a portadora de seu significado. Mas mesmo esta solução encontrou problemas, porque a obtenção de progresso era a obra última de talentos individuais irredutíveis, cuja singularidade mesma parecia sugerir que a natureza humana como um todo era relativamente constante. O conhecimento do homem parecia progredir, mas não o próprio homem. Ainda assim, a despeito da perspicácia das ruminações de Turgot, elas não atingiram o progressismo fundamental de seu pensamento. A isso Voegelin caracteriza como "a ênfase no conteúdo civilizacional até a negligência da existência do homem na sociedade".[7]

Estão presentes os elementos de "moralidade desespiritualizada e tecnologia" que entraram na construção positivista, incluindo as três fases da história elaboradas por Comte juntamente à sua difusão, partindo de um centro civilizacional nacional. Tudo o que precisa ser acrescentado é uma elite transformacional dotada de determinação titânica.

A justaposição com o grupo seguinte de pensadores, que reconheceram a necessidade de dar o próximo passo, é o aspecto mais fascinante da análise de Voegelin. Uma nota distinta de simpatia caracteriza sua leitura das fulminações messiânicas de Comte, Bakunin e Marx. Ao menos preservaram sensibilidade espiritual suficiente para reconhecer que o homem não poderia viver no deserto desumanizado do racionalismo instrumental. Por contraste, os filósofos liberais pareciam todos prontos a estabelecer-se nas ruínas espirituais

---

[7] Ver adiante, p. 159.

produzidas pelo processo de desintegração iluminista. Nenhuma sombra de hesitação lhes atravessou a mente ante a perspectiva da manipulação sem limites dos seres humanos, não mais do que a consciência penetrada de incapacidade de progresso civilizacional para estabelecer uma estabilização da própria história. Qual é o valor de alimentar a vida da razão em seres humanos que em si mesmos são capazes apenas de cálculo? Ou qual é a garantia de que o progresso científico e tecnológico crescente não gerará simplesmente uma sociedade de tal complexidade que não possa nem ser sustentada nem compreendida por seus habitantes? Em suma, qual é o objetivo de esta empresa se pretender levar o próprio movimento a um encerramento? Estas são preocupações que escapam completamente do palavreado da mente iluminista, especialmente quando seus dogmas são traduzidos em propaganda para consumo de massa por homens como Condorcet.[8] Mas a própria superficialidade deles assegura virtualmente que serão suplantados por indivíduos de aspiração espiritual mais profunda, mesmo quando estes últimos assumem a forma das perversões ideológicas modernas.

A tragédia da perversão deles, em que Voegelin toca sem desenvolvimento minucioso, é que eles surgem de almas genuinamente espirituais, cuja profundidade induvidosa serve apenas para intensificar a destrutividade quando é endereçada erradamente ao apocalipse do homem. O esforço de Voegelin de penetrar-lhes a experiência é uma das preocupações centrais de sua obra. Poderíamos até dizer que lhe colore a percepção de outros materiais, já que foi o projeto ideológico da autotransfiguração do homem que ele

---

[8] Ver, por exemplo, a caracterização do *Esquisse* como repleto
das contradições da filantropia universal e das intenções criminosas contra o inimigo, do desprezo pelo preconceito e da alimentação de outros ainda piores, do senso comum em minúcias e do obscurantismo em coisas fundamentais, do ataque fanático ao fanatismo, da intolerância em nome da tolerância, da liberdade de pensamento mediante a repressão do pensamento do inimigo, da independência da razão pelo martelar da *masse du peuple* numa obediência ofuscada a uma opinião pública que em si é produzida pela barragem de propaganda de intelectuais duvidosos – ou seja, pelo amálgama que faz nascer a confusão sanguinária do tempo de Condorcet e do nosso (p. 186).

reconheceu como o cerne da convulsão totalitária. A determinação revolucionária procurou efetuar a transformação a que o Iluminismo pôde aspirar apenas de maneira ineficaz. A análise pormenoriza a mudança na consciência histórica que aconteceu no período posterior à Revolução Francesa. Esse acontecimento foi um ponto decisivo não apenas em relação ao antigo regime, mas foi igualmente importante na definição dos problemas políticos para a era que se seguiu. Convergiu-se o consenso, explica Voegelin, na necessidade de uma transformação espiritual da natureza do homem já que tinha sido amplamente demonstrada a insuficiência de uma revolução meramente política. Para além de uma revolução social, o que se exigia era um apocalipse transfigurador. Esta reorientação tomou uma variedade de formas, sendo apenas algumas delas identificadas por Voegelin. Casos ilustrativos incluem os planos de Maistre para um apocalipse católico sob a tutela do papado, e o seu homólogo pietista na forma da Santa Aliança entre Prússia, Rússia e Áustria. O que compartilhavam era uma consciência da necessidade de mover-se para além da política até o reino espiritual, embora fossem igualmente marcados por sua subestimação dos obstáculos sociais e existenciais que estavam no caminho de uma renovação religiosa histórica.[9]

Por contraste, uma voz profética mais evocativa foi encontrada na expectativa positivista do apocalipse como elaborado por Auguste Comte. Além do erro singular de datar seu começo como 1855, a proposta de Comte encontra resposta bem mais eficaz. O segredo está na harmonia com as fontes inspiracionais de fora, na época. Ele é capaz de encontrar o que a igreja não consegue, a mão de Deus trabalhando nas realizações civilizacionais da existência humana. É claro que Comte comete o erro de identificar a presença divina com a realidade

---

[9] De maneira curiosa, o Grande Despertar na América e seu sucessor, o Segundo Grande Despertar, representam uma resposta mais eficaz ao problema da reevangelização. Uma adequação similar caracteriza o impacto socialmente reformador do wesleyanismo. Mesmo dentro do catolicismo há ressurgimentos devocionais significativos, nenhures mais evidentes do que no número de aparições marianas que ocorreram nas décadas depois da Revolução Francesa.

Introdução do editor | 23

que ela ilumina, mas não há como negar a qualidade numinosa que ele descobre dentro do próprio desenrolar histórico. Este é o segredo dos grandes magos do século XIX. Não apenas se envolvem em operações mágicas, com seus resultados previsivelmente decepcionantes, mas são capazes de evocar a mágica mais importante de todas, a mágica da fé que permite a eles desconsiderar sua ineficácia verdadeira. Nada disso é possível a não ser que um pensador tenha sido capaz de assumir algo do manto do poder transcendente. Voegelin tem um ouvido infalível para a qualidade profética que caracteriza tais messias seculares. Como consequência, é capaz de discernir-lhes a verdadeira importância, que é mais bem medida pelo arco amplo de sua influência, em vez de pela cogência ou rigor das próprias convicções intelectuais. De fato, a análise de Voegelin é notável por sua capacidade de distinguir nitidamente entre a incoerência superficial da filosofia do Iluminismo e a incoerência muito mais profunda dos grandes sistematizadores ideológicos. A irracionalidade em um dos casos leva à desintegração, mas, neste último, é superada pelo apelo mais envolvente da visão animadora.

É por isso que, como entendia Voegelin, nosso tempo foi dominado pela ascensão e queda dos grandes movimentos ideológicos. São as forças dinâmicas da história porque representam as evocações mais poderosas da direção moderna para a transfiguração. Uma fome crua do transcendente perdera sua expressão apropriada e estava agora desviada para a busca de um substituto intramundano. Comte é talvez o exemplo mais claro deste padrão, já que empreendeu a fundação de uma religião explicitamente secular, a Religião da Humanidade. A análise de Voegelin é capaz de entender o apelo espiritual desta construção patentemente artificial. Surge da aspiração comtiana de contato com uma divindade tanto mais acessível quanto mais dependente da participação humana. Em consequência, o Grande Ser da Humanidade é composto de todos os que, depois da morte, foram julgados dignos de serem "incorporados" nele. Esta divindade tem a vantagem incomparável de ser tanto a fonte de que dependemos mais intimamente quanto de ser mais compreensível evidentemente como um todo. A despeito das extensãoes elaboradas a que Comte desceu, pormenorizando os conteúdos hagiográficos de sua religião, não havia nada estranho na intuição fundamental por trás dela. Ela, como identifica Voegelin, é a consciência de que a reorganização da sociedade ao longo de linhas científicas racionais exigirá nada menos do que uma transformação espiritual da natureza humana.

A festejada lei das três fases da história – teológica, metafísica e positiva – não foi mais do que a superfície que já fora sugerida por Turgot. O que distinguia Comte era a consciência de que a fase positiva tem de ser religada com a religiosa, embora, dessa vez, na forma de uma divindade mais humanamente consubstancial. Esta intelecção profunda é o que faz de Comte uma figura profética cuja estatura é mais bem medida pela terminologia prolífica do humanitarismo, altruísmo e positivismo que desde então impregnou nosso mundo. A análise de Voegelin do caráter da ciência moderna como uma ciência de fenômenos, como distinta de uma ciência de substância, é um dos temas preponderantes importantes de sua pesquisa. Em Comte, ele encontra finalmente um pensador que compreendeu o problema com igual profundidade. A adesão à metodologia da ciência positiva como vindo a deslocar todas as outras formas de conhecimento, especialmente teológico e metafísico, não foi nas mãos de Comte nada mais do que uma tolice de moda. Denotava uma intenção consciente de eliminar perguntas substanciais, da origem e fonte da realidade e do caráter de sua ordem, a fim de substituí-las por perguntas acerca dos relacionamentos entre os fenômenos. O domínio das realidades fenomênicas substituiria, com o passar do tempo, a realidade da substância. O homem tornar-se-ia igual ao Ser absoluto mesmo. Na convergência do programa da ciência fenomênica e na invocação da divindade da Humanidade, mantemos a convergência mais profunda do mundo moderno.

A mesma conjunção de ideologia cientificista e escatologia revolucionária caracteriza a outra grande figura messiânica,

Karl Marx. Mas antes de passar à personagem revolucionária mais influente, Voegelin examina o caso especial do anarquismo místico de Mikhail Bakunin. Este representa o desenrolar mais puro do impulso revolucionário, porque reconhece a impossibilidade de oferecer qualquer visão positiva do novo mundo destinado a emergir da destruição. A *metanoia* que desceu às profundezas da existência implica que tudo o que sabemos há de ser transfigurado. É inútil, portanto, especular sobre a forma de um mundo rejuvenescido que será caracterizado por sua transcendência completa de cada perspectiva que conhecemos no momento. Nosso ponto de visita privilegiado é impregnado pela corrupção que tem de ser eliminada. Nada liga nosso mundo ao que o substituirá, de outro modo não estaríamos na posição de exigir uma revolução radical. A aniquilação é o único programa. Uma vez que tudo foi varrido, então pode acontecer o nascimento de uma ordem completamente nova da realidade. A recusa de todo plano ou de toda especulação visionária foi o que caracterizou a honestidade resoluta da intuição de Bakunin.

Para Voegelin, ele é a encarnação do paradigma revolucionário, e há uma nota de admiração de má vontade pela abertura do anarquista. Onde Comte estava ainda envolvido em desenvolver planos para uma hierarquia institucional de cientistas e engenheiros, e Marx estava pronto para acomodar as táticas pragmáticas que com o tempo assegurariam a influência global de seu movimento, Bakunin permitiria apenas que a flama revolucionária brilhasse em sua alma. Nada poderia obstruir a necessidade escatológica. Como a espécie preeminente do impulso revolucionário, Bakunin ofereceu um lampejo fascinante no cerne experiencial. A aniquilação mística, que antes tinha sido a rota através da perda do eu a fim de reconquistá-lo na experiência da união com Deus, agora não servia a nenhum outro propósito senão à destruição do mundo e do eu. O que o revolucionário ganharia se não visse o futuro ou fosse absorvido na realidade divina? A resposta, observa Voegelin, não é encontrada na sobrevivência na posteridade, mas no movimento "no papel do Salvador que reverte a Queda e redime o mal".[10] A revolução sempre exige a mobilização de ódios e nos envolve historicamente no cometimento do mal, que permanece mal, a despeito das consequências benéficas inegáveis que daí algumas vezes resultam. O que é original em Bakunin é a eliminação indiscriminada daquela realidade intermediária da história, constituída pela mistura de bem e mal dentro dela. Em vez disso, há a vontade da destruição total, já que não pode ser deixado nenhum vestígio de decência na realidade intermediária da existência. A penetração compreensiva de Voegelin alcança seus limites em seu reconhecimento da necessidade que compeliu esta resolução niilista: "A crise revolucionária de nossa época é distinta de revoluções anteriores pelo fato de que a substância espiritual da sociedade ocidental chegou ao ponto de desaparecer, e o vácuo não mostra sinais de ser preenchido por novas fontes".[11]

Mesmo em relação à Rússia isso parece uma afirmação excessivamente sombria, pois, a despeito da invenção do "niilismo" e do "terrorismo", era ainda uma sociedade que podia produzir uma personagem como Dostoiévski assim como o reviver da Cristandade ortodoxa. No entanto o ponto de vista de Voegelin é que tais reevocações tradicionais não conseguiram tocar as profundezas espirituais das quais o fervor revolucionário retirou sua energia. Em vez disso, a Rússia sucumbiu à variante cientificista apresentada pela visão mais preenchida de conteúdo, embora ainda suficientemente indeterminada, de Marx acerca de uma sociedade comunista. A análise de Voegelin envida todos os esforços para apontar a escatologia revolucionária pressuposta pela crítica ampla de Marx ao capital. Isto é importante porque sem ela não se teria nenhuma alternativa senão tomar Marx como um economista político sério. Nesse nível, Voegelin é capaz de reconhecer-lhe as realizações evidentes. Marx foi, por exemplo, o único economista a tentar "penetrar até o cerne da matéria, ou seja, até a relação do homem com a natureza e até uma filosofia desta relação, ou

---

[10] Ver adiante, p. 349.
[11] Ver adiante, p. 352.

Introdução do editor | 27

seja, do trabalho".[12] Não é de surpreender, com sua vontade de olhar para além da fixidez superficial das relações econômicas, que ele tenha sido capaz de diagnosticar o problema central da economia capitalista. "Marx", na visão de Voegelin, "pôs o dedo no lugar dolorido da sociedade industrial moderna [...] ou seja, o crescimento de instituições econômicas num poder de influência tão esmagadora na vida de cada homem que, diante de tal poder, se torna fútil toda conversa acerca de liberdade humana".[13] Mas tal penetração não constitui nem o cerne da inspiração de Marx nem seu apelo. Se o fosse, então ele poderia ter-se tornado o fundador da democracia social ou um proponente dos sindicatos – ambos os quais eram o tipo de meias medidas utópicas pelas quais ele tinha um desprezo completo. Não, o centro do pensamento de Marx é o apocalipse revolucionário. Move-se simplesmente para fora do centro de seu escrito quando discerne que o cataclismo é mais remoto, e decide dedicar seus esforços à crítica preparatória da ordem capitalista. Apenas com a publicação de seus escritos iniciais é que as relações se tornaram abundantemente claras. É em grande medida por uma análise dessas obras que Voegelin é capaz de penetrar a formação de seu "socialismo gnóstico".

O processo é similar à dissolução da realidade substantiva que acontece com Comte. Marx compartilha a mesma presunção positivista de que a expansão das ciências naturais evitará, afinal, todas as perguntas metafísicas. Ele deliberadamente fez uso indevido de Hegel para identificar a Ideia com o desenrolar empírico da realidade. Isso permitiu a ele delinear o processo pelo qual a Ideia transformou dialeticamente o movimento de realidade, sem ter de explicar o que ainda permaneceu digno de explanação em Hegel – ou seja,

---

[12] Ver adiante, p. 441.

[13] Ver adiante, p. 441. A singularidade de Marx poderia ter sido temperada pela consciência da extensão em que a crise da economia capitalista foi reconhecida amplamente por outros, mais notavelmente Hegel, vinte anos antes, que explicou que "o mal consiste precisamente num excesso de produção e na falta de um número proporcional de consumidores que são eles mesmos também produtores". Hegel, *Philosophy of Right*. Trad. T. M. Knox. New York, Oxford University Press, 1967, § 245.

como, em primeiro lugar, a Ideia se tornou encarnada. Hegel já movera uma distância considerável no restringir o impacto de sua pergunta, mas não tinha conseguido eliminá-lo inteiramente. Essa foi a realização do "materialismo" mais cândido de Marx, que, como aponta Voegelin, dificilmente pode ser considerado materialista. Se tudo que é fixo foi eliminado da realidade, então é difícil insistir que o material representa o *substratum* irredutível. Ao contrário, a realidade tornou-se um meio totalmente fluido ("tudo o que é sólido desmancha no ar") em que as fronteiras da transfiguração foram eliminadas.[14] Voegelin identifica o caráter mágico desta concepção de realidade como "atividade humana sensorial". Uma análise posterior explora mais especificamente a construção de tal "segunda realidade".[15] É defendida pela recusa da análise racional e pelo agir estritamente mediante a manipulação de termos sem referentes concretos. O exemplo mais óbvio e o princípio teorético central de Marx de que "não é a consciência dos homens que lhes determina o ser; é, ao contrário, seu ser social que lhes determina a consciência". Na análise de Voegelin, a vacuidade que aí subjaz é exposta sem dó, a tal ponto que o leitor se inclina a aceitar a caracterização do conceito intelectual central de Marx como "o palavreado oco grandioso com símbolos não críticos".[16]

A irracionalidade nesta escala só pode ser sustentada quando se evitam resolutamente as perguntas de substância que obliterariam a ilusão. É crucial que se evite o dado de realidade caso se queira efetivar o projeto revolucionário da autotransformação do homem. Marx, como aponta Voegelin, estava inteiramente certo acerca do objetivo. Não era menos

---

[14] "Tudo o que é sólido desmancha no ar" é uma frase do *Manifesto Comunista* que Marshall Berman emprega como título de seu estudo da derrocada marxista, *All that Is Solid Melts into Air: The Experience of Modernity*. New York, Simon and Schuster, 1982. [Em português: *Tudo que É Sólido Desmancha no Ar*. São Paulo, Companhia das Letras, 2007.]

[15] Ver, de Voegelin, "The Eclipse of Reality". In: *What Is History? And Other Late Unpublished Writings*. Ed. Thomas A. Hollweck e Paul Caringella. Columbia, University of Missouri Press, 1999, p. 111-62.

[16] Ver adiante, p. 392.

do que a transformação da natureza humana numa escala de massa que seria realizada pela revolução comunista. A mera abolição da propriedade privada apenas instalaria "o comunismo tosco". O "comunismo verdadeiro" era o fruto da transformação interior profunda em que o homem entrou em seu ser social completo. Mas, para manter a convicção da criação do homem através de seu próprio trabalho, foi necessário evitar toda sugestão de dependência de um criador. Voegelin disseca, como o exemplo mais notável de *idofobia* que invade o pensamento de Marx, a passagem famosa em que este publica sua ordem formal contra o formular de tais perguntas. O resultado é a mistura peculiar de análise racional de problemas econômicos e políticos reais dentro de um conjunto que enquadra expectativas e vicia a possibilidade de um remédio racional. Isso levou Voegelin a sugerir no final do estudo a possibilidade de que "uma sociedade em que o marxismo seja imposto como o credo oficial cometa suicídio por desonestidade intelectual".[17] Os cinquenta anos desde que Voegelin escreveu isso viram suas observações serem corroboradas no colapso do comunismo sob o peso de sua inépcia acumulada. O fenômeno gerou uma discussão ampla das causas, mas certamente o aspecto do comunismo que realmente precisa de uma explanação é a sua longa sobrevivência.

Como foi possível a um sistema econômico e político que arrasou tantos bens materiais e humanos continuar, pela maior parte do século, diante de sua decrepitude evidente? A análise de Voegelin é uma das poucas a explorar realmente o cerne da realidade: a capacidade de um sistema ideológico prevalecer contra toda prova contrária. Voegelin apresenta uma exposição sutil das fases sucessivas de "descarrilamento" da ideia revolucionária, o que permitiu a ela acomodar-se aos adiamentos pragmáticos sem mesmo fazer entrar em colapso a tensão revolucionária. A expressão *revolução permanente*, aponta ele, originou-se com Marx e estabeleceu o padrão para os revisionistas alemães, os comunistas russos e os imperialistas

---

[17] Ver adiante, p. 443.

soviéticos subsequentes para manter a necessidade de ajustes táticos sem nunca dissolver a expectativa escatológica. Mas o mecanismo não era uma mera prestidigitação. Funcionou apenas porque ocorreu dentro de um meio civilizacional que já estava caracterizado pelo que William James chamou "a vontade de crer". Ao diagnosticar o apelo do movimento revolucionário, assim fora como dentro da órbita soviética, Voegelin identifica a doença espiritual subjacente. "Apenas porque a ideia era a manifestação de uma doença espiritual profunda, apenas porque leva a doença a um novo extremo, é que ela pôde fascinar as massas de uma sociedade doente."[18] Os messias seculares exerceram influência global porque compreenderam tanto a natureza da aspiração quanto a consumação que a suavizaria.

Em outras palavras, Voegelin levou a sério a mania apocalíptica que era discernível para além das franjas das acomodações táticas que caracterizaram os movimentos históricos da revolução. Apenas ação finita, ligada por necessidades pragmáticas, é possível dentro da história. A maior parte dos observadores estão inclinados a tomar tais fenômenos imediatos pela realidade subjacente. Mas Voegelin já tinha reconhecido o pendor escatológico que era a fonte interior. Era um pendor tão ilimitado que sua indefinição ameaçou continuamente pôr em perigo o que quer que o sucesso revolucionário tivesse atingido. Ao mesmo tempo, foi a força que evitou absolutamente a estabilização do movimento revolucionário em qualquer acomodação intermediária ou compromisso. A sensibilidade a essa dinâmica revolucionária inflexível foi o que ofereceu a Voegelin um sentimento profundo de sua insaciabilidade e, de maneira correlativa, a fraqueza última das forças de resistência que poderiam ser mobilizadas do Oeste democrático liberal. Ocasionalmente, um pressentimento spengleriano do declínio inevitável entra em sua reflexão. Mas esta não era sua preocupação principal. O foco de Voegelin permaneceu firmemente na dinâmica revolucionária progressista que ele sentiu como o cerne da desordem moderna.

---

[18] Ver adiante, p. 381.

Embora este volume seja o último estudo amplo que Voegelin empreendeu dos pensadores ideológicos, não foi de maneira nenhuma sua última tentativa de entendê-los. Na verdade, é justo dizer que o problema da transfiguração apocalíptica continuou a preocupá-lo até os seus últimos escritos.

Em consequência, há uma penetração continuamente mais profunda dos materiais aqui apresentados, cuja análise forma um ponto intermédio entre os primeiros estudos lidando com a ideologia nazista de raça e as reflexões finais acerca da filosofia gnóstica da consciência. Empiricamente, a compreensão de Voegelin da seleção rica de fios espirituais indo em direção ao mundo moderno continuou a expandir-se. Alguma dica de tais desenvolvimentos já está presente nas observações acerca das correntes subterrâneas durante a Revolução Francesa e depois dela, assim como na análise de operações mágicas em geral. A expansão dos estudos eruditos acerca do fundamento espiritual do mundo moderno, e especificamente em relação aos movimentos revolucionários, produziu o enriquecimento, mas não uma revisão fundamental da análise aqui apresentada. Temos agora, por exemplo, um sentido muito mais amplo da conexão entre o Iluminismo radical e moderado e a proliferação dos maçons e de outras novas espiritualidades. A imersão de personagens românticas e revolucionárias numa ampla variedade de círculos ativistas e místicos contemplativos está muito mais minuciosamente documentada. O renascimento do ocultismo de todos os tipos no começo do século XIX é agora considerado tão lugar-comum que a linguagem ostensivamente ateia que surgiu dos proponentes mais ideológicos é reconhecida tipicamente como uma autoafirmação de uma religião alternativa. Os messias seculares parecem muito mais messiânicos e muito menos seculares. No geral, a direção da elaboração historiográfica foi a de confirmar as intuições da análise de Voegelin, que, em retrospecto, parecem notavelmente penetrantes.[19]

---

[19] O estudo de referência de Peter Gay, *The Enlightenment: An Interpretation,* 2 vols. (New York, Norton, 1966-1969), continua a ser indispensável. Acerca do lado radical do Iluminismo, ver Margaret Jacob, *The Radical Enlightenment:*

Sua presciência dos desenvolvimentos empíricos é, no entanto, menos surpreendente do que poderia parecer, uma vez que reconheçamos o segredo de seu tratamento. É a busca invariante de Voegelin do cerne dos materiais. Este é um padrão que ele desenvolveu consideravelmente ao longo de sua vida. Ao tempo em que estava escrevendo a última parte desta *História*, abandonara a caracterização muito imperfeita dos movimentos de massa como "religiões políticas".[20] Agora os assimilou ao tipo de desenvolvimentos sectários medievais em que a realização escatológica é levada à existência imanente. "Religião política" é, em contraste, uma concepção muito vaga que pode incluir todas as formas de religião cívica, desde o império cosmológico até os estados-nações. Neste sentido, todas as organizações políticas têm uma religião civil ou um credo civil que expressa sua autocompreensão última. O que é notável acerca dos movimentos ideológicos e de sua manifestação política totalitária é que não são meramente religiões cívicas. Almejam o monopólio da verdade espiritual que impede todas as outras fontes. Sua relação com a ordem da realidade como um todo é sua característica mais surpreendente. Em vez de encaixar-se na ordem do cosmos ou submeter-se à vontade da revelação transcendente, os estados ideológicos procuram incorporar o próprio processo de realidade dentro de seu controle. É a expectativa cristã de transfiguração trazida inteiramente para a existência imanente. Apenas o apocalipse intramundano de sectários heréticos oferece alguma comparação para este tipo de construção.

Pantheists, Freemasons, and Republicans. London, Allen and Unwin, 1981. Jacob Talmon enfatizou a conexão totalitária em *The Origins of Totalitarian Democracy*. New York, Praeger, 1961; *The Origins of Ideological Polarization in the Twentieth Century*. New York, Praeger, 1980; e *Romanticism and Revolt: Europe, 1815-1848*. New York, Harcourt, Brace, 1967. Outras obras gerais úteis incluem Ernest Lee Tuveson, *Millennium and Utopia: A Study in the Background of the Idea of Progress*. Berkeley, University of California Press, 1949; M. H. Abrams, *Natural Supernaturalism*. New York, Norton, 1971; e James Billington, *Fire in the Minds of Men: Origins of the Revolutionary Faith*. New York, Basic, 1980.

[20] O título de seu primeiro esforço teorético de compreender o fenômeno, *Political Religions*. Trad. T. J. DiNapoli e Peter Emberley. 1938. Reimpressão: Lewiston, New York, Mellen Press, 1986.

O cerne teorético, Voegelin indica sem elaborar nesta obra, é o gnosticismo. Vale a pena notar que, embora Voegelin empregue o termo com referência a Marx em particular, nenhures apresenta nenhum relato minucioso de seu sentido ou significado. "Gnóstico" é aqui empregado quase de uma maneira informal e especialmente com referência a qualquer alegação de se possuir a gnose dos meios pelos quais se efetuará uma transfiguração. É provável que Voegelin não tivesse ainda absorvido toda a medida teórica desta concepção como ferramenta teórica. Podia apenas estar no meio da leitura da obra dos primeiros grandes estudiosos do gnosticismo. O que está claro é que, ao escrever *A Nova Ciência da Política* alguns anos depois, o gnosticismo ocupa um papel muito mais proeminente. Não apenas é a essência da modernidade considerada gnóstica, mas a estrutura do gnosticismo é muito mais amplamente compreendida como um instrumento de análise. Na verdade, a aplicação que Voegelin faz do conceito foi tão enérgica nessa obra amplamente lida, que mesmo hoje ele é ainda associado à caracterização simplista da modernidade como gnóstica.[21] Poucos leitores prestaram atenção aos matizes com que o conceito foi aplicado mesmo naquela obra. Menos ainda reconheceram sua aplicação como primordialmente estrutural em vez de histórica.

Voegelin reconheceu que o argumento histórico de continuidade, desde os gnósticos antigos até o período moderno, era difícil de fazer. Exigiria pesquisa histórica abrangente em quase dois milênios de história cristã. Essa obra já estava sendo levada a cabo enquanto Voegelin estava trabalhando em sua *História.* O meio século desde então viu uma expansão considerável do conhecimento dos movimentos heréticos, mas o quadro está longe de ser completo. Muitas das fontes simplesmente não foram recuperadas porque a preservação da história dos heréticos, por definição os perdedores nas

---

[21] É claro que isso pode ter algo que ver com a breve notoriedade por que Voegelin passou quando a revista *Time* apresentou sua caracterização na capa de sua edição de trinta anos. "Journalism and Joachim's Children". *Time*, 9 mar. 1953, p. 57-61.

batalhas eclesiásticas, simplesmente não foi nunca considerada de valor. Uma nova atitude, mais tolerante ao desvio, é certamente uma das pré-condições indispensáveis para levar a cabo tal pesquisa. Agora que uma quantidade considerável de obras estão disponíveis, estamos numa posição melhor para preencher as lacunas que poderiam apenas ser mencionadas nas análises "gnósticas" iniciais de Voegelin.

Em particular, temos uma melhor compreensão dos modos através dos quais as ideias gnósticas antigas fizeram seu retorno para as principais correntes intelectuais do ocidente. O período medieval tardio foi claramente o começo de um processo em que a autoridade institucional da igreja estava começando a perder sua capacidade de absorver ou reprimir as correntes subterrâneas heréticas. Antes tinha sido possível, através da fundação de novas ordens, tais como os franciscanos e os dominicanos, conter os novos fermentos espirituais dentro dos limites da ortodoxia. Na verdade, a renovação evangélica da espiritualidade emergente dentro das cidades foi incorporada como uma fonte de revitalização dentro da sociedade cristã. Mas o período medieval posterior viu a ascensão de entusiasmos que se tornaram inconfundivelmente sectários, cortando a conexão com a igreja universal.[22] A destrutividade brutal da Cruzada Albigense talvez seja o exemplo mais claro dos custos trágicos da supressão de todos os lados. A vitória, quando alcançada, mostrou-se oca porque transformou a igreja num poder institucional a que faltavam os recursos espirituais para responder à demanda florescente de reforma. Esta, quando ocorreu, não ficou nas fronteiras de seus começos moderados, mas, em vez disso, deu origem a uma exigência progressivamente mais radical de reforma que

---

[22] Norman Cohn, *The Pursuit of the Millennium: Revolutionary Millenarians and Mystical Anarchists of the Middle Ages*. London, Secker and Warburg, 1957; Jacob Taubes, *Abendländische Eschatologie*. Bern, Francke, 1947; Bernard McGinn, *Visions of the End*. New York, Columbia University Press, 1979; Malcolm Lambert, *Medieval Heresy: Popular Movements from the Gregorian Reform to the Reformation*. Oxford, Blackwell, 1992; e Gordon Leff, *Heresy in the Later Middle Ages: The Relation of Heresy to Dissent c. 1250-1450*. 2 vols. Manchester, University of Manchester Press, 1967.

soltou toda a corrente do ativismo sectário dentro do mundo ocidental. Tais fermentos espirituais novos afinal se estabeleceram numa variedade de compromissos institucionais, mas não antes de o espírito da expectativa apocalíptica ter-se disseminado com um modo contínuo de pensamento dentro da modernidade. A análise de Voegelin dos extremistas puritanos em *A Nova Ciência da Política* ainda representa um exemplo deste fio da Reforma radical.[23]

O episódio em que se estabeleceu a conexão com as fontes historicamente gnósticas ocorreu, no entanto, em um movimento quase contemporâneo no começo do período moderno. Este foi a explosão de interesse que começou no final do século XV no *Corpus Hermeticum* assim como em outras tradições esotéricas que emanaram do mundo antigo. Os escritos herméticos eram coleções de textos gnósticos que encontraram seu caminho para a Itália depois da queda de Constantinopla e foram imediatamente apoderados pela Academia Neoplatônica patrocinada pelos Medici em Florença. Juntamente à cabala, a alquimia e outros saberes esotéricos antigos, foram venerados como a revelação divina originária à humanidade, anterior tanto à filosofia quanto ao Velho Testamento. Desconsiderou-se o conflito deles com a Cristandade quando foram abraçados ampla e publicamente como o meio de rejuvenescimento espiritual através de um retorno à fonte. Ao tempo que se tornou aparente a incompatibilidade e os textos foram datados com exatidão, sua retirada da proeminência deixou para trás um rico legado de símbolos gnósticos, incluindo a transformação do homem num mago, o projeto de trazer a perfeição utópica e a busca do domínio científico para "o alívio do estado humano". Traços do entusiasmo hermético são ainda visíveis nas insinuações rosacrucianas de Bacon e da Royal Society, assim como nas preocupações alquímicas de Isaac Newton, no século XVII. Mas falando de modo geral, o movimento

---

[23] George H. Williams, *The Radical Reformation*. Philadelphia, Westminster, 1962; Steven Ozment, *Mysticism and Dissent*. New Haven, Yale University Press, 1973.

passou para o subterrâneo, tão logo as linhas de batalha da ortodoxia foram traçadas na Guerra dos Trinta Anos.[24]

No entanto não desapareceram completamente as correntes subterrâneas da gnose esotérica. Emergem na primeira parte do século XVIII com a fundação da maçonaria e de outras associações espiritualistas. A maçonaria, em particular, destaca-se como o equivalente de uma igreja alternativa para as elites intelectuais e sociais, especialmente quando medida na proliferação de um sistema de lojas que se espalhou da Europa para a América e a Rússia. A ironia de uma sociedade secreta neste estágio era que virtualmente toda pessoa de uma classe social proeminente era membro dela. Seguindo a Revolução Francesa, a corrente tornou-se de novo mais evidentemente pública na fascinação romântica com todas as formas de experiências místicas não forçadas por tradições teológicas. O caráter gnóstico da revolta romântica contra o mal da existência é bem reconhecido, juntamente à sua ligação com o impulso prometeico de filantropia. Pesquisa nas fontes textuais de suas simbolizações revela a amplitude em que são devedores dos mesmos escritos gnóstico-herméticos. Nenhum movimento tão difuso ou complexo como o romantismo pode ser reduzido a apenas um conjunto de fontes, mas é precisamente por causa desta multivalência que o romantismo se tornou um veículo para sua dispersão cultural mais ampla. O homem como o mestre vidente de seu fado e que restaura todo o cosmos a seu esplendor prístino é a aspiração poderosa da qual poderiam prontamente ser obtidas as evocações mais políticas do super-homem e da super-raça. Em outras palavras, a investida dos estudos monográficos foi

---

[24] *Hermetica*. Trad. Brian Copenhaver. New York, Cambridge University Press, 1992; Frances Yates, *Giordano Bruno and the Hermetic Tradition*. Chicago, University of Chicago Press, 1964; *The Art of Memory*. Chicago, University of Chicago Press, 1966; e *The Rosicrucian Enlightenment*. Boston, Routledge, Kegan and Paul, 1972; D. P. Walker, *Spiritual and Demonic Magic from Ficino to Campanella*. London, Warburg, 1958; e *The Ancient Theology*. New York, Cornell University Press, 1972; Allen G. Debus, *Man and Nature in the Renaissance*. Cambridge, Cambridge University Press, 1978; Stephen McKnight, *The Modern Age and the Recovery of Ancient Wisdom*. Columbia, University of Missouri Press, 1991.

avassaladoramente na direção do estabelecimento da ligação textual entre o gnosticismo antigo e sua variante moderna.[25]

A convicção, no entanto, está, em última análise, em mais do que na reunião de probabilidades eruditas. O julgamento é mais do que uma pergunta de se são empregadas as mesmas formulações. É se se referem à mesma coisa. Para isso não há como evitar o passo a que Voegelin nos conduz. Temos de decidir se a estrutura da experiência é a mesma no caso gnóstico como é nos irrompimentos revolucionários posteriores. A boa erudição pode trazer-nos apenas até aqui; para lidar com as realidades existenciais em si temos de recorrer às ferramentas da análise filosófica. De outro modo somos desviados para disputas sem fim acerca de se o gnosticismo antigo é realmente o mesmo de sua variante moderna. Um tem direção pronunciadamente extracósmica, ao passo que o outro aponta coerentemente para uma realização intramundana. A questão não pode ser resolvida até que tenhamos alcançado uma análise do cerne da experiência gnóstica. O que é essencial e o que é não essencial? Uma razão plausível para continuidades simbólicas não pode ser nunca conclusiva até que sejamos capazes de fazer dela a base das realidades envolvidas. Deve ser possível determinar o que é o gnosticismo antes de decidirmos se existe uma continuidade entre as variantes.

Mesmo em *A Nova Ciência da Política*, uma compreensão da estrutura experiencial era a preocupação principal da análise de Voegelin. Ele procurou uma intelecção da motivação por trás da impaciência gnóstica diante da tensão da existência humana. Era uma má vontade de aceitar a estatura de ser apenas um homem existindo entre os polos de perfeição e imperfeição. Em vez disso, a reação gnóstica foi caracterizada

---

[25] Auguste Viatte, *Les Sources Occultes du Romantisme, 1770-1820*, 2 vols. (1929). Reimpressão: Paris, Champion, 1965; Ernst Benz, *Les Sources Mystiques de la Philosophie Romantique Allemande*. Paris, Vrin, 1968; Ernest Lee Tuveson, *The Avatars of Thrice Great Hermes: An Approach to Romanticism*. Lewisburg, Pa., Bucknell University Press, 1981; Antoine Faivre, *L'Ésotérisme au XVIII e Siècle en France et en Allemagne*. Paris, Seghers, 1973; Margaret Jacob, *Living the Enlightenment: Freemasonry and Politics in Eighteenth-Century Europe*. New York, Oxford University Press, 1991.

pela vontade de arrastar o Ser transcendente para dentro da existência imanente, de tal maneira que a espera na fé, na esperança e no amor fosse abolida através da realização escatológica realizada. Ele especulou que a fonte desta impaciência pode bem ter sido o resultado do próprio sucesso da simbolização cristã. Foi precisamente porque a Cristandade penetrara de forma tão ampla a sociedade que passou a incluir homens cuja força de alma era insuficiente para aguentar a tensão da expectativa escatológica. Procuraram a consumação da promessa cristã no presente, e isto certamente foi, em última análise, o que a distorção gnóstica ofereceu a eles. Esperar na incerteza foi substituído pela perfeição obtida.[26] A estrutura teve uma semelhança poderosa com o estado de espírito que aparentemente abasteceu os movimentos de massa ideológicos. Esses foram homens cujo salto na perfeição de um sistema se sobrepôs a toda a consideração de sua probidade ou verdade. Mas Voegelin não deixou a análise neste nível de seu poder sobre as vítimas da propaganda de massa. Queria entender a natureza do apelo aos grandes pensadores cuja determinação titânica tinha sido, afinal de contas, a fonte das evocações ideológicas poderosas.

Alguma indicação de para onde ele estava indo surgiu em seu discurso de posse em Munique e no livrinho que por fim se seguiu com o título de *Ciência, Política e Gnosticismo*. Aí vemos Voegelin testando sua hipótese do gnosticismo em relação às grandes personagens. Hegel, Marx, Nietzsche e Heidegger são testados de maneira que se expõem sucintamente as características centrais da consciência gnóstica. Para além da simples busca de certeza, os grandes pensadores traem sentimentos mais poderosos de revolta contra a ordem do ser. Mais próximo do padrão gnóstico clássico de ódio ao

---

[26] Quanto mais as pessoas são atraídas ou pressionadas para a órbita cristã, tanto maior será o número daquelas que não têm o vigor espiritual para a aventura heroica da alma que é a Cristandade: e a probabilidade da queda da fé aumentará quando o progresso civilizacional da educação, alfabetização e debate intelectual trouxer a completa seriedade da Cristandade para a compreensão de mais indivíduos. Ambos esses processos caracterizaram a Alta Idade Média (*New Science of Politics*, p. 123).

Deus deste mundo, proclamam orgulhosamente a morte de Deus como o prelúdio para a divinização do homem. De novo a análise apanha alguns dos materiais tratados neste volume, particularmente até que ponto a penetração da gnose secreta da história é o meio crucial por que a humanidade se deixa fora da condição em que está. Apenas os que penetraram as profundezas da realidade podem emergir com a capacidade triunfante de transfigurá-la. De uma maneira ou de outra, cada uma dessas personagens exibe aquela exigência caracteristicamente gnóstica de ter alcançado uma perspectiva até agora escondida a todos os seres humanos. É isso que encoraja a expectativa de transformação. A dimensão a que cada vez mais a análise de Voegelin é levada é a consciência do autoengano envolvido. Como é possível para o homem, uma parte da realidade, alcançar um ponto de vista privilegiado do qual fosse capaz de efetivar a perfeição própria e a de tida a outra natureza? O projeto é virtualmente uma contradição em termos. E na linguagem que é reminiscente de certos aspectos de suas reflexões aqui, Voegelin identifica os pontos em que de uma maneira ou de outra aquela consciência é refutada pela *Frageverbot*. Certas perguntas não são permitidas. O resultado é a inclinação a acusar as grandes mentes modernas de engano assim como de autoengano. Marx é chamado categoricamente de "vigarista intelectual", uma caracterização que pode ter servido às necessidades polêmicas da ocasião, mas que por fim não explica como é possível tal vigarice. Mentiras grandes exigem algo mais do que a vontade de enganar.[27]

Por essa razão Voegelin cava mais profundamente na psique gnóstica quando retorna a ela no contexto da meditação da filosofia da consciência de suas duas últimas décadas. O fator crucial que ele então decide não é a intenção transitória de enganar, mas a presença de uma iluminação de tal intensidade cegante que torne possível o engano. Embora os sistemas

---

[27] *Science, Politics, and Gnosticism: Two Essays*. Trad. William J. Fitzpatrick, introd. Ellis Sandoz. (1968) Reedição: Washington, D.C., Regnery, 1997, p. 19; ver também p. 59-60 para uma lista de seis características com que Voegelin define o gnosticismo.

gnósticos surjam todos no contexto de alienação e especialmente num mundo que parece irremediavelmente afundado na miséria, o fator de revolta não é o decisivo. Acrescida a isso deve estar também a capacidade imaginativa de prolongar um mito especulativo de queda e redenção que é suficientemente abrangente para evocar credibilidade dentro do ambiente social. No entanto, mesmo então, a extrapolação dificilmente pode ser suportada. A realização de desejos exige mais do que força de vontade para apoiá-la.

> O fator adicional exigido é uma consciência do movimento em direção ao Para Além, de tal força e clareza que se torne uma iluminação obsessiva, cegando um homem para a estrutura contextual da realidade. Pois um pensador gnóstico tem de ser capaz de esquecer que o cosmos não emerge da consciência, mas que a consciência do homem emerge do cosmos.[28]

Esse elemento adicional, argumentava Voegelin, era a presença de uma revelação transcendente de tal intensidade e luminosidade que era tentadora a eliminação de todos os outros aspectos da realidade. Ele sugeriu a epifania de Cristo como "o grande catalisador que fez da consciência escatológica uma força histórica". A iluminação nessa escala tende a eclipsar a consciência da realidade em que ela ocorre. Como resultado, os indivíduos envolvidos inclinam-se a pular da completude da experiência para a completude da concretização em direção à qual ela infalivelmente aponta. O problema é primordialmente de equilíbrio dentro das experiências revelatórias de ordem. Quase por sua natureza tais acontecimentos envolvem uma cegueira para a situação não transfigurada em que surgem. Como consequência, o gnosticismo não é apenas um lapso ocasional lamentável dentro do contínuo revelatório, mas uma possibilidade permanente de todas as tradições simbólicas arraigadas na irrupção experiencial do Ser transcendente. Começando com um esforço para

---

[28] *The Ecumenic Age*. (1974) Columbia, University Of Missouri Press, vol. IV, 1999, p. 20. (Order and History) [Em português: *A Era Ecumênica*. São Paulo, Loyola, vol. IV, 2010. (Ordem e História)]

compreender a loucura ideológica da época, Voegelin tinha sido levado a contemplar a dinâmica irredutível da estrutura revelatória da consciência.

Nesse ponto, a análise do gnosticismo alcançara um nível de generalidade que não era restrita a nenhuma variante histórica específica.[29] Este é o valor da obra posterior de Voegelin. Ele nos oferece uma maneira de compreender a insurreição do gnosticismo, ligando-o com as possibilidades da própria consciência. É porque a consciência existe como parte da realidade que tem de ceder ao empurrão da visão imaginativa pela qual o todo é desenvolvido especulativamente.[30] As dinâmicas dessa extrapolação mítico-especulativa são tais que ela está cheia de perigos de desequilíbrio. Antes do rompimento com o mito, o próprio cosmos oferece a analogia fundamental para a ordem do todo, e um fundo rico de extrapolações está disponível a partir dos processos visíveis de ordem dentro do mundo. Mas depois da irrupção do Ser transcendente, constituindo um rompimento decisivo com a simbolização mítica da ordem cósmica, torna-se central o problema do relacionamento entre o Para Além e a existência imanente. Uma das opções fundamentais é a negação de qualquer relação entre eles. Então este mundo e sua ordem adquirem o valor distintamente negativo do mal ou se tornam o resultado de uma divindade decaída ou má que tem agora de permanecer implacavelmente em desacordo com a luz resplandecente que vem até nós do Para Além. Este é o cerne do qual as extrapolações

---

[29] Voegelin familiarizou-se completamente com os estudos de gnosticismo, começando com a obra de Gilles Quispel e Hans Jonas. Desde então se expandiu consideravelmente o campo, sobretudo com a publicação de textos gnósticos recém-descobertos, como *The Nag Hammadi Library*. Ed. James N. Robinson. San Francisco, Harper and Row, 1990; e Bentley Layton, *Gnostic Scriptures*. Garden City, Doubleday, 1987. Ainda útil como introdução é Hans Jonas, *The Gnostic Religion*. 3. ed. Boston, Beacon, 1978. Ver também Kurt Rudolph, *Gnosis: The Nature and History of Gnosticism*. Trad. Robert McLachlan Wilson. San Francisco, HarperSanFrancisco, 1987; N. Deutsch, *The Gnostic Imagination*. Leiden, Brill, 1995; Elliot R. Wolfson, *Through a Speculum that Shines*. Princeton, Princeton University Press, 1994.

[30] Ver o ensaio posterior, "Wisdom and the Magic of the Extreme". In: *The Collected Works of Eric Voegelin*, vol. 12, *Published Essays, 1966-1985*. Ed. Ellis Sandoz. (1990) Columbia, University of Missouri Press, 1999, p. 315-75.

gnósticas são geradas. Seu caráter dualístico reflete esta ruptura radical na realidade entre o Deus que se revela dentro da alma e o Deus que é manifesto na desordem do cosmos. Nenhum argumento é possível contra eles, porque, como Voegelin reconhece dos movimentos ideológicos, sua reivindicação de oferecer uma explicação abrangente da realidade só pode ser refutada de uma perspectiva fora do todo.

Mas isso não significa que tenhamos de abster-nos de apontar as consequências desastrosas assim em termos práticos como morais da posição gnóstica. É suicida tanto para a vida comum quanto para a vida da alma. No entanto os gnósticos dificilmente são movidos pela objeção a seu antinomianismo[31] já que esta é precisamente a intenção deles. É por contradizer a lei moral que decretam sua revolta contra o Deus deste mundo, seja a antiga rejeição valentiniana da lei do Velho Testamento, seja a rejeição marxista moderna da moralidade burguesa. Tudo o que pode ser feito é o que Voegelin tenta fazer. Ele traça os passos pelos quais os gnósticos chegam àquela posição, partindo de um começo que surge ostensivamente da abertura idealista da alma. É isto o que explica os aspectos mais intricados de todas as variantes do gnosticismo, a combinação do propósito moral magnânimo com uma desconsideração cruel das sensibilidades morais normais. É por isso que os gnósticos são os grandes assassinos revolucionários. Podem matar com a consciência tranquila porque consideram bom o mal que cometem. O passo crucial tinha sido o aparentemente inofensivo transbordamento de entusiasmo pela causa ou pela revelação. Experimentaram sua verdade com uma intensidade que os cegou à realidade circundante. Em vez disso, o acontecimento revelatório foi tomado como a chave que abriria o mistério maior da existência desde o começo até o fim. Em lugar de verem o dom da revelação como um

---

[31] "(Teol.) Doutrina que radicaliza o princípio reformador da justificação pela fé, e afirma que ao cristão basta ter fé, e que não precisa submeter-se a nenhum padrão de conduta previsto na lei mosaica." Apud dicionário online *Caldas Aulete*. (N. T.)

mistério em si dentro do mistério maior da realidade que permanece intocada pela revelação, os gnósticos determinam que sua própria iluminação tem de prognosticar o significado e a consumação do todo da realidade. A iluminação deles consiste no que Voegelin chama uma "extrapolação ilegítima" que proclama a capacidade de levantar o véu da realidade como um todo. Apenas a consciência da ilegitimidade da extrapolação é que oferece alguma ligação com a experiência comum do caráter não transfigurado de um mundo em que ocorrem irrupções transfiguradoras. É um fio delgado com que puxar, contra a impaciência maciça com o mistério. Mas na visão de Voegelin é tudo o que temos, e ele luta poderosamente para articular o imperativo de equilíbrio dentro de acontecimentos revelatórios.

Uma consequência curiosa de sua dedicação sincera ao postulado de equilíbrio, à insistência que entrevê que o transcendente não sugere nada acerca do *status* do resto da realidade, é que Voegelin tende a subestimar o caráter estabilizador dos acontecimentos revelatórios em si mesmos. Embora seja verdade que o gnosticismo opera às margens das religiões transcendentes, especialmente o judaísmo, a Cristandade e o islã, também é o caso que nenhuma delas nunca esteve em perigo de sucumbir à tentação. O gnosticismo parece exercer seu grande apelo dentro dos conjuntos sociais familiares com o movimento em direção à perfeição transcendente, mas do qual o movimento experiencial em si se recolheu grandemente. O apogeu do gnosticismo parece coincidir com tais conjuntos de transcendência em declínio, em vez de levantar no centro dos movimentos de iluminação em si mesmos. Dentro do judaísmo, o gnosticismo irrompe na Cabala, que só decola realmente no século XIII. Algo semelhante ocorre no islã, com a ascensão do sufismo exatamente no ponto onde o poder da revelação original tinha sofrido um declínio. Na Cristandade, são os períodos medieval e moderno que são o ponto alto das influências gnósticas de um caráter especificamente cristão. No mundo antigo, o complexo gnóstico é apenas parcialmente cristão e também inclui uma mistura rica de elementos de outros irrompimentos espirituais como o zoroastrianismo, o judaísmo, a filosofia e as religiões de mistérios. Mas qualquer que seja a estimativa das configurações históricas, o elemento decisivo é que os fiéis que abraçam a tradição revelatória completa raramente são confundidos pela alternativa gnóstica. A obediência e a atração à experiência revelatória mostram-se suficientes, e as projeções gnósticas dificilmente constituem uma grande ameaça espiritual para o cerne da própria revelação. Nenhures é mais evidente a incompatibilidade do que no caso da Cristandade.[32]

É verdade que a impenetrabilidade do processo misterioso da realidade é elevada através do reconhecimento cristão da transformação redentora do sofrimento, mas o mistério adquire uma camada adicional de confiança mediante a compreensão de que é um fado a que o próprio Ser transcendente se submete. O porquê ou como ou quando não são mais iluminados. Apenas a certeza do Amor que os sustenta é que é revelada. Como observou o próprio Voegelin anteriormente, a Cristandade é constituída pelo reconhecimento de que a participação do homem no sofrimento divino do mal é afinal de contas o centro transfigurador da história porque é revelada como a participação divina no sofrimento humano do mal.[33] Cristo é o ponto em que é definitiva a encarnação divina da ordem. Embora o mistério seja aprofundado, sua tonalidade muda decisivamente. Podemos ver não mais do que por um vidro obscuramente, mas a verdade que está para além é conhecida em seu significado mais pleno. A realidade é afinal de contas ordenada pelo Amor infinito, que se despeja infinitamente em favor da criação decaída. Nenhuma

---

[32] Para a resistência da igreja primitiva, ver Jaroslav Pelikan, *The Emergence of the Catholic Tradition (10-600)*. Chicago, University of Chicago Press, 1971; para a resistência judaica, ver Gershom G. Scholem, *Major Trends in Jewish Mysticism*. New York, Schocken, 1941; e, para o caso islâmico, Fazlur Rahman, *Islam*. Chicago, University of Chicago Press, 1979.

[33] Voegelin, *Israel and Revelation*. (1956) Columbia, University of Missouri Press, vol. 1, 1999, p. 501. (Order and History) [Em português: *Israel e a Revelação*. Trad. Cecilia Camargo Bartalotti. São Paulo, Loyola, vol. 1, 2009. (Ordem e História)]

tradição revelatória que emana deste cerne, que tem paralelo com as outras fés abrâmicas assim como os equivalentes compactos nas outras religiões do mundo, pode sucumbir totalmente à angústia da existência que abastece a revolta gnóstica. Na verdade, é precisamente a confiança revelatória da participação redentora de Deus na existência humana que oferece o antídoto mais convincente às inseguranças metafísicas que torturam a alma gnóstica.

É claro que este não é o lugar para uma discussão ampla acerca das complexidades do tratamento de Voegelin à Cristandade, que ele nunca pretendeu como um relato completo. A questão é levantada aqui apenas porque emerge no contexto de um exame do caráter gnóstico da modernidade. Esta, como indica a própria progressão de Voegelin, não pode ser considerada inteiramente, exceto em relação com as grandes experiências revelatórias à volta de cujas franjas irrompe o gnosticismo. A análise do gnosticismo tem de incluir uma reflexão acerca das forças espirituais que desviam as experiências revelatórias em direção à sua distorção. Mas não deve recuar de considerar a extensão a que as tradições revelatórias também constituem a grande fonte de resistência à revolta gnóstica. Uma reflexão ampla acerca da crise espiritual do mundo moderno não pode, como entendeu Voegelin, permanecer no nível de diagnóstico. A terapia é um correlativo indispensável do movimento diagnóstico. Mas, igualmente, o desdobramento diagnóstico-terapêutico não deve ficar no descobrimento de uma etiologia espiritual. Se o gnosticismo é a perversão dos grandes encontros revelatórios, então sua substituição pode também ocasionar uma extensão das mesmas fontes revelatórias. A famosa observação de Heidegger de que "apenas um deus pode salvar-nos" infelizmente foi associada ao desprezo calculado das tradições espirituais em que ocorrera a autorrevelação de um Deus.

É manifesto que Voegelin não é vulnerável à mesma crítica, mas há um sentido em que sua análise para a meio caminho de suas implicações. O efeito é certa incompletude na própria análise da modernidade que ele empreende neste volume final. Ele observa o esforço titânico dos grandes intelectuais modernos e expõe vigorosamente a transparência da futilidade que afinal os faz totalitários, mas afasta-se de uma meditação mais completa acerca da aspiração espiritual mais profunda que afinal de contas sustenta o apelo deles. Certamente Voegelin identifica este componente de profundeza espiritual que é o segredo da grandeza deles, mas não esboça inteiramente as consequências para a restauração da ordem. Na melhor das hipóteses, aponta, mas não desenvolve a implicação que o mesmo impulso em direção ao transcendente poderia descarregá-los na outra margem para além da revolução. Uma nota precisa de simpatia está presente em seu tratamento da coerência heroica de Bakunin, e há até certo tom de admiração para com Comte e Marx, que sofreram a crise espiritual dentro de suas almas. Mas tem de se estender a compreensão simpática se quisermos vê-los não apenas como progenitores de convulsão totalitária, mas como personagens trágicas por direito próprio. Somente então veremos o caminho não tomado, mas que também aponta para a frente, partindo deles – ou seja, submissão aos únicos meios espirituais adequados de provocar a transfiguração à qual aspiraram. Se o desejo deles tivesse sido o fruto de uma busca cristã deslocada pelo transcendente, então poderia ser suplantado adequadamente apenas pela restauração da rota apropriadamente espiritual até sua realização. Mesmo Voegelin, parece, retrocede perante a consequência total de suas reflexões. À medida que a distorção gnóstica da Cristandade é o cerne do mundo moderno, então somente a superação cristã da tentação gnóstica é que pode satisfazer-lhe a trajetória mal orientada.[34]

Por fim, Voegelin não conseguia ver como poderia ser realizado seu próprio chamado para uma nova filosofia cristã da história, pela qual a Cristandade poderia tornar-se

---

[34] Desenvolvi esses pontos mais pormenorizadamente em *After Ideology*. Washington, D.C., Catholic University of America Press, cap. 4, 1996.

o componente formativo da civilização moderna.[35] Foi um desencorajamento compreensível. Não há nenhuns esforços cristãos conscientes de moldar nossa civilização da maneira em que a Cristandade exerceu o papel formativo no mundo medieval. Certamente as igrejas estiveram mais preocupadas com sua sobrevivência do que com qualquer outra coisa. No entanto a própria modernidade está mudando. Especialmente com o desaparecimento das ideologias militantes, a religião é colocada menos na defensiva do que até agora. Um vácuo civilizacional de autocompreensão está prestes a ser preenchido. Mas a religião ou qualquer outro simbolismo mostrar-se-ão ineficazes à medida que deixarem de compreender os impulsos espirituais mais profundos que deram origem ao mundo moderno. É aqui que pode ser tão crucial o tipo de leitura pormenorizada da alma moderna que Voegelin oferece nestas páginas. Teríamos dificuldade de encontrar um relato mais penetrante da busca moderna da transparência que foi perdida no medievo e tão malogradamente procurada ao longo dos séculos modernos. Um desenvolvimento algo mais simpático da aspiração moderna revelaria a extensão a que o objetivo já está presente dentro da própria aspiração. O mundo moderno é sustentado por uma aspiração não realizável que é em si mesma a evocação mais alta da realidade

---

[35] Comentando a resistência exitosa da igreja às forças da modernização e da desintegração iluminista, vê como menos admirável a resposta positiva à crise. Não nos cabe oferecer uma solução. Mas certamente parte dela seria uma nova filosofia cristã da história e de símbolos míticos que tornaria inteligível, primeiro, a nova dimensão de significado que decorreu da existência histórica da Cristandade em razão de a igreja ter sobrevivido a duas civilizações. Em segundo lugar, tornaria inteligíveis as categorias do mito como uma linguagem objetiva para a expressão de uma irrupção transcendental. Mostraria que o mito é um instrumento mais adequado e exato de expressão do que qualquer sistema racional de símbolos. O mito, portanto, não deve ser confundido ao ser tomado literalmente, o que levaria a uma opacidade, nem reduzido a um nível experiencial de psicologia. Obviamente é uma tarefa que exigiria um novo Tomás em vez de um neotomista. *History of Political Ideas*, vol. VI, *Revolution and the New Science*. Ed. Barry Cooper. Columbia, University of Missouri Press, 1998, p. 56. (CW 24) [Em português: *História das Ideias Políticas*, vol. VI, *Revolução e a Nova Ciência*. Trad. Elpídio Mário Dantas Fonseca. São Paulo, É Realizações, 2017, p. 70-71.]

que o traça. Mesmo em sua fome mal orientada do transcendente, o transcendente está indelevelmente presente.

A análise de Voegelin ao longo destas linhas vem ocasionalmente à tona. Está muito evidente dentro da corrente de místicos que escolhe na *História*, como se nos dirigisse para a abertura espiritual de onde se poderia obter uma renovação da ordem. Nicolau de Cusa, Jean Bodin e Schelling são os exemplos mais notáveis, mas há outros realistas espirituais que contemplam impavidamente os imperativos da ordem. Entre esses podemos certamente incluir o próprio Voegelin, pois ele repetidamente reconhece seu débito a Bodin e Bergson em sugerir-lhe a noção de uma sociedade aberta fundada na abertura mística. Mais substantivamente, deveríamos notar que a própria visão de Voegelin de ordem pode ser encontrada firmada nas análises da *História*, embora não desenvolvida completamente, mas como o pano de fundo inconfundível de que são compostas as afirmações particulares. Discussões amplas das deficiências da ciência fenomênica como o modelo autorizado de conhecimento apresentam o caminho para a própria convicção de Voegelin de uma ciência da ordem fundada na participação na realidade substantiva da existência. Somos partes de uma ordem cuja direção é imediatamente aberta nas tensões morais que experimentamos e cuja fonte afinal aponta para o ser divino. Como tais, os seres humanos têm o direito e o dever de exercitar o autogoverno em obediência à lei interna e na sujeição ao estado de direito político. A amplitude dos talentos e possibilidades humanas, especialmente a perspectiva de um desenvolvimento moral significativo, está tremendamente limitada. Igualdade e falibilidade são amplamente abertas na antropologia filosófica diferenciada pela Cristandade, assim como os paradigmas fundamentais de uma filosofia da história são estabelecidos por sua diferenciação da realização escatológica. A perfeição não pode ser obtida nesta vida, embora um dos defeitos do simbolismo cristão seja sua incapacidade de discernir o significado espiritual do progresso civilizacional. Tal é o complexo de suposições em vigor que

Voegelin traz para fundamentar seus materiais, testando-o em justaposição com eles e extraindo-o, em medida considerável, deles. Tomados como um todo, apontam para uma reconceptualização do mundo moderno, mas não de uma que exija sua rejeição radical ou transformação.

Na verdade, o que emerge da reconsideração ampla talvez não esteja tão longe da aceitação da imperfeição que o próprio mundo moderno alcançou. Na ausência de um simbolismo espiritual abrangente, a fragmentação pode ser a verdade mais alta atingível. O esforço de ressuscitar uma nova visão espiritual atraiu manifestamente os desastres do prometeanismo. Muito melhor, portanto, é optar pelo caminho mais humilde da finitude, incompletude e imperfeição, que é mais bem expresso na diferenciação moderna da dignidade e respeito individuais. Na ausência de empresas civilizacionais grandiosas podemos ao menos prestar nossa homenagem à abertura transcendente de cada ser humano, descobrindo, destarte, o único valor civilizacional que conta, porque vê todas as realizações como inferiores aos seres humanos que as sustêm. A finalidade transcendente de cada pessoa significa que "toda civilização não é digna da morte de um único ser humano".[36] O que traduz a inclinação de Voegelin nesta direção diferente da adesão pós-moderna à incoerência é que ele reconheceu que nossa falha em revelar a coerência não é fatal para sua subsistência. Não nos é necessário penetrar as linhas invisíveis que ligam todos os seres humanos para estarmos certos dos liames inevitáveis que nos fazem irmãos, nunca justificados a infligir violência em nome de nossas ideias. É suficiente sermos capazes de apanhar a voz interna que anuncia a unidade para além das palavras. Nesse redespertar podemos talvez entrever a cura da loucura moderna que foi levada pela paixão de encontrar a unidade transcendente precisamente onde não poderia ser encontrada. Tendo largado a ilusão, estamos ao menos numa posição melhor

---

[36] Ver adiante, p. 148. Expandi esta perspectiva em *The Growth of the Liberal Soul*. Columbia, University of Missouri Press, 1997.

para redescobrir a realidade excedente de cada ser humano que escapa a todas as medidas mundanas.

Ao preparar o manuscrito de Voegelin para publicação, segui o tratamento da série como um todo. Tanto quanto possível foi preservado o estilo do autor, na suposição de que a maioria dos leitores desejará ouvir Voegelin em sua própria voz. As mudanças foram amplamente restritas a ajustes menores de revisão, tarefa pela qual gostaria de agradecer a Jane Lago, da University of Missouri Press. Tentei tornar o texto mais útil para os leitores contemporâneos, atualizando a literatura citada nas notas, traduzindo as citações que não são feitas em inglês, e empregando formas mais padronizadas de nomes. Em geral, Voegelin fazia suas próprias traduções, e estas não foram substancialmente alteradas. Onde deixou passagens sem traduzir, empreguei traduções publicadas ou fiz eu mesmo as minhas. Gostaria de agradecer a Ellis Sandoz por seu conselho inabalável e encorajamento ao longo deste processo, e a Steve Millies e Bill Byrne por sua ajuda na pesquisa.

David Walsh

NONA PARTE

A CRISE

1. Helvétius

§ 1. Observações introdutórias

Hoje ainda é difícil, se não impossível, conseguir uma visão equilibrada da pessoa e da obra de Helvétius. Há mais de uma razão para esse estado de coisas. Helvétius (1715-1771) viveu na época de Montesquieu e Voltaire, de Hume e Rousseau. Sua figura, embora muito respeitável, não se ombreia com a estatura dessas figuras dominantes da era do Iluminismo; e sua obra, consequentemente, nunca recebeu a mesma atenção cuidadosa e pormenorizada que a obra de seus contemporâneos superiores. Ademais, sua obra é expressão do movimento de Iluminismo a tal ponto que suas características típicas foram vistas mais claramente do que suas características concretamente pessoais, muito mais importantes. Helvétius pertenceu intimamente ao círculo dos *encyclopédistes*, embora ele próprio nunca contribuísse para a *Encyclopédie*. Pode-se dizer de sua primeira grande obra, *De l'Esprit* (1758), que focalizou, na forma de um tratado sistemático, as visões políticas que, nos artigos da *Encyclopédie*, aparecem na forma de um amplo espectro de opiniões divergentes de vários autores. A relação do *Esprit* com a *Encyclopédie* foi fortemente sentida à época em que apareceu o tratado. O Parlamento de Paris, em 1759, quando ordenou a queima do *Esprit*, ordenou ao mesmo tempo uma inquirição acerca da ortodoxia da *Encyclopédie*. Como consequência da agitação, foi retirada a permissão para a publicação da *Encyclopédie*, da qual sete volumes já tinham aparecido entre 1751 e 1757; a publicação só pôde ser retomada em 1765. Tanto quanto a *Encyclopédie* e em estreita associação com ela, a realização pessoal de Helvétius foi obscurecida por estar relacionada intimamente com a evolução do utilitarismo inglês. O que é talvez mais conhecido hoje de Helvétius é sua dependência de Locke e sua influência em Bentham. Pode-se dizer, na verdade, que Helvétius fez o que Locke não conseguiu fazer, ou seja, aplicar os princípios do *Ensaio sobre o Entendimento Humano* aos problemas da política; e não há dúvida de que certas formulações do *Esprit* sugeriram o princípio da maior felicidade do maior número tanto a Beccaria quanto a Bentham. Esta função histórica de Helvétius como o transmissor de Locke a Bentham não deve ser, de maneira nenhuma, enfraquecida; no entanto houve um pouco mais de substância no pensador francês do que pode ser absorvida por esta visão dele como uma ligação estranha, funcional, na evolução do utilitarismo inglês. Foi esta substância que Nietzsche tinha em mente quando descreveu a obra de Helvétius como "o último grande acontecimento na moral".[1]

A fim de penetrar no cerne dos problemas de Helvétius, temos de fazer com sua obra a mesma operação que fizemos a fim de revelar o cerne das ideias de Hobbes e Locke. As grandes modas da época, ou seja, a ciência natural e o direito natural eram quase irresistíveis – assim como a biologia no

---

[1] Nietzsche, *Unveröffentlichtes aus der Umwerthungszeit*, n. 248 (*Werke*, vol. 13, p. 107). Ver também *Menschliches, Allzumenschliches*, II, n. 216 (*Werke*, vol. 3, p. 326). Em inglês: *Unpublished Writings from the Period of Unfashionable Observations*. Trad. Richard T. Gray. Stanford, Stanford University Press, 1999; *Human, All Too Human*. Trad. R. J. Hollingdale. New York, Cambridge University Press, 1996; em geral, ver Nietzsche, *Gesammelte Werke*, 23 vols. München, Musarion, 1920-1929. Acerca de Locke, ver Eric Voegelin, *History of Political Ideas*, vol. VII, *The New Order and Last Orientarion*. Ed. Jürgen Gebhardt e Thomas A. Hollweck. Columbia, University of Missouri Press, 1999, parte oito, capítulo 6. (CW 25) [Em português: *História das Ideias Políticas*, vol. VII, *A Nova Ordem e a Última Orientação*. Trad. Elpídio Mário Dantas Fonseca. São Paulo, É Realizações, 2017.]

final do século XIX, e em nossa época a psicologia, parece ter tido uma atração irresistível. Têm se de remover primeiro essas roupagens da moda antes de se ver a forma das ideias que estão por baixo – se é que há alguma. Tivemos de descartar a cobertura da terminologia materialista e descartar as categorias legais de Hobbes a fim de penetrar na análise do orgulho e da loucura, das *pessoas* da *commonwealth* e do significado do Leviatã, que constitui sua verdadeira grandeza. E tivemos de descontar a política convencional de Locke a fim de penetrar na análise realmente importante da propriedade e da paixão aquisitiva. Temos agora de remover das ideias de Helvétius os complexos encobridores de lockeanismo e fisicismo a fim de chegarmos ao núcleo que constitui sua verdadeira realização, ou seja, à genealogia das paixões.

§ 2. A herança de Locke

a. O Ensaio de Locke

Existe, na verdade, uma relação entre o método de Helvétius e as ideias do *Ensaio* de Locke. Helvétius orgulhosamente insiste nesse ponto.[2] No entanto a relação não tem a forma simples de uma adoção, da parte de Helvétius, de certas ideias de Locke depois de uma leitura. O *Ensaio* de Locke tinha aparecido em 1690; 65 anos depois, ao tempo quando Helvétius estava escrevendo seu *Esprit,* tinha sido desenvolvido um *ambiente* de suposições concernentes ao que eram as ideias de Locke; e essas suposições se moviam algumas vezes a uma distância considerável do significado original do *Ensaio* de Locke. Esta latitude de interpretação foi causada inevitavelmente pelo fato de que a teoria de Locke acerca da moral era

---

[2] Ver *De l'Homme, Conclusion Générale,* o primeiro capítulo: "L'Analogie de mes Opinions avec Celles de Locke". In: *Oeuvres,* vol. 4. Paris, 1795, p. 413 ss. Ver, ademais, a passagem acerca de Locke no poema "Bonheur", *Chant Second.* In: *Oeuvres,* vol. 5. Paris, 1795, p. 26; outra versão da mesma passagem In: *Oeuvres,* vol. 2. London, 1776, p. 126. Em inglês: Helvétius, *De l'Homme.* Trad. W. Hooper. New York, B. Franklin, 1969.

em si um aglomerado de suposições, dificilmente consistentes umas com as outras. O ataque às ideias inatas no campo da moral levou à suposição de que um desejo de felicidade e uma aversão à miséria são os apetites fundamentais que determinam a conduta humana. "O bem e o mal não são nada além de prazer e dor, ou o que nos ocasiona ou proporciona prazer ou dor."[3] Para toda regra moral oferecida a nós temos de exigir a prova de sua razoabilidade; e a atração está em última análise neste princípio. Esta fórmula rudimentar, se tomada seriamente, poderia levar a resultados interessantes; podemos ver alguns deles na *Fábula das Abelhas* (1723) de Mandeville. O próprio Locke não teria aceitado este jogo malicioso e delicioso entre virtudes e vícios. Para ele, certo e errado estavam para além da dúvida; e a moralidade era "capaz de demonstração tanto quanto a matemática".[4] Mas onde encontramos as regras operantes para esta matemática da moralidade? A resposta posterior de Bentham foi o princípio da maior felicidade para o maior número. Para Locke, o padrão último é a "lei de Deus", estendendo o princípio do prazer e da dor para além, pois a conduta virtuosa ou pecadora proporcionará ao homem "alegria ou miséria das mãos do Todo-Poderoso".[5] Mas como podemos assegurar-nos desta "única pedra de toque verdadeira da retidão moral"? Pela revelação? A suposição levaria, como levou, ao movimento de utilitarismo teológico, e finalmente às posições de Tucker e Paley.[6] De novo, entretanto, Locke não aprovaria. Estava convencido de que o Evangelho era o verdadeiro código de moralidade, mas estava

---

[3] John Locke, *An Essay Concerning Human Understanding*. Ed. Peter H. Nidditch. Oxford, Clarendon, 1975, livro II, cap. 28, seção 5; ver também II.20.2 e II.21.42.

[4] Ibidem, livro IV, cap. 12, seção 8; ver também IV.3.18-20 e IV.4.7.

[5] Ibidem, II.28.8.

[6] Abraham Tucker (1705-1774), *Light of Nature Pursued by Edw. Search*, 1768-1778; William Paley (1743-1805), *Principles of Moral and Political Philosophy*, 1785. Novas edições: Abraham Tucker, *The Light of Nature Pursued*. 2. ed. revista e corrigida. British Philosophers and Theologians of the 17th and 18th Centuries n. 60. New York, Garland, 1977; William Paley, *The Principles of Moral and Political Philosophy*. British Philosophers and Theologians of the 17th and 18th Centuries n. 45. New York, Garland, 1978.

igualmente convencido de que o descobrimento deste código não exigia uma revelação. Como então pôde o verdadeiro código ser encontrado? Neste ponto, o argumento de Locke falhou inconclusivamente, e o campo permaneceu completamente aberto para a reconstrução de uma filosofia da moral. O resultado líquido da especulação de Locke, então, não é uma nova filosofia da moral, mas uma devastação completa em que ninguém poderia construir nada. A asserção de que a posição de um moralista é influenciada por Locke pode ser recebida, portanto, apenas com alguma reserva.[7]

---

[7] A interpretação de Locke neste parágrafo segue de perto Leslie Stephen, *History of English Thought in the Eighteenth Century*. London, 1878, vol. 2, cap. IX, "The Utilitarians". Há um ponto, entretanto, que é algo obscurecido pela brandura gentil vitoriana de Stephen; espero ter tornado isto mais claro: a destrutividade dos hábitos de Locke de filosofar. O ponto merece mais atenção do que recebeu, assim como as irresponsabilidades e impertinências de Voltaire, porque esses hábitos estabeleceram um estilo para o tratamento dos problemas intelectuais. A demolição de Locke da suposição de ideias inatas pode ser muito meritória em si mesma, mas torna-se uma realização algo duvidosa se considerarmos que não tem nada para oferecer em seu lugar. O jogo agradável de demolir um oponente é relativamente, mas apenas relativamente, inócuo contanto que o credo fundamental que encontrou uma expressão insustentável seja em si mesmo para além de dúvidas. O propósito não é, naturalmente, provar que uma proposição é errada, e deixar assim, mas esclarecer, por meio da crítica, a intelecção do problema que encontrou uma formulação insatisfatória. Se nenhuma intelecção melhor do problema é oferecida, e Locke não a oferece, o resultado da crítica é a "Terra Desolada" do Iluminismo. Ademais, deve-se observar o método empregado por Locke em seu ataque porque se tornou um padrão para o século e meio seguintes. Através de sua análise crítica de ideias inatas, Locke não dá uma única referência concreta a um filósofo que tenha defendido alguma das proposições que ele critica. Na ausência de tais referências, tem de manter-se ao menos em dúvida se algum filósofo já foi asno o bastante para afirmar, sem distinções apropriadas, as proposições criticadas por Locke. Esta técnica de pressionar uma teoria a consequências absurdas que não foram queridas pelo autor, enquanto despreza os verdadeiros problemas sérios que induziram à formulação da teoria, torna-se um dos mecanismos fundamentais da filosofia iluminista. É responsável por boa parte do tom exasperador de superioridade intelectual que distingue tantas pessoas iluministas. Quando esses mecanismos e maneirismos passam para o segundo plano, e quando vitórias intelectuais são obtidas com um ar de gravidade sobre algum disparate que ninguém jamais sustentou ou irá sustentar, o procedimento, como algumas vezes no caso de James Mill, adquire um toque burlesco. Esses mecanismos e condutas se tornam ainda mais destrutivos no decorrer dos séculos XIX e XX, quando são transferidos da crítica a ideias anônimas para a crítica a ideias políticas concretas de pessoas concretas. As condutas polêmicas atrozes que caracterizam a literatura comunista e nacional-socialista são a última – esperamos que sejam a última – transformação das condutas polêmicas criadas por Locke e Voltaire.

b. O fisicismo de Helvétius

De sua formulação do que considerava a teoria de Locke, pode-se inferir melhor o que Helvétius deve a ele: "Nossas ideias", diz Locke, "vêm até nós dos sentidos; e deste princípio, assim como de mim, pode-se concluir que o *esprit* em nós não é senão uma aquisição".[8] O *esprit* é uma reunião de ideias, direta ou indiretamente derivadas das impressões do sentido. A natureza do homem é basicamente uma sensibilidade física (*sensibilité physique*). "A sensibilidade física é o próprio homem, e o princípio de tudo o que ele é."[9] Todas as diferenças entre os homens são devidas às diferenças do processo educacional a que a *sensibilité physique* (que é neutramente receptiva no nascimento) é submetida no curso da vida. Esta formulação radical da posição de Helvétius, entretanto, é mais encontrada no posterior *De l'Homme* (publicado postumamente em 1772) do que no anterior *De l'Esprit*. O princípio parece ter-se cristalizado mais claramente com os anos, e Helvétius reconhece: "No homem tudo é sensação física. Talvez não tenha desenvolvido esta verdade de maneira suficiente em meu livro *De l'Esprit*".[10] Vemos emergir uma imagem de homem de simplicidade impressionante. O conteúdo da mente é uma transformação das impressões do sentido; concebe-se uma estrutura complicada como redutível a um princípio explanatório, à sensibilidade física. E esta sensibilidade não é sequer uma faculdade do homem, mas é o próprio homem. Obviamente, esta não é a concepção de Locke acerca da mente, pois Locke reconhece duas fontes de experiência, ou seja, a sensação e a reflexão. A sentença "*Nil est in intellectu, quod non fuerit in sensu*" não é aplicável à sua concepção a não ser que distingamos a palavra *sensu* pelos adjetivos *interno et externo*. As experiências dadas ao sentido de reflexão interna – tais como o perceber, o pensar, o duvidar, o crer, o conhecer, o querer – constituem para Locke uma classe de experiências

---

[8] *De l'Homme*, conclusion générale. In: *Oeuvres*, vol. 4, p. 413.

[9] *De l'Homme*, conclusion générale. In: Ibidem, vol. 4, p. 417.

[10] *De l'Homme*, seção II, cap. 1. In: ibidem, vol. 3. Paris, 1795, p. 110.

independentes de impressões de sentido. A eliminação da reflexão e a redução sistemática de experiências internas às impressões do sentido que encontramos em Helvétius é, antes, a concepção da mente que foi desenvolvida por Condillac em seu *Traité des Sensations* (1754). Para Condillac, mais do que para Locke, é devida à tentativa de interpretar a estrutura da mente de maneira genética e de explicar as experiências internas como *sensations transformées*.

Acerca dos motivos desta concepção radical genética não há nenhuma dúvida: uma ciência da moral deveria ser construída "como física experimental".[11] No universo moral, assim como no físico, Deus injetou não mais do que um princípio. Tudo o mais é "desenvolvimento necessário". O princípio da matéria é força e submissão às leis do movimento; do caos inicial, depois de muitos malogros, os elementos se arranjam no universo ordenado e equilibrado que vemos hoje. O princípio do homem é sua sensibilidade física, submetida às leis do prazer e da dor; depois da confusão inicial e de muitos erros, os pensamentos e ações do homem atingirão a ordem e o equilíbrio da alegria no mundo moral.[12] A analogia da física domina a construção. Este desejo de construção da moda é mais forte do que todo pensamento crítico. O leitor deve ter-se perguntado por que milagre obtivemos esta transição de uma teoria sensualista de conhecimento para uma teoria da moral. Foi obtida muito simplesmente, através da fórmula de que o homem está sob a direção do prazer e da dor: "um e outro lhe guardam e dirigem os pensamentos, as ações".[13] Os "pensamentos" (*pensées*) incluem generosamente as funções cognitivas assim como os julgamentos de valor e emoções. Ou, em outra formulação: "o homem é animado por um princípio de vida. Este princípio é sua sensibilidade física. O que esta sensibilidade produz nele? Um sentimento de amor ao prazer e de

---

[11] Helvétius, *De l'Esprit; or Essays on the Mind and Its Several Faculties*. Philosophy Monograph Series n. 33. New York, B. Franklin, 1970, prefácio.

[12] *De l'Esprit*. In: *Oeuvres*, vol. 1. London, 1776, p. 422 ss.

[13] *De l'Esprit*. In: ibidem, vol. 1, p. 423.

ódio à dor".[14] Parece quase inacreditável que tais verborreias altivas fossem o fundamento de um sistema de moral emulando a física. Mas, de fato, está tudo isso ali.

Este construtivismo não crítico, de novo, não é lockiano. É um ingrediente que entrou no estilo de especulação no curso das duas gerações depois da publicação do *Ensaio*. Locke foi muito explícito no ponto de que não temos nenhuma experiência de uma conexão causal entre impressões de sentido e os sentimentos de prazer e dor.

> Que certeza de conhecimento pode ter alguém de que certas percepções, tais como o prazer e a dor, não devem ser em alguns corpos elas mesmas, depois de modificadas de certa maneira e movidas, assim como deveriam ser numa substância imaterial, nos movimentos das partes do corpo? O corpo, tanto quanto o concebemos, sendo capaz apenas de atingir e afetar o corpo; e o movimento, de acordo com o alcance último de nossas Ideias, não sendo capaz de produzir senão movimento; de tal maneira que, quando permitimos que produza prazer ou dor, ou a Ideia de uma cor, ou som, resignamo-nos a abandonar nossa razão, ir além de nossas Ideias e atribuir isso totalmente ao prazer bom de nosso Criador.[15]

Os reinos ônticos da mente e da matéria são cuidadosamente deixados de lado; as tentativas de reduzir os fenômenos de um aos fenômenos de outro são rejeitadas. E a mesma clareza temos de observar na ocasião em que Locke apresenta as ideias de prazer e dor. São classificadas como ideias "simples", irredutíveis a outras; e podem surgir ou da sensação ou da reflexão. O prazer e a dor podem, mas não precisam, ser o acompanhamento de sensações ou reflexões "nuas". Não podem nem ser descritas nem definidas, mas são acessíveis ao conhecimento apenas pela experiência imediata.[16] O prazer, a dor e as paixões são para Locke um complexo irredutível

---

[14] *De l'Homme*, seção IV, cap. 22. In: ibidem, vol. 3, p. 384.

[15] *Essay*, livro IV, cap. 3, "Of the Extent of Human Knowledge", seção 6.

[16] Ibidem, livro II, cap. 20, "Of Modes of Pleasure and Pain", seção 1.

de ideias. Diante de tais discrepâncias entre as teorias verdadeiras de Locke e as teorias que Helvétius diz terem ancestralidade lockiana temos de dizer que, ao tempo do *Esprit*, Locke tornara-se um símbolo venerável, emprestando certa autoridade a qualquer tentativa de fundar uma filosofia da moral com base nas operações de prazer, dor e paixões.

c. Vauvenargues

Em Helvétius esta relação com Locke já é fortemente sobrecarregada pelo fisicismo. Seu significado pode ser visto talvez mais claramente na referência anterior de Vauvenargues (1715-1747) a Locke. Em sua *Introduction à la Connaissance de l'Esprit Humain* (1746), Vauvenargues cita Locke quase literalmente para dizer que todas as nossas paixões dependem do prazer e da dor.[17] Ademais, ainda preserva a distinção lockiana entre sensação e reflexão. O prazer e a dor como induzidos pela sensação são imediatos e indefiníveis; as paixões que se originam na reflexão são explicáveis porque têm suas raízes nas experiências de perfeição e imperfeição da existência.[18] O afastamento em relação a Locke é muito mais superficial do que em Helvétius, e o motivo do afastamento é revelado mais claramente. Os prazeres e as dores indefiníveis de Locke não se originam apenas como impressões de sentido. "Por prazer e dor, tem-se de entender que quero significar um corpo ou mente como são comumente distinguidos; embora, na verdade, sejam apenas diferentes constituições da mente, algumas vezes ocasionados pela desordem no corpo, algumas outras por pensamentos da mente."[19] Os prazeres e dores simples, indefiníveis, podem então surgir originariamente de operações da mente, tais como "da conversa racional com um amigo, ou do

---

[17] Vauvenargues, *De l'Esprit Humain* II, p. 22. Nova edição: Luc de Clapiers, Marquis de Vauvenargues, *Oeuvres Complètes de Vauvenargues*. Ed. Henry Bonnier. Paris, Hachette, 1968. Comparar Locke, *Essay*, livro II, cap. 20, seção 3: "O prazer e a dor, e o que os causa, o bem e o mal, são as dobradiças em que giram nossas paixões".

[18] Vauvenargues, *De l'Esprit* II, p. 22.

[19] Locke, *Essay*, livro II, cap. 20, seção 2.

estudo bem dirigido na busca e no descobrimento da verdade".[20] E mesmo os que são "ocasionados" pela sensação pertencem à "constituição da mente". E porque pertencem à "constituição da mente" e não à do corpo, podem produzir outras experiências da mente, o que Locke chama "sensações internas".[21] Essas "sensações internas" são as paixões; surgem quando os prazeres e as dores simples são submetidos à consideração pela reflexão. Aqui podemos pôr o dedo no ponto onde o próprio Locke deixa de ser um sensualista e trata a "constituição da mente" como uma unidade autônoma, independente das funções cognitivas das sensações. A epistemologia sensualista não tem nenhuma relevância nas dimensões internas da existência humana em que são colocadas as relações dinâmicas entre prazeres, dores, paixões, bem e mal. A despeito da terminologia de sensações que parece ancorar firmemente o mundo da moral em experiências do mundo externo, a análise verdadeira lança-nos de volta para uma atmosfera de equilíbrio interno e tensões. Não sabemos de nenhum bem e mal em si, mas apenas chamamos bom e mau o que associamos a prazeres e dores. E então de novo há como que um bem e mal objetivos que têm o caráter peculiar de causar em nós prazer e dor. Há, afinal de contas, uma harmonia pré-estabelecida entre bem e mal objetivos e prazer e dor subjetivos? O *Ensaio* de Locke, como vimos, não oferece uma resposta à questão; Locke nunca desenvolveu uma filosofia da existência humana, embora chegasse perto do problema mediante seu conceito da "constituição da mente". Esta questão, que Locke deixou em aberto, é a questão que ocupa os *moralistes* franceses do século XVIII. Quando Vauvenargues retoma as categorias de Locke de sensação e reflexão, estreita o significado de sensação até o significado de uma impressão que vem pelos sentidos – e então o descarta como desinteressante, e faz da reflexão o órgão pelo qual penetramos a estrutura da existência humana. Da "experiência do nosso ser" tiramos as ideias de "grandeza, prazer, poder"; da experiência da "imperfeição de nosso ser" tiramos as ideias de "pequenez,

---

[20] Ibidem, II.20.18.

[21] Ibidem, II.20.3.

sujeição, miséria" – *"voilà toutes nos passions"*.[22] O prazer e a dor já não são ideias simples, irredutíveis; referem-se a algo mais fundamental na constituição da mente: para além do prazer e da dor (e, por falar nisso, para além do bem e do mal) está a experiência do ser com seu equilíbrio precário de poder e sujeição, de perfeição e imperfeição, de existência sob a ameaça de aniquilação. O afastamento em relação a Locke revela seu significado como a tentativa de penetrar para além do prazer e da dor até os fundamentos do ser e reconstruir uma filosofia da moral dentro do quadro de uma filosofia de existência. A preocupação com uma construção genética do universo moral revela seu significado como a tentativa de encontrar o fundamento existencial da moral ao tempo em que os fundamentos cristão e humanístico tradicionais tinham vindo abaixo.

§ 3. A nova filosofia da existência

a. A inversão de direção

O lockismo de Helvétius, então, é um padrão algo confuso de símbolos com significados convergentes. De Locke provém diretamente a aversão às ideias morais inatas e, em consequência, a necessidade de procurar uma nova base para a moral. Quando secaram as experiências espirituais imediatas, e quando a tradição de fé e moral perdeu sua mágica, a refundação da moral é dominada pelo símbolo de uma inversão de direções. Inverte-se a orientação para uma realidade transcendental e procura-se um novo fundamento na direção da base somática de existência. Não é muito importante saber que símbolos específicos são empregados para este propósito; depende da vontade de qualquer um se quer interpretar Helvétius como um materialista por causa de sua insistência na *sensibilité physique* como a essência do homem, ou, ao contrário, como um sensualista porque as impressões de sentido subjetivo são declaradas como a base em que a estrutura

---

[22] Vauvenargues, *De l'Esprit* II, p. 22.

da mente é erigida, ou talvez como um hedonista porque os prazeres dos sentidos têm um papel diretivo importante no desenvolvimento de padrões de conduta. Todos esses símbolos estão presentes na obra de Helvétius, mas nenhum deles é decisivo para a análise concreta das paixões. Têm influências nas ideias de Helvétius apenas como fatores perturbadores à medida que as concessões a esses símbolos frequentemente se desviam da linha principal do argumento; particularmente as concessões ao símbolo de felicidade como um bem em si viciam as análises, sob outros aspectos muito admiráveis, das operações das paixões.[23] Deixando de lado os efeitos perturbadores e desviadores, os vários símbolos têm em comum o propósito de dirigir a análise para as experiências fundamentais de existência e de desenvolvimento dos fenômenos do mundo moral como uma transformação de forças elementais. Deste isolamento das forças fundamentais e da análise das paixões trataremos agora.

b. Inércia e ennui[24]

As forças constituintes de existência, como dadas à nossa experiência, são, por um lado, as forças que se dirigem à

---

[23] A perturbação hedonista em Helvétius foi criticada por Nietzsche, *Der Wille zur Macht*, n. 751, in: *Werke*, vol. 16, p. 194. Em inglês: *The Will to Power*. Trad. Walter Kaufmann. New York, Vintage, 1967. O aspecto hedonista das ideias de Helvétius, por importante que seja, foi superenfatizado porque foi o aspecto que fascinou Bentham. Ver, por exemplo, a apresentação de Helvétius no livro de Henry Sidgwick, *Outlines of the History of Ethics* (1886), edição ampliada por Alban G. Widgery. London, Macmillan, 1931, p. 267 ss. Nova edição: Sidgwick, *Outlines of the History of Ethics*. 5. ed. Indianapolis, Hackett, 1988. Acerca da insustentabilidade desta injeção hedonista na análise dos fenômenos morais é enorme a literatura. Ver, por exemplo, Henry Sidgwick, *The Methods of Ethics*. 5. ed. London, 1895, livro I, cap. 4, "Pleasure and Desire", e todo o livro II, "Egoism"; nova edição: *The Methods of Ethics*. Indianapolis, Hackett, 1981; Georg Simmel, *Einleitung in die Moralwissenschaft: Eine Kritik der ethischen Grundbegriffe* [Introdução à Ciência Moral: Uma Crítica da Ideia Ética Fundamental]. Berlin, 1892, vol. 1, cap. 4, "Die Glückseligkeit" [A Alegria]; nova edição: *Gesamtausgabe*. Ed. Klaus Köhnke. Frankfurt am Main, Suhrkamp, 1989-1991. Nicolai Hartmann, *Ethik*. Berlin, W. de Gruyter, 1926, pt. 1, seção 3; em inglês: *Ethics*. Trad. Stanton Coit. New York, Humanities Press, 1967 (Muirhead Library of Philosophy series n. 1).

[24] Tédio. (N. T.)

inércia e, por outro lado, as forças que contra-atacam a inércia e levam o homem à ação. À força que se dirige à passividade ou inércia, Helvétius chama *paresse*; devemos empregar, para ela, o termo inércia. A inércia ou passividade é natural ao homem; a atenção fatiga; o homem gravita para um estado de inércia como um corpo em direção a seu centro. E o homem permaneceria no estado de inércia a não ser que fosse retirado dele pela ação contrária de outras forças, as forças que Helvétius chama *ennui* e paixão.[25] *Ennui* é definido como a inquietação (*inquiétude*) que recai sobre nós quando não temos uma consciência ativa de nossa existência através do prazer.[26] O *ennui* é uma dor (*douleur*) menor, mas constante. Os prazeres mais fortes da vida estão necessariamente separados por intervalos e experimentamos o desejo de preencher esses intervalos com sensações menores. Por uma corrente constante de novas impressões, queremos "estar consciente de cada momento de nossa existência".[27] Este desejo de ser agitado, e a inquietude produzida pela ausência de impressões, contém, em parte, "o princípio da inconstância e da perfectibilidade da mente humana". Este princípio compele a mente a agitar-se em todas as direções; é a fonte da perfeição gradual das artes e das ciências e, por fim, da "*décadence du gout*".[28] A inquietude do *ennui*, no entanto, não é normalmente mais do que o fundo da existência. Levará o homem a atividades que proporcionarão prazeres menores, mas não é a paixão forte que produz um Licurgo, um Homero ou um Milton, nem um César ou um Cromwell; na melhor das hipóteses pode produzir uma figura militar como a de Carlos XII. No entanto sua importância não deve ser subestimada. O fato de o *ennui* ser ou não a força diretora da ação é determinado na situação concreta, em grande extensão, pelo estado geral da sociedade e pela forma de

---

[25] *De l'Esprit* III, cap. 5. In: *Oeuvres*, vol. 1, p. 380 ss.

[26] *Examen des Critiques du Livres Intitulé De l'Esprit*. In: *Oeuvres*, vol. 5, p. 245 ss. (Oeuvres): "*Nous éprouvons continuellement le besoin d'appercevoir notre existence par le plaisir*" (Continuamente experimentamos a necessidade de perceber nossa própria existência através do prazer).

[27] *De l'Esprit* III, cap. 5. In: *Oeuvres*, vol. 1, p. 381.

[28] Ibidem. [Decadência do gosto. (N. T.)]

governo. Em tempos em que as grandes paixões são acorrentadas pelo costume ou por uma forma de governo que é desfavorável à exibição delas, como, por exemplo, o despotismo, o *ennui* tem o campo somente para si; sob certas condições sociais pode tornar-se o *mobile universel*. A atmosfera da corte francesa do século XVIII é para Helvétius o grande exemplo da situação em que o *ennui*, combinado com uma ambição débil, é suficiente para explicar a conduta da maioria dos homens. Fora de tais situações especiais, a operação combinada de *ennui* e inércia é responsável por um estado de mente espraiado com vastas consequências sociais. Pois na submissão a essas duas forças, o homem quer ser agitado para escapar ao *ennui*, mas não muito, a fim de não ficar fatigado: "por essa razão queremos saber tudo sem as dores de penetrá-lo". Os homens são inclinados a aceitar como verdadeiro um corpo tradicional de crença porque um exame independente seria muito problemático; daí os argumentos que poderiam perturbar a crença serem logo rejeitados como insuficientes. Helvétius, quando fala de crença aceita, tem seus olhos especificamente na Cristandade.[29] Mas suas observações acerca da matéria são de importância geral como tratamento de uma classe de fenômenos muito negligenciados que constitui a textura fundamental de toda a vida social: os fenômenos de pensamento conservador, credulidade, semieducação, estupidez iluminada, resistência ao conhecimento, ignorância inteligentemente preservada, obtusidade voluntária, e assim por diante, para as quais nossa consciência foi afiada pelos acontecimentos contemporâneos.

c. Paixão

Da inércia e do *ennui* sozinhos, entretanto, nunca surgiria o universo moral como incorporado na história e na sociedade. Uma força mais forte é necessária para levar os homens às

---

[29] Uma nota de rodapé em *De l'Esprit* III, cap. 5, em ibidem, vol. 1, p. 385-88, traz, sob o disfarce de um mito tonquinês, um ataque feroz à Cristandade como uma impostura clerical. Notas desse tipo, cujo disfarce podia facilmente ser penetrado, formam provavelmente a causa da tempestade criada pelo tratado.

ações mais fatigantes, e esta força é oferecida pelas paixões. As paixões são no mundo moral o que o movimento é no físico; criam e aniquilam; conservam e animam; sem elas haveria morte geral. Nem todos os tipos de paixões oferecerão de igual maneira tal força movente; para os grandes efeitos são necessárias as paixões que Helvétius chama *passions fortes*. Uma *passion forte* "é uma paixão cujo objeto é tão necessário para nossa felicidade que a vida se torna insuportável sem a sua posse". Apenas paixões desta força podem produzir as grandes ações e induzir os homens a afrontar o perigo, a dor e mesmo a morte, e a desafiar o céu. As grandes paixões são "*le germe productif de l'Esprit*"; mantêm a fermentação perpétua de ideias e levam o homem através das tribulações da aventura física e intelectual.[30] A grande paixão faz o homem. A grande paixão é a fonte de inteligência ativa, que permite ao homem distinguir entre o extraordinário e o impossível. A ausência de grande paixão, por outro lado, caracteriza o homem sensível (*l'homme sensible*), ou seja, a mediocridade. Do homem de paixão depende o avanço da mente humana.[31] O homem sensível segue o passo batido, e fará bem em não o deixar, porque se perderia. É o homem em quem a inércia domina; não possui a atividade da alma que abre novas perspectivas e lança no presente as sementes do futuro. Apenas o homem de paixão é capaz de suportar a fatiga da meditação contínua que lhe permite ver a concatenação de causas e efeitos que se estendem para o futuro. "É o olho de águia da paixão que penetra o abismo escuro do futuro: a indiferença nasce cega e estúpida." Na prática social esta diferenciação de tipos humanos tem a consequência de que o "*génie élevé*" que descobre no pequeno bem do presente o mal maior do futuro é tratado como um inimigo público. Neste tratamento acordado ao gênio, a virtude parece punir o vício, ao passo que, na verdade, a mediocridade dirige o espírito.[32]

---

[30] *De l' Esprit* III, cap. 6.

[31] *De l'Esprit* III, cap. 7. In: *Oeuvres*, vol. 1, p. 405.

[32] *De l'Esprit* III, cap. 7.

d. A genealogia das paixões

Nem todas as paixões são do mesmo tipo; entre os vários tipos, entretanto, há uma ordem genética; uma paixão é diretamente enraizada na estrutura da existência; todas as outras são transformações desta paixão fundamental. Esta relação entre as várias paixões permite a Helvétius desenvolver a ideia de uma *Généalogie des passions*.[33] Já estamos familiarizados com os níveis mais baixos desta genealogia de paixões. São o princípio de sensibilidade física, e os sentimentos de amor pelo prazer e ódio pela dor engendrados por esse princípio. Temos agora de seguir a genealogia para além desses dois primeiros níveis. Da operação do amor ao prazer e do ódio à dor surge o *amour de soi*. O *amour de soi* engendra desejo de felicidade; o desejo de felicidade, o desejo de poder; e o desejo de poder dá origem a estas paixões "artificiais" de inveja, avareza, ambição e assim por diante, "que são todas, sob nomes diferentes, o amor ao poder disfarçado e aplicado aos diversos meios de obtê-lo".[34]

A genealogia das paixões é a ideia sistemática mais produtiva de Helvétius e ao mesmo tempo sua execução mais decepcionante. Já tivemos ocasião de refletir acerca da futilidade da ideia de sensibilidade física como a essência do homem; quase nenhuma elaboração é encontrada na obra de Helvétius para além da mera afirmação da proposição. Temos agora de dizer o mesmo quanto aos outros níveis da genealogia. É clara a causa desta debilidade insatisfatória da construção: Helvétius tentou combinar uma construção genética que podemos chamar materialista ou sensualista com uma construção genética que confia nas experiências existenciais de inércia, *ennui* e paixão; e os níveis dos dois degraus simplesmente não se encaixam. A "genealogia" que acabamos de apresentar revela o dilema. Helvétius quer interpretar a gama de paixões

---

[33] Ver o capítulo que tem esse título em *De l'Homme* IV, cap. 22. O título de Nietzsche *Genealogie der Moral* talvez seja mais do que uma coincidência.

[34] *De l'Homme* IV, cap. 22, "Généalogie des Passions". In: *Oeuvres*, vol. 3, p. 384 ss.

como uma série de variações de uma paixão fundamental, ou seja, da paixão que ele chama de *désir du pouvoir*. Supondo-se que a ideia pudesse ser levada avante com sucesso na análise concreta, esta tentativa se encaixaria no conjunto de suas suposições primárias concernentes a inércia, *ennui* e paixão. O *désir du pouvoir* seria nesta tríade de conceitos a paixão básica que se desenrola, em algumas situações sociais e sob a pressão de circunstâncias biográficas, nas várias paixões "artificiais". Seria a força elementar que sobrepuja a inércia e mitiga o desconforto do *ennui*, criando, pela ação, uma consciência aguda de existência. Este curso, de interpretar a vontade de poder como a força elementar de existência em ação expansiva, foi mais tarde tomado por Nietzsche. Com Helvétius esta interpretação é atravessada pela tentativa de encaixar as impressões de sentido e o mecanismo de prazer e dor na análise da paixão. Daí encontrarmos na *généalogie* o desejo de felicidade engendrando o *désir du pouvoir*. A paixão pelo poder perde, portanto, sua função como a força elementar e se torna um instrumento para obter a felicidade. Esta perversão do acompanhamento fugaz da ação em seu propósito levaria Helvétius face a face com a necessidade de explicar que tipo de prazer é obtido ao expor-se à morte – pois lembramo-nos de sua definição de *passion forte* como a paixão que desafia o perigo e faz o homem arriscar a vida. A paixão na existência não é apenas uma questão de vida, é uma questão de vida e morte. Uma exploração deste problema teria compelido Helvétius a rever sua genealogia das paixões. Ele escapa desta necessidade simplesmente não a explorando.

e. O amour de soi

O item mais estranho, no entanto, na *généalogie* é o nível do *amour de soi*. De novo o *amour de soi* é colocado numa posição instrumental em relação ao prazer e à dor. O *amour de soi* como um sentimento permanente é o garante de que os prazeres são obtidos e as dores são evitadas; podemos dizer que o ego é integrado quando o *amour de soi* é desenvolvido como o controle permanente que guia o ego pelo curso do prazer e assim o mantém na existência. Este *amour de soi*, agora, é o *amor sui* agostiniano. Na psicologia cristã, o *amor sui* é a paixão de existência que evita que o homem se dê conta de sua finitude criatural; o *amor sui* tem de ser quebrado pelo *amor Dei*, que dá ao homem a direção para sua origem divina e realização; esta quebra do *amor sui*, no entanto, não está inteiramente dentro do poder do homem; exige assistência da graça de Deus; e, se ele é realmente quebrado, fica o mistério da experiência cristã inacessível ao diagnóstico empírico. Helvétius tem o conceito do *amor sui*, mas não do *amor Dei*; e este isolamento do *amor sui* muda profundamente seu significado assim como sua função sistemática. Quando o *amor sui* é empregado como categoria de existência imanente, sem relação com suas implicações cristãs, é difícil ver como pode ser distinguido do *désir du pouvoir* como a paixão fundamental de existência; na melhor das hipóteses, o termo enfatizaria o ponto de que a existência humana tem o ego como um de seus elementos formadores importantes, e que o *désir du pouvoir* opera na forma de ações do ego. Na *généalogie*, entretanto, Helvétius separa o *amour de soi* completamente das paixões. Por que esta construção estranha? Por sua própria estranheza a construção dá-nos afinal a chave para a compreensão de um grupo de conceitos que, de outro modo, poderiam aparecer como uma aglomeração indigesta de elementos tradicionais. O *amor sui* não é estabelecido por Helvétius em oposição ao *amor Dei*, mas retém do contexto cristão um setor de seu significado, ou seja, sua ênfase de valor negativo. O *amour de soi* que guia o homem para sua felicidade pessoal não é em si mesmo conducente à virtude; o bem moral pode ser obtido apenas por ações que vão para além da obtenção de prazer pessoal e têm por escopo, incidentalmente ao prazer pessoal, a obtenção de um interesse geral. Esta restrição moral do *amour de soi* introduz uma dimensão na construção para além da psicologia do prazer e da dor e para além da análise de experiências existenciais. Numa análise estrita da existência, para além do bem e do mal, nem o *amour de soi* nem o *désir du pouvoir* deveriam ter ênfases morais; numa psicologia estrita do mecanismo de prazer e dor, o amor ao prazer e o ódio à dor deveriam substituir todas as considerações morais. Agora estamos diante de padrões do bem e do mal; e toda a *généalogie des passions* é movida, portanto, para a função de um instrumento que pode ser empregado para a obtenção do bem ou do mal, o que pode ser posto a serviço da virtude ou do vício. O curioso encadeamento de conceitos que pertencem alternativamente ao grupo prazer-dor-felicidade ou ao grupo inércia-*ennui*-paixão faz sentido se for entendido como uma concatenação de meios e fins manobrável que pode ser dobrada para propósitos ulteriores por um legislador ou educador que está na posse dos padrões absolutos de valores. Não ficamos surpresos, portanto, em descobrir que Helvétius considera a estrutura da existência como uma estrutura adquirida, com a exceção da *sensibilité physique* e do mecanismo de prazer e dor. Mesmo o *amour de soi* é uma "aquisição". "Aprende-se a amar-se; a ser humano ou inumano, virtuoso ou vicioso. O homem moral é totalmente educação e imitação."[35]

f. A instrumentalização do homem

As peculiaridades da *généalogie* de Helvétius, então, encontram sua explanação na instrumentalização da existência. O *amour de soi* pode ser desenvolvido, temperado ou defletido através do condicionamento de atitudes pelas recompensas educativas de prazer e punições de dor; o desejo de felicidade pode ser influenciado quanto à moralidade de seu conteúdo pela formação prévia do ego; o *désir du pouvoir* será determinado em sua direção pelo tipo de felicidade a que tem de servir; e as paixões artificiais podem ser desenvolvidas na direção de vícios antissociais ou de virtudes que servem o interesse geral de acordo com os prêmios ou punições mantidos pela estrutura da sociedade em que operam. O pormenor mais significativo neste processo de instrumentalização é a transformação do *amor sui* de uma paixão fundamental de existência

---

[35] Ibidem, vol. 3, p. 384.

num caráter adquirido. Se nos lembramos da origem agostiniana do conceito, poderíamos dizer que no contexto cristão a quebra do *amor sui* é a obra combinada do esforço humano e da graça de Deus: onde falhou a graça de Deus, o educador pode atingir resultados por uma aplicação judiciosa da psicologia dos reflexos condicionados. Das implicações desta divinização do processo educacional podemos tratar mais tarde com mais minúcia.

g. Poder

Para o momento, consideremos brevemente a influência que a instrumentalização da estrutura da existência tem na análise do poder. A paixão fundamental, da qual derivam todas as outras paixões, é o desejo de poder. Na análise concreta, o desejo de poder é representado pelo desejo de alguém encontrar-se numa posição de comando, se possível no papel de um déspota. O desejo de ser um déspota tem raízes no amor ao prazer e, consequentemente, na natureza do homem. Todo o mundo quer ser feliz e, daí, todo o mundo quer ter o poder de comandar pessoas que contribuam com sua felicidade. O governar as pessoas pode ou ser um governo de acordo com a lei ou um governo por vontade arbitrária. No primeiro caso, o poder de comandar é limitado; a fim de explorar mais eficazmente a posição de comando para a produção de felicidade, o governante terá de estudar as leis e encontrar os meios legais de obter seus propósitos. Tal estudo é fatigante, e a inércia se faz sentir como a contraforça à ação. A fim de satisfazer sua inércia, todo o mundo se esforçará, se possível, pelo poder absoluto que o salvará da fatiga de estudar a lei e colocar os homens servilmente à sua disposição. "*Voilà par quel motif chacun veut être despote.*"[36] Já que todo o mundo é déspota por desejo, se não de fato, o poder social é tido em alta estima. "A pessoa odeia o poderoso, não o despreza [...]. O que quer que digamos; a pessoa não despreza de fato face a face [...]. O respeito dedicado à virtude é transitório, o respeito dedicado

---

[36] *De l'Esprit* III, cap. 17. In: ibidem, vol. 1, p. 497 ss.

à força é eterno."[37] Este estado de coisas é mais propício do ponto de vista do educador e legislador. Se a virtude fosse parte da organização do indivíduo ou uma consequência da graça divina, não haveria homens honestos, exceto os que são organizados honestamente pela natureza, ou predestinados a ser virtuosos pelo céu. Leis boas ou ruins, neste caso, ou formas de governo não influenciariam ninguém. Se, entretanto, a virtude pode tornar-se o efeito do desejo pelo poder, o legislador pode colocar os preços de estima, riqueza e poder na conduta virtuosa. Então "sob uma boa legislação apenas os tolos seriam viciosos".[38] Que todos os homens sejam inspirados pelo amor do poder é o dom mais precioso do céu. Que interessa se os homens nascem virtuosos, se nascerem com uma paixão que os torna virtuosos apenas se manejados com habilidade?[39]

h. Desordem como a natureza do homem

A falha desta análise de poder como a paixão fundamental é óbvia: o desejo de poder, como apresentado por Helvétius, não é de maneira nenhuma fundamental, nem tampouco uma paixão; não é mais do que uma tentativa de obter felicidade, compreendida num sentido hedonista através do comando sobre outros serviços e coisas. Esta era a brecha na psicologia de Helvétius das paixões, contra a qual Nietzsche dirigiu sua crítica: a ideia de um Alexandre ou César buscando poder a fim de ser feliz é absurda para além da discussão. Helvétius, entretanto, não era tolo; a brecha na análise exige explicação, especialmente porque a falha é, na verdade, uma brecha na análise e não talvez simplesmente uma proposição errônea. Que Helvétius tinha um sentido muito fino para a psicologia das paixões está fora de dúvida ao leitor das discussões extensas e brilhantes de várias paixões no *Esprit*. Por trás da brecha na análise, há uma vontade precisa de ver o fenômeno de poder a uma certa luz: indicamos este problema quando

---

[37] *De l'Homme* IV, cap. 12. In: ibidem, vol. 3, p. 343.

[38] *De l'Esprit* III, cap. 17.

[39] *De l'Homme* IV, cap. 12. In: *Oeuvres*, vol. 3, p. 349.

introduzimos em nossa interpretação o conceito de instrumentalização; temos agora de explorar um pouco mais os motivos tais quais se tornam aparentes da análise de Helvétius.

Há um elemento na motivação de Helvétius que é típico do período do Iluminismo, assim como para os teóricos do século XIX que se deixaram inspirar pelo padrão de teoria iluminista: é a substituição de uma observação empírica correta pela *natura rerum*. Empiricamente encontramos, na verdade, hedonistas que se esforçam por uma posição de poder a fim de gozarem os benefícios materiais concomitantes; e também encontramos entre esses os que mantêm uma posição de poder pela circunstância, sem lutarem por ela, homens cuja relação com sua posição é puramente hedonista. A corte francesa do século XVIII podia dar a Helvétius material amplo na defesa de sua análise. A elevação da observação empiricamente correta a uma teoria geral do poder, no entanto, pertence à mesma classe de fenômenos que a identificação voltairiana de abusos eclesiásticos do tempo com a essência da igreja, ou a identificação que o marxista faz do mau emprego da religião como um ópio para o povo com a essência da religião. No capítulo acerca da apostasia,[40] discutimos esse problema sob o aspecto do obscurantismo espiritual de Voltaire; agora, em Helvétius, torna-se visível outro aspecto do problema: a vontade de confundir o abuso com a essência a fim de continuar o abuso, com as melhores intenções superficiais, com um propósito diferente.

A grande tentação em reconhecer a instrumentalização abusiva da paixão como o significado da paixão está na possibilidade de o analista que cometa o erro empregar mal os instrumentos para seus próprios propósitos. Na análise de Helvétius do poder podemos discernir a origem de fenômenos que permeiam a política moderna e estão ainda crescendo em importância, a origem da artificialidade da

---

[40] Ver *History of Political Ideas*, vol. VI, *Revolution and the New Science*. Ed. Barry Cooper. Columbia, University of Missouri Press, 1998, cap. I, "Apostasia". (CW 24) [Em português: *História das Ideias Políticas*, vol. VI, *Revolução e a Nova Ciência*. Trad. Elpídio Mário Dantas Fonseca. São Paulo, É Realizações, 2016.]

política moderna como produzida através da propaganda, educação, reeducação, mito político posto em prática, e assim por diante, assim como pelo tratamento geral dos seres humanos como unidades funcionais em empresas privadas e planejamento público. A decadência atual da sociedade ocidental que ocupou os pensadores do século XVIII tornou-se o modelo de prática social e política. Pois a desordem que se expressa empiricamente no obscurantismo espiritual e na instrumentalização da vida de paixão é aceita como a natureza do homem pelo analista – para os outros. Na análise de Helvétius encontramos um exemplo clássico de destruição da pessoa humana integral ao se colocar como normal a desordem da pessoa, ao mesmo tempo que se nega ao homem os poderes de remediar que poderiam restaurar a ordem. São negadas a possibilidade de regeneração espiritual da pessoa, a existência do homem em comunicação com Deus e a possibilidade da *renovatio evangelica* no sentido cristão; a função de regeneração é transferida para o analista no papel do legislador organizador que criará externamente a situação social que, a seu turno, induzirá a conformação externa de conduta com os padrões morais por um jogo com o mecanismo psicológico do homem desordenado. É o sonho de fuga do mistério da iniquidade que foi expresso por T. S. Eliot no verso:

"Constantemente tentam escapar
Da escuridão de fora e de dentro,
Sonhando sistemas tão perfeitos que ninguém precisará ser bom."

Helvétius sonhou com perfeição radical: na maioria dos casos, o pensador deste tipo fica satisfeito com uma suposição pelagiana acerca da bondade do homem; Helvétius, como vimos, concebe o homem como uma força moralmente neutra, nem bom nem ruim. O homem é esvaziado da substância moral, e as forças do bem e do mal são transferidas em sua inteireza para o legislador-analista.[41]

---

[41] Se traduzirmos a construção em termos platônicos, teríamos de dizer que Helvétius sonha uma Politeia sem Eros.

i. Salvação como processo social

A atitude de Helvétius é um exemplo inicial de atitudes políticas que se desenvolvem mais completamente nos séculos XIX e XX. Como sempre nos casos prematuros, os processos espirituais que levam à nova atitude são mais claramente visíveis do que no período posterior quando a estrutura de sentimentos se estabeleceu em padrões convencionais. Hoje temos como mais ou menos certo que nossa sociedade está repleta de líderes, de esquerda e de direita, que dão substância ao autômato humano. A enormidade da atitude já não pode ser sentida tão agudamente como no caso de Helvétius, em que apareceu em conflito direto com uma tradição viva. O que acontece é, em suma, que o legislador-analista arroga para si a posse da substância do bem na sociedade ao passo que a nega ao resto da humanidade. A humanidade está repartida na massa de mecanismos de prazer e dor, e na Unidade que manipulará os mecanismos para o bem da sociedade. A natureza do homem, por uma espécie de divisão de trabalho, é distribuída entre massas e líderes de tal modo que apenas a sociedade como um todo é o homem integral. Ademais, as operações do legislador nos membros da sociedade substituem, como vimos, a graça e a predestinação. A sociedade tornou-se um universo totalmente fechado com um processo de salvação imanente.

A intelecção do processo espiritual que ocorre em Helvétius lançará alguma luz no significado da psicologia genética, sensualista, assim como no complexo de suposições filosóficas ligadas a ela, para a evolução política na sociedade ocidental. A tenacidade da fé neste complexo de ideias certamente não é causada por seus méritos como uma interpretação adequada do homem e da sociedade. A inadequação de uma psicologia de prazer e dor, a pobreza da ética utilitária, a impossibilidade de explicar fenômenos morais pela busca de felicidade, a inutilidade da maior felicidade do maior número como um princípio de ética social – todas essas coisas foram demonstradas muitas e muitas vezes numa literatura volumosa. No entanto, mesmo hoje, este complexo de ideias mantém uma fascinação para um número não pouco considerável de pessoas. Esta fascinação será mais inteligível se virmos o complexo de sensualismo, utilitarismo, e assim por diante, não como um conjunto de proposições verificáveis, mas como o dogma de uma religião de salvação socialmente imanente. O utilitarismo iluminado é o primeiro numa série de movimentos totalitários e sectários, mais tarde seguido pelo positivismo, comunismo e nacional-socialismo.

§ 4. A herança de Pascal

No que diz respeito à ascendência de Helvétius, lidamos até aqui apenas com Locke e a transformação pela qual as ideias do *Ensaio* passaram nas duas gerações seguintes. Na análise de existência de Helvétius, no entanto, encontramos um grupo de conceitos que não provém da tradição inglesa, ou seja, o grupo de *paresse-ennui*-paixão. No que diz respeito à análise da existência nesses termos, Helvétius se move na tradição dos *moralistes* franceses, e particularmente de Pascal. Uma comparação com as ideias de Pascal trará à tona mais aspectos da nova teoria do poder. Esta comparação, entretanto, será limitada estritamente a alguns conceitos de Pascal que têm uma relação direta na análise de Helvétius. A relevância geral de longo alcance dos *Pensées* de Pascal para o desenvolvimento de uma filosofia da existência política já foi estudada no capítulo acerca de Nietzsche e Pascal.[42]

a. Angústia da existência

Para Helvétius, as forças da existência que suplantaram a tendência para a inércia são *ennui* e paixão. Esta situação inicial de uma análise da existência é tomada de Pascal. A dinâmica da existência é determinada, para Pascal, pela impossibilidade

---

[42] Ver vol. VII, *The New Order and Last Orientation*, oitava parte, cap. 4. [Em português: *História das Ideias Políticas*, vol. VII, *A Nova Ordem e a Última Orientação*. Trad. Elpídio Mário Dantas Fonseca. São Paulo, É Realizações, 2017.]

de um estado de completa quietude ou repouso (*repos*). "Nada é tão insuportável para o homem quanto estar completamente em repouso, sem paixão, sem obrigações, sem distração, sem a aplicação a algo." Em tal estado de repouso o homem torna-se consciente de "seu nada, seu abandono, sua insuficiência, sua dependência, sua impotência, seu vazio". *Incontinenti* surge das profundezas de sua alma "o *ennui*, a escuridão, a *tristesse*, a contrariedade, o rancor, o desespero".[43] O que Pascal tenta descrever por este conjunto de termos que denotam as facetas de um humor fundamental é chamado na filosofia moderna da existência, desde Kierkegaard, a "angústia da existência". A intoxicação de atividade encobre a realidade da existência humana; quando a paixão cede, a experiência de um vazio fundamental e um abandono metafísico emerge sem obscurecimento; a angústia da existência salta, exigindo ser aliviada; e o método comum de aliviar a ansiedade é o *divertissement* por uma nova atividade. Pascal diagnostica que "nunca estamos em busca de coisas, mas sempre em busca da busca",[44] porque por trás de todas as misérias específicas da vida humana está a miséria fundamental de nosso "estado fraco e mortal"; este estado é tão miserável "que nada pode confortar-nos se pensarmos nisso de perto". Esta angústia da existência não tem nenhuma causa específica; se o homem se sentiu salvo em todos os aspectos, ainda assim o *ennui* surgiria, por sua própria conta, da profundeza do coração; o *ennui* sem causa, que surge livremente, é devido à constituição da existência do homem (*par l'éta propre de sa complexion*).[45]

b. Divertissement *e felicidade*

O *ressentiment* contra a miséria contínua leva o homem para longe de si em direção a ocupações externas, em

---

[43] Blaise Pascal, *Pensées*. Ed. Leon Brunschvicg. Paris, Hachette, 1904, n. 131. Em inglês: *Pensées*. Ed. rev. Trad. A. J. Krailsheimer. New York, Penguin Books, 1995.

[44] Ibidem, n. 135.

[45] Ibidem, n. 139.

direção aos *divertissements*. O efeito aliviador, no entanto, não pode nunca ser mais do que temporário; não há tal coisa como felicidade em que o homem possa repousar; a própria ocupação diverte, não a realização. No entanto a futilidade do esforço não detém o homem em sua renovação: "Todos os homens, sem exceção, esforçam-se pela felicidade; quaisquer que sejam os meios que empregam, esta é sempre o escopo [...]. Este é o motivo de todas as ações dos homens, mesmo daqueles que vão e se enforcam". Buscam a felicidade a despeito do fato de ninguém a ter alcançado. "O que esta avidez e esta impotência traem se não o fato de que o homem antes conhecia a verdadeira felicidade da qual hoje não tem senão as marcas e os traços vazios?" O desejo de felicidade, que nunca pode ser satisfeito por escopos finitos, aponta para o bem infinito que, sozinho, pode dar satisfação verdadeira, para Deus.[46] A busca de felicidade intramundana é a "doença do orgulho" que separa o homem de Deus, uma doença que só pode ser curada pela Graça que une o homem a Deus – finalmente na morte.[47] A alegria na ação finita é a sombra da felicidade infinita na Graça de Deus; e a memória da "grandeza de nossa primeira natureza" transforma o escopo finito de tal ação na miragem de um escopo infinito que, se obtido, daria eterno repouso.

c. O nada e a humildade

A busca de felicidade é fútil; no entanto é parte da existência humana. Pascal não condena inequivocamente os *divertissements* da vida de paixão. Seria injusto acusar os homens: "A falta deles não é buscar o turbilhão, se ao menos o vissem como uma diversão; o mal é que a buscam como se a posse das coisas que buscam os fizesse realmente felizes". Mas os homens não reconhecem o caráter escapista de seus *divertissements,* e, portanto, demonstram que não se conhecem.[48]

---

[46] Ibidem, n. 425.

[47] Ibidem, n. 430.

[48] Ibidem, n. 139.

A consolação fugaz de nossas misérias que é oferecida pelos *divertissements* torna se então a maior de nossas misérias, pois é precisamente esta consolação que nos impede de pensar em nós e, portanto, nos leva para o caminho da perdição. "Sem ela estaríamos no *ennui*, e o *ennui* nos levaria a procurar meios mais sólidos de emergir dele. Mas as diversões nos entretêm e nos levam insensivelmente para morte."[49] Na dinâmica mundana de sentimento, o homem é então apanhado entre o desespero, quando visualiza sua corrupção e fraqueza, e o orgulho de realização, quando visualiza suas possibilidades e considera sua natureza incorrupta.[50] A saída deste dilema é apontada pela realização do *status* sobrenatural da alma em sua relação com Deus. Os sentimentos desta classe, no entanto, não podem ser tratados numa psicologia de paixões. A dinâmica desses sentimentos é transcendental. "A primeira coisa que Deus inspira na alma que ele escolhe tocar verdadeiramente é um conhecimento e uma visão bem extraordinários em virtude dos quais a alma considera as coisas e a si mesma de uma maneira inteiramente nova."[51] Esta "nova luz" muda a aparência dos *divertissements*; os escopos perecíveis aparecem como perecíveis, e mesmo como perecidos; a esta luz o mundo de paixão é aniquilado como um reino de verdadeira felicidade. E a angústia no cerne da existência (*la crainte*) também toma uma nova cor; a alma experimenta seu nada último e, ao penetrar no abismo deste nada, encontra-se em sua criaturalidade em relação com o infinito de Deus, o Criador.[52] Como resultado desta realização, a alma será possuída de uma humildade sacra que Deus deixa vencer o orgulho; e ela embarcará em busca do verdadeiro bem supremo, que é Deus.[53]

---

[49] Ibidem, n. 181.

[50] Ibidem, n. 435.

[51] Pascal, *Sur la Conversion du Pécheur*. In: *Oeuvres Complètes*. Paris, Hachette, 1904-1914, vol. 2, p. 37. Nova edição: Pascal, *Oeuvres Complètes*. Ed. Michel le Guern. Paris, Gallimard, 1988.

[52] Ibidem, vol. 2, p. 39.

[53] Ibidem, vol. 2, p. 38.

d. *O moi haïssable*

Na perspectiva da existência que foi tocada por Deus, o ego natural com suas paixões aparecerá como odioso. "*Le moi est haïssable*" é a doutrina de Pascal quanto ao ego mundano.[54] O ego é odioso porque é injusto; e é injusto para a estrutura da existência porque, sob a pressão da experiência da morte, é erigido num "todo do mundo", um sentido total que mancha o significado de tudo o mais no mundo. "Toda pessoa é um todo para si mesma, pois, quando está morta, tudo está morto para ela. E daí vem que todo o mundo se considera tudo para tudo."[55] Esta injustiça fundamental pode ser temperada superficialmente através de uma diversão de paixão no serviço público. Mas o sistema de ética e a conduta moral resultantes de tal diversão são "uma imagem falsa da verdadeira caridade"; o orgulho assumiu uma nova forma na conduta social virtuosa; não é extirpado. No fundo, há ainda o ódio com o qual o homem odeia o ego do outro homem como o rival de seu próprio ego preenchedor do mundo.[56] Não se odeia no ego apenas seu perigo potencial, mas a injustiça fundamental que é apenas encoberta pela conduta justa. "Todo ego permanece o inimigo e gostaria de ser o tirano de todos os outros."[57]

e. *Pascal e Helvétius*

As ideias de Pascal são de relevância em nosso contexto porque mostram a origem dos conceitos de Helvétius e porque, ao mesmo tempo, contêm a crítica do emprego que delas fez Helvétius. A análise de Pascal está profundamente entranhada na tradição cristã, mas contém igualmente um passo decisivo para além da tradição cristã à medida que reconhece, como novo fenômeno de relevância para a massa, o homem que está obcecado pela busca de felicidade a ponto de ser cego

---

[54] Pascal, *Pensées*, n. 455.

[55] Ibidem, n. 457.

[56] Ibidem, n. 451 e 453.

[57] Ibidem, n. 455.

à sua finitude criatural. A análise ampliada de paixões aparece em Pascal pela mesma razão que apareceu na obra contemporânea de Hobbes: na França, assim como na Inglaterra, o surgimento em massa de homens que estão apaixonadamente envolvidos em ação intramundana e que perderam o sentido de sua existência criatural chama a atenção dos pensadores; o *contemptus mundi* cristão está a ponto de ser esquecido, e a ação no mundo se torna paixão absorvente do homem. Em Pascal, ainda mais do que em Hobbes, a análise da paixão implica a condenação do novo tipo; mas, ainda assim, faz-se a análise; e pensadores posteriores que não condenam podem empregar a análise com uma ênfase positiva para seus próprios propósitos. Esta posição crítica peculiar de Pascal antecipa a análise posterior da paixão e revela a sua deficiência. Pascal reconhece, como mais tarde Helvétius, o desconforto da existência, o *ennui*, como o humor que dirige o homem para a ação de diversão. Mas, ao contrário de Helvétius, Pascal reconhece o caráter de diversão da ação, e sabe que o *ennui* pode ser suplantado pela busca em outra direção que não a de dar largas à paixão. O retorno à criaturalidade da existência a fim de encontrar a Graça de Deus é a resposta cristã à angústia da existência; a vida de paixão que cega o homem a esta possibilidade torna-se a fonte de miséria e é odiosa. Da posição cristã de Pascal, a análise da paixão e do mecanismo de prazer e dor na tradição de Locke e Condillac toca apenas metade do problema da existência, e toca precisamente a metade que é destrutiva do verdadeiro eu e é tomada como o todo.

§ 5. Religiosidade anticristã

a. Os dois eus

Helvétius estava bem a par da obra de Pascal e, especialmente, deste problema. Seu método de lidar com ele nos permitirá ganhar talvez a mais profunda intelecção no novo tipo de religiosidade anticristã que inspira o novo tratamento da política. O problema se torna tópico no *Esprit* quando Helvétius de repente experimenta a necessidade de penetrar *"jusques dans l'abîme du coeur humain"* [até mesmo no abismo do coração humano.][58] Depois de ter explicado que as paixões são moralmente indiferentes e que depende da forma de governo o fato de elas servirem à virtude ou ao vício, ele descobre que há um fenômeno residual que exige explicação: o fenômeno de que mesmo sob a melhor forma de governo os homens de mais confiáveis virtudes mostram falhas de conduta. Bruto e Catão são para Helvétius os modelos de virtude; e mesmo Bruto usou uma vez sua influência política para obter um favor para um membro de sua família; e mesmo Catão, em uma ocasião, parece ter usado fundos do governo como dinheiro seu. Mesmo se dirigido da melhor maneira para a ação virtuosa, o coração do homem parece permanecer um campo de batalha para a virtude e o vício. A fim de resolver este problema moral, "temos de buscar a causa dos estados alternativos de inquietação e quietação de consciência, desses movimentos confusos e variegados da alma, dessas lutas internas que o poeta trágico apresenta com tanto sucesso no palco, porque os espectadores experimentaram movimentos similares eles mesmos". Em suma: "temos de perguntar quais são esses dois eus que Pascal e alguns filósofos hindus reconheceram no homem".[59]

À primeira vista, o leitor poderia suspeitar alguma confusão grotesca. O que os *deux moi* de Pascal têm que ver com a honestidade cívica dos dois modelos romanos de virtude? E temos de fazer esta pergunta particularmente porque, sob o título de "o outro eu", Pascal lidou com o problema levantado por Helvétius. Não estamos satisfeitos, diz Pascal, com

> a vida que temos em nós e em nosso ser verdadeiro: queremos viver uma vida imaginária nas mentes dos outros, e por essa razão forçamo-nos a aparecer. Trabalhamos incessantemente para embelezar e conservar nosso ser imaginário e negligenciamos o verdadeiro. Se formos possuídos de tranquilidade,

---

[58] *De l'Esprit III,* cap. 16. vol. 1, p. 482.

[59] Ibidem, vol. 1, p. 486.

ou generosidade, ou lealdade, esforçamo-nos para fazê-lo conhecido a fim de ligar essas virtudes a nosso outro eu, e as removemos mesmo de nosso verdadeiro eu a fim de juntá--las a nosso outro eu: cometeríamos prontamente um ato de covardia a fim de adquirir a reputação de sermos corajosos. Isto caracteriza o nada do verdadeiro eu que não estamos satisfeitos por um sem o outro, e que frequentemente chegamos mesmo a trocar um pelo outro! Pois o homem que não morresse para conservar sua honra seria um infame.[60]

O problema da ação virtuosa pertence ao processo de construção do outro eu imaginário. As contravenções de Bruto e Catão, que causaram as desconfianças de Helvétius, são um problema à medida que a imagem pública do eu é perturbada. Da posição de Pascal, as contravenções seriam possivelmente os únicos exemplos nas vidas dos dois grandes cavalheiros em que por uma vez tinham esquecido seu papel de virtude romana, e em que por uma vez tinham sido leais a seus verdadeiros eus.

b. O véu de Maya

Helvétius, no entanto, não entendeu mal Pascal de maneira nenhuma. Continua sua observação dos *deux moi* com uma referência à intelecção paralela no misticismo hindu, e explica cuidadosamente que se está referindo aos dois princípios da filosofia Vedanta. O princípio positivo é o do verdadeiro eu; o princípio negativo é o de *maya*, do véu da aparência. A sabedoria consiste no libertar-se de *maya* através do retorno ao Fundamento divino infinito do verdadeiro eu.[61] Ele não confunde o significado; projeta deliberadamente o significado no universo de ação apaixonada. Daí a questão de por que mesmo os homens mais virtuosos não são sem falhas tem de ser respondida pela exploração do mecanismo das paixões. Se o homem fosse

---

[60] Pascal, *Pensées*, op. cit., n. 147.
[61] *De l'Esprit. In: Oeuvres*, vol. 1, p. 486.

possuído apenas de uma paixão solitária, tal como o *amour de gloire*, suas ações poderiam ser dirigidas uniformemente para escopos virtuosos. Já que, no entanto, é possuído por uma pluralidade de paixões, um homem virtuoso tem de ser definido como um homem em quem a paixão que leva aos resultados positivos é predominante, ao passo que as outras paixões são comparativamente fracas em seus efeitos.[62] E este homem virtuoso só é possível concretamente se o *amour de gloire*, o desejo de estima social, puder encontrar sua satisfação nas ações que servem ao interesse público. "É a conformidade feliz entre nosso interesse pessoal e o interesse público, a conformidade que ordinariamente é produzida pelo desejo de estima, que produz sentimentos ternos pelos outros homens e experimenta a afeição deles como uma recompensa suficiente."[63] Se essa conformidade não for dada pela estrutura social, não haverá nenhuns homens virtuosos. "O homem virtuoso não é o homem que sacrifica seus prazeres, hábitos e as paixões mais fortes ao interesse público; é o homem cuja paixão mais forte está em conformidade tão próxima com o interesse público que praticamente sempre é compelido a ser virtuoso."[64] E como pode ser obtida esta conformidade afortunada? De novo somos remetidos ao legislador como salvador.

Podemos agora formular mais claramente o problema. Helvétius concorda com Pascal nos princípios gerais da interpretação das paixões. A vida da paixão constrói, para Pascal, o eu imaginário para os olhos públicos, e tece, para Helvétius, o véu de *maya*, empregando como suas forças o *amour de soi* e o *amour de gloire*. Para Pascal, esta textura de orgulho pode ser rasgada apenas pela mudança radical de direção ao nada criatural e à construção da verdadeira vida, sem paixão, em abertura para a graça de Deus. Para Helvétius, o homem não pode mudar seu curso; a vida de paixão é seu fado; tudo o que pode

---

[62] *De l'Esprit III,* vol. 1, cap. 16. p. 488.

[63] Ibidem, vol. 1, p. 489.

[64] Ibidem, vol. 1, p. 490 ss.

fazer é oferecer uma situação social em que são virtuosos os resultados da ação apaixonada. O legislador tem a função de enredar o homem no véu de *maya* de tal maneira que o tecido mostre uma superfície iridescente de virtude. O homem é deixado na vida de aparência, mas, por meios que nos lembram o *List der Vernunft* [astúcia da razão] de Hegel, a aparência é revestida de uma outra aparência de virtude. Como a aranha na teia de aparências assenta-se o legislador que comanda – a contraforça intramundana a Deus – guiando o espetáculo da luta, que tem tanto sucesso com a audiência porque todo o mundo reconhece nele sua própria luta.[65] Esta visão verdadeiramente satânica revela a extensão da catástrofe do espírito ocidental mesmo no século XVIII. Helvétius, como dissemos, não entendeu mal Pascal; simplesmente estava morto para a possibilidade de uma existência cristã; a obsessão intramundana a tinha substituído inteiramente. Os problemas de Pascal mantêm-se, mas a nova religiosidade da pessoa intramundana fechada determina uma nova imagem do homem e uma nova interpretação dos velhos problemas. Helvétius não foi nem um grande pensador nem uma grande alma. Podia apresentar sua posição com uma relativa inconsciência de suas implicações. O fim catastrófico desta nova religiosidade, que corta as relações com o *realissimum*, vê-la-emos, um século depois, em Nietzsche.

Desta excursão nas profundezas satânicas da felicidade e da virtude, retornemos aos problemas de superfície da política que tentam os filhos do mundo.

---

[65] Depois de ter escrito esta sentença, descobri que minha imaginação não pode ultrapassar a realidade. Bentham, no *Panopticon,* louva como a grande vantagem de seu plano para a prisão perfeita "a *aparente onipresença* do inspetor (se a vontade divina me permite a expressão), combinada com a extrema facilidade de sua *presença real*" (*Panopticon: or, The Inspection House.* In: *Works.* Ed. Bowring. Edinburgh, 1843, vol. 4, p. 45). O *Panopticon* é um dos mais fascinantes documentos para a pneumopatologia do século XVIII. Deve ser lido em comparação com as novelas de Franz Kafka: as situações de sonho que o poeta emprega como seu instrumento de expressão da *angústia* da existência tornaram-se realidade na vida e na obra de Bentham. O leitor do *Panopticon* é assombrado da suspeita de que Bentham é uma personagem que escapou de uma novela de Kafka. Nova edição: Bentham, *The Panopticon Writings.* Ed. Miran Bozovi. New York, Verso, 1995.

§ 6. Felicidade e virtude

a. Bentham e Lenin

Uma aranha é um animalzinho decidido: não quer apenas tecer uma teia, quer também apanhar a mosca. O ato de apanhar a mosca é a grande concupiscência assim do pensador como do homem de ação que querem criar a felicidade do homem na sociedade. Lembramo-nos das observações de Pascal acerca da imagem falsa da caridade verdadeira, e do ego que gostaria de ser o tirano de todos os outros. Orientemo-nos primeiro nessa matéria através de uma passagem famosa de Bentham, refletindo a influência de Helvétius:

> Caso se pudesse encontrar um método de tornar-se mestre de tudo o que poderia acontecer a certo número de pessoas, arranjar tudo ao redor delas de tal modo que se produzisse nelas a impressão que se quer produzir, tornar-se certo das ações delas, das suas conexões e de todas as circunstância de suas vidas, de tal modo que nada pudesse escapar, nem pudesse opor-se ao efeito desejado, não poderia haver dúvida de que um método assim seria muito poderoso e um instrumento muito útil que os governos poderiam aplicar a vários objetos da mais alta importância.[66]

A passagem é tão rica que poderia servir como texto de um sermão do tamanho de um livro. Devemos notar apenas o sonho da Gestapo do controle completo físico e mental sobre um grupo de seres humanos; a associação sugestiva do

---

[66] Idem, *Traités de Législation Civile et Pénale*. Ed. Étienne Dumont. Paris, 1802-1803, p. 209. A passagem citada é o parágrafo de abertura da *Memoire* sobre o *Panoptique*, de 1791. A formulação é de Dumont, mas foi aprovada por Bentham. Continua a passagem: "*L'éducation, par exemple, n'est que le résultat de toutes les circonstances auxquelles un enfant est exposé. Veiller à l'éducation d'un homme, c'est veiller à toutes ses actions: c'est le placer dans une position où on puisse influer sur lui comme on le veut, par le choix des objets don on l'entoure et des idées qu'on lui fait naître*". [A educação, por exemplo, não é mais do que o resultado de todas as circunstâncias a que a criança é exposta. Cuidar da educação de um ser humano é cuidar de todas as suas ações. É colocá-lo numa posição em que ele pode ser influenciado como se quer, pela escolha de objetos com os quais o circundas e as ideias que alguém o faz ter.]

1 - Helvétius | 89

poderoso e do útil; e o desejo suprimido de colocar as mãos de alguém num governo, a fim de aplicar o instrumento "a vários objetos da mais alta importância". Bentham nasceu cem anos adiantado; um século depois, as circunstâncias seriam mais favoráveis à realização do sonho. Na noite da Revolução Russa, Lenin evocou a visão do estado feliz, quando a maioria do povo governará os exploradores e operará o governo como uma vasta instituição de contabilidade e controle:

> Quando a *maioria* do povo começar por toda a parte a manter tais contas e manter tal controle sobre os capitalistas (agora convertidos em empregados) e sobre a nobreza intelectual, que ainda mantém hábitos capitalistas, este controle tornar-se-á realmente universal, geral, nacional; e não haverá nenhuma maneira de fugir dele, não haverá "nenhum lugar para ir". Toda a sociedade ter-se-á transformado num escritório e numa fábrica, com trabalho igual e igual pagamento.[67]

Em Lenin, como em Bentham, vemos funcionar a imaginação sádica que divisa circunstâncias que deixarão à vítima apenas a escolha entre submissão e suicídio. O legislador espera que a vítima "se acostume" com as condições e se sinta, por fim, livre em sua rede; no final, a próxima geração, "criada sob condições sociais novas e livres" (Engels), adquirirá o hábito de sentir-se desoprimida e feliz no novo mundo.[68]

b. A felicidade do maior número

Notamos o caminho geral de felicidade e virtude em cujo começo encontramos as ideias de Helvétius. Sua tese fundamental para a política prática é a neutralidade moral do homem; os homens não são nem bons nem maus, seguem seu interesse. "Os protestos dos moralistas não mudarão esta

---

[67] Lenin, *State and Revolution. V.4. Collected Works.* New York, International, 1927-, 21, p. 230; *Sochineniya.* Moscou, 1941, 21, p. 440. *Nova edição: Lenin, State and Revolution: Marxist Teaching about the Theory of the State and the Tasks of the Proletariat in the Revolution.* Westport, Conn., Greenwood Press, 1978.

[68] *Lenin, State and Revolution IV.6. 21,* p. 214; *Sochineniya, op. cit.,* 21, p. 426.

força (*ressort*) movente do universo moral. Não se deve reclamar da maldade do homem, mas da ignorância dos legisladores que sempre colocaram o interesse privado em oposição ao interesse geral."[69] A excelência das leis é a condição da conduta virtuosa. E quando são boas as leis? Quando são consistentes entre si; e são consistentes apenas quando animadas por um único princípio simples, como, por exemplo, pelo princípio da utilidade pública (*utilité public*), ou seja, utilidade "para o maior número de homens sob uma organização governamental". Este princípio contém em núcleo "todas as morais e legislação".[70] Essas proposições têm sua importância prática porque o homem, por natureza, é feito para ser virtuoso. Esta virtuosidade "por natureza" não é uma contradição à suposição anterior de neutralidade moral, já que "por natureza" significa que a força compacta está do lado da justiça. O princípio do maior número não deve ser entendido como uma matemática da felicidade no sentido de que a maioria deveria ser feliz, em vez da minoria; envolve o reconhecimento de que "o maior número" é uma força política. "Se considerarmos que o poder reside essencialmente no maior número, e que a justiça consiste na prática de ações úteis para o maior número, então é evidente que a justiça, por natureza, está sempre equipada com o poder necessário de suprimir o vício e compelir os homens a ser virtuosos."[71] Se a justiça está em harmonia com o poder, por que então não se realiza a justiça na sociedade concreta do dia? Porque a massa do povo é mantida em ignorância quanto a esta verdade pela minoria reinante, ou seja, pela igreja e pela corte. A crítica da sociedade contemporânea feita por Helvétius é ampla, mas cautelosa nas formulações decisivas. Ele esforça-se por evitar atacar diretamente o rei e a igreja e, ao contrário, concentra-se na parte obviamente abusiva da minoria que ele chama os *fanatiques* e os *demi-politiques*, os

---

[69] *De l'Esprit II,* cap. 5. In: Oeuvres, vol. 1, p. 96 ss.

[70] De l'Esprit II, cap. 17. p. 228. Outra formulação vai ser encontrada em II, cap. 23, p. 291 ss: "o interesse público, ou seja, o interesse do maior número, em que sempre devem basear-se os princípios da boa moral".

[71] *De l'Esprit II,* cap. 24. In: ibidem, vol. 1, p. 300 ss.

fanáticos religiosos que se entregam à perseguição e os parasitas aproveitadores que impedem a iluminação do povo.[72] A próxima pergunta teria de ser: como a minoria que se opõe ao interesse do povo alguma vez obteve sua ascendência? A resposta a esta pergunta pode ser dada apenas por uma teoria da evolução histórica da sociedade.

c. Evolução social

A teoria de Helvétius de evolução social é de importância considerável para a história das ideias políticas assim como para a compreensão de certas questões sistemáticas na posterior teoria da política. No que diz respeito à história das ideias, Helvétius viu claramente pela primeira vez que uma filosofia da justiça social tem de louvar-se na evolução histórica de instituições econômicas como sua base, se e quando a intelecção nos valores espirituais é perdida. No que diz respeito à questão sistemática, encontramos em Helvétius o problema da felicidade do maior número ainda em sua conexão com as questões concretas de revolução social. No desenvolvimento posterior da ética sistemática, o princípio da felicidade do maior número perdeu esta conexão com a questão concreta que lhe deu significado; foi apresentado e criticado como um princípio abstrato de moralidade. Com Helvétius, o maior número cuja felicidade deveria ser o padrão de justiça social não é uma máxima matemática, mas bem concretamente o "povo", ou seja, a classe média, os camponeses e os trabalhadores. E o menor número, cuja felicidade pode ser negligenciada, não é um grupo de indivíduos idiossincráticos à margem da normalidade de massa, mas muito concretamente a classe reinante da França. Em sua origem, com Helvétius, o princípio da felicidade do maior número é claramente ligado à diferenciação de classes econômicas e ao problema da luta de classes. O utilitarismo inglês e o marxismo são ambos ramificações da posição original de Helvétius, um enfatizando a classe média

---

[72] *De l'Esprit* II, cap. 23. O posterior *De l'Homme* é mais sincero na crítica.

como o maior número cuja felicidade tem de ser assegurada; o outro enfatizando o proletariado.

Em *De l'Esprit* e *De l'Homme*, Helvétius formulou sua teoria de evolução social mais de uma vez. Temos de distinguir duas variantes principais da teoria. Em uma delas, a ênfase está na questão do nacionalismo ou internacionalismo: deve o maior número ser a maioria dentro de uma nação ou a maioria da humanidade? Numa segunda, a ênfase está na questão da luta de classes: quem é especificamente o maior número e em que consiste sua felicidade? Lidaremos primeiro com a variante que enfatiza a questão do nacionalismo ou internacionalismo.

A questão da evolução social surge por ocasião do problema de por que a justiça deveria ser definida à luz do interesse geral. A sensibilidade física e o mecanismo de prazer e dor são os únicos princípios admissíveis na interpretação do homem; temos de perguntar, portanto, como o interesse geral pode ser explicado como uma transformação do interesse individual. À medida que esta pergunta não é respondida, a demanda dirigida ao legislador de que ele deveria, por suas leis, produzir conformidade entre o interesse privado e o público está suspensa no ar, porque podemos perguntar legitimamente por que deveria haver uma conformação deste tipo. A teoria da evolução social tem o propósito de mostrar que geneticamente o interesse geral é um resultado normal do interesse privado; o estado de interesse privado predominante é um estado social primitivo; a evolução para o interesse geral marca o avanço do estado social. As fases desta evolução são as seguintes: (1) temos de presumir um estágio inicial de famílias isoladas que proveem às suas necessidades de vida; (2) o crescimento da população produz relações de vizinhança em que rivalidades por comida e mulheres levarão a discussão e combate; (3) a vida no medo perpétuo induzirá concordâncias e a criação de magistrados para a sua colocação em prática; (4) até este ponto, o desenvolvimento aconteceu sob condições econômicas de vida selvagem, e de uma civilização caçadora e pescadora; mais crescimento da população e escassez de meios de alimentação compelirão a transição para a criação de gado e o nomadismo; (5) os mesmos fatores produzirão a seu tempo a agricultura e o desenvolvimento da propriedade de terras; (6) as necessidades de uma economia de trocas levarão à criação da moeda; e com esta invenção se quebra a primitiva igualdade; a sociedade está em seu caminho para a estratificação em ricos e pobres; (7) já que a riqueza obtém prazer, o desejo de pertencer à classe econômica superior produz paixões artificiais e, geralmente, a disposição de sentimento que caracteriza a sociedade civilizada. A sociedade tornou-se um corpo de homens que estão ligados por sua interdependência econômica; a destruição deste corpo levaria a miséria para todos; sua preservação é do interesse privado de todos. Sob essas circunstâncias, uma diferenciação de interesses que levaria a divisões no corpo social em linhas de classe tem de ser evitada; a busca do "interesse geral" significa, portanto, a criação de atitudes sociais, na sociedade concreta do século XVIII, que se adiantará na desintegração revolucionária da nação, com o surgimento inevitável da miséria para todos.[73]

d. Nacionalismo e internacionalismo

O "interesse geral" então é o equilíbrio estável dos interesses privados dos membros da sociedade.[74] Este equilíbrio estável pode ser criado apenas pela lei e sua aplicação eficaz. Se os magistrados não estão equipados com o poder necessário de aplicação, o maior número de homens violará a lei. E, neste caso, seria violada de maneira justa pelo indivíduo na busca de seu interesse privado. Uma lei que não é aplicada é inútil, e com sua inutilidade perde sua validade.[75] As questões do maior número e do interesse geral estão intimamente ligadas à existência de um corpo político organizado e a uma

---

[73] *De l'Esprit III,* cap. 9. In: Oeuvres, vol. 1, p. 423 ss.

[74] *De l'Esprit* III, cap. 4. In: ibidem, vol. 1, p. 364: "*l'intérêt commun, c'est-à--dire, l'assemblage de tous les intérêts particuliers*". [o interesse comum, ou seja, a reunião de todos os interesses particulares].

[75] *De l'Esprit III, cap. 4. In: ibidem, vol. 1,* p. 363.

interdependência econômica de seus membros. A intelecção desta conexão determina a análise de Helvétius da questão de se o princípio do maior número e de seu interesse geral pode ser ampliada para além do estado nacional até às relações internacionais. Esta questão não pode ser respondida com um simples sim ou não. A comunidade internacional já não é um objeto próprio para esperanças vãs mais do que é a comunidade nacional; ambas são estágios na escala de evolução. O princípio do interesse geral é aplicável ao estado nacional porque o estado nacional existe historicamente. Se é aplicável à comunidade internacional da humanidade depende de se essa comunidade existe. De fato, existe apenas numa forma muito rudimentar, como provado pelo fato de que atos de violência nas relações internacionais não são considerados desonrosos no mesmo grau que atos violentos dentro do corpo político nacional. As nações alcançaram com dificuldade em suas relações o estágio de convenções; ainda não garantiram umas às outras suas possessões como os indivíduos fizeram dentro do estado. E não o fizeram porque, até aqui, não têm nenhum interesse premente para fazê-lo; são capazes de coexistir sem uma ordem legal e uma máquina de aplicação. A igreja e os reis permitem o tráfico de escravos; o mesmo cristão que condena uma perturbação de família em casa dá suas bênçãos ao mercador que destrói famílias nativas e lhes compra os membros em troca de produtos ocidentais. Esses fatos indicam que, na opinião pública, as relações entre povos ainda são governadas por nada mais que força e astúcia. Mesmo quando, em casos singulares, o estágio das convenções é alcançado, os tratados têm o caráter de trégua, pois são sempre concluídos com a compreensão tácita da *clausula rebus sic stantibus*. O estado verdadeiro de assalto entre nações não cessará até que a maioria delas tenha entrado nas convenções gerais e até que uma liga federal seja concluída entre elas, com poderes de aplicação, seguindo planos como os de Henrique IV e do Abbé de Saint-Pierre. Apenas quando a comunidade internacional existir de fato, e isso significa como um corpo organizado com aplicação de sua ordem, é que a especulação referente ao maior número e a seus interesses poderá ser ampliada para além da cena nacional.[76]

e. Luta de classes

Em sua última obra, *De l'Homme,* Helvétius fez a segunda narrativa da evolução que enfatiza os problemas de luta de classes. O esboço de fases, em geral, é o mesmo que no *Esprit.* Os novos elementos são apresentados na análise no estágio em que sociedade cresceu até o tamanho de uma nação de território considerável, quando a interdependência econômica é altamente desenvolvida através da divisão de trabalho, e quando a diferenciação dos estratos sociais está expressando-se, no crescimento das cidades e particularmente de uma cidade principal que ofusca o resto do país com seu esplendor; em suma: estamos falando da França. Neste estágio, o membro individual da comunidade deixou de ser um cidadão ativo e só pode participar na política mediante "representantes"; o homem econômico separa-se do homem político; a política torna-se uma função social diferenciada, e com ela entra a possibilidade de abuso. Pois o povo está agora dividido em classes econômicas, e não é possível que os interesses das várias classes sempre estejam em harmonia. Nada, por exemplo, é mais contrário ao interesse nacional do que um grande número de homens sem propriedade. São tantos inimigos secretos a quem o déspota pode armar à sua discrição contra os donos de propriedades. A comunidade de negociantes, por outro lado, tem um interesse em grande número de pobres; quanto mais necessitados são, menos o negociante terá de pagar em salários. O interesse da comunidade de negociantes é então oposto ao interesse público; e uma comunidade de negociantes (*un corps de négocians*) é frequentemente um poder nas nações em comércio porque é o grande empregador. Quando um povo, então, é composto de uma pluralidade de povos com interesses conflitantes, não haverá nenhum interesse nacional uniforme em que

---

[76] *De l'Esprit III, cap. 4. In: ibidem, vol. 1,* p. 365-68.

todos estejam prontos a concordar. Os "representantes" que governam podem opor os vários grupos uns contra os outros, e na confusão geral aumentarão seu poder e riqueza até que ele iguale o poder e a riqueza da nação. O país é dividido em governantes e governados; o povo perdeu seu poder sobre os "representantes" e dificilmente pode manter o seu próprio contra eles. Pois a riqueza tem uma tendência de acumular num número ainda menor de mãos da classe dominante; o número de proprietários independentes, o sustentáculo da liberdade, decrescerá; e o final é um despotismo econômico de uma pequena minoria que governa o povo para o interesse privado dela. Esta evolução foi a causa da queda de muitos impérios na história. Que pode fazer o legislador para prevenir uma desventura similar no caso concreto sob discussão? Helvétius sugere algumas medidas para uma solução do problema, tais como a abolição da herança para as grandes fortunas e a redistribuição, quando da morte do proprietário, da riqueza acumulada em vida; ou um imposto progressivo de terra que para os proprietários de certo número de acres será maior do que o lucro. Essas medidas, entretanto, não têm o propósito de igualar a riqueza; a desigualdade econômica não pode e não deve ser abolida; apenas a acumulação em excesso deveria ser evitada a fim de preservar a estabilidade política da nação.[77]

f. A ordem jesuíta

Nosso exame da política de Helvétius está chegando ao fim. No final, retornemos ao começo, ao legislador que dobra os homens e suas paixões para o interesse geral. Em sua qualidade de legislador presuntivo, Helvétius está fortemente perturbado pela existência de um grupo de homens que se organizou eficazmente para as operações de dobrar os homens à sua vontade. A diferenciação previamente descrita da sociedade em classes econômicas com interesses conflitantes é um grave perigo para o interesse geral. Este perigo,

---

[77] *De l'Homme*, op. cit., seção VI.

entretanto, se empalidece diante do perigo apresentado por um grupo particular de interesse que se organizou como o que hoje chamaríamos "um estado dentro do estado" e emprega sua organização eficiente para o propósito de estabelecer-se como uma classe governante contra o interesse geral. Esta organização eficiente é a Ordem Jesuíta. Helvétius está profundamente interessado nos meios pelos quais a Ordem Jesuíta obtém seu sucesso. Esta "obra-prima da política" combina as vantagens do governo monárquico e republicano. Depende igualmente do segredo e da prontidão na execução e de um amor ardente para com a grandeza da ordem. À cabeça da organização está um déspota esclarecido, que, ao mesmo tempo, é um funcionário eleito. Este dirigente é cuidadosamente escolhido dentre um número de candidatos em perspectiva, bem treinados. Está sob as mesmas regras, tais como hierarquia e grupo; fez os mesmos votos; renunciou, como seus irmãos, a todas as dignidades e a todas as correntes de amor e amizade. Não tem nenhum outro interesse senão a grandeza e o poder da ordem; e, em seus súditos, tem ele o instrumento perfeito de execução. Sua independência dos poderes temporais é assegurada pela sua residência em Roma. De sua cela, "como a aranha do centro de sua teia", instrui seus filhos em toda a Europa, e ali recebe deles as informações do que está acontecendo nas capitais. Seu poder peculiar e o terror que inspira são devidos não a seus princípios (que não são, em geral, diferentes dos da igreja), mas à perfeição de sua organização de governo.[78] Os membros da ordem são escolhidos com igual cuidado entre fanáticos. No ambiente monástico, cercado por outros fanáticos, os sentimentos dos recrutas são formados na direção própria. Entusiasmo, como disse Shaftesbury, é uma doença transmissível. Entre todas as ordens religiosas, a dos jesuítas é, "ao mesmo tempo, a mais poderosa, a mais iluminada e a mais entusiasmada". Nenhuma outra ordem pôde exercer uma fascinação similar sobre a imaginação de um fanático. O *esprit de corps* dá a cada membro um sentimento de

---

[78] *De l'Homme* VII, cap. 5.

segurança e, em consequência, liberdade total da mente para concentrar-se na tarefa à mão.[79]

Helvétius odeia a Ordem Jesuíta; analisa-lhe a organização porque ela é o inimigo mais poderoso do interesse geral; ele delicia-se com a queda da ordem. Entretanto, ao longo dos capítulos acerca dos jesuítas, pode-se sentir distintamente o laivo de admiração e inveja. "O verdadeiro crime dos jesuítas foi a excelência de seu governo. Sua excelência era totalmente destrutiva da alegria pública." Ainda: a excelência era o crime. E não poderia essa excelência ser empregada algum dia com propósitos virtuosos? "Temos de reconhecer que os jesuítas foram o mais cruel flagelo das nações; mas sem eles não teríamos ganhado nunca uma intelecção completa do poder que um corpo de leis inspiradas por um propósito pode ter sobre os homens." "Nenhuma legislação, com tão poucos meios, realizou tão perfeitamente o grande objetivo de poder e riqueza." Lamentavelmente, nenhum povo tem uma legislação de excelência comparável; e, a fim de criá-la, "ter-se-ia de fundar um novo império como Rômulo". Infelizmente, raras vezes o legislador está nesta situação; "e em qualquer outra situação é talvez impossível dar uma excelente legislação".[80] Helvétius termina com uma nota melancólica. Seus sonhos de excelência não poderiam ser sonhados na história do século XVIII. Ainda assim, teve ele o instinto correto: a ordem política tornou-se o grande instrumento de fazer o maior número tão feliz quanto apenas os líderes de tais ordens podiam fazê-los.[81]

---

[79] *De l'Homme* VII, cap. 10.

[80] *De l'Homme* VII, cap. 11.

[81] Compare a atitude paralela em Bentham. No *Panopticon*, no capítulo acerca de "Escolas", ele discute os argumentos contra os méritos de uma "escola de inspeção". O oponente poderia levantar perguntas como: "se o espírito liberal e a energia de um cidadão livre não seriam trocados pela disciplina mecânica de um soldado, ou pela austeridade de um monge? – e se o resultado desta invenção altamente forjada não poderia estar construindo um conjunto de *máquinas* sob a similitude de *homens*?" A resposta de Bentham a tais perguntas teria de recorrer à finalidade da educação: "Seria a *felicidade* aumentada ou diminuída por essa disciplina? – Chamai-os soldados, chamai-os monges, chamai-os máquinas: contanto que sejam felizes, pouco me importa". *Panopticon*. Ed. Bowring, vol. 4, p. 64 (Works).

§ 7. Conclusão

O historiador de ideias tem de fazer mais do que noticiar a doutrina apresentada por um pensador ou dar um relato de alguns grandes sistemas; tem de explorar o crescimento de sentimentos que se cristalizam em ideias; e tem de mostrar a conexão entre ideias e a matriz de sentimentos em que estão radicadas. A ideia tem de ser estudada, não como conceito, mas como símbolo que tira sua vida dos sentimentos; a ideia cresce e morre com os sentimentos que engendram sua for-mulação e, com os grandes pensadores, sua integração num sistema de pensamento que aproxime a assíntota da raciona-lidade. Apenas à medida que a ideia seja entendida aproxima-damente como a expressão racional da vida de sentimentos é que podemos compreendê-la como uma entidade histórica. Para a interpretação de ideias neste processo de crescimen-to histórico, os pensadores menores algumas vezes podem ser mais importantes do que os grandes, em cujo sistema a motivação das ideias através do sentimento é coberta pelas exigências de consistência lógica imanente. Helvétius foi um pensador cuja consciência de exigências sistemáticas era forte o bastante para fazê-lo enfrentar os maiores problemas levan-tados por seu tratamento da política; mas seu desejo de desen-volver um sistema de política não foi tão forte que abolisse o estilo essencialmente aforístico de sua obra. Estilo aforístico significa – como depois foi esclarecido por Nietzsche, que o empregou deliberadamente – que o autor preserva na apre-sentação de suas ideias uma conexão com as experiências e sentimentos que produziram as ideias. Este caráter aforístico da obra de Helvétius a faz extraordinariamente valiosa para o historiador de ideias porque aqui encontrará ideias, que em si mesmas são desenvolvidas mais clara e consistentemente em sistemas posteriores, no ponto onde começam a separar-se como símbolos da matriz de sentimentos e onde os moti-vos que animam sua criação ainda são visíveis. Temos agora de sumariar brevemente o rico agregado de sentimentos e motivações que determina um setor considerável do pensamento político no período do Iluminismo e a crise subsequente dos séculos XIX e XX.

A estrutura de sentimentos que aparece em Helvétius pode ser caracterizada geralmente pelo termo *religiosidade intramundana*. No conflito com a tradição cristã, a nova religiosidade expressa-se mediante a inversão da direção em que o *realissimum* da existência deve ser buscado. A nova atitude tornara-se visível ao tempo de Hobbes quando a orientação para um *summum bonum* foi substituída pelo voo vindo do *summum malum* da morte na guerra civil. A inversão da direção torna-se agora estabilizada, sob o título de genealogia, como o instrumento principal de interpretação da ordem interna da natureza humana. Sejam as variantes materialistas, sensualistas ou hedonistas – os estratos da natureza humana são interpretados geneticamente como derivados de uma substância física ou biológica no fundo da existência. A estrutura interna do homem já não é ordenada para um escopo transcendental, mas deve ser explicada pelas operações da sensibilidade física ou de um mecanismo de prazer e dor. Essa inversão das direções torna-se doravante o símbolo da antropologia anticristã na política – assuma ela a forma de materialismo econômico, ou de biologismo, ou de psicologismo. Com a inversão mais importante, a inversão do idealismo de Hegel por Marx, teremos de lidar em alguma minúcia num contexto posterior.

A inversão de direção é acompanhada pela perversão da ideia de ordem: a desordem das paixões é aceita como a ordem normal da alma humana. O problema da perversão como tal é de longa duração. Remontando ao *Policraticus* de João de Salisbury, pudemos observar uma psicologia incipiente do *homo politicus*, o homem da paixão secular, como o tipo normal de homem. O problema foi entendido em toda a sua importância no século XVII por Hobbes e Pascal. Para a loucura do ego inflado, Hobbes encontrou a resposta prática de esmagar o orgulho pelo *Leviatã*. Pascal tentou despertar a intelecção da vida de paixão como *divertissement* e aconselhou o retorno à vida em comunicação com Deus. Ambos os analistas da desordem da paixão ainda reconheciam a desordem como tal – embora em Hobbes já vejamos a tentativa perigosa de substituir o processo espiritual de contrição pelo processo externo de submissão ao poder governamental. Helvétius retoma a análise da paixão, mas em seu tratamento as paixões perderam o caráter de fonte de desordem na alma; tornaram-se a força fundamental em que toda a ordem na conduta do homem tem de fiar-se. O retorno ao fundamento da existência e da experiência do nada criatural perdeu sua função na ordem da alma.

A perversão da ideia de ordem está intimamente ligada ao problema que designamos com a expressão *instrumentalização do homem*. O homem já não é uma entidade que tenha seu centro existencial dentro de si; tornou-se um mecanismo de prazer, dor e paixões que pode ser dominado por outro homem, o "legislador", para seus próprios propósitos. A instrumentalização mostrou que é um complexo singularmente rico de sentimentos e ideias. Primeiro de tudo, o fundamento da existência no sentido pascalino é negado ao homem. Aqui estamos no ponto-chave do ataque anticristão à existência do homem. Apenas quando o centro espiritual do homem, através do qual o homem está aberto ao *realissimum* transcendental, é destruído é que o agregado desordenado de paixões pode ser empregado como um instrumento pelo legislador. A regra ética kantiana, racional-cristã – de que todo o homem tem de ser considerado um fim em si mesmo, e não um instrumento de propósitos ulteriores –, é pervertida em sua oposta, através da tese de que o homem não é um fim em si mesmo, mas meramente um instrumento para ser empregado pelo legislador. Esta é a nova tese básica para o coletivismo em todas as suas variantes, até as formas contemporâneas de totalitarismo.

Uma vez que a desordem da alma é estabelecida como a natureza do homem, e daí a ordem pode ser instalada neste campo cego de forças psíquicas apenas vinda de um centro ativo fora do homem, aquele aspecto de instrumentalização vem à tona, o qual é designado pela expressão *artificialismo em política*. O crescimento da alma através de um processo interno, que é alimentado pela comunicação com a realidade transcendental, é substituído por uma formação de conduta através da direção externa. Aqui está a origem da interferência direcional e organizacional da alma do homem que, da posição de uma moralidade espiritual, é igualmente repreensível em todas as suas variantes: seja a propaganda de formação de conduta e opinião através de movimentos como o comunista ou nacional-socialista; seja um processo educacional que confia na psicologia dos reflexos condicionados e forma padrões de conformação social sem levantar a questão da moralidade do padrão ou da moralidade da conformação. Este processo de educação geral com o propósito de formar o membro útil da sociedade, embora negligenciando ou mesmo destruindo deliberadamente a vida da alma, é aceito tão completamente como uma instituição de nossa sociedade moderna que está praticamente morta a consciência do demonismo de tal interferência com a vida da alma numa escala social de massa, e da destruição inevitável que se seguirá da substância espiritual da sociedade. Apenas quando o instrumento é empregado para a inculcação de padrões que diferem amplamente dos sobreviventes da tradição cristã, e quando o sucesso de tal emprego demonstrou a destruição prévia da alma sem a qual o sucesso seria impossível, é que brota uma onda repentina de susto e indignação. Mas mesmo então (estamos falando da situação contemporânea) a indignação não se dirige contra os métodos que destroem a vida da alma, mas contra os novos padrões de conduta inculcados pelos movimentos políticos. O remédio contra o padrão do que desaprovamos é o emprego do mesmo método destrutivo com um propósito diferente, sob o símbolo ominoso de "reeducação".

A artificialidade na política significa que a liderança das unidades políticas ocidentais tem de confiar cada vez mais no mecanismo de paixões e interesses nos grupos sociais como a fonte de poder e política; já não pode confiar seguramente em envolver, como fonte de poder, uma substância espiritual que estaria vivendo num estrato socialmente relevante do corpo político. Um agregado de paixões e interesses, no entanto, é uma força efêmera; precisa de constante vigilância, e os líderes do momento têm de dar-se conta de que um remodelamento talentoso de paixões e interesses não criará, num tempo surpreendentemente curto, um agregado modelado diferentemente para seus próprios propósitos. Uma vez que a destruição espiritual atingiu certo grau de sucesso, a estrutura dos sentimentos políticos numa sociedade está num equilíbrio precário que pode ser destruído por qualquer acontecimento fatídico, como, por exemplo, uma crise econômica. A luta entre líderes políticos para o molde e controle do agregado volúvel de paixões e interesses tornar-se-á o conteúdo da política. Este aspecto do problema da liderança aparece em Helvétius sob a função do "legislador". Este, como vimos, provê em sua pessoa o centro diretivo do qual a alma do homem de paixão e interesse foi privada. O líder torna-se o novo centro da vida humana quando Deus foi abolido. O drama espiritual da salvação que acontece na alma cristã tornou-se externalizado no drama de uma sociedade sob a liderança de um legislador. Neste ponto devemos notar certa dificuldade de terminologia. A nova atitude que aparece em Helvétius é normalmente definida como *imanentismo social*. Há razões para empregar o termo, mas devemos estar conscientes de que o que realmente acontece é a externalização de processos da alma e sua promulgação no palco de sociedade. A vida religiosa do homem não é abolida como tão ingenuamente acreditam os ignorantes que não sabem as coisas mínimas acerca da vida da alma (e quanto a este ponto particular temos de submeter a esta classificação até mesmo uma figura notável como o autor de *O Futuro de uma Ilusão*): a vida da alma tornou-se pervertida e os símbolos religiosos que expressam a perversão dominam a cena. Vimos Helvétius carregar descontraidamente nos ombros o fardo da predestinação para seus camaradas, e vimos um homem de diferente estatura, ou seja, Nietzsche, lutar com as consequências do ateísmo e com a necessidade do homem nesta situação de estender a graça e a salvação a si mesmo.

A religião do satanismo social expressa-se em certos símbolos. Alguns desses símbolos foram desenvolvidos por Helvétius ao menos em suas linhas gerais. Mencionemos primeiro o novo aspecto da ideia de igualdade. Esta absorveu mais de um componente de sentimento. Em contextos anteriores, discutimos as raízes da igualdade na ideia matriarcal dos filhos que são todos nascidos igualmente da mesma mãe, assim como na ideia patriarcal dos filhos espirituais do mesmo pai; e analisamos outros componentes de igualdade ocidental que provêm do espiritualismo aristocrático da Alta Idade Média com sua extensão generosa da ideia da pessoa espiritualmente madura a todos os homens. Agora temos de observar outro componente que se torna de importância política crescente nos séculos XIX e XX: a ideia dos mecanismos de prazer e dor iguais em que todos estão igualmente envolvidos em busca da felicidade. Este novo componente está intimamente ligado a um segundo símbolo, o símbolo da elite e liderança que estabeleceram o padrão de felicidade que deve ser buscado pela massa de autômatos iguais. As ideias igualitárias e elitistas da ordem política podem ser concebidas como mutuamente excludentes se concentrarmos nossa atenção naqueles componentes da ideia de igualdade que provêm da tradição aristocrática cristã e medieval. Não excluem de maneira nenhuma, mas, ao contrário, exigem umas às outras se e quando a igualdade de paixões, interesse e felicidade no sentido de Helvétius vem a ser o componente que é experimentado como o decisivo num grau socialmente relevante. Helvétius compreendeu a conexão muito claramente quando advertiu dos perigos da acumulação de riqueza e do correspondente empobrecimento do povo; pois nesta situação a felicidade do maior número que são todos iguais em sua falta de propriedade poderia ser satisfeita por um déspota que abolisse a estrutura ocidental da sociedade. O mecanismo social pelo qual Napoleão III subiu ao poder deu à Europa a primeira lição objetiva nas possibilidades da ditadura plebiscitária que Helvétius tinha visto no horizonte social. Esta ascensão de Napoleão III produziu a grande crítica da democracia parlamentar e do sufrágio universal na segunda metade do século XIX e as predições concernentes ao fim do liberalismo e à abertura da era das massas.

E, finalmente, temos de lembrar-nos do símbolo da evolução social. Sistematicamente a ideia de evolução social tinha de fornecer para Helvétius o padrão da felicidade do maior número. Os perigos para a estabilidade da sociedade política francesa que surgiram da diferenciação do interesse de classe devem ser evitados pelo padrão de uma república de classe média heroica. Esta ideia era revolucionária à medida que implicava a abolição da classe governante aristocrática e financeira; era conservadora à medida que queria estabilizar a revolução no nível da república de classe média e prevenir-lhe o progresso para uma ditadura plebiscitária. Esta é a ideia republicana francesa conservadora que foi quebrada pelas ondas sucessivas do napoleonismo, da liderança emocional nas primeiras décadas da Terceira República e do *affaire* Dreyfus. A estrutura de sentimentos que anima a ideia vai, entretanto, em sua importância, muito além dos problemas franceses imediatos. O símbolo de evolução cria uma nova ontologia como a base para o significado da existência humana na sociedade. A ordem cristã da alma como o padrão de significado é abolida, mas é substituída por uma ordem externa de evolução objetiva da civilização através da pressão da população e da escassez de bens. A existência humana sob a nova dispensação encontra seu significado através da conformidade do interesse privado com o interesse geral que evolveu objetivamente naquela época. O significado da vida foi transformado, do crescimento interno da alma na orientação para o *realisssimum* transcendental, na harmonia externa do interesse privado com o fato historicamente objetivo do interesse geral. Obviamente esta construção levanta sérias questões; pois o que acontecerá se a evolução continuar? Se surgir uma nova situação de fato? Se o maior número desenvolver interesses muito diferentes dos padrões antevistos por Helvétius? Neste caso: temos de rever nossas ideias do que constitui a felicidade obrigatória para todos? Neste ponto, Helvétius, como todo radical satanista depois dele, tem de dar seu salto na escatologia. Uma resposta a essas questões seria a relativa deriva da evolução que se tornou uma característica importante do movimento do historicismo: qualquer situação de fato é tão aceitável quanto a prévia porque os padrões de valor e significado foram abandonados. Uma personalidade da força de Helvétius não pode satisfazer-se com esta fuga. Vimos sua consciência dos perigos do despotismo plebiscitário e sua vontade de estabilizar a evolução num ponto anterior. Esta ideia de estabilizar a evolução num dado ponto ocorrerá inevitavelmente ao homem que leva a sério sua função de salvador social de seus camaradas mergulhados nas trevas da ignorância. A evolução alcançou certo ponto, mas agora tem de parar de evolver. A situação de fato presente surgiu objetivamente pela evolução e tira sua autoridade desta objetividade; mas não deve surgir nenhuma situação diferente futura; a história tem de parar. A escatologia de parar a história, de uma fase histórica última que não será substituída por uma completamente diversa, de novo transformou-se em um dos grandes símbolos da política depois de Helvétius. Em nossa época esta miragem satanista tornou-se uma das grandes forças paralisantes na política ocidental na forma da ideia de que a democracia, na fase que alcançou historicamente, pode ser estabilizada e perpetuada "parando" isso ou aquilo – por exemplo, Hitler ou Stalin. O símbolo encontrou sua formulação clássica na ideia marxista de que a evolução social até o presente é "pré-história", e que, depois da estabilização revolucionária de uma situação de fato, começará, sem outras mudanças profundas, a "história real".

1 - Helvétius | 107

2. O POSITIVISMO

O positivismo, tal como se formou através da pessoa e da obra de Auguste Comte (1798-1854), tem sua eficácia como movimento europeu porque absorvera uma rica tradição de sentimentos e ideias. Foi necessária a personalidade profética de Comte para obter a fusão e penetrá-la com entusiasmo religioso, mas os elementos que entraram na composição do sistema tinham-se acumulado no curso de um processo que começara mais de um século antes de Comte moldar a *Politique positive* como a pedra angular de sua fundação. Daí a natureza do positivismo e sua atração ampla não poderem ser compreendidos corretamente sem um exame de sua pré--história; sem esta pré-história seria inexplicável o ímpeto do movimento. Tal exame, entretanto, tem suas dificuldades por causa do volume de tradição que se cristalizou no sistema de Comte; teria de abranger um setor considerável da história intelectual de um século. A fim de reduzir o problema a proporções manejáveis, adotaremos o seguinte plano de apresentação: para a estrutura geral de sentimentos e ideias que têm de ser pressupostas na compreensão do movimento positivista, o leitor deve recorrer ao capítulo anterior acerca de Helvétius. Supõe-se que o leitor esteja familiarizado com a análise de Helvétius, e particularmente com o conjunto de categorias desenvolvidas na "Conclusão" do capítulo precedente. Com esse pano de fundo vamos reunir agora os elementos específicos que entraram no edifício de ideias comtianas. O primeiro grupo de tais elementos com os quais vamos lidar provém da ideia da *Encyclopédie* tal como desenvolvida por d'Alembert em seu *Discours Préliminaire*.[1]

§ 1. O Discours Préliminaire *de D'Alembert*

a. *A posição histórica do* Discours

O *Discours* foi originalmente publicado como prefácio do editor ao primeiro volume da *Encyclopédie*, em 1751. Logo conquistou seu lugar, independente desta função, como expressão clássica do espírito enciclopedista, assim como das ideias da *Encyclopédie*; e nesta nova função independente influenciou gerações de jovens franceses, entre os quais Auguste Comte, porque, desde a revolução,[2] se tinha tornado leitura obrigatória nas instituições educacionais da França. O propósito do *Discours* foi informar os leitores da *Encyclopédie* quanto aos princípios subjacentes à grande obra. Deveria ser uma coleção sistemática de conhecimentos humanos (*connaissances humaines*) nas ciências, nas artes liberais e na tecnologia. A coleção não seria indiscriminada, mas abrangeria apenas conhecimentos relevantes e válidos. A execução deste programa exigia critérios de relevância e completude; e o *Discours* esforçou-se para preencher esses critérios. Esta tentativa de uma explicação teorética das questões envolvidas deu ao *Discours* sua importância para além da de um prefácio. Era, de fato, o manifesto revolucionário de uma nova atitude perante o homem e a sociedade; foi inspirado pelo *pathos* do cientista e, mais especificamente, do cientista matemático, que tenta

---

[1] D'Alembert, *Discours Préliminaire de l'Encyclopédie*. Ed. F. Picavet. Paris, 1894. Novas edições: *Jean le Rond d'Alembert, Preliminary Discourse to the Encyclopedia of Diderot*. Trad. Richard N. Schwab e Walter E. Rex. Chicago, University of Chicago Press, 1995; Ronald Grimsley, *Jean d'Alembert*. Oxford, Oxford University Press, 1963.

[2] Ver, acerca deste ponto, Picavet em sua introdução ao *Discours Préliminaire*, p. xlvii.

orientar os homens na sociedade e no universo por meio dos métodos que mostraram seu valor nas ciências matemáticas e físicas. Este *pathos* expressou o ímpeto que a ciência obtivera no século de Descartes e Pascal, de Huygens e Newton, de Boyle e Locke, de Leibniz e do próprio D'Alembert. Na consciência desta expansão revolucionária do horizonte de conhecimento, a empresa podia ser concebida como examinando sistematicamente o presente estado de conhecimento, empregando como coordenadas de relevância e completude os métodos da ciência considerados válidos no momento. Nesta perspectiva, a *Encyclopédie* é o sucedâneo da *Summa* medieval. A *Summa* do tipo que foi fixado por Santo Tomás abrangia sistematicamente o que aparecia como conhecimento relevante dentro das categorias da visão cristã do homem no universo; a *Encyclopédie,* ao menos na concepção original de D'Alembert e Diderot, tentou a organização equivalente de conhecimento relevante dentro das categorias da nova antropologia que se tinham fixado no meado do século XVIII. Dentro da perspectiva mais estreita da história intelectual francesa, podemos dizer que o *Discours* de D'Alembert é a continuação do *Discours de la Méthode* cartesiano. Os princípios desenvolvidos por Descartes desabrocharam-se no avanço da ciência, e o *Discours* de D'Alembert amplifica esses princípios, aplicando-os enciclopedicamente a todo o corpo do conhecimento humano.

b. *Os princípios da* Encyclopédie

Os princípios empregados por D'Alembert para assegurar relevância e completude são, em geral, uma elaboração de ideias com as quais já estamos familiarizados em Helvétius. Lembramo-nos das ideias de Helvétius acerca da genealogia das paixões e da evolução social; reaparecem em D'Alembert como a genealogia do conhecimento e da história do progresso da mente humana. A genealogia do conhecimento é construída, em substância, da mesma maneira que a genealogia de Helvétius. As experiências diretas da existência humana e do mundo externo são a fundação; todo outro conhecimento é interpretado como o produto da reflexão sobre suas bases. A construção em forma de genealogia deve fornecer o registro confiavelmente completo da *connaissance*, das experiências imediatas até os sucedâneos reflexivos. Para o propósito da *Encyclopédie*, a tábua resultante de *connaissance* é rearranjada, de acordo com a matéria, como uma *arbre généalogique* ou *encyclopédique*. Os títulos na ordem alfabética da *Encyclopédie* são remetidos à *arbre généalogique* de tal maneira que para o leitor de cada artigo respectivo é clara a posição da matéria no sistema da ciência. A história do progresso da mente humana, a seu turno, tem a mesma função que a teoria de Helvétius acerca da evolução social. A história do progresso intelectual leva consigo a autoridade de sua facticidade. Que certo estágio seja alcançado no presente, de fato, dá a esse estágio uma autoridade pela qual ele é superior às fases prévias na história intelectual da humanidade. Quando empalidece a ideia de uma realidade transcendental criativa e reabsorvente, a ideia do presente autorizado toma-lhe o lugar. Essas duas ideias, da genealogia e da história, determinam a organização do *Discours* em suas duas partes. E, por antecipação, podemos dizer que essas duas pedras angulares do edifício positivista reaparecerão no sistema de Comte como suas duas grandes concepções da hierarquia das ciências e da lei das três fases no progresso da mente.

c. A ideia de genealogia

Examinemos agora as duas ideias em sua ordem, primeiro a ideia de genealogia. A genealogia verdadeira e a *arbre encyclopédie* resultante não têm interesse para nós. No curso de seu desenvolvimento, entretanto, aparecem certos problemas que são sintomáticos do complexo do positivismo e são relevantes para a compreensão da história das ideias políticas posterior.

aa. Revolta e justiça

O primeiro desses pontos diz respeito à obtenção das ideias de justiça e de bem e mal moral. Para D'Alembert a ideia de justiça é provocada pela situação de opressão. Sua suposição parece a de que a constituição somática igual dos homens induz à ideia de igualdade do homem como uma ideia "razoável"; e que a violação de um estado de igualdade "razoável" mediante o mais forte faz surgir ressentimento e resistência. "Daqui provém a noção do injusto e, em consequência, do bem e mal moral, cujo princípio tantos filósofos buscaram, e que o grito da natureza, ecoando em cada homem, faz ser entendido por todas as pessoas, mesmo as mais selvagens."[3] D'Alembert realiza a tentativa de inferir a ideia de bem e mal da experiência fundamental de revolta contra a opressão; rejeita uma fundação religiosa ou metafísica da moral. O valor desta inferência para uma teoria da moral não é muito grande. Mas encontramos nela a expressão de um sentimento que apareceu mais cedo na história francesa das ideias políticas, na *Servitude Volontaire* de La Boétie, e que ganha considerável aceitação da massa na história posterior do anarquismo e do sindicalismo: ou seja, o sentimento de revolta no sentido de uma reação violenta imediata contra um estado social que é experimentado como opressor. Vimos que D'Alembert não tem nenhum acesso direto à ideia de justiça; a experiência principal é a da opressão; a ideia de um estado injusto de coisas precede a de um justo. O sentimento de revolta obscurece a ideia de ordem de maneira muito mais forte do que em Voltaire, cuja indignação com a injustiça foi orientada para um código claro de moralidade utilitária secular. Ao mesmo tempo, a inferência é uma tentativa consistente de obter uma ideia de justiça dentro da filosofia da existência que confia, para sua construção, no símbolo da genealogia. D'Alembert enfrenta certamente o problema da ética mais seriamente do que o fez Locke com sua deriva inconclusiva na tradição sobrevivente da Cristandade, ou Helvétius com sua transferência da substância moral do homem para o legislador. Esta seriedade de tentativa mantém sua atração para os pensadores posteriores que, de um lado, adotam uma antropologia baseada no símbolo da genealogia, mas que, de outro lado, não estão nem dispostos a aceitar uma moralidade tradicional sem fundamento

---

[3] Ibidem, p. 20.

nem podem, sem escrúpulos, subscrever a ideia de salvação coletivista que nega a substância moral do homem. Este sentimento de revolta encontrou sua expressão radical em Bakunin; para ele a experiência da revolta é um fator irredutível na existência humana, independente da base somática, que oferece a dinâmica da revolução. Este exemplo é de interesse particular porque Bakunin favorece, juntamente com a ideia de revolta, a ideia incompatível de salvação coletivista através de um líder revolucionário. Aqui encontramos completamente desenvolvidas na mesma pessoa ambas as soluções principais que podem ser dadas ao problema da ética dentro do quadro do credo positivista.

bb. O desaparecimento da Bios Theoretikos

Um segundo ponto que chama atenção é a inferência de D'Alembert do tipo de conhecimento que não é de natureza estritamente utilitária. Ele diferencia entre conhecimento que serve para a satisfação das necessidades humanas e conhecimento que, ao menos ao tempo de seu descobrimento, não tem nenhuma serventia visível. A aquisição de conhecimento útil é considerada muito inteligível, mas por que deveriam os homens devotar suas energias para a aquisição de conhecimento inútil? A resposta deve ser encontrada numa inquietação geral, expressando-se na curiosidade, que indaga pela fuga de uma situação não muito satisfatória. A satisfação da curiosidade é em si um prazer, e a este prazer devemos o descobrimento do conhecimento inútil. Já que algumas vezes o conhecimento inútil se revela mais tarde útil, continuamos a satisfazer nossa curiosidade mediante pesquisa científica sistemática sob o pretexto de que, afinal, pode servir a um propósito útil.[4] De novo, a inferência em si é de pouco valor para uma teoria do conhecimento. Mas na franqueza de sua afirmação ela revela, mais claramente do que expressões futuras convencionais da mesma ideia, os sentimentos que subjazem ao credo positivista. É muito óbvio que D'Alembert nunca

---

[4] Ibidem, p. 23 ss.

experienciou que há um problema na existência humana que Aristóteles formulou como o desejo e a obrigação do *bios theretikos*; que a vida do homem não exaure seu sentido no nível de valores utilitários (na ordem aristotélica: os valores realizados abaixo do nível da pólis), mas que a vida de contemplação, que leva à compreensão do próprio homem e de seu lugar no universo, é uma obrigação espiritual fundamental, independente de sua contribuição para atividades tão úteis como a de dirigir um carro ou preparar uma salada. A vida de contemplação, expandindo-se nas ciências teoréticas do homem e do mundo externo, produz o corpo de conhecimento que pode ser chamado humanístico no sentido específico de fornecer os dados para a compreensão do lugar do homem em seu mundo. Como tal pode coincidir com o conhecimento pragmático e religioso, mas deve dele ser distinguido.

À medida que a origem e a obrigação do *bios theoretikos*, e com ele o significado da civilização humanista, são ininteligíveis do nível pragmático de valores utilitários, tocamos nesta observação de D'Alembert na fonte do anti-humanismo profundo do Iluminismo e do credo positivista. Este componente importante do positivismo é frequentemente subestimado, ou inteiramente desprezado, pela mesma razão por que são os outros elementos que o movimento totalitário primitivo dos séculos XVIII e XIX tem em comum com o comunismo e o nacional-socialismo. A razão é que os remanescentes do humanismo e da Cristandade se desgastam aos poucos; que os criadores da nova antropologia não seguiram suas ideias até os limites de suas consequências, e muito provavelmente não tiveram sequer visão para compreendê-las; que as tentativas de estabilizar os remanescentes da tradição no nível da desintegração que tinham alcançado no momento cobriram a incompatibilidade radical da nova atitude com os valores da civilização cristã e clássica; e que, como resultado, o quadro enganador de uma civilização progressista surgiu, em que o avanço da ciência parecia compensar amplamente a atrofia dos outros valores civilizacionais. Quando se alcançou o ponto de rompimento neste processo de minar os valores centrais da civilização, e quando chega o estrondo, como em nossa época, dissemina-se a impressão de que ideias inteiramente novas estão em revolta contra as tradições da civilização ocidental progressista ao passo que as operações de destruição do presente apenas consumam uma obra de destruição que se vem arrastando pelos últimos quatro séculos. É um equívoco violento de forças históricas acreditar que um punhado de homens pode destruir uma civilização antes de ela ter cometido suicídio, para empregar uma frase de Toynbee. O ímpeto dos movimentos políticos contemporâneos é apenas em pequeno grau oferecido pelos seus líderes; a força e destrutividade desses movimentos é inexplicável a não ser que os vejamos como as cristas das ondas de um processo em que o filósofo do Iluminismo, o utilitário liberal, o positivista humanitário, Marx, Lenin e Hitler representam, igualmente, fases no progresso da destruição. Os representantes dessas várias fases são inimigos mortais nas lutas de nosso tempo; para o historiador, são colaboradores na obra de destruição civilizacional.

cc. *Em direção a um novo* Pouvoir Spirituel

A atitude de D'Alembert em relação à Cristandade e aos cultos religiosos é o terceiro ponto que exige nossa atenção. Já que a experiência do *bios theoretikos* está faltando em D'Alembert, não deve surpreender-nos que, quanto às experiências religiosas, ele compartilhe o obscurantismo espiritual de Voltaire. D'Alembert aceita, como Voltaire, certas "*notions purement intellectuelles*", tais como vício e virtude, a necessidade de leis, a espiritualidade da alma, a existência de Deus e as obrigações de um culto. Quanto ao mais, remete o leitor à religião revelada que instrui o homem no que diz respeito às matérias das quais não tem nenhum conhecimento natural. Esta instrução, entretanto, não chega a tanto; está confinada a "poucas verdades de fé" e a "um pequeno número de preceitos práticos". Uma penetração espiritual dos problemas de fé, D'Alembert nunca tentou.[5]

---

[5] Ibidem, p. 21 ss e 35. Cf. notas 25 e 26 de Picavet.

Esta atitude algo vaga de 1751 se cristalizou, no D'Alembert dos anos posteriores, em ideias mais precisas. Numa carta a Frederico II (de 20 de novembro de 1770), D'Alembert escreveu que "*christianisme*" foi originalmente um deísmo puro, e Jesus, "um tipo de filósofo". Jesus odiava perseguição e sacerdotes, ensinou boa vontade e justiça, e reduziu a lei ao amor ao próximo e à adoração de Deus. Esta religião simples foi mudada por São Paulo, pelos padres e pelos concílios. "Far-se-ia um grande serviço à humanidade se se pudesse fazer que os homens esquecessem os dogmas; se simplesmente se pregasse aos homens um Deus que recompensa e pune e que se zanga com superstição, que detesta a intolerância e não espera outro culto do homem senão do amor mútuo e solidariedade."[6] O rei não ficou muito convencido da ideia de D'Alembert; pensava que as pessoas gostariam de algo mais do que uma religião meramente razoável. D'Alembert respondeu (carta de 1º de fevereiro de 1771) que ele pediria ao rei, se o Tratado de Vestfália permitisse uma quarta religião no império, que erigisse "um templo muito simples" em Berlim ou Potsdam "onde Deus seria honrado de uma maneira digna dele, onde nada seria pregado senão a humanidade e a justiça". Se as massas não se reunissem, numerosas, neste templo em alguns anos, apenas então ele reconheceria que o rei estava certo.[7]

Esses passos das cartas indicam certas tendências no positivismo que mais tarde se desenvolveram prodigiosamente. Em si, o credo deísta de D'Alembert é muito convencional para seu tempo. Mais incomum é a ideia de que o deísmo não é uma transformação progressista racional da Cristandade, mas representa um retorno à Cristandade original antes de sua corrupção por São Paulo, os padres e os concílios. Esta concepção implica que o deísmo é uma "reforma" da Cristandade, mais radical do que a protestante, porque volta às origens mesmo

---

[6] Picavet, introdução a ibidem, p. xv.

[7] Ibidem. [O experimento de criar novos cultos públicos foi realizado nas décadas sucessivas. Ver o excelente estudo de Conrad Donalowaki, *A Muse for the Masses: Ritual and Musica in the Age of Democratic Revolution 1770-1870. Chicago, University of Chicago Press, 1972.]*

antes de São Paulo. No entanto, esta "reforma" não implica uma *renovatio evangelica*; não tem suas fontes num recrudescimento da religiosidade mística; implica não mais do que uma purificação racionalista dos símbolos cristãos, incluindo a divindade de Cristo, de tal maneira que no final Jesus apareça como "um tipo de filósofo" que aconselha o amor mútuo e a solidariedade sem nenhuma autoridade inteligível nem fundamento para tais conselhos. Podemos observar aqui em formação a fusão importante do obscurantismo espiritual com a apreensão de que um substituto religioso para a Cristandade poderia ser necessário, e que o substituto teria até mesmo de incluir um culto. Na sugestão a Frederico II de construir um templo em Berlim ou Potsdam para os propósitos de um culto digno ao Deus racionalmente purificado, vemos prefigurados os cultos da revolução, e em particular o culto de Robespierre do *Être Suprême*; e pressagiados no percurso posterior estão o *Nouveau Christianisme* de Saint-Simon e o culto de Comte do *Grand-Être.* Lado a lado com o *pathos* do cientificismo positivo, está começando a tomar forma a ideia de que a nova civilização positivista precisa de um *pouvoir spirituel* que tomará o lugar do cristão-medieval. Com Comte a ideia do novo *pouvoir spirituel* torna-se o centro do credo positivista; e desde Comte permaneceu o problema-chave dos novos movimentos políticos até que o *pouvoir spirituel* se junte ao poder temporal do estado nas fundações de Lenin e Hitler.

dd. O dilema da moral utilitária

O quarto e último ponto em que temos de tocar é a atitude de D'Alembert com o problema de um código moral. Vimos que sua fonte para a ideia de justiça, ou melhor, de injustiça, foi a experiência de revolta; e observamos que com D'Alembert esta experiência não é equilibrada, como com Voltaire, por um código positivo de moral. Ademais, vimos que uma ética do tipo aristotélico (com uma escala de valores orientados para o *bios theoretikos*), ou uma moralidade espiritual do tipo cristão (determinada pela experiência do fundamento comum numa realidade transcendente), está para além do seu alcance. Por outro lado, D'Alembert levou muito a sério o problema que estava diante dele: de encontrar fontes para um código moral que não fossem as fontes teoréticas ou espirituais. Sua esperança de alcançar este escopo foi apoiada por um equívoco revelador da fundação da ética grega e romana, um equívoco que continuou até hoje numa escala socialmente relevante. A ideia de uma ética autônoma, sem fundamento religioso ou metafísico, ocorreu a D'Alembert como uma possibilidade porque, em sua opinião, tal código de ética foi realizado uma vez entre "pagãos".[8] Houve regras de ética antes da Cristandade, e visto que a religião é para ele sinônimo de Cristandade, os gregos tinham uma ética sem fundamento religioso. Explicitamente ou pela tradição, este equívoco sobreviveu; e podemos reconhecer a eficácia desta identificação de Cristandade com religião mesmo hoje na resistência disseminada em se reconhecer o caráter dos movimentos políticos modernos como novas religiões coletivas, assim como na dificuldade de explicar ao leigo que o ateísmo radical pode ser anticristão, mas não é uma atitude antirreligiosa, que, ao contrário, expressa outro tipo de religiosidade. Inspirado por esse equívoco, D'Alembert estava muito interessado em desenvolver um código de ética autônomo.

A ideia de um *catéchisme de morale* ocupa-o mesmo nos últimos anos, mas nunca escreveu um – por razões excelentes. Essas razões ele as discutiu em sua correspondência com Frederico II. Numa carta ao rei, em 21 de janeiro de 1770, escreveu que a fonte da moral e da felicidade era a harmonia entre o interesse próprio iluminado e a realização de deveres. Esta foi também a concepção de Helvétius, e vimos que ela levou ao problema da felicidade do maior número e das diferenças dos interesses de classe. D'Alembert é atormentado por um problema similar; confessa estar embaraçado pela questão:

> Há aqueles que não têm nada, que dão tudo para a sociedade e a quem a sociedade recusa tudo, que dificilmente

---

[8] Picavet, introdução ao Discours Préliminaire, p. xxx.

conseguem alimentar uma família numerosa com seu trabalho e talvez não consigam alimentá-la de maneira nenhuma. Podem essas pessoas ter outra regra de conduta do que a lei? E como poderiam ser persuadidos de que é em seu verdadeiro interesse serem virtuosos, se, sem o medo de punição, não pudessem ser virtuosos?

"Se tivesse encontrado uma solução satisfatória à questão, teria há muito tempo escrito meu catecismo de moral." Em cartas subsequentes, de março e abril do mesmo ano, D'Alembert desenvolve seu ponto de vista. O medo da lei e a esperança pela caridade podem conter o indigente. Mas o que acontece quando não há nenhuma esperança e quando o homem indigente, para sua própria subsistência, vê a possibilidade de tomar parte secretamente da abundância de um homem rico? "Pergunto-te: o que ele deveria fazer neste caso? Pode ele, ou mesmo deve ele, deixar a si mesmo e a sua família morrer de fome?" "No caso de absoluta necessidade, o furto é permitido, e mesmo um ato de justiça." Tal doutrina, entretanto, embora seja muito razoável, não é sabiamente colocada no catecismo de moral porque a cobiça ou *paresse* poderiam empregá-la mal. "É por isso que é impossível fazer um catecismo de moral que fosse igualmente válido para todos os membros da sociedade." A raiz do mal é que "a distribuição da riqueza é monstruosamente desigual, que é atroz assim como absurdo ver algumas pessoas empanturrando-se em abundância e outras a quem faltam as coisas indispensáveis à vida".[9]

Há apenas um passo da frase de D'Alembert, "o furto é um ato de justiça", para a de Proudhon, "a propriedade é um furto". Podemos entender agora mais claramente o significado da "opressão" contra a qual D'Alembert experimenta revolta. Em parte, é intolerância religiosa e perseguição, como com Voltaire; numa parte decisiva, entretanto, é a opressão que surge de uma desigualdade excessiva de riqueza. O princípio da ética utilitária, a fim de ser aplicável concretamente, exige certo grau de homogeneidade econômica numa sociedade.

---

[9] Ibidem.

Mesmo se o indigente fosse uma minoria, de tal modo, na verdade, que o maior número fosse feliz, a presença da minoria indigente significaria que o código de moral utilitária não é igualmente aplicável a todos os membros da sociedade. A distância de Helvétius não é muito grande, mas devemos notar a diferença de ênfase. Para Helvétius, a minoria que produzia inquietações era ainda a classe governante da França; uma vez que a iniquidade da minoria fosse abolida, a felicidade do maior número seria assegurada na forma da república de classe média de pequenos proprietários. Para D'Alembert, a ênfase mudou para o indigente cujo quinhão não seria mudado, em princípio, pela abolição da minoria governante e o estabelecimento de uma república de classe média. Torna-se mais claramente marcado o componente de utilitarismo que leva às demandas de uma redistribuição de riqueza e, por fim, à ideia de uma sociedade socialista planejada, a fim de fazer da sociedade um campo homogêneo para a aplicação de um princípio de ética para todos. Este componente se torna dominante durante a Revolução em Babeuf; vemo-lo continuado fortemente em Saint-Simon e Comte e, por fim, vitorioso em Proudhon e nas sequelas anarquistas e sindicalistas.

d. A ideia de progresso

A segunda doutrina principal de D'Alembert diz respeito ao progresso da mente humana. Indicamos antes que, e por que, esta doutrina forma uma parte indispensável do credo positivista. Quando secam as fontes intelectuais e espirituais de ordem na vida humana e social, não resta muito como fonte de ordem, exceto a situação historicamente factual. Analisamos a necessidade sistemática de uma teoria de evolução econômica em Helvétius, e vemos o problema agora, em continuação, no *Discours* de D'Alembert.

aa. O *"presente autorizado"*

Quando, no entanto, uma situação de fato deve ser empregada como fonte de ordem, a situação tem de ser cercada por um corpo de doutrina que a dote de uma legitimidade específica. Daí, uma das ideias tipicamente recorrentes nesta contingência é a suposição de que a situação do momento, ou uma situação que é enfrentada como imediatamente iminente, é superior em valor a qualquer situação histórica de fato anterior. A ideia de progresso através de várias fases da história, apoiada por um conjunto de materiais que mostram o crescimento no valor através das fases sucessivas, deu a base para esta primeira suposição necessária. A ideia de progresso, entretanto, cria legitimidade para o presente apenas à medida que evoca sua superioridade sobre o passado. Daí, tipicamente, na doutrina, uma segunda ideia é recorrente e se destina a proteger o presente contra a invalidação pelo futuro. Com Helvétius, este desejo de proteção contra o futuro tomou a forma do "salto na escatologia": o presente é considerado a última fase da história humana; nenhuma situação do futuro pode diferir em substância da situação enfrentada como o presente desejável. É normalmente desprezado este elemento de "parar" ou "congelar" a história num presente perpétuo na análise da ideia de progresso porque é uma contradição manifesta com a própria ideia de progresso. Esta contradição, no entanto, de que uma situação não pode ser estática e progressista ao mesmo tempo está apenas na superfície. A ideia de progresso é, na verdade, a ideia de uma situação estática à medida que enfrenta o futuro como "uma adição ao", ou "uma elaboração do", presente. A ideia de que possivelmente os valores da civilização ocidental moderna poderiam ser ultrapassados no tempo devido por uma civilização com uma estrutura de valor tão diferente do ocidente presente como é a helênica da chinesa não entra nessas especulações acerca do progresso. Já que o futuro não pode trazer nada senão uma perfeição dos valores incorporados na civilização presente; já que o futuro aberto dos homens na história é transformado num escopo presente projetado para o futuro, a ideia de progresso é estática. Deste elemento estático na ideia de progresso vem a atitude reacionária e paralisada dos progressistas diante de novos desenvolvimentos (não enfrentados num projeto que, em substância, é enraizado no século XVIII), assim como a impotência colérica do intelectual progressista em responder com uma vontade ordenadora positiva à desintegração da civilização ocidental. Então a situação histórica de fato, a fim de tornar-se uma fonte de ordem, tem de ser resguardada contra o futuro assim como contra o passado. A ideia de progresso está preenchendo ambas essas funções. Ao caráter peculiar da situação criada por esses meios doutrinários devemos designar pelo termo que já empregamos em várias ocasiões sem uma definição explícita, ou seja, pelo termo *presente autorizado*. Mediante esta análise e mediante a introdução deste termo, obtivemos uma posição da qual podemos ver o problema do progresso em sua perspectiva correta. A ideia de progresso em geral não implica uma proposição científica que possa ser submetida à verificação; é um elemento num complexo doutrinário que pretende evocar a ideia de um presente autorizado. Esta ideia, a seu turno, é necessária para a expressão adequada da religiosidade intramundana na política. Um presente meramente empírico é um fato bruto sem autoridade superior em comparação com qualquer presente passado ou futuro. Quando são abandonados os padrões críticos dos valores civilizacionais, que provêm do *bios theoretikos* e da vida do espírito; quando o próprio processo empírico tem de fornecer os padrões, então é necessária uma doutrina especial para conferir graça ao presente e elevar uma situação de fato, de outro modo irrelevante, a um padrão pelo qual o passado e o futuro possam ser medidos. Este ato de graça, conferido pelos líderes intelectuais do Iluminismo a si mesmos, e à sua época, é a fonte do *pathos* genuinamente revolucionário que anima a ideia de progresso, assim como de seu compromisso quando os valores do cientificismo utilitário, de nenhum modo negligenciáveis, chegaram ao fim. Este fim parece ter chegado em nosso tempo, quando as "revoluções" se estão tornando "reações" e a regeneração espiritual é o problema candente da época.

bb. *Garantia contra o passado*

Neste esboço do problema teorético, temos agora de preencher os materiais que D'Alembert emprega para a construção de sua doutrina. O progresso da mente (*les progrès de l'ésprit*) começa com a Renascença.[10] Passou por três fases distintas. A primeira fase foi a nova erudição dos humanistas; a segunda fase foi o reflorescimento das artes; a terceira foi o avanço da filosofia. A sequência é determinada pela necessidade histórica. Quando o homem emergiu dos "séculos de ignorância", quando foi sacudido para fora do "barbarismo" pela queda de Constantinopla e a penetração do conhecimento oriental no ocidente, encontrou-se num estado de primeira infância. Linguagem e fatos tiveram de ser reconquistados e ideias tiveram de ser acumuladas, ao passo que ficou para trás a organização sistemática do conhecimento. Este período de erudição predominante, sem o equilíbrio da teoria, empregou principalmente a faculdade da memória. Depois, a imaginação foi despertada pela atração estética da literatura e arte antigas, com o consequente reflorescimento ocidental da arte. Apenas no final é que a razão pôde embarcar no trabalho de organizar sistematicamente o conhecimento de pouco adquirido. A esta organização sistemática do conhecimento D'Alembert chama filosofia, incluindo sob o termo as ciências. A filosofia, em seu começo, foi seriamente entravada pela sobrevivência de preconceitos. "A filosofia escolástica, que exauriu a ciência impostora (*science prétendue*) dos séculos de ignorância, ainda entravava o progresso da verdadeira filosofia neste primeiro século de luz."[11] Ao refletir acerca dos motivos da resistência preconceituosa, D'Alembert obteve uma das melhores revelações involuntárias da mente progressista, ao projetá-la no passado, quando escreveu: "Muitas pessoas que são nascidas e confirmadas no erro

---

[10] Ibidem, p. 76. A razão para começar a história do progresso neste ponto particular é dada brevemente pela frase *Pour ne point monter trop haut*. O leitor deve notar esta frase porque é característica do estilo de teorização iluminista. Lamentavelmente não possuímos ainda uma monografia acerca das frases típicas de intelectuais progressistas pelas quais eles abrem mão daquele milênio de história que não se encaixa na construção da doutrina deles. Com D'Alembert, uma frase desse tipo pode ainda ser considerada como empregada de boa fé objetiva; ele podia crer sinceramente que não precisava preocupar-se com mil e quinhentos anos de história cristã e alguns séculos de helenismo. Frases similares, quando empregadas em nosso tempo, têm a função menos louvável de encobrir um analfabetismo inescusável da parte de seus autores.

[11] Ibidem, p. 88.

pela educação acreditam muito sinceramente no caminho da verdade porque nunca lhes ocorreu a menor dúvida sobre esse ponto".[12] No entanto a resistência foi quebrada e com Bacon começa o avanço da filosofia nas ciências.

cc. Garantia contra o futuro

O presente, então, é garantido contra o passado. A "filosofia muito imperfeita" dos antigos tornou-se obsoleta; os "séculos de ignorância" podem ser passados em silêncio; o refloresci-mento do *esprit* está culminando, em nossos dias, na organiza-ção sistemática do conhecimento. Mas como pode este presente ser garantido contra o futuro? O sentimento básico que inspira esta segunda parte da construção doutrinária é expresso na passagem citada acima: não há nenhuma dúvida de que estamos no caminho da verdade. Não estamos no futuro a que este caminho conduzirá; mas estamos exatamente no caminho e conhecemos-lhe inequivocamente a direção. Neste espírito concebe-se a ideia da *Encyclopédie* e entende-se-lhe a função. O reino das ciências e artes é rico em descobrimentos, mas as referências a eles são algumas vezes não confiáveis. A *Encyclo-pédie* tem de informar o leitor de maneira confiável acerca dos verdadeiros descobrimentos e alertá-lo dos erros; tem de es-tabelecer um ponto de partida a fim de "facilitar a busca do que permanece por ser encontrado".[13] O estado presente de conhecimento tem de ser averiguado a fim de se obter uma vi-são clara dos meios para sua perfeição. Quando a *Encyclopédie* tiver obtido sua finalidade, "então os *bons esprits* já não se ocu-parão com a procura do que se sabia antes deles".[14] Esta sen-tença é a formulação clássica do sonho progressista: o estado de conhecimento humano será incorporado num livro didático de proporções gigantescas e ninguém terá de ler nada que foi publicado antes do livro didático enciclopédico. Tudo o que te-mos de fazer no futuro é fazer novas edições que incorporem as

---

[12] Ibidem.

[13] Ibidem, p. 139.

[14] Ibidem, p. 140.

"contribuições" que se acumularam desde a última. A humanidade terá por trás de si a *Encyclopédie* e diante de si o caminho por esta determinado. Esta determinação, ademais, é austera. A um crítico da *Encyclopédie*, D'Alembert respondeu com uma justificação desafiadora de seus princípios de uma única verdade. Se as pessoas estavam surpresas, escreveu ele, de encontrar artigos acerca de filósofos, mas nenhum acerca dos padres da igreja, a resposta é que os filósofos são criadores de opinião ao passo que os padres, que apenas preservaram uma tradição, não tinham nada para ensinar à humanidade. Se nada pode ser encontrado nos santos, na genealogia de príncipes ou nos conquistadores que devastaram a terra, a *Encyclopédie* compensa isso com o espaço que dá à genealogia das ciências e aos gênios imortais que iluminaram a humanidade. "A *Encyclopédie* deve tudo ao talento, nada aos títulos; é a história da mente, não da vaidade do homem."[15] Esta categorização muito elástica do *esprit* e da *vanité* torna possível projetar o futuro como um desenvolvimento direto do presente. Se algo pudesse na verdade interferir neste curso futuro, não pertenceria ao progresso do *esprit*, mas teria de ser classificado como um distúrbio da vaidade, ou uma recaída no barbarismo, e assim por diante. Uma passagem de Diderot será o melhor sumário para esta parte da doutrina: somos, diz Diderot, os espectadores e historiadores do progresso das ciências e das artes; transmitimo-las para a posteridade. Que possa a posteridade, ao abrir nosso dicionário, dizer que este era o estado da ciência e da arte em nosso tempo. Que possa acrescentar seus próprios descobrimentos àqueles que registramos de tal maneira que a história da mente humana e suas produções possa continuar até as mais remotas épocas. Que possa a *Encyclopédie* tornar-se o santuário onde o conhecimento do homem é protegido contra o tempo e as revoluções. O que nos poderia lisonjear mais do que ter estabelecido os fundamentos deste desenvolvimento?[16]

---

[15] Picavet, introdução a ibidem, p. xlv.

[16] Do *Prospectus* da *Encyclopédie*, escrito por Diderot e incorporado por D'Alembert no *Discours Préliminaire*, op. cit., p. 143. Para uma amostra do conteúdo, ver Diderot et. al., *Encyclopedia: Selections*. Trad. Nelly S. Hoyt e Thomas Cassirer. Indianapolis, Bobbs-Merrill, 1965.

dd. O papel da tecnologia

Um pormenor da doutrina tem de ser ampliado porque se tornou uma parte muito persistente do credo positivista ulterior, ou seja, a ênfase excessiva sobre a tecnologia. Esta ênfase tem de seguir-se inevitavelmente quando se abandona o *bios theoretikos* como padrão. Neste caso, os critérios de valor têm de ser encontrados no nível utilitário. E não pode haver dúvida de que as invenções técnicas são mais úteis para a humanidade do que as expressões do intelecto contemplativo. D'Alembert ataca energicamente a ênfase excessiva da ciência teorética e dos cientificistas. Qualquer que seja a superioridade que as artes liberais possam ter sobre as mecânicas em virtude dos labores do intelecto e das dificuldades em distinguir-se neles é amplamente compensada pela utilidade superior destas últimas.[17] O descobrimento do compasso não é menos útil à humanidade do que a explicação do fenômeno magnético seria para a física.[18] A desvalorização das artes mecânicas levou a negligência até mesmo aos inventores. "Os nomes desses benfeitores da humanidade são quase todos desconhecidos ao passo que a história de seus destruidores, ou seja, dos conquistadores, é conhecida por todo o mundo."[19] Por que deveriam os inventores do mecanismo de um relógio ser tidos em menor estima do que os pensadores que aperfeiçoaram a álgebra?[20] Diderot é ainda mais agressivo quando escreve que a superioridade que acordamos às artes liberais é um preconceito que tende a encher as cidades com faladores orgulhosos e contempladores inúteis e os campos com tiranos arrogantes e triviais, ignorantes e preguiçosos.[21] Não devemos demorar-nos numa melodia que toca em nossos ouvidos todos os dias. A derrocada da antropologia helênica está tão completa quanto a cristã.

---

[17] *Discours Préliminaire*, op. cit., p. 53.

[18] Ibidem, p. 54.

[19] Ibidem.

[20] Ibidem, p. 55.

[21] A passagem de Diderot é citada por Picavet in: ibidem, p. 214, n. 40.

e. Progresso e ascensão da América e da Rússia

Ao longo desta análise indicamos as linhas que levaram da ideia do *Discours* para os desenvolvimentos futuros do credo positivista. Não é necessário recapitular essas indicações. Em conclusão devemos, ao contrário, lidar com um problema que apenas em anos recentes se tornou visível em todas as suas proporções: as construções de D'Alembert obtiveram em nossa época uma importância histórica que de longe supera sua importância para a história mais imediata do positivismo, culminando na obra de Comte. Nesta história mais imediata, a especulação de D'Alembert foi completamente suplantada pelas leis de Turgot e de Comte das três fases. Os "séculos de ignorância" de D'Alembert desapareceram e a "fase religiosa" de Comte tomou-lhes o lugar. Comte estava profundamente interessado nos problemas institucionais da Idade Média, particularmente sob o aspecto da institucionalização do *pouvoir spirituel*. Sua inquirição volumosa na história medieval tornou-se mesmo um fator contribuinte na compreensão renovada dos valores da civilização cristã medieval, uma compreensão que em sua corrente principal deriva de fontes em oposição ao credo positivista. Então, mesmo pelo futuro alto sacerdote do positivismo, o desprezo de D'Alembert para com a Idade Média tinha sido rejeitado nos anos de 1820 e dera lugar a uma apreciação mais cautelosa deste período. O positivismo na forma comtiana permaneceu uma influência forte na cena europeia até o século XX. Entretanto o radicalismo de D'Alembert não poderia ser usado contra a restauração humanista e cristã do período pós-napoleônico; e o antimedievalismo de D'Alembert em particular tornou-se insustentável diante da exploração histórica meticulosa da Idade Média. Ao final do século XIX, a escuridão da Idade Média tinha-se tornado o sintoma pelo qual o semieducado podia ser diagnosticado; e se qualquer pessoa iluminada quisesse fazer piadas sobre a escolástica, a piada era contra essa mesma pessoa.

O movimento europeu por uma restauração civilizacional humanista e cristã tomou sua força de um grande número de fontes. Uma dessas fontes é de relevância específica para nosso contexto, ou seja, o nacionalismo. Os feitos dos antepassados são o orgulho dos viventes; a história medieval das nações europeias não poderia permanecer simplesmente enterrada no oblívio quando os nacionalistas comemorassem o menor item que pudesse aumentar o prestígio da comunidade; as realizações das respectivas nações na época gloriosa da arquitetura gótica, dos grandes místicos e escolásticos, eram, em certa medida, uma questão de rivalidade nacional. Este motivo de nacionalismo tem de ser considerado um fator contribuinte pesado na penetração da história medieval e na compreensão crescente dos valores incorporados na civilização medieval. Quanto a esses problemas, os acontecimentos políticos de anos recentes mudaram decisivamente as ênfases. Os estados Unidos e a União Soviética tornaram-se os poderes mundiais dominantes. Distinguindo-se das cinco principais nações europeias, essas duas potências têm um elemento em comum: seus povos não participaram na criação da civilização ocidental medieval. A Idade Média não faz parte de suas histórias nacionais. A construção histórica de D'Alembert – enfraquecida no positivismo de Comte, abandonada na Europa como sem valor sob o impacto do conhecimento histórico crescente – obteve com esses acontecimentos uma importância de proporções dificilmente previsíveis. Esta construção, em que o curso contínuo da civilização começa com a *Encyclopédie*, oferece para as sociedades americana e soviética uma tentação que parece quase irresistível: aqui está a filosofia da história que se adequa perfeitamente aos Estados Unidos, cujos atos fundadores nacionais caem precisamente na época do espírito enciclopedista, e igualmente se adequa com perfeição à União Soviética, cujo credo revolucionário provém do mesmo período. Não estamos falando de possibilidades do futuro; estamos falando da situação contemporânea. Na União Soviética, o espírito enciclopedista obteve *status* oficial mediante sua reabsorção na obra de Lenin.[22] As ideias do *Dis-*

---

[22] Ver particularmente a introdução a *Materialismo e Empiriocriticismo*, de Lenin, com sua referência ao diálogo entre D'Alembert e Diderot como base da própria posição metafísica de Lenin.

cours são praticamente parte da religião de estado russo. Nos Estados Unidos não temos nenhuma religião de estado, mas temos de observar a aceitação em massa de um credo em que as ideias de progresso e cientificismo utilitário, incluindo a escuridão da Idade Média e os valores da tecnologia, obtiveram um *status* dogmático. É imprevisível que consequência esta nova constelação de poder terá para o curso da crise ocidental. Mas devemos estar conscientes de que as duas potências mais fortes, o que determina decisivamente o fado do ocidente, são precisamente as em cuja compleição espiritual e intelectual as forças corretivas contra as devastações do iluminismo e progressismo são comparativamente fracas porque nunca foram parte da sua história nacional.

§ 2. O historicismo de Turgot

O movimento do positivismo absorveu um agregado altamente diversificado de sentimentos e ideias. O radicalismo cientificista de D'Alembert não é mais do que uma tensão na constituição do todo. Uma segunda tensão, de igual importância, pode ser encontrada no historicismo de Turgot. As fontes principais para as ideias de Turgot são os dois *Discourses* que proferiu nas sessões de abertura e fechamento da Sorbonne em 1750, quando era um jovem de 23 anos de idade. A isso devem ser acrescentados os fragmentos dos *Discursos de História Universal* do mesmo período; e, talvez o mais rico em ideias, o projeto da *Geografia Política*. A teoria do conhecimento que Turgot pressupunha nessas obras, ele a estabeleceu de uma maneira formal no artigo "Existência", da *Encyclopédie*.[23]

---

[23] *Discourse sur les Avantages que l'Établissement du Christianisme a Procurés au Genre Humain* (3 de julho de 1750); *Discours sur les Progrès Successifs de l'Esprit Humain* (11 de dezembro de 1750); os fragmentos do projeto acerca da história universal consistem em (1) *Idée de l'Introduction*; (2) *Plan du Premier Discours, sur la Formation du Gouvernement et le Mélange des Nations*; (3) *Plan du Second Discours, dont l'Objet Sera les Progrès de l'Esprit Humain*, e vários fragmentos menores; os fragmentos acerca de geografia política consistem em (1) *Idées Générales*; e (2) *Esquisse d'un Plan de Géographie Politique*. Todas essas peças,

a. A lei das três fases

Comecemos com a ideia de Turgot que se tornou a peça central da filosofia da história de Comte sob o título da lei das três fases. Turgot estava preocupado com os diferentes graus de progresso nas várias ciências, particularmente a matemática e a física. O desenvolvimento da matemática começa mais cedo, e seu avanço é mais rápido do que o da física. Qual é a causa desta diferença? Em busca de uma explanação, Turgot volta à teoria do conhecimento de Locke, na forma radicalizada monística que assumiu na França. Todo conhecimento começa com a sensação; todas as ideias provêm reflexivamente da sensação. A matemática e a física têm graus diferentes de progresso porque na matemática a razão tem de operar apenas com ideias, ao passo que na física os símbolos da ciência se referem a acontecimentos no mundo externo. Em física procuramos as causas dos acontecimentos que se imprimem em nossos sentidos. Tentamos ascender dos efeitos às causas, dos sentidos aos corpos, do presente ao passado, dos corpos visíveis aos invisíveis, do mundo à Divindade.[24] Nesta busca, não combinamos e comparamos ideias, como na matemática; tentamos verificar a estrutura da existência corpórea. São inevitáveis os erros e são morosas as correções. Entre as várias fontes de erro, uma é de relevância específica porque determina um estilo de hipótese que está no começo de nossa interpretação do mundo exterior e pode ser ultrapassada apenas devagar na história da ciência; é a propensão por pensamento analógico. Ao buscar as causas de efeitos, a primeira hipótese que se oferece é a suposição de seres invisíveis, inteligentes, similares a nós, que causam os acontecimentos que nos impressionam. Tudo o que acontece, e que não pode ser atribuído à ação humana, deve ser devido de um deus que é concebido analogicamente ao homem. Para esta

---

assim como a reedição de "Existência", podem ser encontradas em *Oeuvres de Turgot*. Ed. Daire e Dussard. Paris, 1844, vol. 2. *Traduções do segundo discurso*, "*A Philosophical Review of the Successive Advances of the Humana Mind*", e o projeto "*On Universal History*" estão disponíveis em *Turgot, Progress, Sociology, and Economics*. Trad. e ed. Ronald L. Meek. Cambridge, Cambridge University Press, 1973.

[24] *Histoire Universelle*. In: *Oeuvres de Turgot, op. cit.*, vol. *2*, p. 649.

primeira fase de interpretação o próprio Turgot não cunhou um termo; foi chamada sucessivamente a fase de pensar fetichista ou animista; mais próximo do significado de Turgot estaria o termo *antropomórfico*. A segunda fase da interpretação é caracterizada por uma atitude filosófica crítica. A interpretação antropomórfica de forças naturais é abandonada em favor de "expressões abstratas", tais como essências ou faculdades, "expressões que não explicam nada e acerca das quais se especula como se fossem seres, novas divindades que substituíram as velhas". Somente na última fase foram as interações mecânicas de corpos propriamente observados e interpretadas de tal maneira que poderiam ser expressas em termos matemáticos e verificadas por experiência.[25]

b. Turgot e Comte

Esta sequência de fases é, em substância, a sequência que aparece no sistema de Comte como o progresso do intelecto humano de sua fase teológica, através da fase metafísica, até sua fase positivista. O fato em si é bem conhecido, mas só muito recentemente os historiadores começaram a tirar as consequências inevitáveis para a interpretação do movimento positivista. Na interpretação mais antiga, as ideias da hierarquia das ciências e da lei das três fases foram consideradas as grandes realizações de Comte. Por ora, vimos que essas doutrinas principais remontam a D'Alembert e Turgot; a Comte pode ser acordado o mérito de as ter elaborado, mas certamente as próprias ideias não foram criadas por ele; foram amplamente desenvolvidas e estabelecidas em meados do século XVIII. Uma insistência firme neste ponto é necessária a fim de trazer para o foco o significado real de Comte na história da crise ocidental. Este significado não consiste na reiteração e elaboração das ideias de D'Alembert e Turgot, mas em sua criatividade como personalidade religiosa. Comte seria uma figura bem insignificante na história das ideias políticas se não tivesse sido o *fondateur de la religion universelle* e o primeiro

---

[25] Ibidem, p. 656.

alto sacerdote da nova religião. O carisma profético é a força de Comte; e embora sua igreja não tenha tido muito sucesso, seu entusiasmo religioso era forte o bastante para oferecer um corpo de ideias, conquanto de valor científico duvidoso, com o brilho de uma revelação de cuja aceitação depende a salvação da humanidade. Comte não acrescentou muito como pensador ao complexo de ideias positivistas; acrescentou a elas em sua qualidade de fundador religioso, ao mudá-las para o nível de uma religião dogmática.

A lei das três fases foi transposta por Comte do contexto de um estudo primariamente científico como o encontramos nos *Discourses* de Turgot, para o contexto de um novo Corão – pois, na verdade, este é o caráter da principal obra de Comte, assim como foi o caráter das *Instituições* de Calvino. Através desta transposição, muito do sabor original das ideias de Turgot se perdeu; e o significado original é de interesse consideravelmente maior para a história posterior da ciência política do que o significado dogmático religioso de Comte. A deslocação da ênfase no conteúdo da lei das três fases de Comte, em vez de em seu caráter dogmático, não apenas distorceu o retrato de Comte, mas também obscureceu o problema original de uma filosofia da história que foi levantada por Turgot. Uma exposição completa das ideias de Turgot concernentes a uma filosofia da história não pode ser dada num estudo geral acerca de ideias políticas; mas devemos indicar ao menos os problemas principais.

c. Definição de progresso

Primeiro de tudo, a sequência desenvolvida por Turgot não é uma lei geral da história, mas inequivocamente uma série de fases pelas quais passa nossa interpretação do mundo externo. A questão de se há três ou mais fases é muito irrelevante; o ponto crucial é que a ciência matematizada do mundo externo liberta-se historicamente de um contexto de símbolos antropomórficos, que em si mesmos podem estar em vários estágios de racionalização. A purificação crítica da ciência, conforme o

2 - O positivismo | 133

antropomorfismo, é o problema. Turgot designa como progresso este processo de purificação. Esta designação é válida em vários aspectos: (1) atribui ao termo *progresso* um sentido claro; (2) fixa o cerne empírico da ideia de progresso; (3) por esta fixação permite-nos distinguir os significados evocativos políticos de progresso deste cerne, de maneira nenhuma desimportante, mas politicamente não muito entusiasmante. Em particular, a clareza de Turgot dá-nos um critério preciso para o mau uso da ideia. Este mau uso pode assumir duas formas principais: (1) quando a ideia de purificação, conforme o antropomorfismo, é transferida indiscriminadamente como um critério de valor do reino da física matemática para outras esferas de expressão espiritual e intelectual; (2) quando a evolução da física matemática, por válida e progressista que seja em si mesma, é empregada sem crítica como o critério do valor de progresso de uma civilização.

d. O continuum *da história*

A amplificação evocativa política da ideia não está ausente da obra de Turgot, mas a amplificação da sequência é cuidadosamente distinta de seu significado básico. A distinção tem de ser um problema grave para um pensador consciencioso porque, tomada em si mesma, a emergência da ciência matematizada não tem nenhuma conexão com o problema de significado em história. Quais são as considerações que induziriam um pensador a fazer deste processo específico um símbolo de significado histórico? O título dos fragmentos, *Discours sur l'Histoire Universelle*, contém a chave das considerações de Turgot, pois o título retoma conscienciosamente o problema do *Discours* de Bossuet. Turgot lida com firmeza com o problema do significado na história depois de estar perdido o significado cristão. A este respeito é rival de Voltaire, embora ultrapasse Voltaire de longe através da análise teorética penetrante do problema.[26]

---

[26] Para o pano de fundo geral deste problema, ver o vol. *VI, Revolution and the New Science*, cap. 1, "Apostasy" *[HIP, Revolução e a Nova Ciência*, cap. 1, "Apostasia"].

Ele sabe que a completude enciclopédica não é o substituto da universalidade do drama cristão da queda e da salvação; e a profundeza de seu conhecimento histórico não lhe permite relegar toda a história da humanidade a algum abismo pré-histórico e deixar o significado começar com a Renascença. O pensador que tenta encontrar significado na história humana de uma posição intramundana tem de, em primeiro lugar, estabelecer que há tal coisa chamada humanidade, que a sucessão de gerações humanas no tempo tem uma estrutura discernível que possivelmente poderia prestar-se a uma construção de significado. Turgot pensa que pode ver tal estrutura pela qual a sucessão de homens no tempo é integrada num todo que pode ser chamado humanidade. Na natureza não humana ele encontra os ciclos de crescimento e queda como a estrutura fundamental; as gerações sucessivas de vegetais e animais reproduzem o mesmo estado repetidamente; não há nenhuma estrutura imbricando as gerações individuais. Na sucessão de gerações humanas não vemos repetição, mas variedade infinita em virtude das operações de razão, paixões e liberdade. Esta variedade infinita, ademais, não é uma variedade descontínua, mas é mantida junta no tempo pela corrente de causa e efeito que liga cada geração a todas as passadas. E, finalmente, a corrente não é um simples *continuum*, pois a vida intelectual e espiritual das gerações prévias é preservada através da linguagem e da escrita na vida das gerações posteriores. Um *"trésor commum"* acumula-se e é transmitido de uma geração para a seguinte e passado adiante, com novos incrementos, como uma herança que cresce de século a século. A unidade da humanidade, então, é constituída através de três princípios: (1) a individualidade histórica de cada homem, a substância da qual o todo pode ser construído; (2) continuidade através da cadeia de causa e efeito ligando as gerações; (3) acumulação de substância através da memória coletiva na linguagem e na escrita.[27]

---

[27] *Second Discours en Sorbonne [Discours sur les Progrès Successifs de l'Esprit Humain]*. In: *Oeuvres de Turgot*, op. cit., vol. 2, p. 597 ss.

e. A masse totale como portadora de significado

A substância continuamente acumulante é a própria humanidade; e esta humanidade é concebida como portadora de significado. Mas esse processo de acumulação mostra um significado como um todo? Discutimos este problema no capítulo sobre apostasia, e vimos que o significado do todo é inacessível ao pensador intramundano porque ele está vivendo em sua presença finita, e o todo, estendendo-se a um futuro infinito, é desconhecido para ele. O significado do todo é um problema insolúvel, partindo-se da posição intramundana. Daí Turgot não poder mais do que procurar linhas finitas de significado que podem ter-se tornado visíveis na história conhecida das artes e ciências, da moral e da política. Tais linhas de significado podem ser encontradas em grande número – linhas de crescimento, de decadência, de recuperação e assim por diante. Mas há linhas que correm até o presente por todo o corpo da história conhecida? Linhas de crescimento, não de decadência? Turgot pensa poder discernir tais linhas, e chama-as de os abrandamentos de costumes, a iluminação da mente e o comércio intensificado entre nações anteriormente isoladas até o ponto de intercurso global.[28] Essas linhas não seguem um curso regular na história. Sofrem interrupções frequentes, e nem todos os homens participam igualmente nesse crescimento significativo da substância humana. Mas a despeito de todos os retardamentos do processo, a despeito das interrupções e a despeito da distribuição do processo sobre uma multidão de civilizações e nações que não se movem na mesma velocidade, enquanto algumas não se movem de maneira nenhuma – a despeito de tudo isso, *la masse totale* da humanidade marcha para uma perfeição cada vez maior.[29]

As considerações de Turgot oferecem a oportunidade rara de assistir a uma filosofia progressista da história *in statu nascendi*. Não nos defrontamos ainda com um dogma final, como em Comte; podemos traçar os motivos e os meios de

---

[28] Ibidem, p. 598.

[29] Ibidem.

construção. Os instrumentos decisivos na construção são as linhas de significado que correm através de todo o processo da história conhecida e as ideias da *masse totale*. O processo da história em sua amplitude total não tem nenhum significado, nem mesmo um significado finito; isso Turgot reconhece. As lacunas no tempo através das interrupções no crescimento positivo de substância, e a restrição do crescimento a um fio pequenino de homens como seus portadores, ao passo que a maioria participa no progresso apenas a uma distância respeitável, reduzem o campo de progresso real a uma área comparativamente pequena no fluxo total da história humana. Tem-se de olhar muito vigorosamente na verdade, a fim de encontrar neste fluxo bem túrgido *"le fil des progrès"*. E se tivéssemos encontrado tal "fio" – do qual as purificações críticas da física são um exemplo – o que ganharíamos? Que interesse pode haver para um homem que vive e morre em seu presente finito, se a humanidade progrediu no passado ou progredirá no futuro, se ele próprio leva uma vida miserável numa comunidade isolada e não iluminada, onde os costumes não são muito ternos? A resposta de Turgot é a *masse totale*. É inultrapassável a brutalidade triunfante da resposta. A história não tem nenhum significado para o homem. O que importa? – ela tem significado para a *masse totale*.

aa. A perda do significado cristão da história

Esta resposta é pesadamente repleta de implicações. Vejamos primeiro o que aconteceu ao problema do significado na história. Na filosofia cristã da história, como representada por Bossuet, o problema do significado é resolvido por meio da dicotomia entre a história sacra e a profana. A história profana não tinha nenhum significado autônomo; o problema do significado está concentrado na história sacra. A história sacra tem sentido à medida que seja um drama espiritual, começando com a criação do homem e terminando com a segunda vinda de Cristo; o drama é conhecido do primeiro ao último ato e, por esta razão, é uma linha verdadeira de significado universal. O drama da salvação tem um significado de relevância humana porque envolvido nele está o destino espiritual de cada ser humano em particular. Precisamente porque tem esta importância em cada destino humano singular, porque não é o drama de uma *masse totale*, vemos certas questões espinhosas de doutrina surgir na história da Cristandade, tais como: o que acontece com os homens que viveram antes de Cristo; o que acontece com os que viveram depois de Cristo, mas nunca ouviram falar dele; o que acontece com os que ouviram falar dele mas resistiram ao Evangelho; o que acontece com aqueles que são chamados, mas não eleitos; e assim por diante? A linha sacra de significado que corre através da história é inseparável do significado que tem para a pessoa individual. Sem significado para o homem, entendido como a pessoa concreta, não há nenhum sentido na história. Turgot transpõe a dicotomia cristã da história sacra e profana para o contexto de pensamento intramundano através de sua dicotomia do "fio de progresso" e o lastro enorme de subidas e descidas e desvios históricos que não têm nenhum significado em si mesmos. Entretanto não consegue extrair do fio "sacro" do progresso um significado para o destino espiritual da pessoa concreta. Neste ponto, portanto, as amplificações evocativas têm de ser introduzidas. Já que as linhas finitas de significado, que podem ser encontradas no processo civilizacional, não conseguem ter nenhum significado para o homem como pessoa espiritual, o homem e seus problemas concretos têm de ser colocados de lado; já que o homem concreto não consegue ser o sujeito para quem a história tem um significado, o sujeito tem de ser mudado; o homem é substituído pela *masse totale*. A *masse totale*, no entanto, não tem nenhuma existência concreta, nem a *massa* é dada à experiência humana; é a evocação de um portador de significado, de uma nova divindade, em que o homem que perdeu sua abertura para o *realissimum* transcendental projetou seu desejo de salvação. A *masse totale* não é uma realidade no sentido experiencial; é uma evocação hesitante de uma nova divindade intramundana. Em Comte veremos o novo deus finalmente entronizado como o *Grand--Être*, juntamente com um clero e um rito.

bb. A perda da ideia cristã de homem

Consideremos o que aconteceu com o homem pela criação da *masse totale*. O leitor terá notado que no parágrafo antecedente não falamos simplesmente de homem, mas muitas vezes empregamos o termo *homem concreto*. A necessidade de tal emprego, a fim de tornar claro o sentido pretendido da palavra *homem*, ilustra melhor as dificuldades terminológicas que foram criadas através do dogmatismo positivista e sua aceitação pouco criteriosa. Deveria ser uma coisa natural que o termo *homem*, quando empregado num discurso político ou filosófico, devesse denotar o "homem concreto", ou seja, a pessoa humana concreta na inteireza de suas dimensões, incluindo a intelectual e a espiritual. Lamentavelmente, já não é uma coisa natural. Os pensadores do século XVIII mutilaram para além do reconhecimento a ideia de homem. No caso de D'Alembert, por exemplo, vimos que o homem foi privado da *bios theoretikos* e reduzido, em essência, ao nível utilitário de um *homo faber*. Em Voltaire vimos o ataque cruel na vida do espírito e sua eliminação da "verdadeira ideia de homem". Diderot falou do "contemplador inútil". Bentham excluiu de sua especulação política o tipo "ascético" como uma anormalidade repulsiva que deveria ser negligenciada pelo filósofo. Turgot, em sua qualidade de prior da Sorbonne, fez um discurso acerca da matéria ominosa dos "lucros" que a humanidade tinha obtido do estabelecimento da Cristandade; e o editor nota candidamente que o *Discours* originariamente continha um parágrafo em que o autor discordava dos que acreditam que a Cristandade é "útil" apenas para a outra vida.[30] Esta redução do homem e de sua vida ao nível de existência utilitária é o sintoma do colapso crítico da civilização ocidental através da atrofia da substância intelectual e espiritual do homem. No movimento positivista progressista desde meados do século XVIII, assim como nos seguidores do movimento, o termo *homem* já não designa o homem maduro da tradição humanista e cristã, mas apenas o fragmento utilitário aleijado.

---

[30] Ibidem, p. 586.

cc. A perda da ideia cristã de humanidade

No entanto um homem aleijado não deixa de ser homem; obscurantistas espirituais, ou utilitários anti-humanistas, não são animais; continuam a viver como humanos. Ainda assim, já não podem resolver os problemas humanos racionalmente, ou na base das experiências espirituais cuja posse caracteriza o homem maduro. Daí aparecem as curiosas transposições dos problemas da civilização ocidental madura para o novo nível de imaturidade utilitária, dos quais estudamos há pouco um exemplo em Turgot; daí surge a necessidade de substituir a realidade transcendental por uma evocação intramundana que supostamente deve preencher as funções da realidade transcendental para o tipo imaturo de homem. Como consequência, não apenas a idéia de homem, mas também a idéia de humanidade mudou de significado. A idéia cristã de humanidade é a idéia de uma comunidade cuja substância consiste no Espírito em que os membros participam; a *homonoia* dos membros, a afinidade de opiniões através do Espírito que se torna carne em todos e em cada um deles os funde numa comunidade universal da humanidade. Esta corrente de espírito é intemporal; o Espírito não está mais presente hoje do que estava ontem, e não estará mais presente amanhã do que está hoje. Apenas porque o Espírito está transcendentalmente fora do tempo é que pode estar universalmente presente no tempo, vivendo igualmente em cada homem, independente da idade ou do lugar em que o homem viva; apenas porque o curso da comunidade está fora do tempo é que a humanidade é uma comunidade universal dentro do tempo histórico. A evocação de Turgot da *masse totale* transporta a ideia cristã de humanidade para a chave utilitária. O homem já não é um centro espiritual, mas um mero ela na corrente de gerações. O espírito que funde a pluralidade de homens na unidade da humanidade já não é uma realidade transcendental que deva ser experienciada por toda a alma individual, mas tornou-se uma linha de significado que deve ser tocada num dado ponto por um homem se ele é afortunado, mas para além do alcance da grande maioria da humanidade. E a presença eterna do Espírito em cada alma que se abre voluntariamente é transposta para um significado precário fugitivo que só pode ser afirmado com alguma dificuldade por eruditos que sabem muito dos problemas da ciência matematizada. À primeira vista, toda essa transposição parece tanto com um insulto infantil à dignidade do homem que é dificilmente inteligível a atração de massa que a ideia sem dúvida tem até hoje.

f. O apelo à imaturidade utilitária

aa. O apelo ao homem comum

Consideremos, portanto, finalmente, as condições sob as quais esta ideia de homem pode atrair os homens. Obviamente pode não ter nenhuma atração para um humanista e um cristão; e sempre que ideias positivistas se espalham numa forma socialmente ameaçadora, é inevitável o embate com as tradições da alta civilização ocidental. Com igual obviedade existe a atração de massa; em busca de suas condições temos apenas de sumariar várias observações que tivemos de fazer incidentalmente à análise prévia. A ideia de ser em substância um membro de uma *masse totale* pode atrair apenas um homem que não tem muita substância própria. Sua personalidade tem de ser suficientemente subdesenvolvida, ou seja, tem de ser deficiente em organização espiritual e equilíbrio em tal grau que a angústia da existência não possa ser controlada e absorvida pelos processos normais da vida meditativa madura. Como consequência, será atormentado por inseguranças, frustrações, medos, agressividades, obsessões paranoicas, ódios incontroláveis, e assim por diante. A grande fuga para o homem que não consegue desenredar-se deste estado mediante a solução pessoal sempre foi, e sempre será, o submergir-se numa personalidade coletiva que, ou encontrará pronta, à mão, em seu ambiente, ou evocará para a ocasião. Tribalismo é a resposta à imaturidade porque permite ao homem permanecer imaturo com a sanção de seu grupo.

Um homem que não é muito uma pessoa ainda pode ser um indivíduo útil. Daí uma tribo de utilitários imaturos poder ser altamente eficiente e uma comunidade muito poderosa e, ao mesmo tempo, muito perigosa se suas inseguranças, seu provincialismo, sua xenofobia e paranoia, por uma razão ou outra, se voltam agressivamente *ad extra*. As tribos que emergem na crise de uma civilização podem apresentar uma eficácia política considerável enquanto durarem; a imaturidade não é nenhum argumento contra o poder político. A eficácia política e a sobrevivência de um movimento tribalista não apenas acrescentam à sua atração, mas também o tornam possível como forma de existência política, de duração apreciável, para as massas de homens que, em números crescentes, são libertados para a reorganização nas novas formas políticas numa época em que as instituições de uma alta civilização começam a entrar em colapso, como aconteceu no século XVIII. Estão presentes as condições para uma evocação tribalista de sucesso: dá-se o tipo de homem que existe em todas as épocas em grande número; dá-se a situação de um colapso civilizacional em que as massas desse tipo estão prontas a responder a um novo apelo (o proletariado interno, no sentido toynbeeano do termo); e, finalmente, dá-se uma ideia que tem o duplo mérito (1) de estar bem perto da tradição (porque é uma transposição de ideias tradicionais) para enganar os que não têm tanto discernimento e (2) de oferecer uma personalidade coletiva àqueles que querem remar pela vida com aquele mínimo de esforço que passa pelo nome respeitável de utilidade.

bb. O tribalismo da humanidade

Examinamos as condições gerais que fazem uma ideia tribalista atrativa a membros de uma comunidade e que oferecem certa garantia de existência política durável. Contudo, ainda não esgotamos os encantos particulares de um tribalismo da humanidade. O tribalismo como tal exala um mau cheiro numa civilização que está ainda permeada pelas tradições do universalismo cristão. Os vários movimentos tribalistas que brotaram no período de crise entraram em conflito com a tradição ocidental. Mas nem todos eles desenvolveram conflitos da mesma gravidade. As diferenças na violência da tensão são causadas pelos conteúdos diferentes das evocações tribais nos vários movimentos totalitários. Uma combinação de nacionalismo com racismo, do tipo a que se entregou o movimento nacional-socialista, é capaz de fazer surgir tensões consideráveis, como o fez na verdade, porque a grande maioria da humanidade não consegue adquirir a qualidade de membro na *masse totale*. A aspiração universalista, combinada com o conteúdo restritivo da ideia, tem de levar à extinção da evocação (ou, na melhor das hipóteses, a um rescaldo adoentado da fervura lenta sectária) quando a tribo que foi constituída pela ideia encontra derrota num embate armado. A evocação tribal comunista está numa posição muito mais favorável. A tribo também está restrita em princípio; mas é restrita a "trabalhadores". E estes existem em grande número em toda sociedade terrena; ademais, não trabalhadores podem ser convertidos em trabalhadores pelo simples mecanismo de se lhes tirarem as propriedades. As aspirações universais da ideia comunista podem ser implementadas "na pele" através de mudanças na estrutura econômica da sociedade e através da aplicação do grande clister que purga a *masse totale* de elementos inassimiláveis, com a liquidação destes. O fim da civilização ocidental através da diarreia tem uma atração muito mais ampla do que o fim através de câmara de gás e incineradores porque o número dos que são feitos felizes pelo processo pode ser antevisto como estando num futuro distante coextensivo com o número dos que sobrevivem. A visão da generalidade intramundana da *masse* pode ser confundida com a universalidade pela ralé intelectual que consegue entender as diferenças entre tribalismo e universalismo apenas quando a tribo, por definição, é menor do que o número dos que vivem simultaneamente. Finalmente, a evocação positivista progressista está obviamente na posição mais favorável porque pode empregar o símbolo "homem" para a designação de membro da *masse totale*. É praticamente intransponível para um intelectual

2 - O positivismo | 143

progressista (que pertence, ele mesmo, à *masse*) a dificuldade de distinguir entre tribalismo e universalismo, o que é sério mesmo no caso do comunismo, quando a tribo é coextensiva à humanidade intramundana em qualquer ponto do tempo.

cc. O apelo aos líderes

O apelo à *masse*, na versão progressista de Turgot, está para os homens comuns na possibilidade de obter os benefícios da humanidade sem incorrer em suas obrigações. Tudo o que alguém tem de fazer é fazer-se útil à medida do ganho de vida para o resto; pode sentir-se no topo do mundo histórico, identificando-se com o progresso da *masse*. Este é o apelo para o membro comum do movimento. Para os líderes, a ideia tem o apelo acrescido que estudamos em pormenor no capítulo acerca de Helvétius. Os pensadores que evocam a ideia, e o grupo de homens que representam ativamente o progresso, são a medida de significado na história. A *masse totale* está em progresso como um todo porque indivíduos e grupos seletos estão ativamente em progresso; se a humanidade intramundana como um todo é o novo *realissimum,* seus portadores-padrão são os homens-deuses. A *masse totale* tem a grande tentação dos elementos ativos que podem colocar-se numa posição confortável na hierarquia. Turgot não vai ao extremo de Comte, ou seja, dele próprio como o messias da humanidade e o papa transformados num só; no entanto não se pode desprezar o orgulho clerical. A massa de humanidade certamente não progride na mesma velocidade; alguns grupos estão liderando, alguns estão atrás, e outros, ainda, estão nos estágios mais primitivos de barbarismo. "O presente estado do universo contém, ao mesmo tempo cada um, todas as sombras de barbarismo e civilização; a um olhar podemos ver todos os monumentos e traços de todos os passos da mente humana; a um olhar, o quadro de todos os graus através dos quais passou; a um olhar, a história de todas as épocas."[31] De maneira nenhuma Turgot e a nação francesa mantêm o

---

[31] Ibidem, p. 599.

lugar mais insignificante no quadro simultâneo dos estágios cronológicos. De fato, são o presente autorizado e consequentemente o resumo da hierarquia. Bacon e Galileu, Kepler e Descartes, Newton e Leibniz recebem sua cota como portadores da tocha; mas o clímax é a França. O segundo *Discours en Sorbonne* fecha com a apoteose do rei e o louvor: "Teu povo feliz tornou-se o centro da civilização (*politesse*)".[32] A ideia da *masse totale* mistura-se ao nacionalismo. O que poderia ser o passatempo inócuo de um intelectual exultante torna-se uma força política por ganhar, na cena internacional, o ímpeto de um estado poderoso se puder capturar a nação até o grau em que a massa nacional se identifique com a liderança da humanidade. Em seu esboço vimos a ideia de humanidade, dominada por um povo escolhido que encarna a essência progressiva da humanidade. Na atualidade histórica isso significaria uma organização totalitária da humanidade, em que o poder dominante derrotaria, em nome da humanidade e da liberdade, quem quer que não se conforme com seus padrões.

g. *História profana* versus *história sagrada*

Há um toque nocivo em Turgot como em todo totalitário progressista, ou qualquer outra denominação, mas nele não há ainda mais que um simples toque. Turgot estava muito imbuído do espírito de Bossuet para cair candidamente no radicalismo de uma nova salvação. O "fio de progresso", ou seja, a nova história sagrada, certamente é sua ideia dominante; e a *masse totale* é sua obsessão.[33] Entretanto este aspecto do historicismo de Turgot é equilibrado por uma amplitude do horizonte histórico, assim como por uma penetração surpreendente de formas históricas, o que é peculiarmente seu. Boa parte desta abertura histórica tornou-se a herança preciosa de

---

[32] Ibidem, p. 611.

[33] Além da passagem acerca da *masse totale* citada antes, o leitor deve também comparar a passagem acerca da mesma matéria, assim como seu contexto, no *Discours sur l'Histoire Universelle*. In: *Oeuvres de Turgot*, op. cit., vol. 2, p. 633, a fim de compreender que a ideia é a coluna dorsal da filosofia da história de Turgot.

2 - O positivismo | 145

Comte; mas a maior parte dela foi perdida para o desenvolvimento posterior do progressismo; e não foi apenas perdida para o progressismo, mas temos de dizer muito geralmente que, deixando de lado marcos como Hegel, Gobineau, Burckhardt, Spengler e Toynbee, não há muito na ocupação média com os problemas de política e história que pudesse medir-se com os projetos de Turgot em amplitude de concepção ou faro para problemas. Esta riqueza da perspectiva histórica de Turgot é devida ao ímpeto, ainda não exaurido, do tratamento que Bossuet dá à história profana. Negligenciamos até agora a seção profana da filosofia cristã da história. Lidamos apenas com a linha particular de significado que assumiu para Turgot a função de história sacra; ainda não lidamos com o problema de que tal linha finita de significado pôde ser encontrada de alguma maneira e que seu descobrimento não criou uma sensação. Não criou uma sensação desregrada porque abundava a história profana tradicional com linhas finitas de significado; o problema para Turgot não era descobrir pela primeira vez tal linha; seu problema era descobrir uma linha que cortasse a pluralidade de linhas já conhecidas, de tal maneira que a história pudesse ser interpretada como um todo significativo desde seus começos até o presente. Insistimos repetidamente que o significado da história como um todo é inacessível da posição intramundana, mas desta inacessibilidade não se segue que a história não tenha uma estrutura finita de significado; ou seja, que não tenha uma articulação significativa reconhecível nas histórias finitas de civilizações e povos. Este significado finito, já que não é um significado universal, não pode tocar o todo da existência humana, mas toca muito fortemente a existência finita na comunidade, assim como os valores civilizacionais dos quais a comunidade é a portadora. A compreensão deste significado finito, a intelecção na ordem que prevalece nele (se tal ordem deveria ser descobrível empiricamente), é uma preocupação humana porque permite ao homem orientar-se em sua própria situação histórica e, em virtude desta orientação positiva, obter também a distância apropriada do reino de valores civilizacionais, ou seja, o *contemptus mundi* cristão.

A estrutura da história, no entanto, pode tornar-se uma preocupação humana neste sentido, apenas se for entendida como a estrutura da história profana, como um reino de significado finito. Tão logo qualquer parte da estrutura profana é hipostasiada num processo de significado universal, a estrutura finita é falsificada e se torna impossível a orientação. Esta consequência de uma construção intramundana da história sacra raramente é apreciada em sua importância total. Uma vez que um fio da história seja isolado e dotado com um significado sacro, é irresistível a tendência de negligenciar todos os outros elementos estruturais da história como irrelevantes. A "história sacra" torna-se um princípio restritivo de seleção para materiais históricos. Dentro do movimento positivista podemos observar, portanto, uma dilatação característica e um naufrágio do entendimento histórico. Com Turgot, no começo do movimento, a visão da história é ainda surpreendentemente cheia e bem equilibrada, no todo. O "fio do progresso" é separado de um variado histórico que em sua maior parte não é progressista de maneira nenhuma. Com Comte, a construção já se torna rígida; é ainda considerável a riqueza de materiais, mas os materiais enquadram-se com uma vontade suspeita no curso impetuoso do progresso. Com os positivistas tardios, a construção degenera-se num progressismo barato, tão inteiramente seletivo que a seleção se torna indistinta da ignorância. Um movimento que se origina como uma reinterpretação da história termina na destruição dogmática da história. Demais, a tendência para a destruição da história contemplativa não está confinada ao movimento positivista. No curso do século XIX prevalece geralmente onde quer que a história seja escrita com vista a legitimar um presente autorizado. As deformações dos Whigs da história constitucional inglesa é um par para as deformações nacionalistas da história alemã; a tolice escrita acerca dos imperadores medievais que traíram o interesse nacional alemão através de seu anseio por Roma é a contrapartida da tolice escrita acerca da Magna Carta. E as deformações nacionalistas e progressistas são mesmo ultrapassadas pelo pesadelo da escrita marxista e nacional-socialista. Por volta do fim do século XIX, esta escrita de história seletiva com vista a apoiar interesses políticos contemporâneos foi até mesmo teorizada através de uma lógica de historiografia, principalmente através dos esforços dos metodologistas alemães. Neste movimento, a escrita de história foi considerada como uma seleção de materiais com orientação para um "valor" (*Wertauswahl*) e correspondentemente foi considerada a função do historiador impor significado na história (*Sinngebung*). A lógica imanente desta atitude dificilmente poderia levar a alguma outra conclusão do que o postulado de que a história tem de ser reescrita em cada geração para acomodar-se aos novos desenvolvimentos políticos.

A anarquia resultante da história liberal e racista, da história progressista e marxista e, além disso, de tantas histórias nacionalistas quantas foram as nações, teve como consequência o fim da história como ciência. Ou melhor, teria tido como consequência o fim se forças terapêuticas não estivessem em ação e tendessem a uma restauração da história contemplativa. A consciência deste problema nunca morreu completamente. Ranke firmou-se muito no princípio de que todos os períodos da história são iguais em sua proximidade de Deus; e Burckhardt sabia que toda civilização não é digna da morte de um único ser humano. No século XX, as tendências restauradoras tornaram-se fortemente visíveis, particularmente através de seu primeiro grande sumário no *Estudo da História* de Toynbee. No entanto não há muito motivo para rejúbilo. O movimento restaurador é uma gota comparativamente fina de pequena eficácia. Em áreas em que uma religião política intramundana se tornou institucionalizada como igreja do estado, como, por exemplo, na União Soviética, a história como uma ciência contemplativa não pode viver sequer na pessoa de um único indivíduo porque o terror governamental de matança seria imediatamente empregado contra ela. Numa sociedade como a americana são diminutas as possibilidades de desenvolvimento diante da pressão social de matar as almas, do credo progressista; e se os remanescentes das sociedades nacionais europeias podem resistir ao avanço da destruição civilizacional é uma questão que apenas o futuro pode responder. Ainda assim, existe por enquanto o movimento restaurador e reabriu-se o problema de uma ciência de história profana. Como consequência deste curso curioso de ciência histórica, retornamos hoje a aproximadamente o mesmo ponto onde Turgot começou a afastar--se do tratamento clássico da história profana. Na verdade, nosso conhecimento de fatos históricos cresceu grandemente nos dois séculos que passaram, mas as categorias de interpretação não mudaram de maneira decisiva. Algumas poucas reflexões sobre os princípios de historiografia de Turgot têm, portanto, a dupla função (1) de mostrar o estado do problema ao tempo quando a história profana começa a separar-se de seu contexto tradicional cristão; e (2) de mostrar em que aspectos o problema mudou no presente.

h. As categorias de história de Turgot

Examinemos primeiro o estoque básico de categorias empregadas por Turgot na classificação de fenômenos histórico--políticos. Este estoque de categorias é tomado de algumas fontes que são ainda claramente distinguíveis nas análises. As principais são: (1) a tradição cristã; (2) a tradição greco--romana; (3) os acontecimentos do período de migração; (4) algum conhecimento da origem do governo através da conquista de tribos sedentárias por tribos nômades; (5) especulações acerca da estagnação das civilizações do Extremo oriente; (6) o complexo de problemas que surge pela assunção de um "fio de progresso". Alguns exemplos ilustrarão essas fontes.

aa. A Metathesis

Da tradição de Agostinho-Orósio provém a visão geral dos altos e baixos na história, ou seja, da ascensão e queda dos impérios, da sucessão de leis e formas de governo, e dos retardamentos e acelerações das artes e das ciências.[34] A *metathesis*,

---

[34] *Second Discours en Sorbonne*. In: ibidem, vol. 2, p. 598.

a transferência do império de um povo ao próximo, de tal modo que os grandes períodos da história são caracterizados pela sucessão de povos imperiais, é a primeira categoria que determina a estrutura da história. Em seu emprego da *metathesis*, Turgot enfatiza a dominação cultural que acompanha a dominação política mais fortemente do que a tradição; no entanto seu emprego da categoria não vai, no todo, além da prática que tinha sido estabelecida pela ideia de Maquiavel de uma peregrinação de *virtù* de uma nação líder para outra. É o padrão de história que ainda encontramos em Hegel. Em um ponto decisivo, entretanto, o emprego que Turgot faz da *metathesis* difere do de Orósio ou Hegel: para ele a ascensão e queda de impérios não é o princípio estrutural exaustivo da história profana. A história não é organizada como uma sequência estrita de não mais do que quatro impérios como a orosiana, nem uma sequência estrita de "mundos" como a hegeliana. A categoria de império já não é o foco como era sob a impressão da importância preenchedora do mundo do Império Romano; e a categoria da civilização (chinesa, helênica, romana, ocidental) que determina a especulação hegeliana não está ainda desenvolvida. A ascensão e queda de unidades políticas é um movimento aberto, com uma média de progresso passando por altos e baixos. Ademais, outras características estruturais se sobrepõem à estrutura dos povos dominantes.

bb. O ritmo interno da forma política

Uma dessas características de sobreposição é o ritmo da forma política dentro de qualquer das nações que na sucessão caracterizam as grandes épocas históricas. Esta categoria do ritmo interno provém da tradição greco-romana, embora seja possível que a história das cidades-estados italianas tenha tido alguma influência em sua formação. O problema do ritmo interno é formulado em uma ocasião de tal maneira que obviamente a história da pólis helena desde o reinado primordial até Alexandre, ou de Roma desde os primeiros reis até o principado, é o modelo. Nesta ocasião Turgot fala do "fluxo e refluxo de poder" do príncipe para a multidão e de volta da multidão para o príncipe, com o resultado de uma situação mais estável porque no curso do fluxo e refluxo as unidades políticas menores são substituídas por um império que impõe a paz dentro de suas fronteiras.[35] Em outra ocasião Turgot analisa o ritmo interno especificamente para o caso das cidades-estados. As sequências de formas governamentais começam com o reinado. Esta forma é instável porque o abuso de poder nas fronteiras pequenas de uma cidade facilmente será detectado e detestado e, a seu tempo, produzirá uma revolução. A república aristocrática resultante de novo será instável e tenderá a uma democracia porque a tirania de uma oligarquia republicana é mesmo mais intolerável do que a de um rei; e é mais intolerável porque o abuso de poder através de um grupo, ainda por cima, sempre assumirá o disfarce de virtude.[36] A explanação de causas difere da discussão platônica da mesma sequência típica, mas a sequência em si, de reinado a democracia, e a uma monarquia cesarista final, é substantivamente a mesma.

cc. As bouleversements

A combinação de *metathesis* apenas com o ritmo interno levaria a um quadro da estrutura da história mais rico em conteúdo e empiricamente mais adequado do que as construções progressistas rasas posteriores; pois esta combinação permite a suposição de uma linha de progresso correndo pela sequência das unidades históricas maiores (impérios ou civilizações), ao passo que não negligencia os ritmos de crescimento e decadência dentro das unidades. A combinação de Turgot faz uma teoria de progresso compatível com uma teoria de ciclos civilizacionais; uma civilização pode decair, e ainda assim a humanidade pode avançar; Turgot, ao menos, não chegaria ao impasse emocional de progressistas contemporâneos que lamentam com angústia que a Civilização está

---

[35] Ibidem, p. 599.

[36] *Discours sur l'Histoire Universelle.* In: ibidem, p. 635.

em perigo quando nossa civilização ocidental particular tiver alcançado o fim de sua corrida. Mas acrescenta outros fatores à combinação para construir os períodos de decadência em uma teoria de dinâmica histórica. Vimos que o fluxo e refluxo de poder do príncipe para a multidão, e de volta ao príncipe, não produzem uma sequência neutra de formas governamentais, mas que no curso do processo, as unidades menores são absorvidas numa unidade imperial maior que impõe a paz. O processo é bem sangrento, mas da luta das unidades menores emerge a ordem pacífica da unidade maior – um progresso para Turgot, embora assim não considerasse, por exemplo, Burckhardt. A sublevação violenta (*les bouleversements*) torna-se na especulação de Turgot o veículo de progresso; não é possível nenhum avanço sem decadência e destruição. As florestas da América são o modelo do processo histórico: árvores crescem e caem nas florestas virgens, e sua queda fertiliza o solo para novo crescimento. Da mesma maneira, na superfície da terra, os governos se sucedem; e sobem impérios em ruínas de impérios. Apenas mediante revoluções sangrentas é que o despotismo aprendeu a moderar-se e a liberdade a regular-se. "E então, por alternâncias de agitação e calma, de bem e mal, *masse totale* da humanidade está marchando firmemente para a perfeição."[37] Aqui de novo a *masse totale* faz sua aparição ominosa – como se fosse uma satisfação para as vítimas de uma sublevação (por exemplo, para aquelas que foram cremadas em Auschwitz) serem fertilizantes do progresso da humanidade. Mas o progressismo está feliz porque "nenhuma sublevação ocorreu que não tenha produzido alguma vantagem". Com as falácias teoréticas desta posição já lidamos nas seções anteriores acerca de Kant e Hegel;[38] com as implicações espirituais das sublevações revolucionárias lidaremos no capítulo acerca de Bakunin. Aqui temos de enfatizar a importância da "sublevação" como uma categoria empírica para a interpretação da história política.

---

[37] Ibidem, p. 633.

[38] Ver *The New Order and Last Orientation,* oitava parte, cap. 2, "Schelling", § 3b e § 4d. [Em português: *HIP*, vol. VII, *A Nova Ordem e a Última Orientação*].

Embora a sublevação não leve ao progresso, certamente leva à destruição de formas políticas antigas e ao crescimento de novas. E as dinâmicas de desintegração e crescimento são um problema na história contemplativa, bem independente da questão de saber se uma linha de significado corre através da sucessão de formas políticas.

dd. A mélange des nations

Quanto a este problema, Turgot estabeleceu as fundações que podem ser melhoradas em pormenores, mas dificilmente no essencial. Sob o título de *mélange des nations* classificou os processos em que comunidades existentes se arruínam e se formam novas. O exemplo clássico de tal formação é o crescimento das nações ocidentais da mistura dos colonizadores originários com os conquistadores germânicos; ambos os elementos dos símbolos perdem sua identidade anterior e uma nova entidade política, a nação, emerge da mistura. Esses processos, entretanto, são notados e lembrados apenas quando ocorrem no nível de grupos civilizados com registros escritos. No entanto o princípio tem de ser aplicado geralmente às dinâmicas do crescimento comunal. Daí Turgot extrapola o processo, do caso de migração para relações sociais mais primitivas e desenvolve a teoria de que diferenças de economia são o primeiro incentivo para a mistura. Tribos nômades e agrícolas são diferenciadas pela sua habilidade em mover-se. As populações sedentárias não são por natureza conquistadoras; tribos nômades estão prontas a mover-se, e compelidas a isto se o pasto se exaurir, e inclinadas a atacar comunidades agrícolas para saques. Daí as tensões permanentes entre esses dois tipos em que os nômades têm o papel de agressores e conquistadores. A economia agrícola, por outro lado, cria mais riqueza e dá origem a cidades com sua civilização tecnológica e comercial, de tal maneira que o potencial de guerra de comunidades agrícolas é comparativamente alto se forem obrigadas ao caminho da defesa e da expansão defensiva. Dos embates resultam conquistas com a simbiose subsequente dos elementos antagônicos, o amálgama de populações maiores em territórios maiores, a difusão da cultura, a incorporação de escravos e de populações de classes inferiores, e assim por diante.[39] Em suma: Turgot esboça um complexo de problemas que mais tarde serão desenvolvidos na teoria de Gobineau da civilização ocidental como a simbiose de populações sedentárias com conquistadoras, na teoria de Franz Oppenheimer da origem do estado através da conquista e, mais recentemente, na análise abrangente de Toynbee da "sublevação" através de proletariados internos e externos.

ee. A estagnação do Leste

O alargamento do horizonte histórico para além da área mediterrânea até o Extremo oriente introduziu na especulação acerca do progresso um problema para o qual Turgot não encontra uma solução muito satisfatória. Ainda assim, reconheceu-o e não fugiu dele. Mesmo sob a suposição da *masse totale* como o sujeito do progresso, o quadro geral é algo manchado pelo fato de que as grandes civilizações asiáticas, em particular a China, não parecem participar no que consideramos ingenuamente nosso progresso. A "estagnação" asiática, que é a forma de existência para uma vasta parte da humanidade, não se encaixa facilmente num quadro de humanidade em progresso e, ao menos, exige alguma explicação. Turgot sugere que na China, na Índia e no Egito a precocidade de realização civilizacional é a própria causa de estagnação. O respeito que as filosofias nascentes exigiam tendia a perpetuar as primeiras opiniões. "O orgulho é nutrido pela ignorância; quanto menos se sabe, menos se duvida; quanto menos se descobriu, menos se vê do que permanece por ser descoberto." Como fator retardante posterior ele considera a regulamentação governamental dos estudos, particularmente na China, e a integração de um alto estado da ciência comparativamente precoce nas instituições políticas – o que inevitavelmente contribui para

---

[39] *Discours sur l'Histoire Universelle.* In: Oeuvres de Turgot, op. cit., vol. 2, p. 631 ss.

a mediocridade. Podemos concordar com Turgot em suas sugestões de excelente bom senso e ainda assim não ficar muito satisfeitos com a explanação. No entanto temos de reconhecer o mérito de Turgot em ter enfrentado um problema que mesmo hoje ainda não penetramos suficientemente, embora os estudos de Granet e Toynbee tenham apontado o caminho. Esta não é a ocasião de oferecer nossa própria solução; que nos seja permitido apenas sugerir que o primeiro degrau para uma solução do problema muito real de diferenças de estrutura civilizacional entre oriente e ocidente está no reconhecimento de que a "estagnação" do oriente é uma ideia tão infundada quanto a ideia de "progresso" do ocidente. Se deixarmos de lado a categoria de "progresso" ocidental, a categoria de "estagnação" oriental automaticamente desaparecerá.

ff. A desigualdade dos homens

Sistematicamente, do maior interesse são, enfim, aquelas categorias de Turgot que apoiam a suposição do próprio progresso. Que o progresso parece ser possível apenas na *masse totale*, mas não uniformemente através da humanidade é, afinal de contas, inquietante. Será que essa desigualdade de progresso é causada pelas desigualdades entre as várias comunidades ou entre os vários indivíduos? Turgot rejeita a desigualdade entre comunidades ou raças, mas reconhece as desigualdades entre indivíduos. O *esprit humain* é uniformemente dotado de possibilidades de progresso através da humanidade, mas a natureza deu uma abundância de talento a alguns que é recusada a outros. Circunstâncias desenvolvem talentos ou deixam-nos na obscuridade, e da variedade infinita de circunstâncias surgem as diferenças de progresso nas várias sociedades. Este princípio implica que condições primitivas põem aproximadamente o mesmo tipo de obstáculos no caminho de todo o mundo. "Um estado de barbárie iguala todos os homens."[40] Apenas quando os primeiros passos de progresso diante dos obstáculos gerais foram dados e quando as mudanças forjadas no ambiente por

---

[40] *Second Discours en Sorbonne*. In: ibidem, vol. 2, p. 599.

esses primeiros passos criaram circunstâncias mais favoráveis ao desenvolvimento de talentos é que diferenças de progresso aparecem como o resultado de uma acumulação mais acelerada ou retardada de tais passos.

De novo temos de louvar a rara honestidade de Turgot em enfrentar um problema e sua habilidade em oferecer uma solução metodologicamente limpa. Desigualdade em algum ponto tem de ser reconhecida a fim de explicar o panorama de desigualdade civilizacional que está diante de nossos olhos. Já que não se pode encontrar uma relação clara entre fatores neutros e diferenças civilizacionais, a fonte de desigualdade deve estar no próprio homem, mesmo se reduzirmos esta desigualdade a pequenas diferenças iniciais entre homens e explicarmos diferenças civilizacionais maiores como o resultado de acumulações retardadas ou aceleradas. Somos levados de volta a desigualdades entre homens – um problema formidável assim metafísica como empiricamente. "A genialidade é distribuída entre a humanidade aproximadamente como ouro numa mina. Quando mais mineral tirares, mais metal terás ganho. Quanto mais homens tirares, tanto maiores homens tirarás."[41] O que então forma o grande homem? Primeiro, diferenças naturais podem ser um fator na qualidade humana: um arranjo feliz de fibras no cérebro, maior ou menor força ou delicadeza dos sentidos ou da memória, ou diferenças de pressão sanguínea. No entanto, para além desses fatores naturais, que estão muito em esboço para serem empregados na explanação de matizes das diferenças humanas, estão a força e o caráter da alma. E almas "têm uma desigualdade real, cujas causas serão sempre desconhecidas para nós e não podem nunca ser o objeto de nosso raciocínio".[42]

Esta é melhor exposição precoce do problema da desigualdade humana na ação civilizacional. Se tornarmos explícitas as implicações, teríamos de apresentá-las da seguinte maneira: (1) a civilização humana não é uniforme através da

---

[41] *Discours sur l'Histoire Universelle*. In: ibidem, vol. 2, p. 645.

[42] Ibidem.

humanidade, mas mostra empiricamente vários níveis de diferenciação nas várias comunidades; (2) o ambiente natural é um fator na diferenciação, mas o fator não é suficiente para explanar exaustivamente as diferenças atuais; (3) é inadmissível a explanação através de desigualdades entre grupos humanos, porque os grupos humanos não são constantes; *mélange* é o princípio da dinâmica histórica; (4) a fonte das diferenças tem de estar afinal em desigualdades entre indivíduos humanos singulares; (5) esta fonte não deve ser procurada numa desigualdade radical entre homens que tocaria a igualdade de substância espiritual no sentido cristão; (6) pode ser encontrada em parte nas desigualdades fisiológicas – uma reação ligeiramente mais rápida, como diríamos hoje, pode atingir o curso da vida humana e ser a causa de diferença entre mediocridade e brilho; (7) tudo isso ainda deixa um resíduo irredutível que Turgot traz sob títulos como "talentos" ou "força e caráter" da alma. O reconhecimento deste último fator, embora insuficientemente descrito, é a obra-prima metodológica. Não abole a igualdade espiritual dos homens, mas reconhece como um fator irredutível o estrato na natureza do homem que é caracterizado por tais funções como imaginação, sensitividade por pequenas diferenças de valor, lealdade no trabalho, energia intelectual, a habilidade de concentrar-se numa ideia e dar-lhe forma, a habilidade de ter "boas ideias" e apanhá-las quando vêm, e assim por diante. Na posse deste estrato, é claro, todos os homens são iguais; mas é um estrato que tem uma amplitude considerável de graus; e nesta amplitude há lugar para tais diferenças como obtusidade e grandeza.

i. O dilema de Turgot

Ao reconhecer este estrato irredutível como a fonte de diferenciação civilizacional, Turgot chegou quase ao limite de invalidar sua metafísica de progresso na história. A suposição de talentos superiores que em todos os tempos são distribuídos entre a humanidade aproximadamente nas mesmas proporções e que, portanto, constituem o fermento perpétuo de progresso exclui do progresso o próprio homem. Por mais que a civilização progrida, o homem não progride. O ambiente social pode mudar de tal maneira que favoreça a realização e eficácia de talentos, mas os talentos não mudam. "Se Racine tivesse nascido entre os hurons no Canadá, ou na Europa do século XI, nunca teria realizado seu gênio."[43] Mas, embora tenha podido realizá-lo no século XVII, seus talentos próprios no ponto mais tardio não diferiam dos que ele teria num ponto anterior. A natureza do homem permanece constante, incluindo sua amplitude de dom mais alto ou mais baixo. Assim, o local de progresso é a estrutura objetiva da civilização com suas obras de arte e ciência, sua tecnologia, seus costumes, seu conhecimento organizacional de economia e política. O problema do homem é o mesmo, esteja ele colocado na civilização de um nativo africano ou na de uma nação ocidental moderna. Um grau mais alto de diferenciação na estrutura objetiva não significa que os homens que nela nascem têm uma habilidade superior para lidar com seus problemas. Ao contrário, a diferenciação pode tornar-se tão complicada que os "talentos" na sociedade já não são suficientes para penetrá-la e desenvolvê-la mais. Uma crise deste tipo é capaz de surgir numa sublevação social no curso da qual os grandes "simplificadores" (para empregar o termo de Burckhardt) destroem a estrutura civilizacional complicada e dão lugar para um começo fresco e mais simples. Esta possibilidade, de que as complicações da estrutura civilizacional pudessem ultrapassar a habilidade humana de lidar com elas, não parece ter ocorrido a Turgot, embora no século XVIII tenha sido a preocupação de pensadores como Rousseau e Ferguson.

j. O conflito entre progresso e existência política depois de Turgot

Com esta contradição intrassistemática tocamos não apenas as limitações de Turgot, mas também o ponto em que o progressismo ruiu criticamente no curso do século XIX. Por

---

[43] Ibidem, p. 646.

um lado, Turgot força sua análise até tornar claro que o problema central da história e da política é sempre o homem em sociedade; por outro lado, faz do conteúdo objetivo da civilização o centro de sua filosofia da história. Ambos os problemas devem preocupar os teóricos da política; mas Turgot não obteve a integração deles num sistema. A ênfase no conteúdo civilizacional até a negligência da existência do homem na sociedade é uma característica do progressismo em todas as suas variantes; a ênfase na existência política até a negligência do conteúdo civilizacional tornou-se característica de vários contramovimentos ao progressismo. Na conclusão desta seção, refletiremos acerca das consequências fatais dessas ênfases e negligências unilaterais.

Apresentemos novamente o problema. O "fio de progresso" está preocupado com a diferenciação significativa de um conteúdo civilizacional, especialmente com a racionalização de nossa visão do mundo externo. Supondo que esteja empiricamente correta a descrição do fio, nada se seguiria da existência do fio para o estado saudável de uma sociedade concreta em qualquer período da história. Um sistema altamente desenvolvido de física matemática não significa nada para as pessoas que não o entendem; e para sociedades que podem dominá-lo e traduzi-lo em tecnologia, pode tornar-se um fator que contribui para a desintegração social, como já suspeitado no século XVIII. Os problemas de uma sociedade política concreta podem ser fortemente atingidos pelo "fio de progresso" – favoravelmente assim como desfavoravelmente – mas o curso deles tem, no entanto, um alto grau de autonomia. Nas variantes mais extremas de progressismo (que comandam o apelo de massa em nosso tempo) esta autonomia do curso de uma sociedade política está tão fortemente negligenciada que o processo histórico assume o caráter de um autômato que pode ser considerado para entregar ainda mais parcelas de progresso. Quando as sociedades concretas seguem seu próprio curso e perturbam o sonho de progresso automático, a reação é surpresa indignada, expressa, por exemplo, na fórmula: é ultrajante que tais coisas aconteçam

2 - O positivismo | 159

no século XX – pois o século XX é, naturalmente, melhor do que o XIX; o XIX, melhor do que o XVIII; e assim por diante. Por trás desta atitude está a identificação do fio de progresso com o estado da sociedade concreta. Que esta identificação seja inadmissível não passou despercebido aos pensadores com mais discernimento, nem mesmo aos progressistas. Saint-Simon e Comte compreenderam bem que o progresso da ciência e da indústria não são nenhum substituto para a ordem da sociedade. Para prevenir a desintegração da sociedade ocidental, perigo que se tornou visível como iminente, seria necessário divisar novas instituições com uma autoridade equivalente à autoridade das instituições decadentes. Este era o propósito que queriam servir com sua ideia de um novo *pouvoir spirituel*. A coerência interna da sociedade mediante liderança e hierarquia, então, torna-se o problema absorvente mesmo dentro do próprio movimento positivista. Os acontecimentos políticos posteriores aumentaram a consciência do problema, e depois de 1848 temos de observar uma ocupação intensiva com as questões da existência política, levando a exposições como as das teorias de classe dominante e da circulação de elites, de Mosca e Pareto, e, em nossos tempos, ao exame amplo de Toynbee das funções de uma "minoria criativa" no curso de uma civilização.

As análises de Mosca, Pareto e Toynbee são os exemplos principais de uma penetração teorética do problema que Turgot negligenciou. Ao mesmo tempo, a questão recebeu atenção crescente da parte de ativistas políticos que sentiram a decadência assim das velhas instituições como das minorias que as apoiavam e experimentaram o chamado para oferecer uma nova elite, e com isso uma nova coerência, à sociedade. No capítulo acerca de Helvétius notamos os olhares invejosos que o pensador francês lança na Ordem Jesuíta como o modelo de uma nova elite, e referimo-nos repetidamente às tentativas de Saint-Simon e Comte de criar uma nova hierarquia; depois de 1815, esta criação de novas elites tornou-se uma ocupação permanente entre os intelectuais políticos e, de algum modo, mais tarde, entre os trabalhadores.

Há um *continuum* de formações elitistas correndo dos clubes políticos do século XVIII, através dos clubes da Revolução Francesa, das organizações conspiratórias da Itália, dos progressistas, dos nacionalistas e dos arranjos internacionalistas do século XIX, até as organizações coordenadas de elites nos movimentos comunista, fascista e nacional-socialista. Ao louvar o significado deste *continuum*, temos de estar conscientes da tentação de projetar nos começos o significado que por último emergiu e talvez chamar essas formações indiscriminadamente de fascistas. A despeito das relações próximas entre certas ideias de Blanqui e Rousseau, ou de Mussolini e Mazzini, ou de Hitler e Fichte, ou de Lenin e dos filósofos franceses do Iluminismo, será aconselhável empregar um termo neutro para designar este fenômeno; como termo neutro devemos empregar *a evocação em curto-circuito das elites*. Por este termo queremos dizer que as pessoas envolvidas na evocação das elites estão de acordo na intelecção de que as "minorias criativas" tradicionais (Toynbee) já não podem lidar adequadamente com as complicações de uma sociedade ocidental industrializada, que se tornaram (para empregar de novo um termo de Toynbee) "minorias dominantes" faltas de competência e autoridade, que as sociedades ocidentais dependem, para sua coexistência continuada e coesão interna, da formação de novas minorias criativas; e que, ademais, em seu julgamento concernente à estrutura social tradicional da sociedade ocidental e seu valor de sobrevivência, os ativistas políticos são todos pessimistas. Ao caracterizar as tentativas de criar novas elites através da expressão *em curto-circuito*, queremos dizer que, com base numa análise que em si mesma é fundamentalmente correta, as atividades políticas precipitam-se na formação de elites com uma ignorância feliz concernente às dificuldades da empresa. Esta ignorância, é claro, tem graus. Bakunin, por exemplo, estava agudamente a par de que era sem sentido a formação de uma nova elite sem uma profunda renovação espiritual; Marx, ao menos em seus anos de juventude, sabia muito bem que uma mudança da ordem econômica sem uma mudança do coração não

2 - O positivismo | 161

era nenhum remédio para os males do sistema capitalista; e mesmo Lenin estava a par deste ponto, embora supusesse candidamente que se poderia começar organizacionalmente uma ordem comunista de sociedade e que a reforma espiritual, com o passar do tempo, tomaria conta de si mesma. Não obstante, os ativistas políticos, no todo, não sentiam claramente que uma renovação da sociedade através de uma nova elite teria de assentar-se em fundações mais profundas do que qualquer deles era capaz de planejar. A prontidão em embarcar na tarefa de formar uma nova elite, sem calcular--lhe a magnitude, é o que designamos como o caráter "em curto-circuito" das tentativas.

k. O padrão de cruz das ideias

aa. Ênfase na existência política

O padrão de cruz do progresso civilizacional e do curso autônomo da sociedade política na história, da penetração teorética do problema e da ação política para sua solução prática levou a um curioso entrelaçamento de ideias. Hoje, lamentavelmente, esta relação é muito obscurecida pelas interpretações em terminologia partidária. Tentemos esclarecer os principais esboços dessas relações.

A análise de Turgot levou ao ponto onde o conflito entre uma ênfase no progresso e os problemas autônomos da existência política passaram a ser claramente visíveis. Um caminho que tomar nesta situação teria sido colocar a ênfase no progresso e lidar com o problema da existência política. Este foi o curso tomado pelos críticos contemplativos da civilização ocidental que discerniam a desintegração da sociedade por trás da fachada de progresso. As evocações em curto-circuito por ativistas políticos, por outro lado, são caracterizadas pela tentativa de resolver o problema da existência política e ao mesmo tempo não render-se aos confortos do progresso. É muito pouco percebido hoje que os grandes movimentos elitistas do comunismo, fascismo e nacional-socialismo têm um fator em comum que, ademais, compartilham com as variantes do progressismo: ou seja, sua adoração à ciência, ao sistema industrial e aos valores da tecnologia. Por mais que possam diferir quanto às soluções que oferecem para o problema da existência política, todos concordam que o sistema industrial tem de ser desenvolvido até os limites de suas potencialidades como a base do bem--estar do povo. Este é o fator através do qual os movimentos políticos de massa modernos são os herdeiros do progressismo e do positivismo de Saint-Simon e Comte.

A outros respeitos, no entanto, persiste uma inimizade histérica entre os vários movimentos ativistas. O otimismo do credo progressista está em conflito com o pessimismo civilizacional que está na base dos movimentos elitistas. Deste conflito provém o ódio dos progressistas, não apenas contra os ativistas elitistas, mas também contra pensadores que examinam os problemas da existência política. Cada cientista político ou historiador que reconhece que há tais problemas como a coesão da sociedade através da classe governante ou da minoria criativa, ou que considera a questão de que a sociedade pode estar em completo declínio a despeito do avanço da ciência, ou que se envolve na insolência suprema de reconhecer que a Rússia comunista deve sua coerência a uma classe governante elitista assim como o fez a Alemanha nacional-socialista, torna-se o alvo de calúnias como "fascista" – seja ele Pareto, ou Mosca, ou Nietzsche, ou Spengler.[44] Em tais julgamentos chegamos a um ponto que indicamos anteriormente nesta seção, o ponto onde a seletividade na interpretação histórica se esfuma em completa ignorância. Quando os progressistas voam para a indignação à simples menção do nome *Spengler*, a razão é que simplesmente não sabem que Spengler não descobriu

---

[44] Toynbee teve muita sorte que seu *Study of History* começou a aparecer numa época em que o nacional-socialismo estava a caminho do poder. De outro modo, ele também teria sido classificado como uma "causa do fascismo", como Nietzsche e Spengler.

o declínio do ocidente, mas o tópico tinha estado em permanente discussão nos últimos dois séculos. Por outro lado, temos de observar os ativistas políticos que reivindicam avidamente que seus cursos de ação são justificados pelos críticos da civilização ocidental. Quando os críticos ainda estão vivos, tais reivindicações podem levar a tensões e desapontamentos para os ativistas, tais como os nacional-socialistas experimentaram com Stefan George, Ernst Jünger e Oswald Spengler. Quando estão mortos, o jogo é mais fácil: Renan não pôde defender-se do título de *pré-fascista* atribuído a ele por Mussolini; e Nietzsche fica indefeso contra os nacional-socialistas em busca de ancestralidade.

bb. Ênfase no progresso

Diante do dilema de Turgot, um caminho que estava aberto, como dissemos, era deixar a ênfase no progresso e concentrar o exame no problema da existência política. Há, entretanto, o outro caminho aberto: tomar seriamente o "fio de progresso" de Turgot e explorar-lhe o sentido sem hipostatizá-lo num significado total da história da humanidade, ou fazer dele o dogma de uma religião de tipo comtiano. À primeira vista, este dilema parece ser uma sugestão bem sóbria. A dissolução da interpretação antropomórfica do mundo externo, e a substituição de uma visão racional, é um processo histórico que pode ser observado empiricamente. Seria uma linha finita de significado entre outras; e despojada da ênfase progressiva, revela-se como uma linha de significado de alguma importância, ao menos para a civilização ocidental, se não para a história da humanidade. Lamentavelmente, uma inspeção mais próxima não apresenta um resultado tão comparativamente inócuo. O "fio de progresso" de Turgot não é tão simplesmente uma sequência de fases como parece ser em seu *Discours*; nem a sequência de fases na versão comtiana tem a simplicidade que parece ter se a pessoa deixa de analisá-la. A teoria das fases envolve algumas questões fundamentais, que discutimos longamente nos capítulos "O Homem na

História e na Natureza", "Fenomenalismo" e "Schelling".[45] Temos de remeter o leitor a esses capítulos para o pano de fundo geral do problema; no contexto presente, temos apenas de aplicar os princípios obtidos previamente ao problema especial apresentado pela ideia de progresso.

Retornemos ao texto de Turgot a fim de estabelecer precisamente o problema envolvido no "fio de progresso". A primeira fase de nossa interpretação do mundo externo, a fase antropomórfica, é caracterizada por Turgot nos seguintes termos: "Antes que se conhecesse a inter-relação de efeitos físicos, não havia nada mais natural do que supor que eram produzidos por seres inteligentes, invisíveis e similares a nós". Podemos omitir a segunda fase, de transição, por ser irrelevante para nosso problema. Na terceira fase, "as interações mecânicas de corpos foram observadas" e apenas então "evolveram-se hipóteses que podiam ser formuladas por matemáticos".[46] A formulação de Comte da lei das três fases é mais lapidada, mas não acrescenta nada à substância da ideia de Turgot. No entanto será bom ter o texto diante de nós:

> De qualquer maneira que estudamos o desenvolvimento geral do intelecto humano, seja de acordo com o método racional, seja empiricamente, descobrimos, a despeito de todas as irregularidades aparentes, uma Lei fundamental a que seu progresso necessária e invariavelmente se submete. O conteúdo desta lei é que o sistema intelectual do homem, considerado em todos os seus aspectos, tinha de assumir sucessivamente três caracteres distintos: o teológico, o metafísico e, finalmente, o caráter positivo ou científico (*physique*). Então o homem começou por conceber os fenômenos de todo tipo como devidos à influência direta e contínua de várias forças abstratas, inerentes nos corpos, mas distintas

---

[45] Ver *The Collected Works of Eric Voegelin, vol. 23, History of Political Ideas,* vol. V, *Religion and the Rise of Modernity.* Ed. James L. Wiser. Columbia, University of Missouri Press, 1998, cap. 5; e *vol. VII, The New Order and Last Orientation,* oitava parte, cap. 1-2. [Em português: *HIP,* vol. V, *Religião e a Ascensão da Modernidade;* e vol. VII, *A Nova Ordem e a Última Orientação.*]

[46] *Discours sur l'Histoire Universelle.* In: *Oeuvres de Turgot, , op. cit.,* vol. 2, p. 656.

2 - O positivismo | 165

e heterogêneas; e, finalmente, ele se restringe a vê-las como sujeitas a um certo número de leis naturais invariáveis que não são nada senão a expressão em termos gerais de relações observadas em seu desenvolvimento.[47]

A despeito das pequenas variantes entre os textos de Turgot e Comte, não pode haver dúvida acerca da intenção da teoria. O *esprit humain*, ou intelecto humano, é o sujeito do qual certa evolução necessária é predicada. O título *progresso* dado a sua evolução implica uma avaliação positiva, mas não acrescenta nada ao conteúdo da lei; e o intelecto humano não é definido em nenhuns outros termos além daqueles das fases características através das quais ele passa. Daí devemos concentrar-nos na análise da descrição das próprias fases. Quando, entretanto, tentamos traçar a identidade das funções intelectuais, através das três fases, descobrimos que as funções que deveriam assumir três características sucessivas não são idênticas nas três fases. Já que as funções não são idênticas, ou já que não há nenhum sujeito idêntico do qual características sucessivas pudessem ser afirmadas, não há três fases – progressivas ou outra coisa. A evolução descrita por Turgot e Comte não é, de maneira nenhuma, uma evolução do intelecto humano em geral; é a evolução de um problema muito específico que é bem conhecido de nós; ou seja, o problema do fenomenalismo. A transição da fase antropomórfica para a fase positiva não marca um progresso em nossa compreensão do mundo externo; é a transição da especulação acerca da substância para a ciência dos fenômenos. Na fase antropomórfica o conhecimento dos fenômenos é ainda encaixado no conhecimento das substâncias; na fase positiva o conhecimento dos fenômenos é diferenciado no sistema crítico da ciência matematizada. Este desenvolvimento em si certamente implica um avanço de nosso conhecimento dos

---

[47] Comte, "Considérations Philosophiques sur les Sciences et les Savants" (novembro de 1825), reeditado no apêndice de *Système de Politique Positive*. 4. ed. Paris, Giard and Briere, 1912, 4, p. 137. Todas as referências de páginas são a esta edição. Para uma tradução inglesa, ver Comte, *Early Essays on Social Philosophy*. Ed. H. D. Hutton e F. Harrison. London, s.d., p. 218.

fenômenos, mas não é um progresso do intelecto humano. Ao contrário, à medida que o conhecimento do universo é agora restrito ao conhecimento de fenômenos, o conhecimento da substância se perde. No que diz respeito ao desenvolvimento das funções integrais do intelecto e do espírito, a transição é inconfundivelmente uma retrogressão. Este foi o problema de Giordano Bruno em seu ataque a uma ciência dos "elementos essências dos elementos essencias"; era a questão no debate entre Kepler e Fludd, e na distinção kantiana entre númenos e fenômenos; e é o problema a que Schelling deu a solução da *Potenzenlehre* e a filosofia do inconsciente.

Daí uma ocupação séria com a ideia de Turgot e Comte de progresso não levar a lugar nenhum, mas à dissolução em suas partes componentes. De um lado, podemos isolar o avanço em nosso conhecimento de fenômenos; e este isolamento levou à disciplina florescente da história da ciência. Por outro lado, podemos isolar a especulação acerca da substância do universo; e este isolamento levou à filosofia da história, seguindo-se a Schelling. Este último desenvolvimento merece nossa atenção porque forma uma crescente tendência importante na teia das ideias políticas modernas. A despeito de sua confusão, a lei das três fases toca em um problema muito sério na filosofia da história. A construção de Turgot--Comte teve falhas porque no conceito da terceira fase o problema da substância não foi mostrado numa fase posterior de desenvolvimento, mas simplesmente excluído da consideração. Se não o excluirmos, mas continuarmos consciensiosamente a linha de pensamento iniciada na descrição da primeira fase, a questão surgiria: o que é feito do problema da substância uma vez que tenha passado para além do estágio de simbolismo antropomórfico? Sabemos a resposta dada por Schelling em sua filosofia do processo teogônico e nas novas regras assinadas às experiências protodialéticas e sua elaboração dialética. Mas vimos também a insatisfação final de Schelling com um tipo de especulação filosófica que é um substituto pobre para a imaginação poderosa da mitologia; e vimo-lo expor a necessidade de um novo mito da natureza.

Quando diz respeito à simbolização das substâncias, o mito é um modo mais adequado de expressão do que o conceito crítico, que pode apenas esclarecer nossa experiência, mas não pode encarnar a própria substância. Através da desintegração crítica do mito, assim pagão como cristão, um universo de símbolos foi destruído, a *koiné* em que as comunidades de homens poderiam expressar a identidade do fundamento em si mesmos com o fundamento no universo. O enfraquecimento e destruição do mito é ao mesmo tempo o enfraquecimento e destruição do vínculo sacramental entre homens que o mantêm em comum. A resposta a esta destruição do mito, à desdivinização (*Entgötterung*) do mundo, é de novo dupla, assim como foi a resposta ao problema da existência política; é ou contemplativa ou ativista.

A resposta contemplativa à desintegração do mito está contida na *Philosophie der Mythologie und der Offenbarung*, de Schelling. O processo espiritual em que os símbolos do mito e do dogma são criados é reconquistado do inconsciente mediante o método anamnésico; e os símbolos realmente criados no curso da história humana são interpretados como fases significativas do processo teogônico, manifestando-se na história em níveis ascendentes de consciência espiritual. Nesta atitude contemplativa, o mito do passado não precisa ser abandonado como a aberração de um intelecto não desenvolvido, mas pode ser entendido como um passo necessário na expressão da realidade espiritual; pode ser suplantado historicamente, mas não invalidado em seu próprio lugar, por expressões simbólicas subsequentes mais completas e mais diferenciadas. Este era o método já empregado por São Paulo quando interpretou as leis natural, hebraica e a nova como fases sucessivas de revelação divina. Schelling arrasta para a órbita de sua interpretação um vasto material histórico, incluindo mitos pagãos, simbolismos orientais e as igrejas católica e protestante; e o alargamento posterior desta órbita, particularmente através da inclusão de simbolismos primitivos e de civilizações orientais, é o principal problema para uma história filosófica do espírito depois de Schelling. Das tentativas mais recentes nesta direção, devo mencionar apenas as *Deux Sources de la Morale et de la Religion* de Bergson, escritas fortemente sob a influência de Schelling. O tratado de Bergson tornou-se de interesse especial para a ciência política porque Toynbee, em seu *Study of History*, valeu-se consideravelmente dos princípios de Bergson para sua própria construção da evolução histórica.

A resposta ativista, como vimos, começa no movimento positivista mesmo, através das fundações religiosas de Saint-Simon e de Comte. A especulação acerca de substância, que foi eliminada da terceira das três fases, é reintroduzida no sistema integral de Comte na forma de uma evocação de um novo *pouvoir spirituel*. A fundação de Comte, assim como as tentativas ativistas posteriores de resolver o problema espiritual através das fundações de religiões políticas, é incidental às tentativas previamente examinadas de resolver o problema das elites políticas; e compartilham com elas seu caráter "de curto-circuito". Esta questão do "curto-circuito" espiritual, nós a analisamos em parte nos capítulos "Fenomenalismo" e "Schelling", e vamos elaborá-la mais com minúcia no capítulo "Existência Revolucionária: Bakunin"; é parte do problema geral da pneumopatologia da crise. Neste contexto devemos tocar apenas nas tensões políticas que se desenvolvem entre as religiões políticas "em curto-circuito" e a nova filosofia do espírito na história e na política que é representada por Schelling. Pois as frontes políticas determinadas por esta questão diferem algum tanto das frontes determinadas pela questão da existência política. Quanto a esta última questão, o ativista progressista (com as exceções mencionadas) não se inclinará a reconhecer o problema da minoria criativa e condenará a mera ocupação contemplativa com ela por causa de suas implicações pessimistas, ao passo que o ativista de tipo fascista ou nacional-socialista simpatizará com os pensadores que reconhecem o problema – embora a simpatia não seja sempre recíproca. Além disso, os vários tipos de ativistas estarão em conflito uns com os outros. Quanto à questão espiritual, o front político segue uma linha muito mais simples:

2 - O positivismo | 169

os ativistas de "curto-circuito" estão todos de acordo com o caráter intramundano das novas divindades – seja a ideia tribalista de humanidade dos progressistas, ou a nação, ou a raça, ou a classe de trabalhadores; ademais, todos eles concordam que sob nenhuma circunstância pode o "retorno interior" (no sentido de Schelling) às fontes de espiritualidade ser tolerado. Como consequência, o espiritualista é enfrentado implacavelmente pelas nações unidas dos progressistas liberais, fascistas, comunistas e nacional-socialistas. Quanto a seu antiespiritualismo, os grandes movimentos ativistas estão de novo em harmonia, da mesma maneira que estão quanto à sua insistência em preservar as comodidades do industrialismo, por mais que possam diferir em suas soluções elitistas.

l. A Géographie Politique

Analisamos as categorias de Turgot da história profana, assim como o fio de progresso que marca a linha sagrada de significado; não vimos ainda como esses vários instrumentos conceptuais são aplicados aos materiais históricos concretos na construção de uma visão integrada da história do mundo. Tal visão Turgot revelou-a nos fragmentos de sua *Géographie Politique* em vez de em seu mais conhecido *Discours*. Indicamos previamente que esses fragmentos são particularmente ricos em ideias – nem de longe ainda suficientemente exploradas por estudos monográficos. Para nosso propósito temos de selecionar apenas uma ou duas ideias importantes que têm uma relevância direta nos problemas da história e política positivistas.

aa. Relações globais

O título dos fragmentos, com seu amálgama de geografia e política, indica a ideia básica que Turgot emprega em sua interpretação da história. Tocamos nesta ideia antes, quando lidamos com os critérios de Turgot de progresso. A linha de progresso do antropomorfismo para a ciência é apenas uma das tendências no "fio de progresso" que corre pela história; é a linha que Turgot chamou a iluminação da mente; as outras duas linhas eram o abrandamento dos costumes e o comércio intensificado entre nações anteriormente isoladas até o ponto de relações globais. Este problema de relações globais, levando toda a humanidade para a unidade verdadeira de iluminação, está agora vindo à tona na construção de uma filosofia positiva da história. A magnitude do problema pode facilmente escapar ao leitor moderno – e é por isso provavelmente que esta parte da especulação de Turgot recebeu atenção escassa. Hoje tornamo-nos tão inteiramente acostumados a termos como *economia mundial, governo mundial, política global* e *guerra global* que a consciência do problema metafísico formidável envolvido nesta terminologia não está senão morta. De novo a obra de Turgot tem sua importância extraordinária na história das ideias políticas porque aqui podemos apanhar o problema *in statu nascendi.* É um problema que tinha de emergir, como a linha "sagrada" de iluminação, na ocasião em que a filosofia cristã foi transposta para a clave secular. O problema de geografia em política, até sua cristalização moderna em geopolítica, pode tornar-se inteligível apenas quando é entendido como variação secular de um tema cristão que foi transmitido a Turgot por Bossuet. É o problema da função que a terra tem na existência do homem na sociedade.

Na visão cristã do mundo, a terra é o símbolo da substância da qual viemos e à qual retornamos corporalmente; no nascimento e na morte, ela prende e liberta a alma; e o breve intervalo de vida terrena é passado na tensão misteriosamente ordenada entre os dois deveres de manter a alma e o corpo juntos fisicamente e preservar a integridade da alma contra as tentações da terra espiritualmente. Na hierarquia cristã de existência, a terra é, ademais, em suas características morfológicas assim como nos reinos do ser que carrega, o dom de Deus ao homem como o campo de sua manutenção e de sua realização civilizacional. No século XVIII, com a atrofia da Cristandade e o crescimento da ideia intramundana de homem e humanidade, não desaparece este problema da terra, mas assume uma forma intramundana correspondente. A substituição do drama da salvação pelo fio de progresso é paralela com a substituição do mistério cristão da criação física pela geografia política como a cena do drama pneumático. A tribo da humanidade agora tem o globo como seu *habitat* – o globo entendido como um objeto físico entre outros, dos quais queremos dar uma descrição como seria dada "por um observador da lua com bons telescópios"[48] – *rien que la terre*.[49] O progresso intramundano da *masse totale* significa o crescimento de conhecimento concernente a este *habitat* e à sua exploração tecnológica aumentada; o mistério abismal da criação tornou-se o domínio fenomenal de uma superfície esférica e de suas reservas. A história da humanidade teria de proceder, portanto, "das nações isoladas por sua ignorância no meio de outras nações" até a situação contemporânea de comércio geral entre todos os homens.[50] O dogma de progresso é acrescentado pelas correlações de ignorância e isolamento, de iluminação e relações globais.

bb. Fatores geográficos empíricos

A despeito da forma concentrada dos fragmentos, há de novo claramente discernível a oscilação de Turgot entre uma história contemplativa na tradição da história profana de Bossuet e o significado intramundano do todo que corresponde à história sacra cristã. A oscilação expressa-se através de uma variedade de sugestões para a organização da matéria e em alguma hesitação concernente ao curso que, afinal, deveria ser tomado. Bem dentro da gama de história contemplativa está uma primeira série de sugestões concernentes a tópicos que devem ser incluídos, tais como: (1) as características morfológicas da terra em sua relação com a distribuição dos povos; as qualidades geográficas e os obstáculos à formação de unidades políticas mais amplas; (2) os recursos naturais das várias nações e o efeito de sua distribuição em relações comerciais; (3) as facilidades de comunicação (rios, oceanos); seu efeito nas

---

[48] *Géographie Politique.* In: *Oeuvres de Turgot,* vol. 2, p. 614.

[49] Nada senão a Terra. (N. T.)

[50] *Géographie Politique,* op. cit., vol. 2, p. 614.

relações amigáveis e hostis entre os povos e no tipo de comércio que pode ser empreendido; (4) geografia em sua relação com o caráter nacional, seu gênio, coragem e indústria. O último ponto provém da tradição da teoria ptolomaica de climas e de Bodin; Turgot emenda-a cautelosamente pelo conselho de separar as "causas morais" das físicas e de inquirir se e como as causas físicas têm, de algum modo, uma parte nesta questão.[51]

cc. Géographie politique *teorética*

Condições climáticas, reservas naturais e meios de comunicação são fatores que têm de ser levados em consideração na história e na política como ciências empíricas; os fatores físicos deste tipo têm seus efeitos nas possibilidades tecnológicas, na riqueza e no curso histórico das sociedades políticas; mas não é muito o que deles pode provir para os problemas centrais de uma filosofia da história que dizem respeito ao fator humano. As dificuldades de Turgot começam quando ele tenta ir além da análise de fatores físicos e seus efeitos e construir o todo da história humana como uma função dos fatores geográficos. Pois ele tenta, na verdade, estabelecer uma *géographie politique* como uma ciência independente; esta ciência consistirá em duas partes: numa *géographie politique* teorética e numa *géographie politique* positiva ou histórica. A parte teorética deve lidar com as relações da arte do governo com a geografia física. Mas surge uma inquietação: "Já que a terra é o teatro de todas as ações humanas, esta parte incluiria praticamente toda a arte de governo; a fim de não incluí-la totalmente nesta parte, ter-se-ia de cometer violência para o desenvolvimento sistemático das ideias". Depois desse reconhecimento, Turgot pergunta muito corretamente a si mesmo por que um tratado de governo deveria ser disfarçado sob o nome estranho de *geografia política*. "Não seria melhor apresentar a parte sob o nome do todo do que o todo sob o nome da parte, por mais importante que a parte possa ser?" Temos de concordar com Turgot: por que, na verdade, alguém deveria

---

[51] Ibidem, p. 611 ss.

2 - O positivismo | 173

restringir-se a este método estranho? É a mesma pergunta que teríamos de fazer quanto ao desenvolvimento posterior da geopolítica. Mas Turgot não responde explicitamente a essa pergunta; podemos apenas reconhecer que o desenvolvimento subsequente da geografia política positiva deve explicar sua insistência no curso estranho.[52]

dd. Géographie politique *positiva – O presente*

A geografia política positiva é subdividida em duas partes: o presente e o passado. Pelo presente, Turgot quer dizer "*l'état actuel du monde politique*", ou seja, as várias forças nacionais sob seus aspectos físico, moral e político. Uma força nacional tem de ser expressa à luz da população, da riqueza de um estado, do caráter de seus habitantes, da facilidade ou dificuldade de engrandecimento que surge da natureza do governo; nas relações entre as nações têm de ser observados o comércio nacional, as pretensões respectivas, os interesses nacionais verdadeiros ou falsos, as políticas que as nações perseguem no momento, e sua direção para um progresso posterior ou para a decadência.[53] A unidade política no campo, então, é uma força nacional num dado território; o problema político é o potencial de engrandecimento. Neste ponto, Turgot revela a função de sua *géographie politique* como uma fonte de conselho para governos concernentes à questão do engrandecimento. Isso não significa, no entanto, que Turgot favorecesse uma política de engrandecimento nacional. Ao contrário, seu padrão de política justa era a coincidência de expansão territorial com "*un corps de nation*". A aquisição de províncias para além do território nacional ele considerava "não natural". Sua "ordem neutra" é o equilíbrio de poderes nacionais, e sua crítica dirige-se contra os princípios de direito público que confiam em tratados de sucessão para o estabelecimento da ordem. Ao esclarecer este ponto, emprega como seu instrumento conceptual a distinção entre estado (état) e poder

---

[52] Ibidem, p. 613.
[53] Ibidem.

(*puissance*). Carlos V tinha poder, mas não um estado; e a Espanha permaneceu um poder até Filipe V. "O rei da Prússia é um poder; o rei da França tem um estado." Um poder torna-se um estado quando se reduz aos limites que a natureza assinou a ele. A geografia política traçou os limites do estado, o direito público forma os poderes; mas a longo prazo a geografia política é mais forte do que o direito público, "porque sempre, a longo prazo, a natureza é mais forte do que as leis". A geografia política, então, é uma ciência normativa que estabelece a lei natural de que a ordem de longo alcance da Europa é a divisão nos estados territoriais nacional do tipo francês. Ao menos uma das razões para a ênfase excessiva nos aspectos geográficos da política é o interesse de Turgot na reorganização territorial da Europa, de acordo com o princípio nacional. O princípio político que determina o "presente" *deve* ser a organização da nação; e a nação cobre uma área delimitada na superfície do globo. Princípios de política que desconsideram o estabelecimento territorial da nação, ou seja, princípios que levam à formação de um poder sem consideração a limitações territoriais, devem ser abolidos.[54] O exemplo padrão para a desconsideração do princípio nacional é a tentativa da Espanha e da Áustria de manterem a posse dos Países Baixos; a perspicácia política de Turgot mostra-se mais claramente na predição (em 1750) da inevitabilidade da independência americana.[55] E está agudamente a par, como vimos, do problema prussiano peculiar como um poder que não se tornou ainda um estado – deixando aberta a questão de se o estado do poder prussiano tem de ser alcançado pela redução, como o espanhol, ou por mais expansão. O front político de Turgot é voltado contra o passado com sua distribuição de poder de acordo com o princípio dinástico; seu "presente" é dominado pela ideia da nação como determinando a divisão territorial; mas em princípio seu argumento abre o caminho para qualquer ideia coletivista que possa substituir a nação como a unidade que ocupa um território.

---

[54] Ibidem, p. 625.

[55] *Second Discours en Sorbonne*. In: ibidem, vol. 2, p. 602.

ee. Géographie politique *positiva – O passado*

O interesse absorvente na geografia do "presente" induz a interpretação fascinante de Turgot do "passado" como uma série de "presentes" que levam ao presente verdadeiro. Esta construção é talvez o documento mais convincente das consequências devastadoras da suposição de um "presente autorizado". Turgot está a par, é claro, de que a geografia como a *tableau du présent* é um assunto algo efêmero porque amanhã o presente é passado, e o novo presente exigiria uma nova geografia política. Mas ele não pode ser detido. "Tudo o que é passado foi presente; a história, que é um recital do passado, deve, em consequência, ser uma sequência dos *tableaux* da história do mundo a cada momento." A existência humana na sociedade tem duas dimensões: espaço e tempo. A geografia no tempo presente é a dimensão espacial; a cronologia histórica é a dimensão temporal. A geografia e a cronologia colocam os homens na distância deles num sistema de coordenadas: "uma expressa a coordenada do espaço; a outra, a coordenada do tempo". Ambas, juntas, determinam a "situação". "*Voilá l'histoire universelle.*" "Cada momento tem sua geografia política peculiar; e este título é especialmente apropriado para a descrição do presente verdadeiro em que terminam necessariamente os vários cursos de acontecimentos."[56] Nesta concepção vemos a metafísica dos "acontecimentos correntes" completamente desenvolvida. A historicidade da existência é abolida; todos os acontecimentos são "correntes" no tempo-espaço; a história é um filme de tais acontecimentos que são correntes em seu lugar; a presença eterna substancialmente diante de deus é substituída pelo presente corrente fenomenalmente diante do fotógrafo, ou "observador". Nem mesmo o matiz fino está faltando na formulação de Turgot de que o presente real é um pouco mais presente do que os presentes que já foram relegados ao limbo do passado.

---

[56] *Géographie Politique.* In: ibidem, vol. 2, p. 613.

ff. Religião e geografia política

Ao próprio *Esquisse d'un Plan de Géographie Politique* não o analisaremos. Extrairemos dele apenas uma ideia: a do impacto das religiões nos problemas da geografia política. As religiões, na opinião de Turgot, não têm sempre uma relação com a geografia política. Na era de politeísmo, os deuses e seus cultos eram compatíveis uns com os outros; os deuses eram diferentes, a religião era a mesma. Pode ter havido uma guerra ocasional por razões religiosas, como as guerras sagradas dos fócios; mas eram destinadas a vingar um crime cometido contra um lugar sagrado. "Os povos lutaram por seus deuses como nossos cavaleiros, por suas damas." Os problemas políticos se fazem sentir apenas com a ascensão das religiões exclusivistas. Se uma religião exclusivista era confinada a um povo, como o hebreu, as consequências políticas ainda não eram grandes, já que consistiriam principalmente em separação. Apenas quando o objeto da religião se torna verdade, "como em algumas seitas filosóficas", e quando, além disso, a verdade não permanece sectária, mas é propagada com a intenção de abarcar todos os homens e nações, é que começam os problemas políticos. Afirmar a posse da verdade é "uma espécie de crime contra o resto da humanidade", e a tentativa de conversão atravessa politicamente a organização nacional. Tais religiões são a Cristandade e o Islã.[57]

O problema apresentado pela ascensão das religiões universais é em si bem observado. O consenso do fiel como um novo tipo de comunidade na política se tornou o tópico de um dos capítulos mais convincentes em *A Decadência do ocidente*, de Spengler, sob o título de as nações magas; e a função da igreja universal como "crisálida" de uma nova civilização foi esclarecida por Toynbee. A ascensão das religiões universais na época entre duas "gerações" (Toynbee) de civilizações é, na verdade, uma das maiores características morfológicas da história mundial. Turgot reconhece-lhe a importância; no

---

[57] Ibidem, p. 621.

entanto, considera-a com claro desfavor como uma perturbação dos negócios geográficos limpos da história. As religiões *não deveriam* exercer uma influência na geografia política porque perturbam a ordem política territorial. Se várias religiões com exigências universais iguais encontrarem adeptos na mesma nação, as mais fortes suprimirão as mais fracas, e daí decorrerão guerras por liberdade de consciência. Os súditos perseguidos de um príncipe formarão alianças com os príncipes vizinhos, que são seus correligionários; e sob tais condições uma nação não pode viver em paz em seu território. A solução para tais males é a tolerância incondicional da parte do estado, incluindo a liberdade de culto. "Apenas então é que a religião cessará de ser um fator na geografia política; se não por outra razão, porque um estado governado pelo princípio da tolerância será mais saudável e mais habitado do que qualquer outro."[58] O princípio da igreja universal tem de ser abandonado, assim como o princípio dinástico, porque interfere na existência da nação organizada. O que a Cristandade deu ao mundo não deve ser menosprezado; mas o melhor que deu foi "inspirar e propagar a religião natural". As características desta essência da Cristandade verdadeira são "doçura e caridade", que permitem à nação viver em paz, sem persecuções mútuas de seus cidadãos.[59] E o que fará a nação quando viver em paz? O futuro é cheio de promessas. Até aqui vivemos no globo como selvagens, explorando a fertilidade do solo. Isso foi possível porque havia suficiente solo fértil para o número comparativamente pequeno de homens. No futuro, entretanto, a humanidade aumentará, e a humanidade aumentada terá de usar sua inventividade em terras que não foram até agora cultivadas. Não há nenhuma razão de desesperar deste futuro; a tecnologia do melhoramento do solo e os meios técnicos de suprimento de água artificial estão bem desenvolvidos. A humanidade enfrenta uma existência rica e significativa mediante fertilizantes artificiais e projetos de irrigação.[60]

---

[58] Ibidem, p. 623.

[59] *Lettres sur la Tolérance.* In: ibidem, vol. 2, p. 687.

[60] *Géographie Politique.* In: ibidem, vol. 2, p. 626.

m. Conclusão

As três tendências no fio do progresso – (1) a iluminação da mente; (2) a intensificação das relações globais; e (3) o abrandamento dos costumes – são então entrelaçadas no nó autorizado do presente. A despeito da proximidade com Bossuet, a despeito da consciência de Turgot e a despeito dos impasses e hesitações honestas, o sentimento intramundano predomina e o dogmatismo anticristão vence os elementos contemplativos. Ainda assim, Turgot está tão próximo da tradição cristã que as linhas de derivação através das quais o credo positivista é ligado à alta civilização ocidental se tornam visíveis em cada pormenor. O credo é inteiramente desenvolvido como uma posição intelectual, mas ainda não adquiriu as características de um movimento religioso consciente. No entanto assim como o progressismo radical de D'Alembert, a variante de Turgot representa uma fase definitiva no positivismo que tem sua importância histórica independente das adições comtianas. Na especulação de Turgot, o credo de iluminismo, moralidade desespiritualizada e tecnologia entrou em combinação momentosa com o nacionalismo. O estado nacional de tipo ocidental deveria ser, e continuar a ser, o navio da civilização progressista. Este agregado evocativo particular de ideias influenciou profundamente o curso da história política ocidental à medida que se tornou um dos maiores obstáculos ao ajuste das formas políticas às necessidades de uma sociedade industrializada. Toynbee fez uma análise meticulosa do problema que surge quando a democracia e o industrialismo, ambos os quais exigem unidades políticas maiores para seu funcionamento, têm de funcionar dentro do quadro inconveniente do estado nacional europeu. O amálgama do agregado positivista de ideias com nacionalismo tem um efeito paralelo agravante na resistência das unidades políticas nacionais à sua fusão em comunidades maiores.

2 - O positivismo | 179

§ 3. O Esquisse de Condorcet

a. O Esquisse como um Evangelho

Enquanto se arrasta pela literatura do movimento positivista, o historiador é mais do que compelido a lembrar-se do sarcasmo de Oscar Wilde de que os jornais são nossa fonte inestimável de medir a ignorância das massas. Estamos indo cada vez mais fundo numa classe de literatura que tem pouco valor como ciência contemplativa ou expressão espiritual, mas que, ainda assim, é de grande importância histórica porque contém um dogmatismo político cândido de ampla eficácia social. A evocação que Turgot faz da *masse totale* em progresso não permanece uma ideia efêmera; a *masse* ganha carne através da penetração das mentes humanas com as ideias propagadas por uma vasta literatura publicista. Isto, é claro, não significa que a *masse* esteja envolvida em algo que lembre remotamente o progresso; ao contrário, a penetração pela ideia de progresso significa a destruição ideológica da personalidade intelectual e espiritual. A evocação verdadeira da *masse* cria o estado social que chamamos crise da civilização ocidental. O *Esquisse* de Condorcet mantém uma posição-chave para a compreensão deste processo porque, de um lado, apresenta um novo passo na fixação do dogma para consumo da massa, enquanto, por outro lado, dá o passo deliberadamente, com uma intelecção clara das atrocidades da vulgarização. O *Esquisse* é conscienciosamente uma obra de apostolado progressista, uma obra que tenta criar a *masse*, levando a mensagem até ela. Certamente não é a primeira obra com intenções apostólicas; boa parte da literatura política do século XVIII serve ao apostolado do iluminismo. Mas mantém um lugar no movimento positivista que pode ser comparado ao de um evangelho do tipo joanino na literatura evangélica cristã. É um sumário autorizado do credo para a comunidade; um testamento em mais de um sentido – pois foi escrito por Condorcet enquanto se escondia, fugitivo da justiça, como seu último serviço à humanidade, na expectativa da guilhotina.[61]

b. Propagando a fé

Levar a ideia progressista para a massa é o grande desejo de Condorcet. Tem-se de lançar uma ponte entre o abismo dos poucos, que levam ativamente o progresso da humanidade, e a grande maioria que dele participa apenas levemente. Já começou esta união do abismo. Em seu exame do progresso da humanidade, Condorcet presta atenção particular à época histórica decisiva quando o progresso deixa de ser o privilégio de uma elite ativa e é trazido para dentro do alcance do homem comum. "Até agora mostramos o progresso da filosofia apenas nos homens que a cultivaram, aprofundaram e aperfeiçoaram; agora temos de observar os efeitos na *opinion générale*." A razão não apenas purificou nossos métodos de conhecimento e nos protegeu contra os erros a que éramos levados "pelo respeito à autoridade"; também destruiu, na *masse générale* de homens, os preconceitos que por tão longo tempo corromperam a espécie humana. Finalmente foi reconhecido o direito de empregar a própria razão como o único critério de verdade e já não confiar na palavra de outro homem. "A humilhação da razão diante do delírio de uma fé sobrenatural desapareceu da sociedade, como desapareceu da filosofia."[62] O instrumento social para conduzir a este estado feliz era uma nova classe de homens

---

[61] Condorcet (1743-1794) escreveu o *Esquisse* enquanto estava refugiado com Mme. Vernet. O manuscrito foi completado em outubro de 1793. Foi publicado pela primeira vez no Ano III [da era revolucionária]. Para uma breve vida de Condorcet e a questão do manuscrito e da publicação, ver a "introdução" e a "advertência" de O. H. Prior em sua nova edição do *Esquisse*. Paris, Boivin, 1933. Em inglês: Jean-Antoine-Nicolas de Caritat Condorcet, *Sketch for a Historical Picture of the Progress of the Human Mind*. Trad. June Barraclough. Westport, Conn., Hyperion Press, 1979; Keith Michael Baker, *Condorcet: From Natural Philosophy to Social Mathematics*. Chicago, University of Chicago Press, 1975.

[62] *Esquisse d'un Tableau Historique des Progrès de l'Esprit Humain*. In: *Ouvrage Posthume de Condorcet*, 1795, p. 242.

que estavam menos interessados no descobrimento da verdade do que em sua propagação; que perseguiam os preconceitos nos recessos onde o clero, as escolas, os governos e as velhas corporações os tinham acumulado e protegido; que colocavam seu orgulho antes na destruição de erros populares do que no fazer recuar os limites do conhecimento humano; que desenvolveram esta maneira indireta de servir o progresso, que não era menos perigosa nem menos útil.[63]

Com alguns golpes de mestre, Condorcet esboçou o novo tipo de parasita intelectual cujo zelo em ensinar os outros é mais forte do que a vontade de submeter-se à disciplina intelectual; que prospera na falácia de que a verdade pode ser encontrada nas soluções de problemas em vez de em seu descobrimento; que acredita que a verdade pode ser apresentada como um corpo de doutrina; que transfere as características da verdade revelada para a busca humana finita pelo conhecimento; que, em consequência, mediante a vulgarização do conhecimento problemático em resultados dogmáticos, pode fazer o inocente crer que entra numa verdade se aceitar com fé de dogma uma proposição que nenhum pensador consciencioso aceitaria sem amplas restrições; que cria em suas vítimas a crença de que instrução é educação; que destrói a honestidade intelectual mediante a separação entre seus resultados e os processos críticos que levaram a eles; que constrói nas massas a brutalidade inabalável da convicção ignorante; e que, por sua obra destrutiva, quer ser aplaudido porque "não é o menos perigoso, nem o menos útil" à sociedade.

As técnicas empregadas por esses homens são descritas por Condorcet com a competência do conhecimento de primeira mão. Empregam

> todas as armas que a erudição, a filosofia, o brilho e o talento literário podem pôr à disposição da razão; assumem todos os padrões, usam todas as formas, desde o gracejo até o patético, de uma compilação escolar vasta até a novela e o panfleto;

---

[63] Ibidem, p. 243.

cobrem a verdade com um véu a fim de não assustar os fracos, e deixar o prazer da surpresa; são habilidosos em satisfazer os preconceitos a fim de dar golpes ainda mais eficazes; nem os atacam ao mesmo tempo nem atacam um inteiramente; algumas vezes dão conforto aos inimigos da razão, fingindo que na religião não querem mais do que semitolerância, ou, na política, mais do que semiliberdade; são moderados a respeito do despotismo quando lutam com as absurdidades da religião, e a respeito do culto quando se levantam contra a tirania; em princípio, atacam os dois flagelos quando parecem castigar apenas alguns abusos revoltantes e ridículos; e derrubam a árvore pela raiz quando parecem podar apenas alguns ramos espessos.[64]

A passagem soa como se viesse de um folheto de instrução, publicado para seu *staff* por um ministro nacional-socialista para a iluminação do povo. Devemos notar o tom de ódio implacável; a vontade radical de golpear a raiz das instituições, mesmo quando a crítica aberta se estende apenas a abusos reformáveis; a técnica de compromisso aparente pelo qual o propagandista desbasta a resistência passo a passo até que possa dar o golpe final; a desonestidade intencional de "velar", ou seja, a meia verdade que pode tentar o espírito acrítico; o jogar de sentimentos uns contra os outros até que as instituições sejam igualmente engolfadas numa catástrofe social; em suma: o catálogo de técnicas que todos conhecemos tão bem, empregado pelo intelectual político para minar a autoridade das instituições e para transformar indivíduos perplexos em uma massa desorientada.[65]

---

[64] Ibidem, p. 243 ss.

[65] A força do ódio em Condorcet é revelada significativamente num discurso celebrando a destruição de papéis relativos à história de famílias nobres da França: "Hoje a Razão queima os inumeráveis livros que atestam a vaidade de uma casta. Permanecem outros vestígios em bibliotecas públicas e privadas. Devem ser envolvidos numa destruição comum". (Devo esta citação a F. A. von Hayek, "The Counter-Revolution of Science", *Economica*, fevereiro, maio, agosto de 1941, p. 13.) Uma história geral das ideias não é o lugar para descer a minúcias deste tipo. Mas o leitor deve estar a par de que este exemplo de queima de documentos e livros não é o único ponto de contato entre o progressismo e movimentos totalitários mais recentes. Um estudo monográfico cuidadoso revelaria

2 - O positivismo | 183

O emprego eficaz desses meios é condicionado pela invenção da imprensa. Esta invenção marca para Condorcet uma das grandes épocas da história da humanidade porque ela colocou nas mãos do intelectual o instrumento pelo qual ele pode aproximar-se do indivíduo diretamente, evitando as instituições educacionais que estão nas mãos de interesses oficiais. Por mais rígido que seja o controle das escolas, e por mais vigilante que seja a interferência governamental com a circulação de literatura subversiva, os governos são, afinal, impotentes contra a disseminação de ideias através de livros e panfletos. Esta observação de Condorcet é correta a ponto da trivialidade. No entanto gostaríamos de enfatizá-la diante da opinião errônea contemporânea bem espalhada de que as pessoas apanham suas ideias nas escolas; que, por exemplo, atitudes políticas na Alemanha originam-se nas escolas e podem ser combatidas mediante a "reeducação" nas escolas e a revisão dos livros escolares. Os totalitários, como Condorcet e seus sucessores modernos, têm uma intelecção melhor na impotência de escolas em combater as influências que pressionam o indivíduo, partindo de fontes muito mais poderosas no ambiente.[66] Daí, quando os totalitários capturam um governo, muito consistentemente acrescentam o controle das escolas com um sistema de autorizar escritos para publicação e com o controle físico de todos os estabelecimentos de publicação e de oferta de papel.

---

que não há muito nas técnicas de destruição intelectual e moral de seres humanos, e de mobilizar a escória da vulgaridade e os sentimentos mais baixos, que hoje associamos com o nacional-socialismo e o comunismo, que não provenha do arsenal do progressismo. [Em geral, ver Hayek, *The Counter-Revolution of Science: Studies on the Abuse of Reason*. 2. ed. Indianapolis, Liberty Press, 1979.]

[66] *Esquisse*, op. cit. In: *Ouvrage Posthume de Concorcet*, op. cit., p. 180 ss. O argumento de Condorcet teria de ser recebido com reservas, no entanto, quanto a este ponto. Embora a arte da imprensa tenha elevado muito a influência social para o intelectual, os movimentos de massa podiam ser influenciados decisivamente pela literatura mesmo na época dos manuscritos. Ver a este respeito *The Collected Works of Eric Voegelin, History of Political Ideas, vol. IV, Renaissance and Reformation*. Ed. David L. Morse e William M. Thompson. Columbia, University of Missouri Press, 1998, quarta parte, cap. 3, "The People of God", por exemplo, quanto à difusão do movimento amauriano. [Em português: *HIP*, vol. IV, *Renascença e Reforma*.]

A fim de serem eficazes, as técnicas têm de ser empregadas com um propósito; na rede de fraudes, dissimulações, compromissos falsos e assim por diante, tem de haver um ponto de integridade. Este ponto é para Condorcet "a independência da razão e a liberdade de escrever"; aqui está o "direito fundamental e a riqueza da humanidade". Com energia infatigável o intelectual tem de ascender "contra todos os crimes de fanatismo e tirania" e "tomará como seu grito de guerra: *razão, tolerância, humanidade*".[67] Animados pela "filantropia universal", os intelectuais espalham o conhecimento dos direitos humanos naturais, das liberdades de pensar e escrever, do comércio e da indústria, do bem-estar do povo, da abolição da tortura e da punição cruel; fomentam a indiferença à religião que afinal é posta entre as superstições, o ódio à tirania e ao fanatismo e o desprezo pelo preconceito. Graças à propaganda incessante das últimas gerações, formou-se agora uma *opinion publique* bem geral em alguns países; e esta opinião pública obteve prestígio suficiente de tal modo que mesmo a *masse du peuple* parece estar pronta para deixar-se levar por ela e obedecê-la.[68] As passagens são um *locus classicus* para o amálgama de ofensas sociais genuínas, da indignação moral e das demandas justificadas por reforma, de compaixão pela miséria humana e de idealismo social sincero, de *ressentiment* e ódio ao *System* (Goebbels), das contradições da filantropia universal e das intenções criminosas contra o inimigo, do desprezo pelo preconceito e da alimentação de outros ainda piores, do senso comum em minúcias e obscurantismo em coisas fundamentais, do ataque fanático ao fanatismo, da intolerância em nome da tolerância, da liberdade de pensamento mediante a repressão do pensamento do inimigo, da independência da razão pelo martelar da *masse du peuple* numa obediência ofuscada a uma opinião pública que em si é produzida pela barragem de propaganda de intelectuais duvidosos – ou seja, pelo amálgama que faz nascer a confusão sanguinária do tempo de Condorcet e do nosso.

---

[67] *Esquisse*, op. cit. In: *Ouvrage Posthume de Condorcet*, p. 245.

[68] Ibidem, p. 250 ss.

c. Dirigindo o destino da humanidade

Condorcet era matemático; seu interesse especial era o cálculo de probabilidade, desenvolvido havia pouco, e sua aplicação aos fenômenos de massa.[69] O problema da *masse totale* progressista no significado de Turgot mistura-se, para ele, com o problema da sociedade como uma massa matemática com características calculáveis e previsíveis. Daí o exame histórico do progresso da humanidade culminar na *tableau des espérances* para o progresso das gerações futuras, que parece assegurado através da constância da natureza. Temos de entender que a natureza criou uma ligação insolúvel entre "o progresso da luz e o da liberdade, virtude e respeito pelos direitos naturais do homem". Uma vez que esta ligação seja entendida e se tenha tornado uma realidade "em toda a classe de homens iluminados", então o progresso é assegurado através dos esforços concertados e bem dirigidos dos amigos da humanidade para sua perfeição e alegria.[70] O progresso já não será uma linha de significado por descobrir pelo historiador; será uma direção no processo da humanidade, acelerado inteligentemente pela elite iluminada. Na análise do *Discours Préliminaire* de D'Alembert encontramos já bem desenvolvida a ideia do presente autorizado, assegurando o valor modelo do presente contra o passado assim como contra o futuro. A tentativa de assegurar o presente contra o futuro não foi, contudo, para além de uma forma comparativamente amena de organizar a *Encyclopédie* como a fonte monumental de conhecimento obrigatório para o futuro. A tentativa mostra certamente as características da agressividade megalomaníaca que é típica do intelectual iluminado. No entanto tudo o que um ser humano saudável tinha de fazer em defesa desta tentativa de terrorismo intelectual era dar de ombros e não se preocupar com a *Encyclopédie*. Em Condorcet, a ideia de segurança

---

[69] Acerca deste ponto, ver as obras e passagens de Condorcet citadas em "Counter-Revolution of Science", de Hayek, p. 12 ss.

[70] *Esquisse*, op. cit. In: *Ouvrage Posthume de Condorcet*, p. 14.

contra o futuro ganhou um novo ímpeto ativista. Vemos a ideia de um diretorado da humanidade emergindo, fixando padrões da boa sociedade e formulando uma política para sua tomada de consciência acelerada.

d. Calculabilidade do progresso

A base de tal ação diretiva é a predicabilidade de consequências que resultarão de ações do diretorado. Se a existência do homem na sociedade contivesse um elemento de contingência que frustrasse as políticas de administração de longo prazo, fracassaria a ideia de direção. O argumento de Condorcet para a previsibilidade tornou-se a matéria-prima do credo progressista: podemos prever nas ciências naturais; por que não seríamos capazes de prever os fenômenos sociais?

A única base para nossa fé nas ciências naturais é a ideia de que as leis gerais, conhecidas e não conhecidas, que governam os fenômenos no universo são necessárias e constantes; por que razão esse princípio deveria ser menos verdadeiro para o desenvolvimento das faculdades intelectuais e morais do homem do que para as outras operações da natureza?[71]

De novo temos de enfatizar, como numa ocasião similar quanto a um argumento de Helvétius: é tudo o que há. Neste argumento se fundamenta a ideia de direção do destino da humanidade. A candura é de tirar o fôlego; à pergunta de por que razão a história não é um campo de predição da mesma maneira como a natureza inorgânica, o historiador é tentado a responder no mesmo nível intelectual: porque *num* é assim. Não precisamos retomar a questão; o leitor deve consultar a discussão considerável do problema nos capítulos anteriores deste estudo. Vale a pena notar, entretanto, que a ideia de dirigir a história com base num conhecimento prévio de seu curso está totalmente desenvolvida em Condorcet, e que a ideia marxista de direção apenas mudou o fundamento das leis naturais para as leis do materialismo dialético.

---

[71] Ibidem, p. 309 ss.

e. O programa

Depois deste fundamento brilhante, Condorcet começa a desenvolver seu programa. Consiste em três pontos: (1) a destruição da desigualdade entre as nações; (2) o progresso da igualdade dentro de cada nação; (3) a perfeição substancial do homem (*le perfectionnement réel de l'homme*).[72]

aa. A destruição da civilização histórica

A exposição de Condorcet do primeiro ponto, a destruição da desigualdade entre as nações, é uma das contribuições mais luminosas ao problema da igualdade. Por igualdade entre as nações, Condorcet não quer dizer que as nações deveriam respeitar-se umas às outras e tratar cada uma numa igualdade equitativa; e pela destruição da desigualdade ele não quer dizer que os mais fortes deveriam deixar os outros em paz. A desigualdade significa a diferença de riqueza e iluminação entre as várias nações, assim como entre as classes em cada nação. E a destruição da desigualdade significa a ascensão dos povos atrasados para o nível dos progressistas, gostem ou não disso.

Algum dia as nações se aproximarão do estado de civilização que foi alcançado pelos povos que são os mais iluminados, mais livres e mais libertados de preconceitos, tais como os franceses e os anglo-americanos? Desaparecerá a imensa distância que separa esses povos da servidão de nações sob reis, do barbarismo de tribos africanas, da ignorância dos selvagens? Deveria realmente haver no globo países cujos habitantes a natureza condenou a nunca gozar de liberdade, a nunca empregar sua razão?[73]

Não, diz Condorcet, não temos razões para entreter esta visão angustiante. Espanhóis, alemães e suecos, bantos, patagônicos e esquimós – todos eles se elevarão algum dia ao nível anglo-francês. Já podemos discernir sinais esperançosos.

---

[72] Ibidem, p. 310.

[73] Ibidem, p. 310 ss.

Os princípios da constituição revolucionária francesa são aceitos pelas pessoas iluminadas por toda a Europa; nenhuns esforços de tiranos e sacerdotes podem impedir-lhes a realização numa escala europeia.[74] Ademais, podemos esperar que em breve todas as colônias europeias no Novo Mundo serão independentes; e "então, como a população europeia nesses imensos territórios cresce rapidamente, ele não civilizará ou causará o desaparecimento das nações selvagens que ainda ocupam vastas extensões de terra sem conquista?".[75] E, finalmente, podemos esperar por uma solução feliz na África e na Ásia. Desaparecerá o atual regime opressivo das companhias de comércio gananciosas; os europeus confinar-se-ão ao comércio livre; "também eles serão iluminados quanto a seus próprios direitos de iluminar os outros povos; respeitarão sua independência que até agora violaram audaciosamente". Os estabelecimentos serão mantidos, mas "os escritórios dos salteadores tornar-se-ão colônias de cidadãos que espalharão ao longo da África e da Ásia os princípios e o exemplo da liberdade, da luz e da razão da Europa". Os nativos encontrarão irmãos nos europeus e tornar-se-ão seus amigos e pupilos. É claro, pode desenvolver-se uma fricção ocasional com os selvagens e nômades; o progresso será mais lento nesses casos e acompanhado de algum problema. "Talvez tais nativos sejam reduzidos a um pequeno número; e, aos poucos, quando se virem rechaçados pelas nações civilizadas terminarão por desaparecer insensivelmente, ou perder-se-ão no meio do caminho." Esta será a consequência inevitável do progresso na Europa e da liberdade de comércio que as repúblicas francesa e norte-americana têm o interesse e o poder de estabelecer.[76]

O programa de Condorcet parece ser o primeiro projeto sistemático, elaborado por um totalitário ocidental, para a destruição radical de todas as civilizações da humanidade, as altas civilizações assim como as civilizações nativas menos diferenciadas, e para transformar a superfície do globo no *habitat* de

---

[74] Ibidem, p. 313.
[75] Ibidem, p. 314.
[76] Ibidem, p. 316-18.

uma humanidade padronizada que é formada pela ideologia de um punhado de intelectuais megalomaníacos. Há pouca diferença discernível entre o progressista totalitário e os seus sucessores comunistas e nacional-socialistas. Quem não se lembrará, ao ler a exposição de igualdade, do dito sarcástico do Sr. Orwell: todos os animais são iguais – mas alguns animais são mais iguais do que outros? Quem não reconhecerá na elevação da humanidade atrasada até o nível anglo-francês o *Gleichschaltung* nacional-socialista, ou a solução judiciosa de Stalin para o problema das nacionalidades: "nacional na forma, socialista na substância"? Quem não reconhecerá na alternativa, apresentada com equanimidade brutal, do civiliza-te ou perece, perceptível ou imperceptível, o lema nacional-socialista: "*Wo gehobelt wird, da fliegen Spähne*" [Onde se aplaina, voam lascas]? E quem não reconhecerá nas colônias de "cidadãos" que substituem os "salteadores" os *Gauleiters* e comissários?

bb. Reformas sociais

No segundo ponto, o progresso da igualdade dentro de cada nação, podemos ser mais breves. As reformas sugeridas por Condorcet não mencionam os princípios de uma filosofia positivista da história e da política. Pertencem, ao contrário, à tendência geral da abolição de certas injustiças sociais, e provêm da intelecção na instabilidade política de uma sociedade que tem uma fenda muito profunda entre os ricos e os pobres, que analisamos no capítulo acerca de Helvétius. Condorcet distingue entre a igualdade formal dos cidadãos sob a Constituição e a igualdade real de *status* econômico e educacional. A desconsideração deste problema foi a causa principal da destruição da liberdade nas repúblicas antigas e de sua rendição a tiranos estrangeiros. Os três pontos de ataque são: (1) a desigualdade de riqueza; (2) a desigualdade entre o homem que consegue operar com um capital herdado e o homem que depende, para seu sustento, apenas de seu trabalho; e (3) a desigualdade de instrução. Das várias sugestões para remediar essas causas de perturbação social, devemos mencionar especialmente os planos de seguro de vida compulsório, poupanças compulsórias para prover os filhos que chegam a certa idade com algum capital, anuidades para viúvas e crianças por morte do marido ou pai, e a criação de bancos que oferecem empréstimos a pequenos empresários. A base para a operação de tais instituições seria o cálculo de probabilidade. As instituições poderiam ser fundadas *au nom de la puissance sociale*,[77] mas não há nenhuma razão para o capital privado não envolver-se em tais empresas, uma vez que os princípios de operação sejam estabelecidos e comprovados.[78]

cc. Criando o super-homem

No entanto o terceiro ponto do programa, o aperfeiçoamento substancial do homem, traz um novo desenvolvimento importante. Um exame longo das esperanças bem fundadas de um progresso geral da humanidade quanto a ciência, tecnologia, saúde, artes, bem-estar, segurança, virtude e alegria é seguido de umas poucas páginas de conclusão acerca da perfectibilidade da natureza humana em si. Essas reflexões introduzem um novo elemento no sistema das ideias positivistas, e mudam fundamentalmente o problema da história como apresentada em si a Turgot. A especulação de Turgot acerca do progresso terminou, como vimos, no impasse da tensão entre um conteúdo civilizacional progressista e um problema inalterável da existência humana. Uma solução a este problema seria a suposição de que a natureza humana não permanece inalterada, mas progride ela mesma indefinidamente junto ao progresso no conteúdo civilizacional. A suposição é absurda para um cristão e para um humanista, mas está sujeita a aparecer na atmosfera de direção do destino da humanidade. Se o intelectual é capaz de criar em si mesmo a combinação-modelo de razão e virtude; se pode destruir a civilização da humanidade tal como se desenvolveu historicamente; se pode criar uma nova humanidade à sua imagem através da propaganda e da brutalidade; e se pode dirigir

---

[77] Em nome do poder social. (N. T.)

[78] *Esquisse*, op. cit. In: *Ouvrage Posthume de Condorcet*, p. 322-25; ver também p. 305 e 307.

indefinidamente o curso calculável da humanidade no caminho determinado pelas suas qualidades-modelo – por que não deveriam seus esforços diretivos levar à criação de um homem substancialmente novo como o titular da sociedade perfeita? Até este ponto, Condorcet assumiu em sua especulação que sua direção teria de operar com a matéria-prima humana imperfeita entregue a ele pela natureza. Agora ele planeja a possibilidade de criar uma nova substância ele mesmo: a criação do homem por Deus que foi eliminada como uma superstição, agora retorna como a criação do super-homem mediante Condorcet. A *hybris* intramundana da autossalvação culmina logicamente (pela *logique du coeur*) no aperfeiçoamento de Deus mediante a criação de um homem que não precisa de salvação. O Espírito tornou-se razão, o Salvador tornou-se o diretor iluminado da humanidade, o Pai tornou-se o criador do super-homem – a Trindade tornou-se intramundana no intelectual.

Como se produz um super-homem e com que se parece ele? A receita difere. Devemos estudar as complicações do problema mais tarde em Marx e já as vimos em Nietzsche. A fórmula de Condorcet é comparativamente simples. "A perfectibilidade ou degeneração orgânica da raça em vegetais e animais podem ser consideradas uma lei geral da natureza. Esta lei abrange também a espécie humana."[79] Os melhoramentos da medicina, da dieta e das condições sanitárias aumentarão a expectativa média de vida do homem. Há algum limite para o prolongamento da vida humana? Não que saibamos de tal limite. "A duração média da vida humana aumentará indefinidamente a não ser que revoluções físicas se oponham; mas não sabemos o limite além do qual não podemos passar; e não sabemos sequer se as leis gerais da natureza determinaram tal limite." Podemos, portanto, supor algo como uma imortalidade prática como o escopo do progresso; e já que as características físicas são herdadas, podemos esperar por uma raça de imortais hereditários.[80] Mas não é suficiente comer da Árvore

---

[79] Ibidem, p. 358.
[80] Ibidem, p. 361.

da Vida; temos também de comer da Árvore do Conhecimento a fim de nos tornarmos como deuses. Como podemos assegurar para os imortais sua sabedoria e virtude hereditárias? Nada mais simples do que isso para o materialista. Já que as características intelectuais e morais são radicadas nas conformações físicas dos nervos e do cérebro, a educação pode influenciar esta conformação, pode modificá-la e aperfeiçoá-la, ao trabalhar para o aperfeiçoamento intelectual e moral do homem através das gerações. O aperfeiçoamento moral e intelectual a longo prazo muda a base física nos homens assim aperfeiçoados; a base física é hereditária; com um pouco de paciência os imortais tornam-se também, por hereditariedade, homens perfeitamente sábios e morais.[81]

f. Contemplação e Campos Elíseos

Agora mesmo, entretanto, não somos imortais; estamos escondidos, aguardando pela guilhotina. O que pode consolar-nos nesta situação? Podemos ser consolados pela contemplação da imagem de uma humanidade marchando, como deuses, para a sabedoria e para a imortalidade. O quadro de uma humanidade, liberada de todas as suas cadeias, para além do alcance do acidente e do acaso, para além do alcance dos inimigos do progresso, pisando com firmeza e segurança o caminho da verdade, da virtude e da felicidade – este é um espetáculo para compensar o filósofo pelos erros, crimes e injustiças que ainda desfiguram a terra, e dos quais ele mesmo é muitas vezes a vítima. Ao desenhar e contemplar este quadro, ele se liga à cadeia eterna de destinos humanos; esta contemplação é o asilo até onde seus perseguidores não podem segui-lo; aqui ele mora, através de seu pensamento, com o homem reinstalado em seus direitos e na dignidade de sua natureza; "aqui ele existe verdadeiramente, na companhia de seus pares, nos Campos Elíseos que sua razão criou e que seu amor pela humanidade enriqueceu com suas felicidades mais puras".

---

[81] Ibidem, p. 362.

3. O APOCALIPSE DO HOMEM: COMTE

Auguste Comte (1798-1857) é a primeira grande personalidade da crise ocidental. O significado completo deste julgamento não pode ser desenvolvido numa breve definição, ou mesmo num parágrafo; emergirá apenas da totalidade deste capítulo. Empregamo-lo como o ponto de partida de nossa inquirição porque tem uma implicação metodológica importante – uma implicação de que trataremos com alguma extensão.

§ 1. Comte e a interpretação da crise

A crise ocidental não é um acontecimento que ocorre num ponto definido do tempo; é um processo que se estende agora por mais de um século e meio e, ao que saibamos, pode prolongar-se por outro século. A crise não pertence ao passado; é um presente vivo; não sabemos ainda, em retrospecto, suas potencialidades e dimensões. Cada dia acrescenta algo à nossa experiência de sua extensão e profundidade, e à luz dessas experiências somos compelidos a reavaliar as fases passadas da crise. Acontecimentos que pareciam ser irrelevantes ou erupções momentâneas em seu tempo aparecem à luz de experiências contemporâneas como prefigurações de horrores posteriores; ideias que pareciam ser questões secundárias, exageros, idiossincrasias ou absurdidades revelam agora seu inteiro significado quando se concretizam em ações e instituições políticas; homens que pareciam ter uma importância algo limitada passam a ser gigantes sinistros que lançam sua sombra sobre o presente e sobre o futuro distante. Esta reavaliação avança, e continua a avançar, com nossa experiência que se expande acerca da crise em si. Já que Comte é uma personagem da crise, nada que digamos acerca dele hoje deve ser considerado final: o que temos para dizer continua válido no que diz respeito a seu conteúdo positivo; mas o quadro como um todo pode mostrar-se inadequado no futuro, porque aspectos de sua personalidade e de sua obra a que estamos cegos hoje poderão ser considerados de grande importância à luz de experiências futuras.

Comte pertence a nosso presente histórico no mesmo sentido que Lenin ou Hitler pertencem a esse mesmo presente. Alertamos de maneira conveniente que este fato pode prejudicar seriamente a validade de nossa apresentação. Agora temos de restringir de algum modo este alerta geral com a reflexão de que através do mero lapso de tempo um padrão da crise começa a tomar forma. Embora não possamos saber a forma última que o curso da crise assumirá, sabemos muito mais a respeito dela do que Comte e seus contemporâneos, e sabemos muito mais do que mesmo a geração que nos precedeu. Sabemos, acima de tudo, que a crise ocidental não é um episódio breve que alcançará seu fim dentro dos próximos dez ou vinte anos; esta crença, a que Comte ainda se entregava nos anos quarenta do século XIX, dificilmente seria levada em consideração por alguém cem anos depois. Ademais, sabemos hoje que a crise não é uma perturbação política, no sentido restrito de poderes políticos, que podem ser estabelecidos por guerras e tratados de paz subsequentes; sabemos que é essencialmente uma crise do espírito, e estamos informados hoje de algumas das tentativas de solução deste problema através das religiões políticas do comunismo e do nacional-socialismo. Duração, escala, natureza e, se não soluções, ao menos tentativas malogradas de soluções da crise vieram à tona durante os últimos cem anos.

Neste ponto, entretanto, nossa reflexão terá de fundir-se à interpretação de Comte. O pensador francês julga mal a duração da crise, mas não julga mal nem sua escala nem sua natureza; e embora sua tentativa de solução fosse tão malsucedida quanto as contemporâneas, ao menos uma causa importante da falha era a relação estreita entre as ideias de Comte e a prática totalitária de nossos tempos. Poderíamos dizer que nossa compreensão histórica está alcançando hoje a intelecção de Comte, e nossa prática política os projetos dela. Depois de um século de mal-entendidos, estamos aproximando-nos hoje, com base em experiências mais recentes, de uma visão mais adequada de Comte em sua qualidade de filósofo da história astuto e perspicaz assim como em sua qualidade mais sinistra de ditador espiritual da humanidade. A história do equívoco de Comte e da dissolução gradual desses equívocos é, ao mesmo tempo, a história de nossa intelecção crescente da crise ocidental. A exploração deste tópico mereceria certamente uma monografia. Entretanto temos de restringir-nos neste estudo a uma indicação curta dos incidentes principais nesta curiosa história de erros.

§ 2. A cisão na vida de Comte

Se deixarmos de lado por um momento os magníficos estudos monográficos acerca de Comte publicados em anos recentes, podemos dizer que o quadro de Comte é ainda determinado pela incisão em sua vida que foi profunda o bastante para fazê-lo falar, ele mesmo, de sua "primeira" e de sua "segunda" vida. A realização coroadora desta "primeira" vida é o *Cours de philosophie positive* (6 volumes, 1830-1842); em sua "segunda" vida, Comte instituiu a religião da humanidade mediante seu *Système de Politique Positive, ou Traité de Sociologie Instituant la Religion de L'humanité* (4 volumes, 1851-1854).[1] Entre os dois períodos está o "ano incomparável"

---

[1] [Comte, *Cours de Philosophie Positive*, 6 vols. Paris, 1830-1842, traduzido livremente e condensado por Harriet Martineau, *The Positive Philosophy*

de sua relação com Clotilde de Vaux, em 1845. No primeiro período, era ele o teórico do Positivismo e o fundador da ciência a que deu seu nome, a sociologia; no segundo período, ele era o *Fondateur* e *Grand-Prêtre* da nova religião. Até muito recentemente, esta articulação da vida e da obra de Comte permaneceu o princípio-guia para a interpretação crítica do pensador. Comte, o positivista e fundador da sociologia foi aceito; Comte, o fundador da Religião da Humanidade, foi rejeitado. Para a Inglaterra em particular este padrão foi estabelecido pelo estudo de John Stuart Mill acerca de Comte, publicado primeiramente no *Westminster Review*.[2] A parte I deste estudo trata do *Cours* e, dentro dos limites das habilidades de Mill, dá uma apreciação crítica justa da obra; a parte II trata "Das Especulações Tardias de M. Comte" e dá um relatório algo indignado das curiosidades que podem ser encontradas nesta obra posterior e que, concordamos, não fazem sentido ao bom senso. Mill conclui seu relatório com a sentença: "Outros podem rir, mas poderíamos chorar diante desta decadência melancólica de um grande intelecto".[3]

a. A suposição de uma perturbação mental

A sentença conclusiva de Mill transmite duas implicações. Primeiro, implica que havia uma incisão profunda na vida e no pensamento de Comte e que esta autointerpretação das duas

---

of Auguste Comte, 2 vols. London, 1953. Comte, *Système de Politique Positive, ou Traité de Sociologie Instituant la Religion de l'humanité*, 4 vols. Paris, 1851-1854; *System of Positive Philosophy, or Treatise on Sociology Instituting the Religion of Humanity*. Trad. J. H. Bridges, F. Harrison, et al. 4 vols. London, 1875-1877. Uma antologia útil recente que inclui uma introdução e bibliografia é a de Gertrud Lenzer, *Auguste Comte and Positivism: The Essetial Writings*. Chicago: University of Chicago Press, 1975. O primeiro volume de um novo estudo ambicioso é o de Mary Pickreing, *Auguste Comte: An Intellectual Biography*, vol. 1. New York, Cambridge University Press, 1995; Juliette Grange, *La philosophie d'Auguste Comte*. Paris, Presses Universitaires de France, 1996; e André Semin, *Auguste Comte, Prophète du XIXe Siècle*. Paris, Albatros, 1993.

[2] John Stuart Mill, *Auguste Comte and the Positivism*. Ann Arbor, University of Michigan Press, 1965. Republicado de Westminster Review. London, 1865. Ver também *The Correspondece of Jonh Stuart Mill and Auguste Comte*. Trad. e ed. Oscar A. Haac. New Briunswick, N.J., Transaction, 1995.

[3] Mill, *"Comte"*. *In: Westminster Review*, p. 199.

vidas deveria ser aceita como correta; segundo, implica que a incisão tem a natureza de uma "decadência", de algo como uma perturbação mental. Consideremos primeiro este segundo ponto, pois esta suposição de uma perturbação mental e decadência foi para mais de um crítico a razão que justificou sua rejeição do "segundo" Comte. A suposição da perturbação mental originou-se em 1851 quando Comte saudou com satisfação o golpe de estado de Luís Napoleão como um passo para o estabelecimento da República ocidental em que os positivistas funcionariam como *pouvoir spirituel* [poder espiritual]. Uma nota, intitulada "Essor empirique du républicanisme français" [Digressão empírica do republicanismo francês] e datada de 17 de junho de 1852 dá uma ideia bem clara da concepção política de Comte nessa época; esboça as fases de desenvolvimento para a República final:

1. O governo francês deveria ser republicano e não monárquico. (Crise de fevereiro de 1848.)

2. A república francesa deveria ser social e não política. (Crise de junho de 1948.)

3. A república social deveria ser ditatorial e não parlamentar. (Crise de dezembro de 1851.)

4. A república ditatorial deveria ser temporal e não espiritual, no sentido de uma liberdade completa de exposição, e mesmo de discussão.

5. A chegada decisiva do sistema de triunvirato, caracterizando a ditadura temporal, que o positivismo anunciou desde 1847, como o governo preparatório que facilitará a transição orgânica.[4]

Esta concepção de golpe de estado como o passo que levaria à república ditatorial "sistemática", que, a seu turno, prepararia a República ocidental de toda a Europa com o positivismo como sua religião de estado, e com Comte e seus sucessores

---

[4] Esta nota está incorporada no texto da carta de Comte ao Czar Nicolau I, de 20 de dezembro de 1852. A carta é reimpressa no prefácio ao volume 3 do *Système*, 1853.

como os novos altos sacerdotes – tudo isso foi demais para os liberais entre os seguidores de Comte. Desta época data a distinção entre positivistas incondicionais e os outros a quem Comte denominou "positivistas intelectuais". Entre os liberais que deixaram a Société Positiviste em dezembro de 1951 estava Emile Littré. Parece que se deve a ele, mais do que aos outros, a nova atitude de aceitar lealmente a primeira parte da obra de Comte e de justificar a rejeição da segunda parte pela acusação de desarranjo mental. Em sua biografia acerca de Comte, Littré encarregou-se de "dividir" o pensador, e numa obra posterior, sugeriu que "as absurdidades (na última obra de Comte) são mais patológicas do que filosóficas".[5] Em apoio a essa tese, pode-se lembrar a *crise cérébrale* de Comte, de 1826, que o incapacitou por dois anos; e a acusação recebeu publicidade quando Mme. Comte exigiu a anulação do testamento do *Grand Prêtre* "por insanidade mental".

b. O diagnóstico de Littré

Na verdade, Comte era tão são quanto qualquer outro. A famosa *crise cérébrale* de 1826 – tanto quanto se podem determinar tais pontos em informações insuficientes – parece ter sido o que hoje chamaríamos um "esgotamento nervoso", causado pela coincidência lamentável de excesso de trabalho implacável e problemas domésticos; parece ter sido completa a recuperação. Os liberais dissidentes não encontraram nenhuma insanidade em Comte antes do "ano incomparável". Considerando esta situação, valerá a pena examinar o diagnóstico a fim de ver precisamente em que ponto um homem se torna insano aos olhos de um intelectual positivista liberal. Encontramos a resposta a esta pergunta na biografia que Littré fez de Comte, no capítulo "Retour à l'état théologique". Littré primeiro descreve o estado "normal" do espírito, que é

---

[5] Ver o prefácio de Emile Littré, *Auguste Comte et la Philosophie Positive* (Paris, 1863), assim como seu *Auguste Comte et Stuart Mill*, publicado primeiro na *Revue des Deus Mondes*, 1866, mais tarde em forma de livro, juntamente a *Stuart Mill et la Philosophie Positive*, de Wyrouboff (Paris, 1867).

o estado "positivo". Neste estado, o espírito humano concebe fenômenos como governados por leis imanentes. Não há nenhum sentido em dirigir-lhes preces ou adorá-las. O homem deve aproximar-se delas pela inteligência; tem de entrar em contato com elas e submeter-se a elas a fim de obter por esses meios um domínio crescente sobre a natureza e sobre si mesmo, "*ce qui est le tout la civilization*".[6] Este estado de espírito é o estado maduro essencial que é alcançado historicamente depois que o espírito passou pelos estados teológico e metafísico, transitórios e não essenciais. Em seu primeiro período, Comte desenvolveu esta teoria do espírito, e Littré aceitou-a inteiramente. Na segunda fase, entretanto, Comte reverte para o tipo teológico; cria novas divindades; e o que é pior, cria uma trindade de deuses supremos. Isto nos leva a suspeitar de influências católicas de sua tenra juventude; e sabemos que tais influências, por mais sossegadas que pareçam ter-se tornado, "algumas vezes despertarão novamente, não sem força, no declinar da vida".[7] Ademais, esta recaída na teologia, como num tipo de segunda infância, não é uma fraqueza inconsequente; não é simplesmente um apêndice patológico à obra principal de Comte que se possa desprezar. O retorno ao estado teológico é uma matéria de princípio para Comte. Quando o espírito alcançou a altura de sua evolução, quando sua atitude para com os fenômenos se tornou positiva, então deve retornar a seus começos fetichistas e superpor-se no universo de leis de um mundo de "ficções" que dá livre expressão à parte afetiva e volicional da alma humana. Esta parte da filosofia de Comte é para o Littré liberal a grande Queda. A ordem do espírito pode ser preservada apenas se a parte afetiva estiver sob o guiamento da razão; o "coração" e o "amor" podem gerar calor, mas não luz. Mais importante ainda: se for aceito que o espírito não pode passar sem a crença em entidades divinas, dotadas de vontade e sentimentos, então todo o sistema

---

[6] Littré, *Auguste Comte*. 2. ed. (1864), p. 570. [Para outra perspectiva sobre o relacionamento de Comte com o liberalismo, ver Gillis J. Harp, *Positivist Republic: Auguste Comte and the Reconstruction of American Liberalism, 1865-1920*. University Park, Pennsylvania State University Press, 1995.]

[7] Littré, *Auguste Comte*, op. cit., p. 576.

de filosofia positiva é deitado abaixo. O positivismo se funda na suposição de serem transitórias, e não necessárias as fases teológica e metafísica do espírito. Se, no entanto, o retorno ao estado teológico for considerado o final da evolução e do progresso, se o espírito for necessariamente teológico, então a luta contra esta necessidade seria tão tola como a luta contra as leis que governam os fenômenos do mundo exterior. Se o fim for o retorno ao estado teológico, então poderíamos bem ficar no estado teológico em que estávamos antes do advento do positivismo. Ademais, se esse for o fim, como podem ficções áridas como as de Comte entrar em competição "com a teologia que emana da profundeza da história e é realçada pelo engrandecimento de suas instituições e rituais"?[8]

c. O critério de insanidade

O critério de sanidade integral é a aceitação do positivismo em seu primeiro estágio; os critérios de decadência ou declínio são (1) uma fé na realidade transcendental, expresse-se ou não na forma cristã ou na de uma religião substituta; (2) a suposição de que todas as faculdades humanas têm um ímpeto legítimo por expressão pública numa civilização; e (3) a suposição de que o amor pode ser um princípio-guia legítimo da ação, tendo precedência quanto à razão. Este diagnóstico de deficiência mental é de uma importância que dificilmente pode ser exagerada. Não é o diagnóstico isolado de Littré; é, ao contrário, a atitude típica para com os valores da civilização ocidental que continuou entre "positivistas intelectuais" desde a época de Mill e Littré até as escolas neopositivistas do tipo vienense; e não permaneceu confinado às escolas, mas encontrou aceitação popular de tal grau que esta variante de positivismo é hoje um dos mais importantes movimentos de massa. É impossível entender a gravidade da crise ocidental a não ser que nos demos conta de que a civilização de valores, para além da fórmula de Littré da civilização como o domínio do homem sobre a natureza e sobre si mesmo por meio da

---

[8] Ibidem, p. 578.

ciência, seja considerada pelos setores amplos da sociedade ocidental um tipo de deficiência mental.

d. *Dumas acerca dos* Deux Messies

No que diz respeito à interpretação de Comte, levou um tempo considerável antes de a fábula de sua perturbação mental ser suplantada fora do círculo restrito de sectários comtianos. A publicação decisiva é a monografia de George Dumas, *Psychologie de Deux Messies*.[9] Dumas não se sobrecarrega com o problema das duas vidas de Comte; Saint-Simon tem apenas uma, mas nesta única vida ele é muito capaz de desenvolver as mesmas características messiânicas de Comte. Além disso, afasta a atmosfera de estranheza, que perturbou Littré e Mill, ao colocar os dois profetas na situação espiritual de seu tempo. A crítica do século XVIII arruinara o prestígio do catolicismo e da monarquia; a Revolução marcara o final de uma religião assim como de um regime político. Os contemporâneos estavam muito próximos da catástrofe para ver quanto foi deixado de pé da velha civilização a despeito da destruição geral. Acreditavam que nada sobreviveu, que o futuro tinha de ser feito de novo, e entusiastas, em grande número, sentiram o chamado para pregar o evangelho político e moral da nova era. Saint--Simon foi apenas o primeiro deles, através de suas *Lettres d'un Habitant de Genève*, de 1803; mas foi logo seguido por Fourier, Comte, d'Enfantin, Bazard e uma hoste de Saint-Simon menores. "Tomavam-se a sério como homens de destino, marcados por um sinal fatal em suas frontes."[10] Saint-Simon intitula-se o papa científico da humanidade e o vigário de Deus na terra; age como o sucessor de Moisés, Sócrates e Cristo; e aconselha os príncipes a ouvir a voz de Deus que fala através de sua boca.

---

[9] George Dumas, *Psychologie de Deux Messies Positivistes Saint-Simon et Auguste Comte*. Paris, 1905. [O tipo messiânico é bem retratado em James Billington, *Fire in the Minds of Men: Origins of the Revolutionary Faith*. New York, Basic, 1980; Jacob Talmon, *Political Messianism: The Romantic Phase*. New York, Praeger, 1960; Henri de Lubac, *The Drama of the Atheist Humanism*. Trad. Edith Riley. New York, New American Library, 1950.]

[10] Dumas, *Psychoilogie de Deux Messies*, op. cit., p. 2.

Enfantin diviniza Saint-Simon e vê-se no papel do novo Isaac, novo Jesus e novo Gregório VII. Numa carta a Duveyrier escreve ele: "Quando acreditas falar com Moisés, Jesus e Saint-Simon, Bazard e eu devemos receber tuas palavras. Já consideraste que Bazard e eu não temos ninguém acima de nós, exceto Aquele que está sempre tranquilo porque Ele é o amor eterno". Comte publicou em 1851 a proclamação "decisiva" pela qual "tomou" a liderança do mundo ocidental:

> em nome do passado e do futuro, os servos teoréticos e os servos práticos da humanidade assumem de maneira apropriada a liderança geral das coisas da terra, a fim de construir, ao menos, a verdadeira providência moral, intelectual e material; excluem irrevogavelmente da supremacia política todos os vários escravos de Deus, católicos, protestantes ou deístas, já que são retrógrados assim como perturbadores.[11]

Por fim, Dumas chama a atenção para o grande modelo das figuras messiânicas na cena histórica assim como na literatura contemporânea, ou seja, para Napoleão. Sua influência é visível, em vários graus, na maior parte das personagens históricas e literárias deste tipo, e é visível particularmente em Comte. Não que Comte fosse seu seguidor; ao contrário, execrava-o como o "gênio retrógado". Mas, no entanto, Napoleão foi para Comte a concretização do messias, embora um messias rival. O sentimento de rivalidade era tão intenso que Comte considerou um dos primeiros atos simbólicos da República ocidental vindoura destruir o monumento na Place Vendôme e substituí-lo por um monumento para o verdadeiro fundador do ocidente cuja obra Comte queria continuar, isto é, Carlos Magno.[12] Saint-Simon e Comte, então, não eram

---

[11] O texto da proclamação comtiana está republicado na primeira página do *Catéchisme Positiviste*. Paris, 1852, assim como no *Système*, vol. 4, p. 532 ss. Para as outras fontes, ver o prefácio da obra de Dumas. [Para uma tradução inglesa do *Catéchisme*, ver Comte, *The Catechism of Positive Religion*. Trad. Richard Congreve, 3. ed. revista e corrigida. Clifton, N.J., A. M. Kelley, 1973.]

[12] Para a avalição que Comte faz de Napoleão, ver sua longa caracterização no *Cours*, vol. 6, p. 315 ss (Todas as referências de página do *Cours* são à terceira edição [Paris, Ballière, 1869].) A passagem acerca da destruição do monumento de Napoleção está em *Système*, vol. 4, p. 397 ss. A sugestão em Dumas, *Deux*

mais extravagantes nem mais estranhos do que qualquer de seus contemporâneos. Eram dois exemplos de uma espécie "que estava muito espalhada entre 1800 e 1848 e da qual não se pode dizer que tenha desaparecido completamente, embora nas grandes revoluções sociais vá encontrar sem dúvida a ocasião e as razões especiais para seu desenvolvimento".[13]

e. A estrutura da crise

A obra de Dumas tratou do desarranjo mental de Comte. O tratamento leva-nos de volta ao problema de Littré. Se não houve nenhum declínio nos anos seguintes de Comte, se, como messias, era uma personagem típica de sua época, surge a pergunta: o que, na verdade, aconteceu? Aconteceu algo mesmo? Ou será que a "segunda" vida, a despeito do "ano incomparável", continua muito inteligivelmente a "primeira"? E não é talvez o grande rompimento uma invenção de Littré? Temos de lidar, dentro em pouco, com o problema da continuidade da vida de Comte; no momento, anteciparemos o resultado e diremos que não houve solução de continuidade. O messianismo de Comte não é uma segunda fase em sua vida; está presente desde o começo, ou seja, desde aproximadamente 1820. A ideia de um novo *pouvoir spirituel* do qual ele será o fundador foi inteiramente desenvolvida por volta de 1822. E as duas fases na vida de Comte, ou seja, a primeira fase de fundação teorética e a segunda fase de fundação política e religiosa, foram também planejadas desde o começo. Se algo é característico da vida de Comte é o "plano" peculiar que ela segue desde seus vinte e poucos anos até sua morte, em 1857. Ademais, este "plano", como veremos, não era nenhum segredo; muitas vezes, no curso de sua realização gradual, foi publicado por escrito para qualquer um ler. A grande obra teorética, o *Cours*, não era para ser nada senão a base da fundação da religião posterior; e quem quer que se desse ao trabalho de informar-se, poderia sabê-lo.

Messies, p. 5, de que Comte queria substituir o monumento de Napoleão por um próprio deve ser em razão de um equívoco na leitura do texto der Comte.

[13] Dumas, *Deux Messies*, op. cit., p. 6.

Se nos dermos conta da situação claramente, a retirada de Littré, assim como a indignação de Mill, aparecem a uma nova luz. Para a interpretação deste fenômeno, Dumas deu a pista. Os contemporâneos da grande sublevação revolucionária estavam muito perto da catástrofe para ver quanto da velha estrutura de sentimentos e instituições ainda tinha ficado de pé. Daí o acúmulo de profetas e messias da nova era. Por volta de meados do século, baixara a nuvem de poeira; a despeito das lembranças desagradáveis de que nem tudo podia estar bem – como as revoluções de 1830 e 1848, e o golpe de estado de Luís Napoleão – a estrutura da sociedade burguesa liberal começa a emergir com a aparência de estabilidade. Comte é um retardatário. Seu messianismo penetra por suas origens até a desestabilização da revolução; chega à sua floração completa precisamente na abertura da estabilização temporária da crise ocidental na segunda metade do século XIX.[14] Aquela parte de sua obra teorética que serve para a destruição do *ancien régime*, que ataca a cristantade e estabelece o credo cientificista, é aceitável para o meado do século; a parte que serve para a fundação da nova religião e para a institucionalização de uma nova sociedade é inaceitável para os liberais que se sentem confortáveis precisamente na civilização fragmentária que Littré formulou tão sucintamente quanto à sua substância e que ele chama *"le tout de la civilization"*. Vimos, além disso, a reclamação sentida de Littré: com que propósito destruímos os valores insensatos e não pragmáticos da civilização ocidental, se agora cultivaremos de novo o mesmo tipo de valores numa imitação não muito gloriosa.

f. Um diagnóstico do liberalismo de Littré

Neste conflito entre Comte e Littré, podemos colocar nosso dedo nos principais problemas estruturais da crise ocidental. Sua estrutura é a de uma decomposição gradual dos valores civilizacionais, consumada historicamente pelas agitações

---

[14] Esta é a tese que Henri Gouhier desenvolve em sua *Le Jeunesse d'Auguste Comte et la Formation du Positivisme*, na introdução ao vol. 1, *Sou le digne de la liberte*. Paris, Vrin, 1933.

repetidas que destroem, ou pretendem destruir, os titulares sociais dos valores condenados; entre as agitações encontramos períodos de estabilização no nível respectivo de destruição. Podem diferir as atitudes para com esta estrutura da crise. No caso de Comte, vemos o grande escatologista intramundano que despreza a duração do tempo de que tal processo de destruição precisa, que lhe antecipa o fim, e que "planeja" a nova era. De outro lado, vemos o Littré liberal, que está satisfeito com a quantidade de destruição desenvolvida até este ponto e está pronto a estabelecer-se nas ruínas. Os dois tipos são irmãos de sangue, embora as virtudes e vícios se distribuam variamente entre eles. O tipo comtiano é viciado pela megalomania de que um homem individual pode apanhar e "planejar" o curso da história e impor seu "plano" à humanidade. Ele se distingue, todavia, do outro tipo por sua profunda intelecção da natureza e dimensões da crise; sabe que a destruição não é um fim em si, mas o prelúdio à regeneração; e quando ataca a autoridade espiritual da igreja, o faz a fim de substituí-la por sua própria autoridade espiritual. O tipo de Littré representa a mistura peculiar de destrutividade e conservadorismo que é um componente importante no complexo de sentimentos e ideias que chamamos "liberal". Está desejoso de participar da revolução até que a civilização seja destruída ao ponto que corresponde à sua própria personalidade fragmentária. Não é literato o bastante para entender que os valores da cristantade são uma coisa, e a corrupção da igreja é um problema bem diferente; daí esteja pronto para eliminar a cristantade da história porque, muito compreensivelmente, não gosta do estado da igreja. Não é inteligente o bastante para entender o problema da institucionalização do espírito; daí viver na doce ilusão de que pode arruinar o prestígio de uma igreja ou aboli-lo, e que então as coisas se ajeitarão; e daí ficar muito surpreendido e temeroso quando uma nova variante do espírito levanta a cabeça e talvez uma de que ele goste ainda menos do que a cristantade, e exige uma institucionalização em lugar da igreja da qual ele acabara de livrar-se. E não consegue entender esses problemas, porque, como homem, não tem substância

3 - O apocalipse do homem: Comte | 207

suficiente para ser sensível a problemas espirituais e lidar com eles adequadamente. De outro lado, é apenas um megalomaníaco moderado; é certo que acredita que este será o melhor de todos os mundos quando estiver arruinado o bastante para corresponder a suas limitações; mas ao menos não acredita que seja um demiurgo que pode formar os homens à sua imagem. Ao contrário, resta nele, dos períodos cristão e humanista certo autorrespeito e respeito pela personalidade dos outros, um sentimento enérgico de independência que distingue o republicanismo francês no bom período, antes se ser finalmente despedaçado pela massa histérica durante o *affaire* Dreyfus. Em virtude dessas qualidades, o liberal deste tipo é altamente sensível a movimentos que são aptos a pôr-lhe em perigo a independência, econômica ou politicamente; e já que o processo de decomposição não pára, é pressionado mais e mais a uma posição conservadora, até que, em nosso tempo, as poucas espécies sobreviventes do gênio são rotuladas de reacionárias. O rompimento de Littré e Comte se deve ao medo de Littré diante do espectro ditatorial – embora estivesse cego para a lógica do movimento de Comte do "positivismo intelectual" até sua forma religiosa. Ao sumariar esta análise temos de repetir que os dois tipos são irmãos de sangue. A despeito de pesarmos as virtudes e os vícios, há muita diferença entre eles: o positivista liberal reduz o significado da humanidade ao domínio, pela ciência, sobre a natureza e o homem e, portanto, priva o homem de sua vida espiritual e da liberdade; o escatologista ditatorial coleciona os castrados e enxerta neles o seu próprio espírito. Um joga nas mãos do outro, e através de seu jogo comum, a crise segue em seu curso acelerado.

g. *Cegueira voluntária*

Merece atenção especial um pormenor no comportamento de Littré porque é de muita importância na história política da crise, ou seja, sua habilidade de cegar-se ao que está diante de seus olhos. Enfatizamos que Comte nunca fez segredo acerca de seus planos; se um contemporâneo não teve imaginação suficiente para visualizar o fim a que o positivismo teorético tem de levar, poderia, partindo das amplas exposições do próprio Comte, informar-se acerca da continuidade da intenção deste, e acerca do fim para o qual se estava movendo. O elemento enigmático nesta situação recebe alguma luz de uma passagem no tratado de Gouhier acerca de Comte em que o autor lida com a estranha cegueira. Declara Gouhier:

> É fácil para o historiador independente acreditar na unidade do pensamento de Comte; isso não o obriga a nada. Tem de colocar-se, entretanto, na posição de Littré e do Professor Ch. Robin, antes de dizer que eles não entenderam ou, como sugeriram alguns positivistas, que não estavam interessados em entender. Para eles, não esqueçamos, era uma questão de conceder a um alto sacerdote o direito de casá-los e de batizar-lhes os filhos; corriam o risco de serem apontados triúnviros e, por ocasião de seus funerais, de serem julgados em público com a sinceridade de cuja severidade o desafortunado Blainville tinha experimentado, embora estivesse associado com Lamarok no novo calendário. Que os 'positivistas intelectuais', como disse Comte, tenham mutilado a doutrina autêntica é certo; nossa reconstrução histórica do sistema, por mais correta que possa ser, não nos autoriza, entretanto, a negligenciar o fato de que, começando desde um certo momento, homens eminentes e sinceros já não reconheceram a filosofia com que o estudo e suas vidas os tinham feito familiares.[15]

Gouhier tocou no ponto decisivo: os "homens eminentes e sinceros" estão dispostos a aceitar o positivismo, contanto que seja uma atitude intelectual irresponsável; já não o reconhecem quando ele os envolve na obrigação de ordenar a vida numa prática diária por seus princípios. O livro de Gouhier foi publicado em 1933; alguns anos mais tarde, ele pode ter reconhecido nos "homens eminentes e sinceros" os precursores dos bons alemães que ficaram emocionalmente bêbados com as arengas do salvador, contanto que o encharcamento deles não os obrigasse a nada, e que dariam um passo para trás, aterrados, quando o programa, acerca do qual estavam perfeitamente

---

[15] Ibidem, p. 26.

bem informados, se traduzisse em ação política. Littré e seus contemporâneos tinham tido a boa fortuna de viver numa época em que podiam retroceder quando chegasse o momento crucial; seus sucessores modernos mal puderam murmurar *"so haben wir es nicht gemeint"* [não queríamos dizer isso] antes de serem apanhados e silenciados pela máquina da nova Idade de Ouro.

§ 3. A continuidade na vida de Comte

A questão da continuidade nas ideias de Comte, então, dissolveu-se na questão da divisão entre positivistas integrais e positivistas intelectuais. Uma geração mais tarde, quando tinham morrido as animosidades entre os viventes, obtém-se um consenso acerca da continuidade. A obra de Lévy-Bruhl acerca de Comte é representativa da nova atmosfera.[16] No entanto com este consenso não alcançamos o final da questão. Lembramos que os intelectuais dissidentes puderam apoiar suas acusações pela própria insistência de Comte na grande incisão de 1945. Daí o amor por Clotilde de Vaux e a importância que teve no desenvolvimento de Comte precisarem de algum esclarecimento. Ademais, a palavra *continuidade* levanta a questão mais do que responde a ela. Na verdade, passa a ser bem espinhosa a questão – o que precisamente é o elemento contínuo nas várias fases da obra de Comte? A respeito deste problema recebemos informação considerável dos estudos recentes acerca de Comte por Gouhier e Ducassé; mas mesmo esses estudos, por mais magníficos que sejam, dificilmente podem ser a última palavra, pois tendem a negligenciar o que é mais importante para nós, ou seja, o caráter de Comte como um escatologista intramundano.[17]

---

[16] L. Lévy-Bruhl, *La philosophie d'Auguste Comte*. Paris, 1900. Edição inglesa: *The Philosophy of Auguste Comte*. Trad. F. Harrison (1903). Republicado em: New York, A. M. Kelley, 1973. Para mais literatura que represente o novo comportamento, ver Gouhier, *Jeunesse*, vol. 1, p. 20.

[17] Henri Gouhier, op. cit., 3 vols. Paris, Vrin, 1933-1941; vol. 1: *Sous le Signe de la Liberté; vol. 2: Saint-Simon jusqu'à la restauration;* vol. 3: *Auguste Comte*

a. A autobiografia intelectual de Comte

Devemos aproximar-nos do problema através da autobiografia intelectual que Comte apresentou, sob o título "Préface Personnelle", no último volume do *Cours*. A história é algo estilizada, mas substancialmente correta. Comte provém de uma família do Sul da França, fortemente católica e monarquista. Recebeu a educação básica num dos *lycées* que Napoleão tinha criado para a restauração do velho regime mental "teológico-metafísico". Aos catorze anos já passara pelas fases essenciais do espírito revolucionário e experimentara a necessidade de uma "regeneração universal" que seria tanto filosófica quanto política. A educação posterior, na École Polytechnique, fê-lo ver o único caminho intelectual que levaria a esta "grande renovação": os métodos da ciência empregados na matemática e na física têm de ser aplicados não apenas aos fenômenos inorgânicos, mas também aos orgânicos e sociais. Durante o período em que adquiriu o conhecimento material de biologia e história, começou a desenvolver-se a ideia da verdadeira "hierarquia enciclopédica" das ciências. E, ao mesmo tempo, estava crescendo nele o instinto de uma "harmonia final" entre suas tendências intelectuais e políticas. Esses começos, que estavam sob a influência de Condorcet, foram lançados em alguma confusão, ao deixar a École, através de sua associação com Saint-Simon. O homem mais velho também entendera a necessidade de uma "regeneração social" baseada numa "renovação mental"; e esta coincidência tinha uma influência perturbadora porque interrompia a obra filosófica de Comte e dirigia seus interesses para a realização da regeneração através de "tentativas fúteis de ação política direta". Durou alguns anos o período de confusão em que foi atraído pela ideia de realizar, através da ação direta, a base de um programa que pudesse ser realizado apenas pela "renovação" do homem. Por volta de 1822, entretanto, ele recuperara o equilíbrio; e, aos 24

---

et Saint-Simon. Pierre Ducassé, *Méthode et Intuition chez Auguste Comte.* Paris, Alcan, 1939; *Essai sur les origines intuitives du positivisme.* Paris, Alcan, 1939. Há uma terceira obra de Ducassé, que lamentalvemente não pude conseguir: *La Méthode Positive et l'Intuition Comtienne, bibliographie.* Paris, Alcan, 1939.

anos, fez o descobrimento fundamental da lei das três fases, que produziu nele "unidade mental verdadeira e mesmo social". Tal "harmonia filosófica", entretanto, não podia ser verdadeiramente "constituída" antes da elaboração real da nova filosofia positiva; agora, em 1842, esta tarefa está terminada; e o leitor tem agora em mãos a "sistematização final" desta filosofia que estivera em formação desde Descartes e Bacon.

Nas páginas finais do "Préface Personnelle", Comte revela alguns pormenores da técnica que empregou na "operação" consciente de produzir sua própria "unidade". Reflete que os filósofos da antiguidade estavam numa posição mais favorável do que os modernos porque a "meditação" deles não era tão perturbada pela leitura de vastas quantidades de literatura; o problema permanente através da leitura atinge a "originalidade" de uma meditação assim como sua "homogeneidade". Comte protegeu-se contra esta perturbação da seguinte maneira: em sua tenra juventude colecionou os materiais que lhe pareceram necessários a seu grande plano de fundação da filosofia positiva final, e "nos últimos vinte anos" (esta data nos levaria de volta ao grande descobrimento de 1822) ele se impusera uma *hygiene cérébrale*. A fim de não confundir o *"esprit fondamental"* de sua obra, negou a si mesmo a leitura de qualquer literatura que tivesse uma influência na matéria do *Cours*, ou seja, os volumes acerca de sociologia; foi além, e parou de ler quaisquer periódicos políticos e filosóficos, diários ou mensais. Quanto aos volumes sociológicos, além disso, reduziu sua leitura preparatória, e orgulha-se de nunca ter lido Vico, Kant, Herder ou Hegel em nenhuma língua – embora esteja querendo agora aprender alemão a fim de comparar sua "nova unidade mental" com os esforços sistemáticos alemães. A esta higiene ele atribui a "precisão, energia e consistência" de suas concepções.

No final do volume 6 do *Cours*, finalmente, Comte vê em retrospecto o que aconteceu durante as "operações" de escrever os seis volumes. O *Cours* retoma "o impulso filosófico de Bacon e Descartes". Este impulso foi exaurido com as preliminares de criar as ciências inorgânicas no espírito da "positividade racional". Através desta revolução, o espírito humano foi compelido a enfrentar o problema da "renovação final" neste espírito. Primeiro este problema foi visto apenas de uma maneira confusa; mas agora sabemos que "uma situação sem precedentes" exigia "intervenção filosófica" a fim de dissipar a anarquia iminente e transformar a agitação revolucionária numa atividade orgânica. O *Cours* é esta intervenção filosófica nos problemas da época. Não é, entretanto, uma "ação direta" no sentido de Saint-Simon; é, ao contrário, o processo concreto em que a inteligência reproduz "pessoalmente" as fases sucessivas principais da evolução mental moderna. Como consequência, a inteligência de Comte livrou-se completamente, no final desta obra, da metafísica e da teologia; chegou até "o estado positivo completo". E, em virtude desta transformação substancial, ela exercerá agora a fascinação em todos os pensadores vigorosos que os induzirá a colaborar com ele na *systématisation finale de la raison moderne*. A "reprodução espontânea", no sentido de Descartes, da evolução moderna no *Cours,* que elevou o leitor e a si mesmo ao "estado positivo", tem de ser seguida agora pela elaboração das várias ciências no espírito da "nova unidade filosófica". Esta explanação é seguida da enumeração das obras mediante as quais ele participará da sistematização. A mais importante dessas obras será a *Philosophie Politique*, projetada como um tratado de quatro volumes. Já que o *Cours* atual culminava na "preponderância espiritual universal" do ponto de vista social, concebido lógica e cientificamente, não se pode cooperar melhor para "a instalação final" da nova filosofia do que pela elaboração do "estado normal" da ciência política correspondente.[18]

b. As fases na obra de Comte

A autointerpretação de 1841 poderia ser corroborada pelas expressões posteriores de Comte; restringir-nos-emos, entretanto, ao presente sumário como base para a discussão posterior, porque a autobiografia do *Cours* está antes do ano crítico

---

[18] *Cours*, vol. 6, p. 6-9, 34-35, 765-71.

de 1845 e, portanto, não pode ser tomada como alça de mira quanto ao problema da continuidade. As passagens seguintes lançam luz a vários aspectos deste problema. Considerá-las-emos sucessivamente. A primeira será a sequência das fases da obra de Comte que emerge de seu relato.

A primeira fase é o período da intuição inicial, centrando-se no "grande descobrimento" de 1823. As obras deste período que na opinião de Comte mereciam atenção permanente foram republicadas por ele como o "Appendice Général" do volume 4 do *Système*. Além de duas obras menores, este apêndice contém o "Plan des Travaux Scientifiques Nécessaires pour Réorganiser la Société". Esta é a obra de 1822 em que Comte desenvolveu a lei das três fases. Foi republicada em 1824 sob o título de *Systéme de Politique Positive*. Mais tarde, Comte apropriou-se deste título para sua segunda obra principal, e assinou à obra menor o novo título no apêndice. O *Plano* é seguido das *Considérations Philosophiques sur les Sciences et les Savants* (1825) e as *Considérations sur le Pouvoir Spirituel* (1825). Essas três obras contêm juntas, na verdade, como disse Comte, a substância de sua elaboração posterior. A segunda fase é o período em que Comte elabora sua teoria positiva, primeiro oralmente, então na forma literária. O resultado é o *Cours de Philosophie Positive*, publicado em 1830-1842. A terceira fase é a da República ocidental e os escritos que instituem sua religião e seu poder espiritual. A obra principal é o *Systéme de Politique Positive*, 1851-1854. Outros escritos de importância específica para a história das ideias políticas são o *Discours sur l'Ensemble du Positivisme* (1848), mais tarde incorporado como *Discourse Préliminaire* no volume 1 do *Système*; o *Appel au Public Occidental* (1848); o manifesto pela Sociedade Positiva, de 1848, *Le Fondateur de la Soicété Positiviste, à Quiconque Désire s'y Incorporer;*[19] o *Calendrier Positiviste* de 1849;[20] o *Catéchisme Positiviste,*

---

[19] Republicado em Robinet, *Notice sur l'Oeuvre et sur la Vie d'1 Auguste Comte.* Paris, 1860, p. 441-48.

[20] O *Calendrier* passou por várias edições e revisões; a forma final publicada por Comte pode ser encontrada no vol. 4 do *Système*: uma última forma,

ou Sommaire Exposition de la Religion Universelle en Onze Entretiens Systématiques entre une Femme et um Prêtre de l'Humanité, Paris, 1825; e, finalmente, o *Appel au Conservateurs*, Paris, 1855, destinado a desempenhar para os estadistas ocidentais a função que o *Catéchisme* desempenha para "proletários e mulheres". A quarta e última fase podemos chamar a República Global. A obra principal deste período é a *Synthèse Subjective, ou Système Universel des Conceptions Propes à l'État Normal de l'Humanité*. Desta obra apenas o primeiro volume, *Système de Logique Positive, ou Traité de Philosophie Mathématique*, Paris, 1856, foi publicado. Em 1857 Comte morreu. Esta última obra está escrita já dentro da nova era, e é destinada a autoridades educacionais da nova república.[21] Esta obra foi planejada em três partes. A primeira parte, a única publicada, contém a filosofia da matemática; a segunda parte devia conter o "Systéme d'industrie positive". Designamos esta última fase de República Global porque aos cinquenta anos a imaginação de Comte começou a estender-se para além da República ocidental e a incluir civilizações não ocidentais em seu grande plano. Os documentos para este desenvolvimento final são a carta "A sa majesté le tzar Nicolas" (2 de dezembro de 1852) e a carta "A son excellence Reschid-Pascha, ancien gran vizir de l'Empire Ottoman" (4 de fevereiro de 1853), que devem ser consideradas como aproximações diplomáticas de uma federação da Rússia e do mundo islâmico com a República ocidental.[22] Na *Synthèse*, finalmente, encontramos indicações de que o sistema religioso da República deveria ser ampliado de tal maneira que pudesse absorver formas africanas e chinesas de religiosidade.

---

incorporando as correções dos manuscritos de Comte, é anexada à *Notice* de Robinet, p. 448.

[21] *Synthése, "Préface du tome premier"*, vii: "*Suivant cette destination, ce tome est directement écrit pour des maîtres synthétiques dirigeant des élèves synthétiques dans les écoles positives normalement annexées aux temples de l'Humanité*" [Buscando esse propósito, este volume é escrito diretamente para os mestres sintéticos que dirigem os pupilos sintéticos dentro dos colégios positivistas normalmente ligados aos templos da Humanidade.]

[22] Os textos dessas cartas estão republicados no prefácio do vol. 3 do *Système*.

c. *Meditação e renovação pessoal*

As fases da obra de Comte são não mais do que o esqueleto de seu desenvolvimento espiritual. Mesmo a caracterização sumária deste esqueleto confirma, todavia, a interpretação que o próprio Comte colocou no processo de sua meditação. Voltemo-nos agora para este processo em si mesmo. As obras de Comte não são simples séries de tratados acerca de várias matérias. Estão ligadas umas às outras como a "elaboração" de uma "intuição" inicial. Ademais, a elaboração não é a amplificação sistemática de uma "boa ideia", ou a realização de um "projeto". Embora o termo *elaboração* certamente contenha elementos de direção consciente ou de um "plano", esta "operação" é concebida como a "renovação" de uma pessoa, como sua transformação substancial ao ponto onde ela alcançou o estado de "racionalidade positiva". A intuição inicial é a antecipação visionária deste estado final; o processo meditativo (que se precipita na obra literária) é o meio pelo qual o estado é alcançado. A intelecção no caráter da obra como uma precipitação de uma meditação é a primeira exigência para compreender o *modus operandi* peculiar de Comte. A pesquisa enciclopédica da ciência da matemática até a sociologia no *Cours* não significa uma introdução a essas ciências; significa, primeiro, o distanciamento do método positivo do estado real das ciências em que foi empregado até agora; significa, segundo, a extensão deste método à ciência do homem na sociedade (que tem de ser criada para esse propósito); e significa, terceiro, por meio desta extensão para esclarecer o verdadeiro lugar do homem na sociedade de tal maneira que no pensador que se envolveu nesta meditação será criada a disposição a "um modo de vida" em conformidade com esta intelecção. Já que a meditação é uma prática espiritual, e de maneira nenhuma uma exploração científica do mundo, a questão de se o *Cours* de Comte apresenta fielmente o estado real da ciência, ou a questão da obsolescência, não pode ser legitimamente levantada. Comte defende-se no "Préface Personnelle" de críticas deste tipo precisamente com o argumento de que o estado mutante da ciência não tem nenhuma importância no espírito que caracteriza o método positivo. A famosa *hygiène cérébrale*, que apareceu em Mill é, portanto, inteiramente apropriada à "operação" de Comte: uma vez que sejam dadas a orientação e visão iniciais, a acumulação de novos materiais e as opiniões de outros só podem perturbar um processo cujo final é conhecido no começo.[23]

d. *Intervenção e regeneração social*

Até agora consideramos o processo meditativo apenas na existência solitária do pensador. A operação comtiana, entretanto, ganha uma dimensão maior através da relação entre a "renovação" pessoal e a "regeneração" social. Vimos que Comte caracterizava o estado que o "grande descobrimento" produzira nele como um estado de "unidade mental e mesmo social". A intuição pessoal tem a consequência de integrar o pensador na sociedade, porque a lei das três fases é uma lei de evolução pessoal assim como de evolução social. Se empregarmos uma terminologia biológica posterior, poderemos dizer que a lei é válida para a ontogênese assim como para a filogênese. Comte passa do catolicismo inicial de seu lar, através do espírito revolucionário da metafísica do século XVIII, até a intuição positiva; e, analogamente, a humanidade passa do estado teológico, através do metafísico até o positivista.

---

[23] O problema é bem formulado por Ducassé em seu *Méthode et Intuition chez Auguste Comte*, op. cit., p. 21:

L'ascèse encyclopédique ne consiste pas à juxtaposer des faits ni même des procédés de raisonnement. C'est la controle, par la filière des contraintes rationnelles, d'une intuition directement unifiante. L'appel aux méthodes de la science ne saurait donc pas simuler, par leur appareil objectif, une unité fictive; cacher, sous l'impartialité apparente des attitudes abstraistes, une déterminante préoccupation subjective indifférente aux contradictions expérimentales. Car l'unité véritables, celle qui impose la loi de sa sincérité, est antérieure et d'un autre ordre. C'est essentiellement la volonté d'objectiver complètement un schéma de liaison.

[O ascetismo enciclopédico não consiste em justapor fatos, nem mesmo em um processo de raciocínio. É o controle, através do canal de coações racionais, diretamente de uma intuição unificante. O apelo aos métodos da ciência não deve, portanto, simular, com seu caráter objetivo, uma unidade ficcional; por trás da imparcialidade aparente de tratamentos abstratos, está uma preocupação subjetiva que é indiferente a contradições experimentais. Para uma unidade verdadeira, a que impõe a lei de sua própria sinceridade, é anterior e de outra ordem. É a vontade de objetivar completamente uma ordem de relações.]

3 - O apocalipse do homem: Comte | 217

Entretanto a convergência das duas evoluções não é um automatismo. Sem um esforço pessoal, a humanidade não passa da anarquia contemporânea para a ordem positiva. A regeneração social exige uma intervenção pessoal ativa. Um homem de visão tem de chegar e entender o significado da época crítica; tem de produzir em si a transição até o estado positivo; e pela fascinação de sua renovação operará a regeneração da humanidade. Analogamente, sua autoridade espiritual nesta operação social surgirá do fato de a transformação que ele produz em si pessoalmente ser a mesma transformação pela qual a humanidade está destinada a passar na hora crucial de sua história. O homem que inicia a regeneração social através de sua renovação pessoal se torna, então, o instrumento escolhido por meio do qual o *esprit humain* opera seu próprio progresso para o nível novo e final da ordem positiva.

e. O estilo de explicação

O entrelaçamento dos processos pessoais e sociais em um movimento histórico da humanidade algumas vezes assume formas curiosas na rotina da vida diária. No "Préface Personnelle", Comte explica porque o volume 2 do *Cours* só apareceu em 1834, ou seja, quatro anos após a publicação do primeiro volume, embora tivesse sido projetado para uma data muito anterior. A razão foi o levante de 1830, que obrigou Comte a encontrar um novo editor. O ponto é que o atraso não se deveu ao fato de um manuscrito findo não ter podido chegar à publicação, mas foi porque Comte não começaria sequer a escrever o segundo volume antes de ter a garantia de que seria publicado tão logo ele terminasse a última sentença. "Minha natureza e meus hábitos" tornam impossível sequer escrever um livro "a não ser que seja escrito com vistas à publicação imediata". O processo meditativo pessoal tem de jorrar imediatamente no processo social de regeneração. Não é um traço acidental em seu estilo de comunicação. É responsável pela extensão interminável de sentenças, parágrafos, capítulo e volumes, que é necessária não pela exigência de apresentação clara da matéria, mas pelo desejo de comunicação sem cessar de toda nuança intelectual da meditação preciosa; e é responsável em particular pelo emprego monomaníaco de adjetivos e advérbios que não caracterizam nem qualificam nada, mas transmitem incessantemente o sentimento de fatalidade da operação urgente em que o autor é envolvido e em que o leitor, pela leitura atenta, deve participar. São *"les adverbs, les innombrables, les assonmants adverbs"*[24] tais como *assurément, radicalement, décisivement, spontanément, pleinement, directement, suffisamemmnt, nécessairement, irrévocablement, certainement, exlcuivement, principalement, irrésistiblement,* e assim por diante. Esses advérbios (dos quais demos uma safra de duas páginas), uma série correspondente de adjetivos, e a hoste mortal de aposições mortais atolam o núcleo de significado de maneira tão eficaz que apenas com um esforço contínuo podem ser descartados do fluxo contínuo de palavras. Isso não significa que o escrito de Comte seja confuso; ao contrário, a construção das sentenças é lógica e gramaticalmente impecável, e a organização da matéria é soberbamente clara. O estilo de Comte é um fenômeno *sui generis,* para o qual Ducassé encontrou a fórmula de uma explicação completa da existência meditativa do pensador. Nada permanece sem dizer; cada recanto e canto do pensamento de Comte, cada curva e cada passo lateral dessa operação inestimável tem de ser comunicada ao público.

f. A monumentalização da vida privada de Comte

Comte parece ter sido um homem sem privacidade. Seu estilo é apenas um sintoma da transformação consciente e radical de sua vida pessoal numa parte da vida histórica pública da humanidade. Nada é tão íntimo para escapar a esta monumentalização. Os pormenores de sua relação com Clotilde de Vaix, os movimentos mais íntimos de sua alma, espalharam-se ante o público de uma maneira que não podia ser chamada senão de sem tato e repulsiva, a não ser que a publicidade seja entendida

---

[24] F-A Aulard, "Études et Leçons sur la Révolution Française», seconde série. Paris, Alcan, 1902, p. 11, no ensaio *Auguste Comte et la Révolution Française.*

como a encarnação eterna na memória da humanidade de um acontecimento espiritual que é de maior importância do que o nascimento de Cristo. O princípio de *"vivre au grand jour"* [viver à luz do dia] não respeita nem mesmo a dignidade da morte. Os que entraram no corpo da humanidade positiva vivem-na para sempre "subjetivamente" em comemoração. Esta memória da humanidade tem de ser pública e justa; daí é da competência do Alto Sacerdote da Humanidade fixar para sempre a imagem justa dos mortos; e que ocasião poderia ser mais apta para fixar essa imagem do que um discurso à beira do sepulcro? Na realização desta obrigação, Comte apresentou a apreciação mais insultuosa de Blainville por ocasião de seu funeral. Não ficou nem um pouco embaraçado pelo escândalo que criou. Republicou o discurso no apêndice ao volume 1 do *Système*; e chegou até a acrescentar um PS em que relata como vários dignitários públicos deixaram a cerimônia quando Comte a perturbou com seu desempenho ultrajante:

> A fim de entender melhor este discurso, tem-se de notar que sua abertura determinou a saída brusca de todos os representantes oficiais das várias classes decadentes, assim teológicas como acadêmicas. Que o campo foi deixado desta maneira aos *esprits positifs* indica suficientemente onde a reputação de Blainville encontrará seu lar permanente.[25]

Registremos, finalmente, a monumentalização de problemas e trivialidades de sua vida pessoal. Um homem deste caráter, como se pode imaginar, não se enquadra muito bem nas instituições sociais e funções públicas. O professorado que ele esperava como devido nunca se materializou; e ele foi finalmente mandado embora mesmo de suas funções secundárias. Os pormenores desta luta com as autoridades educacionais de novo foram comunicados ao público em longos relatórios hagiográficos. E quando Comte finalmente ficou sem rendimentos, resolveu o problema através de subscrições públicas dos sectários positivistas. Lançou "mensagens de orçamento" anuais para subscritores, em que formulava suas exigências

---

[25] *Système*, op. cit., vol. 1, p. 746.

para o ano que entrava e prestava contas dos gastos da receita obtida no ano anterior. Essas *circulaires* eram também comunicadas por escrito porque eram documentos públicos em que o alto sacerdote, além do orçamento do poder sacerdotal, também reportava o progresso que a igreja tinha feito no espalhar de membros e na administração de sacramentos durante o ano que passara assim como os projetos para o futuro.[26] A monumentalização, a obsessão hagiográfica vai a tais extremos que somos informados acerca da relação entre o progresso meditativo de Comte e seu consumo de estimulantes. Por ocasião da crise de 1826, abandonou o tabaco; por ocasião de uma crise menor em 1838, abandonou o café; por ocasião de Clotilde de Vaux, abandonou o vinho – sacrifício que reduziu significativamente seus gastos pessoais, como assegurou aos subscritores nas *circulaires*. Se tivesse sobrevivido à sua morte, certamente teria informado à humanidade que abandonara tudo. Na verdade, mesmo à morte, não abandonou tudo; através de seu *testamento* tomou conta ao menos de sua sobrevivência "subjetiva". Seu apartamento (10, Rue Monsieur-le-Prince) será a Santa Sé da Religião da Humanidade. Pertencerá ao sucessor no pontificado nas mesmas condições que pertenceu a Comte: ou seja, seu conteúdo, e tudo o que for acrescido a ele, pertencerão aos futuros pontífices na sucessão. Apenas se faz uma exceção. O sucessor tem de respeitar todas as relíquias de Clotilde de Vaux como pertencentes ao tesouro sagrado da igreja universal. Veneração particular é devida "à cadeira vermelha, envolvida numa cobertura verde, e marcada em sua frente com minhas iniciais de cera vermelha". Esta é a cadeira onde Clotilde de Vaux se sentava durante suas visitas sacras às quartas-feiras. "Erigi-a, mesmo durante a vida dela, e mais ainda depois de sua morte, num altar doméstico; nunca me sentei nela, exceto para cerimônias religiosas." Não deve servir a nenhuma outra função enquanto durar.[27]

---

[26] Algumas das circulares podem ser encontradas nos volumes do *Système*. Uma coleção completa é dada por Robinet em sua *Notice*, p. 461-536. São a fonte principal do desenvolvimento do culto comtiano da morte de sua fundador.

[27] *Testament d'Auguste Comte*. 2. ed. Paris, 1896, p. 19.

3 - O apocalipse do homem: Comte | 221

g. O apocalipse do homem

Esta seleção de sintomas deveria ser suficiente para iluminar o aspecto social da meditação comtiana. A renovação pessoal se funde com a regeneração social em um processo de humanidade em progresso. A vida do *Grand-Être*, da Humanidade Divina, jorra pela vida de Comte. Cada fase desta vida é uma manifestação divina; pois nesta vida a fase positiva nova do *Grand-Être* se revela a si mesma. Esta revelação não é um acontecimento pessoal; é a chegada pública, histórica, da nova era, inundando desde o ponto de foco da revelação até os círculos mais amplos da humanidade. A vida de Comte é um verdadeiro apocalipse, no sentido religioso da palavra. Apenas se reconhecermos o caráter apocalíptico de Comte é que podemos entender-lhe a ação na fase política posterior a 1845. Chegou o Terceiro Reinado do espírito positivo; seu poder espiritual está, na verdade, instituído; seu *Pontifex Maximus* está em atividade e administra sacramentos. A República ocidental é fundada em substância; e em poucos anos será organizada em si mesma na instituição divisada pelo homem que se assina como *Fondateur de la Religion de l'Humanité*. Como vimos, por sua autoridade como Alto Sacerdote da República ocidental, manda notas diplomáticas a poderes não ocidentais. E, finalmente, manda um embaixador ao geral da Ordem Jesuíta, sugerindo que se associe com Comte num pedido ao papa para se extinguirem os orçamentos eclesiásticos. A abolição do apoio estatal à igreja Católica promoveria a vinda livre da nova espiritualidade, ao passo que o velho poder espiritual "ganharia a independência e a moralidade que é necessária para sua transformação positiva ou sua extinção digna".[28] No estado presente da crise, não podemos saber se Comte é um pioneiro dos fundadores apocalípticos de novos reinos a quem testemunhamos em nossa época e dos de pioneiros mais formidáveis que aparecerão no futuro ou se as figuras apocalípticas contemporâneas são as últimas de uma geração da qual Comte é, pelo intelecto e pelo estilo pessoal a espécie mais grandiosa. Qualquer que seja a resposta da vontade

---

[28] Robinet, op. cit., p. 276.

futura, não pode haver dúvida nem mesmo agora de que Comte pertence, juntamente a Marx, Lenin e Hitler, à série de homens que salvam a humanidade e a si mesmos pela divinização de sua existência particular e pela imposição de sua lei como a nova ordem da sociedade. O Apocalipse satânico do Homem começa com Comte e tornou-se a assinatura da crise ocidental.

§ 4. *Unidade mental*

Através de sua intuição, Comte obteve um estado de "unidade espiritual e social". Já discutimos o problema da unidade social; ainda não consideramos o problema da unidade espiritual. Quais são os fatores que exigem unificação? E o que significa unificação?

a. *A harmonização do coração e do intelecto*

Comte deu a resposta mais sucinta a essas perguntas no *Discours préliminaire* ao *Système*. Nossa natureza é caracterizada pela inteligência e sociabilidade. A tarefa de harmonizar os dois fatores parece reconhecer duas soluções de acordo com a preponderância de um dos fatores. Na verdade, entretanto, é possível apenas uma solução, pois a inteligência não tem nenhum outro destino permanente do que servir a sociabilidade. Quando a inteligência tenta dominar, o resultado não será o estabelecimento de sua regra, mas uma anarquia desastrosa. "Nossa existência moral não tem uma unidade verdadeira a não ser que a afeição domine assim a especulação como a ação". O que é verdadeiro para a existência do indivíduo é verdadeiro para a existência da sociedade. A própria individualidade da existência humana torna claro que a sociedade não pode existir com sucesso, a não ser que seus membros sejam mantidos juntos por uma disposição para um "amor universal". A predominância da inteligência nos séculos desde o colapso da *unité théologique* foi apenas aparente.

3 - O apocalipse do homem: Comte | 223

Podia ter apenas "uma eficácia insurrecional" contra um regime que se tornou retrógrado. "O *esprit* não é destinado a reinar, mas a servir". E já que não pode oferecer uma paixão reinante, entrará no serviço de paixões pessoais se não servir à sociabilidade. O *principe positif*, que emana espontaneamente da vida da ação, estender-se-á a todo o domínio de especulação e passará a integrar a vida de afeições; e nas afeições colocará o centro de sua *systématisation*. "O positivismo erige-se num dogma fundamental, assim filosófico como político, a preponderância do coração sobre o intelecto (*esprit*)."[29]

Esta subordinação do intelecto ao coração e a única forma concebível em que a *unité humaine* pode ser percebida. Foi percebida no *régime théologique*; e neste caráter da fase teológica está sua justiça histórica. A relação correta, entretanto, foi viciada pela opressão da vida afetiva; e o intelecto tinha de envolver-se na guerra insurrecional de vinte séculos para sua libertação. "Pois o coração sempre tem de fazer perguntas; mas ao intelecto pertence o resolvê-las." A impotência primitiva do intelecto tinha de ser sobrepujada numa evolução árdua; enquanto isso, o coração tinha de dar um guiamento sem o qual a evolução da humanidade teria continuado a ser impossível. À medida que o intelecto amadureceu, o conflito entre os dois fatores se agravou, com o resultado de que hoje as instituições teológicas sobreviventes tornaram-se retrógradas, ao passo que o intelecto se tornou revolucionário. Esta é a "situação" da época, e a solução deste dilema é a tarefa da filosofia positiva. O positivismo tem de suplantar a opressão da sobrevivência teológica, mas tem também de terminar o caráter insurrecional do movimento intelectual. O positivismo atribui "à inteligência a participação livre e total que pertence a ele no todo da vida humana"; mas "o intelecto não tem de tratar outras questões senão as colocadas pelo coração". Sem esta regra, o intelecto se dedicaria a questões fúteis e quiméricas, como mostrou a experiência. Dentro deste domínio próprio, entretanto, o intelecto tem de ser o único juízo

---

[29] *Système*, op. cit., vol. 1, p. 15-17.

quanto à adequação do meio assim como quanto à estimativa de resultados. O intelecto tem o privilégio de prever o curso dos acontecimentos e de descobrir os meios de melhoria. "Em suma, o intelecto deveria ser o criado do coração, não seu escravo." "Essas são as condições correlativas da harmonia final que é instituída pelo princípio positivo." Os hábitos insurrecionais da razão moderna cessarão se as exigências legítimas do intelecto forem satisfeitas. "E, quanto ao mais, os meios de suprimir as tendências subversivas estarão à disposição do *nouveau régime*."[30] Por outro lado, a nova dominação do coração não deve tornar-se, como a antiga, seriamente hostil ao intelecto. "Pois, o verdadeiro amor sempre exige iluminar-se por meios que são necessário a obter o fim a que se dedica: a regra do sentimento verdadeiro tem de ser habitualmente tão favorável para a razão sã quanto à ação prudente."[31]

b. As preces a Clotilde

A teoria da harmonização da vida afetiva com a vida intelectual é de interesse em vários aspectos. Acima de tudo, podemos tratar agora da questão delicada da influência que a relação com Clotilde de Vaux teve no desenvolvimento das ideias de Comte; pois esta relação não influenciou o conteúdo teorético da filosofia de Comte; atingiu a *vie sentimentale* de Comte de tal maneira que a vida afetiva de Comte obteve *concretamente* a preponderância em seu equilíbrio mental que deveria ter *teoreticamente* no equilíbrio de um espírito mesmo antes de encontrar Clotilde. Não examinaremos as várias opiniões que foram apresentadas quanto a esta incisão na vida de Comte; nem nos juntaremos nas especulações quanto ao que teria acontecido à filosofia positiva sem este relacionamento. Há apenas uma fonte para a compreensão do problema, e esta é o que o próprio Comte disse acerca dele. E já que ele

---

[30] Quando Comte fala dos meios de suprimir pretensões subversivas, ele tem em mente, como aparece de outros contextos, medidas como a abolição dos orçamentos para as instituições educacionais atuais que são as portadoras das tendências subversivas.

[31] *Système*, op. cit., vol. 1, p. 18-20.

se entregou com naturalidade à *explicitação* dos movimentos, sua alma experimentou nesta ocasião a fonte que flui ricamente – tão ricamente, na verdade, que temos de restringir-nos estritamente a alguns enunciados de uma natureza central.

As fontes que empregaremos são as preces diárias de Comte oferecidas a Clotilde.[32] A *Priére du Matin* começa com a evocação da *Image de la Veille* [Imagem da casa de campo]. Nesta seção encontramos a passagem:

> Somente tu, minha santa Clotilde, a quem devo não deixar esta vida sem ter experimentado as melhores emoções da natureza humana. Um ano incomparável fez surgir espontaneamente o único amor, puro e profundo, que me foi destinado. A excelência do ser adorado permite que minha maturidade, mais favorecida do que minha juventude, vislumbre em toda a sua inteireza a felicidade humana: *Vivre pour autrui* [viver pelos outros].

Na *Commémoration Générale*, que abrange uma *Revue chronologique de tous nos souvenirs essentiels d'après les passages correspondants de nos lettres*, encontramos, sob o título de *Union définitive*, a citação: "Para tornar-me um filósofo perfeito precisei de uma paixão, profunda e pura, que me faria apreciar a parte afetiva da natureza humana". A carta de onde esta passagem é tirada continua: "Sua consideração explícita, que não foi mais do que acessória em minha primeira grande obra, dominará agora a minha segunda. A evolução final foi ainda mais indispensável para mim hoje, do que foi, oito ou dez anos atrás o acesso decisivo de meus gostos estéticos".[33] O *Prière du soir* continua esta reflexão:

> Em virtude de tua invocação poderosa, a crise mais dolorosa de minha vida íntima finalmente desenvolveu-me a todo respeito, pois fui capaz, embora sozinho, de desenvolver as sementes sagradas cuja evolução tardia, mas decisiva, devo a ti. A era de paixões privadas tinha terminado para mim[...]. Desde então rendi-me exclusivamente à paixão eminente que,

---

[32] "Prières quotidiennes". In: *Testament*. 2. ed., p. 81 ss.

[33] Carta de 11 de março de 1846. In: ibidem, p. 551.

desde minha adolescência, consagrou minha vida ao serviço fundamental da humanidade [...]. A preponderância sistemática do amor universal, emanando gradualmente de minha filosofia não se teria tornado suficientemente familiar para mim sem ti, a despeito da preparação feliz que proveio do acesso espontâneo de meus gostos estéticos.

Sob tuas várias imagens, a despeito da catástrofe, sempre me lembrarás que minha situação final ultrapassa tudo o que poderia ter esperado, ou mesmo ter sonhado, antes de ti. Quanto mais essa harmonia sem exemplo entre minha vida privada e minha vida pública se desenvolve (o que devo a ti), tanto mais te incorporas, à luz de meus verdadeiros discípulos, em todo modo de minha existência.

c. A divinização da mulher

As passagens são autoexplicativas. Há pouco que acrescentar. A obra teorética de Comte, como vimos, é mais do que uma teoria da sociedade e da história. É uma meditação que transforma concretamente a personalidade do pensador até que tenha alcançado o "estado positivo". Este estado concreto, entretanto, seria estéril no que diz respeito à verdadeira constituição de uma nova era porque estaria faltando a base concreta do sentido e da fé. Sem a transformação da vida afetiva de Comte através de Clotilde, teria havido uma teoria política positiva; teria ido até mesmo ao postulado da preponderância do sentimento sobre o intelecto; mas a fé não teria tido sua concretude existencial. O amor universal, que estava presente mesmo no adolescente Comte, teria permanecido um suspense impotente; não teria florescido na instituição da nova religião. Esta religiosidade de Comte, que foi posta em liberdade através da experiência de 1845, tem certas características que merecem nossa atenção. A unidade concreta da existência de Comte é alcançada pela incorporação de Clotilde "em todo modo de sua existência". O amor de Comte, pelo qual ele inventou o termo *altruísmo*, não é um *amor Dei* que orientaria a alma para a realidade transcendental. O lugar de Deus foi tomado pelas

3 - O apocalipse do homem: Comte | 227

entidades sociais (pela família, pelo país e pela humanidade); e foi tomado em particular por uma mulher como o princípio integrador, harmonizador. A mulher em geral, e Clotilde, concretamente como a representante do princípio, tornou-se o poder unificador da alma do homem; daí o culto de Clotilde ser uma parte essencial da fundação da religião comtiana. Nas *Prières* encontramos uma seção "A genoux devant l'autel recouvert" [Ajoelhando-se diante do altar coberto] – ou seja, a famosa cadeira vermelha – com a seguinte litania:

(A mon éternele compagne)
Amem te plus quam me, nec me nisi propter te!

(A l'Humanité dans son temple, devant son grand autel)
Amem te plus quam me, nec nisi propter te!

(A ma noble patronne, comme personnifiant l'Humanité)
Vergine-madre, Figlia del tuo figlio,
Amem te plus quam me, nec me nise propter te!
Tre dolci nome ha' in te raccolti
Sposa, madre, e figliuola!
(Petrarca)

[(À minha eterna companhia)
Que eu possa amar-te mais do que a mim mesmo, nem mesmo a
   mim exceto através de ti

(À humanidade dentro de seu templo, diante de seu grande altar)
Que eu possa amar-te mais do que a mim mesmo, nem mesmo a
   mim exceto através de ti

(À minha nobre padroeira, como se personificasse a
   humanidade)
Mãe-virgem, filha de teu filho
Que eu possa amar-te mais do que a mim mesmo, nem mesmo a
   mim exceto através de ti
Três doces nomes estão em ti referidos:
Mulher, mãe e filha]

À nova *vergine-madre* é transferido o *Amem te plus quam me, nec me nise propter te* cristão. A realização e a dignidade que vêm ao homem através de Deus, a religiosidade de Comte alcançou através da mulher – ou, mais precisamente, ele obteve o substituto para a realização e dignidade que pode ser alcançada desta maneira. Esta criação da deidade feminina lança alguma luz no problema geral do feminismo. Embora Comte tenha criado o culto da *noble patronne* que personifica a humanidade, o feminismo em formas menos ferventes é uma tendência geral na crise ocidental. Tem seus começos distintos no século XVIII e se torna mais espraidado durante a revolução. A atitude de Comte em particular deve ter sido influenciada pelo papel que Fourier atribui à mulher no sistema dele. Esta ascensão e disseminação súbitas do feminismo está enraizada, em seus aspectos mais profundos, na crise religiosa na Era do Iluminismo. Através da ampla *explicitation* de Comte, torna-se claro para além da dúvida que a religiosidade da existência intramundana, que começa sua ascensão nesta época, está na base deste problema. A unificação religiosa e a harmonização da personalidade podem ser alcançadas, segundo uma moda, através da divinização da mulher como o foco supremo de afeições. Este problema tem outras ramificações na psicologia da sexualidade que caracteriza as fases mais tardias da crise ocidental – mas isso nos levaria muito longe de nossos problemas presentes.

Neste caso, a última palavra pertence propriamente a Clotilde: "*Je n'ai pas de beauté, j'ai seulement um peu d'expression*".[34] [Não sou nenhuma beleza, apenas uma pobre espécie.]

d. A historicidade da mente

As páginas do *Discours préliminaire*, além disso, revelam a concepção de Comte da historicidade do espírito. O espírito tem uma estrutura intelectual-afetiva constante. A possibilidade e a necessidade de evolução histórica entram

---

[34] "Não tenho beleza, tenho apenas um pouco de expressão." Assim me parece preferível a tradução, pois a feita para o inglês na edição americana não é da lavra de Voegelin. (N. T.)

nesta estrutura porque dois fatores componentes podem estar em várias relações um com o outro. A história do espírito começa com uma preponderância excessiva da vida afetiva e volicional. A experiência preponderante é projetada no ambiente, e acontecimentos na natureza são interpretados como se emanassem de entidades dotadas de vontade e afetos. A evolução do intelecto é secundária. Tem o aspecto "insurrecional" porque cabe a ela dissolver a interpretação falsa do mundo que foi criado pelo componente afetivo. No entanto a interpretação volicional e afetiva não é de todo falsa. Uma vez que o domínio do intelecto foi estendido o bastante para trazer à visão total a ordem do universo, e o lugar do homem nele, a função "insurrecional" do intelecto deve chegar ao fim. O ponto terminal para a expansão do intelecto é alcançado quando todas as ciências do conteúdo-do-mundo, ou seja, as ciências inorgânicas, orgânicas e sociais, estiverem totalmente desenvolvidas. As leis que governam este mundo são tudo o que o homem pode e deve saber. Uma vez que ele se torne consciente desta ordem, tem de submeter-se a ela; tem de adequar sua vida a ela e abraçá-la com afeição. O avanço da ciência abole os excessos do estado teológico; não abole a religiosidade ou a vida afetiva. Ao contrário, sem o guiamento das afeições, a obra do intelecto seria sem sentido. A afeição suprema de altruísmo tem de ser o princípio guiador da vida social, oferecendo finalidades; a função da ciência pode apenas ser o conhecimento crescente dos meios pelos quais os fins podem ser conhecidos. Ducassé observa corretamente:

> Temos de reverter por completo a apreciação pejorativa que é algumas vezes estendida ao utilitarismo de Comte. Se dermos à palavra 'utilidade', suas intenções verdadeiramente afetivas, espiritualistas e caridosas, teremos de dizer: precisamente por causa da conexão imediata que ela institui entre a experiência da invenção matemática e as exigências de caridade (ou seja, do desejo de utilidade espiritual entre os homens), é que a forma comtiana de inspiração é nova e superior.[35]

---

[35] Ducassé, op. cit., p. 9.

Comte comprimiu esses princípios da constituição do espírito na fórmula: *"L'Amour pour principe e l'Ordre pour base, le Progrès pour but"*. [O Amor como princípio e a Ordem como a base, e o Progresso como fim.] Em sua última obra, a *Synthèse*, ele expressa a subordinação do intelecto ao coração na fórmula cristã *"Omnis ratio, et naturalis investigatio fidem sequi debet, non precedere, nec infringere"*. [Todo o raciocínio e investigação da natureza deve seguir a fé, nem a precedendo, nem a infringindo.]

e. Fechamento monádico

No entanto as assonâncias cristãs, a mágica de palavras como *caridade, amor, espiritualidade* e *fé*, não devem enganar-nos. Quando Ducassé enfatiza a espiritualidade do utilitarismo de Comte, certamente tem razão; mas tal espiritualidade não é tranquilizadora. Um utilitarista sincero que acredita que os problemas da vida são resolvidos quando o padrão de vida está crescendo é um camarada comparativamente inócuo; seu infantilismo é tão patente que se pode dar de ombros a ele. Um utilitarista espiritual é uma pessoa muito mais perigosa: fala com a autoridade do espírito, e por essa razão suas afirmações podem obter uma aparência de legitimidade; ele não insiste apenas para te fazeres "útil" (o que seria ruim o bastante por si mesmo), mas exige que conformes tua personalidade à sua fé – e a natureza da sua fé pode não ser do teu gosto. Que há algo como um espírito mau nunca ocorreu a Comte; nem parece ter ocorrido a Ducassé, que é um sectário comtiano convicto; uma vez que se podem empregar termos como *amor* ou *fé*, parecem não existir outros problemas do espírito. Temos também de tomar cuidado com formulações como as de Thomas Huxley de que o Positivismo é "Catolicismo menos cristantade". Essa fórmula é brilhante, mas sem sentido. Que a religião comtiana da Humanidade não é cristã, podemos concordar; que Comte foi inspirado em suas formulações dogmáticas assim como em seus projetos eclesiásticos pelas formas católicas, também podemos concordar; o que a fórmula de Huxley não transmite é a substância positiva da religiosidade de Comte, que teve de ser expressa em termos como *apocalipse do homem, escatologia intramundana, divinização de entidades imanentes ao mundo.*

Daí a reclamação de Littré acerca do *retour à l'état théologique* de Comte ter de ser tomada com um grão de sal. Comte retorna, na verdade, ao état théologique de sua concepção; não retorna à religiosidade da cristantade como existiu, e ainda existe historicamente; e não pode retornar à religiosidade cristã porque não teve, em primeiro lugar, uma concepção adequada dela. É monádica a concepção de Comte da constituição mental do homem. Na verdade, o espírito desenvolve-se historicamente, mas essa evolução histórica é imanente à constituição do espírito; os fatores componentes do espírito são apenas forças que determinam esta evolução; o espírito é uma mônada com uma história. Em nenhum ponto se pode quebrar esta prisão. A religiosidade não é para Comte uma comunicação com a realidade transcendental, uma comunicação em que a espiritualidade do homem seja constituída como o centro autônomo, organizador de sua personalidade; a religiosidade é para ele um movimento da *vie sentimentale* que leva a uma interpretação mais ou menos verdadeira do mundo. A falácia da posição de Comte pode ser colocada em uma sentença: religião é teologia, e teologia é uma interpretação do mundo em competição com a ciência. Este fechamento demônico da mônada é a base da especulação de Comte. O mundo histórico de Comte não começa com um état thé*ologique;* começa com a "intuição" de Comte. À medida que esta intuição absorveu certa quantidade de conhecimento histórico, este conhecimento pode de novo ser projetado numa escala de tempo e ser chamado a evolução do *esprit humain;* e já que era considerável o conhecimento histórico de Comte, a projeção terá até mesmo certo grau de adequação empírica. No entanto uma filosofia adequada da história não pode nunca surgir de uma "intuição" que, em si, não é nada senão um acontecimento na história, pois o problema da história humana é precisamente a tensão entre a existência histórica do homem e seu destino transcendental. A especulação de Comte começa com uma "intuição" compacta e é seguida de sua "explicitação," "elaboração" e "concretização", muito legitimamente apoiada pela *hygiène cérébrale*. A elaboração, portanto, pode seguir um "plano"; pode ser "dirigida" desde o começo até o fim pressentido; e pode ser dirigida não apenas como a "renovação" pessoal de Comte, mas também como a "regeneração" social da humanidade. A evolução dirigida de Condorcet e o progresso reaparecem na cena mais vasta de Comte. Temos de prestar atenção particularmente à palavra favorita de Comte para o processo, a palavra *operação*. A palavra desperta a associação do *opus operatum* alquímico, da libertação exitosa do espírito da matéria através de uma ação humana. Tivemos de lidar com o aspecto alquímico deste problema com mais minúcia no capítulo acerca de Nietzsche. Enfatizemos aqui apenas que a ideia de Comte de autolibertação e autossalvação num processo imanente está no meio do caminho entre Condorcet e o super-homem de Nietzsche. À vista desta estrutura monádica da especulação de Comte, que não produz nada no final, senão o que foi colocado, no começo, na "intuição", por fim aparece a pergunta por si mesma: o que entrou na intuição inicial? O que é o espírito que se tornou concreto na vida de Comte, a fim de ser imposto à humanidade como sua ordem? A resposta a esta pergunta, entretanto, vamos adiá-la para o final deste capítulo; primeiro, temos de lidar com o lugar desta intuição no *continuum* das ideias políticas do ocidente.

§ 5. A religião da humanidade e a Revolução Francesa

A intuição de Comte, que culminou na fundação da Religião da Humanidade, era estranha e escandalosa para os liberais do meado do século XIX; tão estranha, como vimos, que parecia a eles um desarranjo mental. Uma causa dessa semelhança de estranheza foi o fato de que por esta época, o *continuum* de movimentos político-religiosos a que pertence a fundação de Comte já tinha sido pressionado para baixo do nível de consciência social. Em si mesmo, o problema deste *continuum* não deveria ser tão obscuro, pois Comte foi explícito quanto a ele em cada ponto de sua biografia intelectual.

a. A era positivista

Vimos que Comte obtém sua ancestralidade, no que diz respeito ao método positivo, de Bacon e Descartes, e que ele menciona repetidamente Condorcet como seu precursor cuja concepção está retomando e completando. Ademais, expressou-se extensamente sobre o problema da era positiva e de seu lugar dentro dela. O grande acontecimento que marca a época é a tomada da Bastilha. Com este acontecimento começa a era positivista "provisional", ou seja, a era da transição positiva final; o estabelecimento completo deste reino Comte espera para um século depois do acontecimento histórico, ou seja, para 1889. Este *"siècle exceptionelle"* (na história da humanidade o equivalente a seu *année sans pareille* pessoal), todavia, é articulado. Abrange três gerações e a terceira delas vai ver a fundação do novo poder espiritual e a transição para o reino final. O ano da fundação Comte fixou para 1855, exatamente duas gerações, de trinta e três anos cada uma, depois de 1789; é o ano que se segue à conclusão de seus institutos religiosos, ou seja, do *Système*. Uma vez que a transição seja completa, o governo da República ocidental mudará a era "provisional" que Comte tinha feito começar em 1789 para a era "definitiva" que começará no ano de 1855.[36]

As construções do calendário estão repletas de implicações interessantes. Comte nunca foi tímido em fixar sua verdadeira importância na história da humanidade. Como autor do *Cours*, ele se via a si mesmo no papel do Aristóteles da nova era; como o autor do *Système*, era o novo São Paulo, organizando a igreja; em suas relações com Clotilde, inevitavelmente

---

[36] Quanto à era, ver as várias edições do *Calendrier Positiviste* e o *Systéme*, vol. 4, caps. 2 e 5.

ele era Dante com sua Beatriz.[37] A construção da nova era é o golpe mais ousado. A era "Provisional" em si não seria são surpreendente; é simplesmente um reatamento da era revolucionária francesa, mudando apenas seu começo, com alguma justificação histórica, de 1792 para 1789. O que é de tirar o fôlego, na verdade, é a articulação do *siècle exceptionelle* e a fixação da era definitiva em 1855. Esta é a primeira vez na história ocidental que um homem arrogou para si pessoalmente o lugar de Cristo como a figura histórica que divide as eras. Comte vai ainda além. Seu *Calendrier* comemorava os grandes homens que pertencem à *préparation humaine* que leva à era positiva. Os fundadores religiosos tiveram seu lugar: Zoroastro, Buda, Confúcio, Moisés, Abraão, São Paulo, Maomé; apenas um nome é omitido, o nome de Jesus. Nem mesmo seu nome deve ser lembrado na era de Comte. O comportamento é particularmente curioso porque, ao mesmo tempo, o *Calendrier* apresenta uma comemoração ampla da Cristandade mediante os evangelistas, os padres e santos medievais e porque em seu catálogo de livros positivistas Comte recebeu itens como a Bíblia, a *Civitas Dei*, a *Divina Commedia* e a *Imitatio Christi*.[38] A cristantade como uma fase "sociológica" na história da humanidade não é suprimida de maneira nenhuma; ao contrário, Comte tem uma compreensão aguda das realizações civilizacionais e institucionais da cristantade medieval. A rejeição de Jesus é um caso pessoal.

b. O Grand-Être *e a ficção de Cristo*

O problema é fundamental para a compreensão da política de Comte como a culminação de um desenvolvimento que, muito corretamente, ele traça até a Revolução Francesa.

---

[37] Comte parece não ter tido nenhuma consciência da possibilidade de que a simbolização de Dante da *ecclesia spiritualia* mediante Beatriz fosse o oposto da divinização que Comte fez da mulher.

[38] Ver a "Bibliothéque positiviste", uma lista de 150 volumes para a educação do positivista. A lista é anexada ao vol. 4 do *Système*. É considerada provisória; mais tarde será reduzida pra cem volumes. Esta parece ser a origem da moda dos cem grandes livros.

Na pessoa e obra de Comte, encontramos a primeira criação amadurecida de um Deus sociológico imanente; e Comte foi inteligente o bastante para entender o conflito inevitável com o Deus que se tornou carne. Simples profetas, como Maomé, são aceitáveis para Comte; falam em nome de Deus, e nada é mais simples do que interpretar-lhes a linguagem simbólica "sociologicamente" como uma "hipótese" imatura concernente ao mundo. O Deus que se tornou carne é um problema de ordem diferente; neste caso, a realidade de Deus está presente historicamente. O conflito entre o *Grand-Être* e Cristo é uma luta entre dois Deuses históricos. Uma realidade transcendental tem de permanecer em sua transcendência de tal maneira que a fé possa ser interpretada como ilusão humana; o Deus transcendental que caminha pessoalmente na terra viola as regras do jogo.

Em várias ocasiões, Comte lidou com esta questão incômoda. No volume 1 do *Système*, desenvolve o dogma do *Grand-Être*. Compara a nova divindade com a ideia cristã de Deus (ou ao menos o que ele acredita que seja). A concepção cristã de Deus é "contraditória e, consequentemente, apenas temporária". A ideia de um Deus onipotente absoluto é incompatível com os atributos de inteligência infinita e bondade infinita. É incompatível com a suposição de inteligência infinita porque "nossas verdadeiras meditações não são mais do que prolongamentos de nossas observações". Apenas onde a observação for insuficiente para suprir a informação exigida é que começamos a pensar; o pensamento supre a insuficiência da observação. "Se pudéssemos pôr-nos sempre sob as circunstâncias mais favoráveis de pesquisa, não teríamos nenhum emprego para a inteligência e poderíamos apreciar as coisas por simples inspeção." "Daí a onipotência excluir a onisciência. Ainda mais óbvia é a incompatibilidade com a bondade infinita. Todos os nossos sentimentos e planos se referem a obstáculos, seja a fim de nos adaptarmos a eles ou a fim de os removermos. Os planos de um ser onipotente, portanto, não poderiam ser nada senão puros caprichos; não envolveriam nenhuma sabedoria verdadeira, o que é sempre a submissão a uma necessidade externa em nos apropriarmos de meios para um fim.[39] O *Grand-Être* como divisado por Comte não tem nenhum desses inconvenientes, pois o *Grand-Être* é a humanidade como vem gradualmente para a existência a cada geração sucessiva. A vantagem desta concepção é a coincidência de divindade com a extensão real de nosso conhecimento sociológico. Somos partes deste *Grand-Être* e, nesta medida, dependentes dele; mas sua supremacia não é um *tremendum* infinito, é estritamente relativa à nossa pesquisa e às nossas necessidades. Talvez pudéssemos envolver-nos na fantasia de que em algum outro planeta exista um *Grand-Être* ainda mais glorioso do que a nossa humanidade. "Mas, além disso, não podemos saber nada, esta pergunta permanecerá sempre sem sentido e não abordável, porque tal ser não afetaria de maneira nenhuma os nossos destinos." Não precisamos de todas as noções que estão verdadeiramente acessíveis a nós; por outro lado, se alguma vez a influência de outro *Grand-Être* se fizesse sentir em nós, descobriríamos logo. Daí podermos satisfazer-nos com o *Grand-Être* que é por nós perceptível; e apenas em sua existência tal como conhecida por nós empiricamente é que sentimos nossos destinos dependentes. Esta "restrição de poder" é a verdadeira fonte de superioridade da regra da humanidade sobre a regra de Deus. A harmonia desta existência suprema com os homens sobre quem ela governa não exige nenhuma explicação, pois resulta de sua própria composição. Ademais, sua preponderância nesta relação harmoniosa revelar-se-á à reflexão até mesmo dos súditos mais orgulhosos. Física e moralmente o homem depende da existência deste *Grand-Être*. Suas forças pessoais podem ser aproveitadas contra ele apenas dentro dos limites mais estreitos. Ainda mais impressionante é sua preponderância intelectual e moral. Pois a humanidade não consiste nas aglomerações indiferentes de todos os indivíduos e grupos que já viveram, vivem

---

[39] *Système*, op. cit., vol. 1, p. 408 ss. Gostaria de enfatizar que é exaustivo o sumário no texto. O argumento é tão insolentemente superficial e estúpido que é quase inacreditável. O leitor é convidado a verificar. No entanto o argumento contém formulações da maior importância para a compreensão de certos fenômenos intrigantes na vida intelectual de nosso tempo. Em particular, a fórmula segundo a qual "sob as circunstâncias mais favoráveis de pesquisa, não teríamos nenhum emprego para a inteligência" tornou-se um ideal a que a realidade está intimamente aderindo.

3 - O apocalipse do homem: Comte | 237

e viverão. Um todo verdadeiro só pode resultar de elementos associáveis. Daí o *Grand-Être* formar-se, no tempo e no espaço, através das existências humanas que são suficientemente assimiláveis, ao passo que exclui as que não seriam nada, senão um fardo para a espécie. Daí em sua vasta maioria seja composto dos mortos que são os únicos que podem verdadeiramente ser julgados; os viventes são admitidos apenas sob prova, e o todo de suas vidas provará se serão incorporados permanentemente a ele ou rejeitados. Daí o dogma positivista de um ser divino oferece "a combinação indispensável de homogeneidade e preponderância" que o dogma católico tentou desastradamente através "a ficção insuficiente de Cristo".[40]

O tópico da "ficção de Cristo" continua no volume 2 do *Système*. *"Ce divin médiateur"* foi um sintoma da tendência crescente da humanidade de arrancar de si mesma sua providência suprema. Esta tendência expressou-se nas seguintes fases. O tipo humano ofereceu a base mesmo de fetichismo, embora neste nível apenas a constituição volicional e afetiva do homem tenha sido projetada para fora do mundo, sem personificá-la. O tipo afirmou-se mais claramente no politeísmo quando a imaginação dotou as forças dirigentes com os atributos de uma natureza humana idealizada. O catolicismo vai ainda além quando concentra os atributos em uma unidade suprema em que as duas naturezas são combinadas, embora não confundidas. Agora estamos nos aproximando-nos da fase final: "Tal progressão tem de levar finalmente à eliminação completa do ser fictício; neste estado, o ser real terá adquirido uma grandeza suficiente e consistência para substituir inteiramente seu predecessor necessário".[41]

c. Impotência espiritual

Reunimos o essencial da questão. A *explicitation* generosa de Comte revela grande parte de sua motivação religiosa.

---

[40] Ibidem, p. 409-11.
[41] Ibidem, vol. 2, p. 108.

Acima de tudo, temos um vislumbre de sua profunda ansiedade assim como de seus medos específicos. Comte está com medo de Deus – de sua onipotência, de sua onisciência e de sua bondade. A expressão *restrição de poder* é uma traição. Ele quer um Deus – se tem de ser um Deus – que ao menos não seja uma "unidade absoluta", mas, ao contrário, "relativa e compósita". Ele cresce historicamente e consiste em indivíduos com quem se pode lidar singularmente. Mesmo assim, o agregado do *Grand-Être* tem um efeito crescente e muito poderoso, mas o efeito deste poder é reduzido pela consciência de que o indivíduo, à medida de sua existência, é parte deste poder e consubstancial a ele. O resultado dessas várias medidas redutoras é uma transformação de Deus num campo aberto de relações sociais, assim intelectuais como eficazes.

A segunda questão diria respeito aos meios pelos quais esta redução é obtida. Uma indicação do meio é dada no tratamento de Comte da possibilidade de outros *Grand-Êtres* em outros planetas. A reação a este problema é de simplicidade admirável; Comte avisa: não faças perguntas ociosas! Este manejo brilhante das perguntas que surgem espontaneamente na alma do homem quanto à natureza e ao significado do todo da existência é um princípio em Comte. Na primeira preleção do *Cours*, Comte descreve "o caráter fundamental da filosofia positiva". Seu princípio é: "considerar todos os fenômenos como sujeitos a *leis* naturais invariáveis". O descobrimento dessas leis e sua redução ao menor número possível é seu único fim. "Considera absolutamente inacessível e sem sentido para nós procurar o que é chamado de *causas,* sejam causas primeiras ou finais." O homem passou pelas fases teológica e metafísica a fim de chegar ao estado presente em que "não considera nada, senão os próprios fatos" bem como "suas relações normais de sucessão e similitude". O estabelecimento de fatos e leis é o que chamamos a *explanação* de fenômenos; perguntas quanto a causas não pertencem à ciência positiva. A chave para toda esta exposição está contida na sentença: "Nossa atividade intelectual é suficientemente animada pela esperança de descobrir as leis dos fenômenos, pelo simples desejo de confirmar ou invalidar uma teoria". Em suma: os problemas do espírito e da interpretação do universo através de um sistema metafísico desaparecerão se esqueceres deles. A filosofia positiva de Comte é em sua essência mais íntima um convite, e mesmo uma exigência de esquecer a vida do espírito e o *bios theoretikos*. E por que deveríamos esquecer tais experiências como a fé e a graça, como a contrição e a penitência, como a culpa e a redenção? Por que deveríamos esquecer tais perguntas como as de Leibniz: "Por que há algo, por que não o nada?" e "Por que algo é como é?". Devemos esquecê-las porque Comte é um homem cujos desejos intelectuais não vão além da confirmação ou invalidação de uma teoria; e, mais profundamente, porque está com medo de ter desejos para além desse campo restrito. Se se aventurasse com seus desejos para além do pequeno círculo de uma teoria de fenômenos, teria de enfrentar o Por que da existência; já não poderia esconder-se perante o mistério na prisão de sua operação meditativa. Uma impotência bem funda obriga-o a cercar-se dentro dos muros de fenômenos e a negar-se ao menos a curiosidade quanto à liberdade para além dos muros desta prisão.

d. A vontade de poder – A prisão

Se Comte não tivesse feito nada, senão trancar-se em sua existência como numa prisão, não se teria tornado uma personagem de importância histórica. Sua impotência, entretanto, foi acompanhada de uma vontade de poder tremenda. Não queria deixar sua prisão, mas queria dominar o mundo de fora. Os dois desejos evidentemente não podem ser satisfeitos ao mesmo tempo. No entanto Comte encontrou a solução: a humanidade também deve ser trancada na prisão, e já que um crescimento normal não quadraria em tal confinamento, o homem tem de aleijar-se da mesma maneira que Comte; e quando tiver adquirido a impotência de Comte, mas não sua vontade poder, estará pronto para entrar na era positiva como seu seguidor. É, em princípio, o tipo de fantasia que começa a crescer no meado do século XVIII, e, a este respeito, a especulação de Comte está na linha das fantasias de prisão desde Helvétius e Bentham até Lenin. Pudemos observar a lei das três fases em sua função dupla de ordem na biografia de Comte e de ordem da humanidade na história. Discutimos o caráter monádico da meditação de Comte e o alargamento do processo monádico para reduzir a história da humanidade a uma evolução imanente da mônada da humanidade. Uma vez que a humanidade seja apanhada nesta prisão, vemos Comte ainda trabalhando no julgamento da humanidade e na determinação de quem pertence verdadeiramente a ela e quem deve ser lançado no limbo do oblívio eterno; e vemo-lo criando as instituições que evitarão, por um tempo, os heréticos religiosos e metafísicos de perturbarem as angústias e se oporem à vontade de poder de Comte e de seu clero.

e. A abolição de Cristo e a proibição de perguntas

Este *ressentiment* sem limites culmina, finalmente, na abolição de Cristo. Podemos entender agora o mecanismo da operação. O horizonte do homem é estreitamente emparedado pelos fatos e pelas leis dos fenômenos; o próprio curso da história é a evolução imanente do espírito monádico. Se existem deuses, certamente não se permite que participem na história da sociedade. Os deuses que parecem aparecer são ficções do espírito, e apenas as ficções têm realidade e uma história. Daí a cristantade ter existido, mas não Jesus. A cristantade é um sistema de ficções que caracteriza uma fase importante no desenvolvimento do espírito e, como tal, o sistema tem realidade histórica. Jesus, porém, a encarnação do espírito, não pode ter existido. Cristo é uma ficção da cristantade. Comte é, portanto, muito coerente quando excluiu Jesus da comemoração do *Calendrier*. Apenas São Paulo, os padres e os santos podem ser incluídos, pois são os homens que produziram a ficção. Ademais, esta ficção é o sintoma de uma tendência; o espírito está movendo-se em direção à completa eliminação dos elementos ficcionais até que a realidade única e exclusiva, ou seja, o espírito do homem, se tenha tornado visível em sua grandeza, e este grande acontecimento – o homem visível em sua inteireza – passou a ter curso em 1855 em Comte.

Na superfície, esta operação é uma teoria coerente de ficção, mas, no entanto, algo rasa. Temos de lembrar, todavia, o abismo – a impotência, o *ressentiment*, a vontade de poder. Perderíamos o caráter demônico da construção se esquecêssemos que Comte *sabe* que há uma realidade fora da prisão, uma realidade por trás das "ficções". É porque ele *sabe* que há tal realidade que proíbe tão ardentemente a questão do Por quê. Toda a teoria das ficções seria sem sentido se não servisse ao propósito de amputar a busca da realidade. Comte declara como ilegítima todas as perguntas que não podem ser respondidas pelas ciências dos fenômenos; pode recusar as respostas, mas não pode abolir as perguntas; ele as deixa estatelar-se em seu muro de fenômenos. Se considerarmos esta estrutura da situação comtiana, chegaremos ao cerne de sua tentativa: ou seja, o assassínio de Deus. Este é o grande problema que na geração seguinte ocupou Nietzsche. A fórmula nietzschiana "Deus está morto" não é uma simples afirmação concernente ao fato histórico de que, na era da crise, a fé cristã está sofrendo de apatia social. Implica que Deus viveu e que agora está morto porque foi assassinado pelo homem. Nietzsche, que foi um pensador de diferente estatura, sabia o que tinha acontecido, provou as motivações; e sofreu sob o fado que o fez participar no assassínio. Mas nem o planejou nem o cometeu. Na "operação" de Comte, vemos o próprio assassino cometendo o crime, e instalando-se como sucessor.

f. A França e a República ocidental

O assassínio de Deus e a instituição da *sociolatrie* é para Comte o acontecimento histórico que abre a era do positivismo. Ao mesmo tempo, entretanto, é a culminação de um período preparatório que Comte data da era "provisória" de 1789. Através de Carlos Magno, a França é a fundadora original da República ocidental, compreendendo as cinco nações; depois da desintegração da unidade medieval, a França tomou de novo a liderança, através da Revolução, na unificação espiritual e temporal do ocidente até a República ocidental positivista final. O grau em que a primazia da França, e em particular de Paris, foi uma obsessão para Comte pode ser deduzido das suas preocupações acerca dos perigos que a ameaçavam no futuro. Observou que seu positivismo encontrou menos reconhecimento na França do que em países estrangeiros, como, por exemplo, na Inglaterra e na Holanda. Expressou-se por ocasião desta situação desafortunada, que envolvia o perigo de que outros países pudessem adiantar-se ao movimento positivista e, assim, prejudicar a supremacia de Paris. Aconselhou restrição no movimento estrangeiro a fim de prevenir o desastre. A este respeito, a atitude de Comte é, na verdade, a continuação direta de uma atitude que se desenvolveu no período revolucionário e napoleônico. O mundo ocidental deveria ser iluminado; todas as nações deveriam estar no mesmo passo na nova era; mas o nível espiritual e civilizacional em que todas estariam iguais seria determinado pelo espírito da Revolução Francesa. É um princípio que encontrou uma expressão mais recente na fórmula de Stalin: "Nacional na forma, socialista na substância". Vimos o princípio funcionar no projeto de Condorcet para a destruição de todas as civilizações históricas e a padronização da humanidade de acordo com o padrão do intelectual de Paris. Este elemento de destruição é inevitavelmente inerente no programa de uma generalização imperialista de um desenvolvimento histórico local. É, no nível da política de poder, o trancar o mundo numa prisão que pudemos observar, no nível da especulação histórica, no aprisionamento que Comte faz da história da humanidade no padrão de sua intuição. Comte foi ainda além do que Condorcet e tirou as consequências deste programa de destruição. Já que a substância civilizacional será homogênea em toda a sua República ocidental, a forma política do estado nacional como vaso da nação histórica torna-se irrelevante. Ele propõe, portanto, muito coerentemente, que os estados nacionais sejam retalhados em unidades políticas de um tamanho econômico e administrativo ótimo. Para o antigo território da França, ele projeta dezessete novas unidades políticas, e o princípio desta reorganização deveria ser estendido *"aux autres cas occidentaux"*.[42] É a retomada e expansão da

---

[42] Ver sua "Tableau des Dix-sept Intendances Françaises". In: ibidem, vol. 4, p. 421 ss.

3 - O apocalipse do homem: Comte | 243

departamentalização revolucionária da França que destruiu as províncias históricas. O assim chamado racionalismo está profundamente enraizado no furor escatológico de estabelecer o reino final na terra.[43]

g. Napoleão – A Rússia e a República ocidental

Mais especificamente, o programa político de Comte está relacionado às ideias de Napoleão. É uma questão em que Comte é estritamente reticente; Napoleão aparece em sua obra apenas para ser condenado como o *"génie rétrograde"*. No entanto existe a relação. Em particular, a concepção de Comte do ocidente é dificilmente concebível antes da consolidação da ideia ocidental através da luta de Napoleão com o novo oriente, ou seja, com a Rússia. Passemos em revista alguns enunciados de Napoleão:

Há apenas duas nações no mundo. Uma vive no oriente, a outra ocupa o ocidente. Os ingleses, os franceses, os italianos, e assim por diante, são governados pela mesma lei civil, pelos mesmos costumes, pelos mesmos hábitos e quase a mesma religião. São todos membros de uma família, e os homens que querem começar a guerra entre eles, querem uma guerra civil.[44]

Os meios para a abolição deste estado de guerra civil ocidental seriam a unificação política do ocidente. "Não haverá paz na Europa, exceto sob um único chefe, sob um imperador que tem reis como seus oficiais e distribui reinos a seus tenentes."[45] A unificação política deve ser seguida da unificação institucional e civilizacional. "Todos os países unidos têm de ser como a França; e se os unires às Colunas de Hércules e a Kamchatka, as leis da França têm de estender-se por toda a

---

[43] A prontidão para retalhar o mapa da Europa, no entanto, não é peculiar a Comte; encontramos a mesma inclinação em Fichte e Mazzini.

[44] Esta citação e as seguintes são tiradas da coleção de Napoleão, *Vues politiques*. Introdução de Adrien Dansettte. Rio de Janeiro, Améric-Edit, n.d. A edição original é de Paris, 1839. A passagem citada é de setembro de 1802, p. 340.

[45] "A miot de Mélito", 1803. In: ibidem.

parte."[46] E em retrospecto: "Por que meu *Code Napoléon* não serviu como base para um *Code européen,* e por que minha *Université impériale* não serviu como modelo para uma *Université européenne?* Deste modo teríamos formado na Europa uma mesma família. Todo o mundo, quando viajasse, se sentiria em casa".[47] Este ocidente é uma unidade não apenas por causa de sua história interna e coerência; é forçado a uma unificação ainda mais intensa por causa de sua posição defensiva contra a Rússia. Napoleão desenvolve este problema por ocasião dos planos russos quanto à Turquia. As ideias do czar revolviam ao redor da conquista da Turquia.

Discutimos muitas vezes a possibilidade e a eventualidade de sua partição e o efeito na Europa. À primeira vista, a proposição atraiu-me. Considerei que a partição estender-se-ia ao progresso da civilização. Entretanto, quando considerei as consequências mais friamente, quando vi o poder imenso que a Rússia ganharia e o grande número de gregos nas províncias hoje submetidas ao sultão que, então, se associaria a um poder que já é colossal, recusei-me claramente a tomar parte nisso.

A principal dificuldade foi o plano da Rússia em Constantinopla, pois *"Contantinople, c'est l'Empire du monde".* Era óbvio que a França, "mesmo se possuísse o Egito, a Síria e a Índia, não seriam nada em comparação com o que essas possessões fariam da Rússia. Os bárbaros do Norte já eram muito poderosos; depois da partição poderiam dominar toda a Europa. Acredito ainda nisso".[48] Em outro humor ele vê este perigo presente mesmo hoje:

> Se a Rússia encontrar um imperador que seja corajoso, impetuoso, capaz, em suma: um czar com barba no queixo, então a Europa será dele. Pode começar suas operações no próprio solo alemão, a centenas de léguas de Berlim e Viena, cujos soberanos são os únicos obstáculos. Reforça a aliança de

---

[46] "Au conseil d'état", julho de 1805. In: ibidem, p. 341.
[47] "A las cases, Sainte-Hélène". In: ibidem.
[48] "A O'Meara, Sainte Hélène". In: ibidem, p. 339 ss.

3 - O apocalipse do homem: Comte | 245

um e, com a ajuda dele, derrotará o outro. Desde este momento, estará no coração da Alemanha.

Nesta circunstância, Napoleão põe-se no lugar do conquistador e continua: "Certamente, se eu estivesse nessa situação, chegaria a Calais de acordo com um cronograma em marchas moderadas; e ali achar-me-ia mestre e árbitro da Europa". Então, na conversa, o sonho da conquista do ocidente separa--se do problema russo. Ele mesmo é o conquistador que é o mestre e árbitro da Europa. E dirige-se a seu interlocutor:

> Talvez, meu amigo, sejas tentado a perguntar-me, como o ministro de Pirro perguntou a seu senhor: e para que serve tudo isso? Respondo-te: para fundar uma nova sociedade e para a prevenção de grandes desastres. A Europa espera por este ato aliviador e nele insta: o velho sistema está terminado, e o novo ainda não está estabelecido, e não se estabelecerá sem convulsões longas e violentas.[49]

Lembremo-nos, por fim, que Napoleão também sonhou em fazer de Paris a sede do poder espiritual do ocidente assim como de seu poder temporal. Com o papa em Paris, a cidade ter-se-ia tornado

> a capital do mundo cristão, e eu teria dirigido assim o mundo religioso como o político [...]. Teria tido minhas sessões religiosas como minhas sessões legislativas; meus conselhos teriam sido a representação da cristantade; os papas teriam sido apenas seus presidentes; eu teria aberto e encerrado essas assembleias, aprovado e publicado as suas decisões, como foi feito por Constantino e Carlos Magno.[50]

h. A herança da Revolução Francesa

A despeito da ênfase de Comte na continuidade entre suas ideias e as da Revolução e a despeito de sua relação óbvia com as de Napoleão, o problema desta continuidade permaneceu

---

[49] "A las cases, Saint Hélène". In: ibidem, p. 337 ss.
[50] Ibidem, p. 181 ss.

obscuro até bem recentemente. O grande tratado de Gouhier, a *Jeunesse d'Auguste Comte*, é a primeira tentativa de pôr o problema em seu contexto próprio: "O positivismo é a resposta religiosa ao problema religioso que foi posto pela revolução".[51] Comte estava bem a par dos problemas religiosos da revolução; conhecia e distinguia claramente as várias tentativas de sua solução; e expressou suas opiniões acerca do *Culte de la Raison* e do culto do *Être Suprême*, assim como do teofilantropismo e a solução napoleônica da Concordata. O *Culte de la Raison* atraiu-lhe particularmente a atenção. No *Système* escreve ele: "Foi necessário encontrar a verdadeira religião restabelecendo nossos sentimentos, pensamentos e ações para um centro único, assim público como privado". Danton e seus seguidores eram o único grupo que tinha verdadeiramente compreendido esta necessidade. A tentativa deles oferece "um progresso notável à medida que cessa de adorar o mundo externo a fim de fazer prevalecer o *type humain*". Esta substituição, entretanto, era ainda metafísica demais. Foram "incapazes de elevar-se ao espetáculo da sociedade, e foram obrigados a inaugurar o atributo humano que é o mais individual (ou seja: a razão)".[52] O positivismo é um movimento que renova o problema dantoniano, mas dá a nova solução social.[53] Comte recebeu a herança da revolução como uma tradição vivente através de Saint-Simon. Esta transmissão forma a segunda parte da tese de Gouhier. "Um filho da revolução liberal anticlerical, Auguste Comte recebeu, por meio de Saint-Simon, um impulso que provém da revolução religiosa e jacobina".[54]

Qual é a razão para a supressão desta relação na consciência histórica e para seu reconhecimento recente? A razão é que na era da historiografia secularista a história do espírito era tabu. Neste período, a Revolução Francesa era "antirreligiosa". Que

---

[51] *Gouhier*, op. cit., vol. 1, p. 10.

[52] *Système*, op. cit., vol. 3, p. 601 ss.

[53] Quanto à relação entre Comte e Danton, ver também o ensaio de Aulard, "Auguste Comte et la Révolution française", em sua coleção *Études et Leçons sur la Revolution Française*.

[54] Gouhier, op. cit., p. 18.

"política" e "religião" não sejam uma antítese, que a Revolução foi mais do que uma série de constituições ou de fases faccionais numa luta por poder; que não foi exaurida por tais formas como monarquia constitucional, república, diretório, consulado e império; que foi um movimento que lutou com problemas espirituais e intelectuais em continuidade com os períodos precedente e sucedente; e que precisamente os aspectos espirituais e intelectuais deste movimento político--religioso eram os essenciais – tudo isso não pode ser reconhecido enquanto as tentativas religiosas da revolução forem consideradas incidentes irrelevantes num processo de política secular. Apenas no fim do século XIX é que começou um estudo mais sério da Revolução Francesa, e, como consequência, nosso quadro da história intelectual da revolução mudou completamente. Os historiadores que mais contribuíram para essa mudança são F-A. Aulard e Albert Mathiez.[55]

i. O estado como igreja

O presente contexto não é o lugar para fazer um exame, por mais breve que seja, da história da revolução. O leitor que esteja interessado terá de consultar as monografias citadas na última nota de rodapé. Temos de restringir-nos a uma afirmação das questões que surgem desses estudos ricamente documentados. Em primeiro lugar, esclareceu-se o equívoco de que o espírito da Revolução Francesa era antirreligioso no sentido de inclinar-se para uma separação entre igreja e estado. O estado secular não era um ideal da revolução. A revolução era anticristã e tendia ao estabelecimento de um regime

---

[55] F-A. Aulard, *Le Culte de la Raison et le Culte de l'Être Suprème (1793-1794)*. Paris, 1892; reedição: Aalen, Scientia Verlag, 1975. Edição inglesa: *Christianity and the French Revolution*. Trad. Lady Frazer. Boston, Brown, 1927. Aulard incorporou os resultados deste estudo na *Histoire Politique de la Révolution Française*. Paris, Librairie A. Colin, 1901. Os principais estudos de Albert Mathiez são: *La Théophilanthropie et le Culte Décadaire, 1796-1801*. Paris, Alcan, 1904; *Les Origines des Cultes Révolutionnaires*. Paris, Bellais, 1904; *Contribuitions à l'histoire Religieuse de la Révolution Française*. Paris, 1907; *La Révolution et l'Église: Études Critiques et Documentaires*. Paris, A. Colin, 1910; *Autour de Robespierre*. Paris, Payot, 1925. [Para um pano de fundo mais amplo da espiritualidade esotérica que cercava a Revolução, ver a bibliografia citada na "Introdução".]

césaro-paista de uma religião não cristã. Esta tendência, além disso, não surgiu dentro da própria revolução, mas já estava presente nas obras dos *philosophes* antes de 1789. A ideia de Rousseau da *religion civile* é talvez a expressão mais famosa desta tendência. Menos famosa, mas até mais sintomática dessa tendência, é a atitude de Raynal. Na *Histoire philosophique des Deux-Indes*, escreve o Abbé Raynal:

O estado não é feito para religiões, mas a religião é feita para o estado. Primeiro princípio.

O interesse geral é a regra que governa tudo que deve existir no estado. Segundo princípio.

O povo, ou sua autoridade representativa, tem o direito exclusivo de julgar a conformidade de qualquer instituição com o interesse geral. Terceiro princípio.

Esta autoridade do povo tem o direito de examinar os dogmas e disciplinar as igrejas. O dogma em particular tem de ser examinado quanto à sua compatibilidade com o senso comum, pois poderiam surgir problemas perigosos "se as ideias de uma felicidade futura forem complicadas pelo zelo pela glória de Deus e pela submissão a uma verdade que é considerada como revelada".

Esta autoridade, e apenas esta autoridade, pode, por conseguinte, abolir um culto estabelecido, adotar um novo ou passar sem ele se for mais conveniente.

Não há nenhum outro conselho além da assembleia dos ministros do soberano. Quando os administradores do estado se reúnem, a igreja se reúne. Quando o estado se pronunciou, a igreja já não tem mais o que dizer.

Nenhuns outros apóstolos senão o legislador e seus magistrados.

Nenhuns outros livros sacros senão os que eles reconheceram como tais.

Nenhum direito divino senão a felicidade da República.[56]

---

[56] Raynal, *Histoire Philosophique des Deux-Indes, vol. 4, p. 533 ss.* (Citado em Aulard, Le Culte de la Raison, p. 8-10) [Para uma fonte de consulta contemporânea, ver Abbé Raynal (Guillaume Thomas François), *Philosophical and*

A ideia do estado como teocracia, com os legisladores como autoridade eclesiástica, com a lei como a manifestação divina, e com o bem público como a substância, portanto, está plenamente desenvolvida antes da revolução. As tentativas religiosas da própria revolução seguiram um caminho tortuoso na realização da teocracia totalitária. As fases principais são as seguintes: a transformação da igreja Católica na França numa igreja nacional foi a primeira tentativa de favorecer os acontecimentos nas esferas da luta por poder com uma autoridade espiritual. Quando a tentativa começou a mostrar os sinais inequívocos de falência, vieram para o primeiro plano as tentativas substitutas não cristãs. Já as enumeramos: o *Culte de la Raison* dos dantonistas, o culto do *Être Suprême* de Robespierre e, finalmente, o estabelecimento do *Culte décadaire*, ou seja, da religião do estado do Diretorado, sob o pontificado de La Révellière. Dessas muitas tentativas, a teofilantropia de Chemen-Dupontès foi o único bem sucedido na fundação de uma nova seita religiosa, que, por sua expansão, aborrecia seriamente a igreja Católica, e que rivalizava com o *Culte décadaire* em tornar-se a religião do estado.[57]

j. A espontaneidade da religiosidade coletiva

Podemos ser mais breves quanto ao segundo ponto. A história espiritual da revolução foi negligenciada pela razão adicional de que os vários movimentos e estabelecimentos que indicamos foram considerados extravagâncias efêmeras de uns poucos fanáticos. Nossas experiências contemporâneas com religiões políticas de massa mostraram de maneira convincente que o problema é de magnitude diferente. Os estudos de Aulard e Mathiez trouxeram a rica prova documental de que mesmo à época da Revolução Francesa não se podiam fundar religiões de estado pelo decreto de uns poucos fanáticos. A disposição de aceitar essas tentativas tinha de estar presente

---

Political History of the Settlements and Trade of the Europeans in the East and West Indies. 2. ed. New York, Negro Universities Press, 1969.

[57] [Uma antologia útil dos documentos primários relacionados à descristianização e re-espiritualização está disponível em Paul Beik (org.), *The French Revolution.* New York, Walker, 1978.]

no povo. Na verdade, havia até mesmo mais do que uma mera disposição de aceitar as ideias religiosas dos intelectuais. Os estudos de Mathiez mostram que num acesso espontâneo do povo criou-se uma nova religião de estado antes de qualquer autoridade governamental ter iniciado as primeiras incitações nessa direção. Os estabelecimentos que eram dirigidos do estrato revolucionário mais alto puderam ter o êxito que tiveram porque conseguiram incitar as emoções espontâneas do povo para um culto do espírito republicano revolucionário. E este acesso religioso não parou nas fronteiras da França: a Revolução Francesa, embora começando no povo escolhido, foi considerada a Revolução da Humanidade; os sentimentos religiosos originaram-se na experiência da coletividade nacional, mas foram expandidos imediatamente para a visão de uma igreja da humanidade. Encontramos completamente realizada a "operação" comtiana de expandir universalmente sobre a humanidade e a história o acesso existencial particular, submetendo-as à lei deste acesso. Um sintoma deste universalismo básico são os decretos da Assembleia Legislativa que estenderam a cidadania francesa a estrangeiros a fim de recompensá-los por "terem trabalhado fora da França pela causa da regeneração".[58] Destinatários desta dignidade foram, entre outros, Paine, Joseph Priestly, Bentham. Washington, Klopstock e Schiller.[59]

§ 6. Revolução, restauração e crise

Traçamos o *continuum* entre a fundação de Comte da Religião da Humanidade e as fundações religiosas da Revolução

---

[58] Mathiez, *Les Origines des cultes Révolutionnaires*, op. cit., p. 25.

[59] Para os pormenores do movimento popular temos de encaminhar novamente o leitor às monografias, em particular a Mathiez, *Les Origines des Cultes Révolutionnaires*. Na primeira parte deste estudo, Mathiez faz um relato cuidadoso do movimento das *Fédérations* nas únicas cidades e das formas rituais desenvolvidas para os festivais, comemorações e cerimônias religiosas ante os "altares da pátria" e assim por diante. [O contexto mais amplo é tratado em Conrad Donakowski, *A Muse for the Masses: Ritual and Music in the Age of Democratic Revolution, 1770-1870*. Chicago, University of Chicago Press, 1977.

Francesa. Por mais importante que seja a linha deste *continuum*, temos de estar cientes de que não é mais do que um fio que corre por um tecido histórico rico. As ideias de Comte certamente continuam as ideias da Revolução, em seus aspectos liberais assim como em seus aspectos jacobino e napoleônico; mas certamente também vão muito além da revolução e pertencem ao movimento geral de restauração que pretende "terminar" a revolução; e o significado tanto da revolução quanto da restauração não é exaurido por suas funções como um movimento e seus contramovimentos, pois ambos se interpenetram no movimento abrangente da crise. Ao tratar deste contexto mais amplo, em que as ideias de Comte têm de ser colocadas, encontramos até mesmo dificuldades maiores do que encontramos na análise do problema precedente. A interpretação da Revolução Francesa, no entanto, é ainda um estágio em que não podemos nem mesmo estar certos das categorias que foram empregadas no empreendimento. A situação é iluminada pelo fato de que Gouhier, o autor da *Jeunesse de Comte*, viu seu problema desenrolar-se, no curso de oito anos que estão entre o primeiro e o terceiro volumes de sua grande obra, de uma maneira que ele talvez não tivesse antevisto no começo; pois o terceiro volume é precedido de uma introdução que lida precisamente com o problema metodológico da revolução e da restauração, uma introdução que poderia também ter precedido o primeiro volume; ademais, esta introdução é intitulada "Programme pour une étude historique de la restauration comme problème philosophique", título que parece indicar que o autor pretende elaborar este problema em outros estudos, independente dos problemas especificamente comtianos. Nossas observações nesta seção são baseadas no "Programme" de Gouhier, em particular com relação à seleção de materiais e sua classificação. Quanto aos princípios de interpretação estamos seguindo as sugestões de Gouhier, mas aventuramo-nos a ir algo além de suas proposições explícitas numa tentativa de elucidar melhor a relação entre os problemas da revolução e a restauração de um lado, e da crise, do outro.[60]

---

[60] Para o "Programme" de Gouhier, ver sua *Jeunesse*, vol. 3, p. 5-60.

a. Elucidação de conceitos

A relação entre revolução e restauração torna-se problemática tão logo nos damos conta de que esta peridiozação refere-se convencionalmente a acontecimentos no nível da história pragmática, mas não necessariamente a acontecimentos no nível da historia das ideias políticas. Por *revolução* queremos dizer principalmente o período que se estende da convocação dos Estados Gerais da França em 1789 até a abdicação de Napoleão em 1814; por restauração queremos dizer igualmente o período da monarquia restaurada desde 1814 até a revolução de julho de 1830. O significado de restauração neste nível é determinado primordialmente pela reinstalação da dinastia Bourbon depois do interlúdio revolucionário. À medida que o princípio dinástico é através dos séculos um dos grandes fatores na história política ocidental, a peridiozação tem sem dúvida sua importância. Precisamente, entretanto, quando tratamos o período da crise, diminui a importância, pois um dos traços característicos da crise é o enfraquecimento e a eliminação graduais das dinastias como um fator na política. O simples fato de que a Revolução ocorreu e que a Restauração foi breve indica que os grandes determinantes do processo histórico têm de ser procurados alhures. Daí, num primeiro tratamento do problema, Gouhier muda o significado da restauração – da reinstituição dos Bourbons para o problema maior de terminar a revolução. A restauração da monarquia não é a primeira tentativa de tal terminação. A série dessas tentativas começa com o Termidor; e a sequência de Diretório, Consulado, Império, Monarquia Constitucional de 1814, e o bonapartismo liberal dos cem dias marca tantas restaurações abortadas. O retorno de Luís XVIII em 1815 seria a sexta tentativa desta série; e Gouhier parece estar contente por esse ser o último. Se é o último, na verdade, parece-nos duvidoso; mas deixaremos para mais tarde a consideração desta questão até que tenhamos refletido outro aspecto do problema da restauração.

Quando o significado da restauração mudou da restauração de uma dinastia para o término da revolução, surge a pergunta: o que é que a restauração restaura? A resposta teria de ser que restaura a ordem da organização política que foi perturbada pelos acontecimentos revolucionários com sua culminação no Terror. Inevitavelmente, esta resposta levanta ainda outra pergunta: que tipo de ordem deveria ser o objeto da restauração? Deveria ser a ordem do antigo regime antes de 1789? Deveria ser a ordem da monarquia constitucional liberal de 1789-1792? Ou deveria ser a ordem republicana de 1792-1793? A restauração de 1814 e dos anos seguintes contém todas as três tendências indicadas por essas perguntas. Os *ultras*, com sua tendência de retornar à ordem pré-revolucionária, fizeram-se sentir na restauração de 1814 de tal modo que destruíram a tentativa e prepararam o retorno de Napoleão de Elba. E os ministros *ultra* de Carlos X selaram o fado da dinastia Bourbon. A tendência liberal manifestou-se na organização política [*polity*] de Luís XVIII, na *Charte constitutionnelle* de 1814 e no ensaio oportuno de Benjamin Constant sobre os princípios constitucionais que manobraram a interpretação da *Charte* na direção do constitucionalismo inglês.[61] A tendência antimonárquica revelou-se no episódio dos Cem Dias assim como na tentativa abortada de uma república sob a presidência de Lafayette em 1830.

Quando examinamos essas tendências, vemos que revolução e restauração não são dois períodos que se seguem um ao outro no tempo, mas dois processos que se ligam e sobrepõem cronologicamente. Podemos distinguir no próprio processo revolucionário (1) a fase liberal antifeudal e anticlerical; (2) a fase republicana antimonarquia; e (3) a fase do estado-igreja sectário que culminou no Terror. Se relacionarmos o processo restaurador a essas fases, suas várias tendências e tentativas aparecerão como ambivalentes – com exceção das tendências *ultra*. O império plebiscitário de Napoleão, por exemplo, pertence assim à restauração como à revolução. O liberalismo constitucional de Luís XVIII retoma a revolução

---

[6] Benjamin Constant, *Reflexions sur les Constitutions, la Distribution des Pouvoirs et les Garanties dans une Monarchie Constitutioneelle*. Paris, 1814.

aproximadamente em sua fase de 1791-1792; daí ser revolucionário quanto ao antigo regime como é restaurador quanto às fases posteriores da revolução. A Segunda e a Terceira Repúblicas retomam a fase antimonarquia da revolução, mas ainda são restauradoras quanto ao estado-igreja revolucionário; e assim por diante. Esta ambivalência fundamental que ocupa a história da França desde o Termidor até o presente se deve ao fato de que a revolução passou em quatro anos do antigo regime para o estado-igreja totalitário e terror. O significado da revolução não pode ser apanhado por nenhuma fórmula política parcial, tais como as questões de feudalismo e democracia, de monarquia e república, de parlamento e ditadura, de sociedade burguesa e movimento proletário. Todas essas questões estão contidas na revolução; e seu reaparecimento periódico marca as oscilações da política francesa entre (1) revolução populista radical; (2) ordem ditatorial e (3) república moderada, que foi tão excelentemente analisado por Seignobos. Contudo todas essas questões parciais são obscurecidas pela questão espiritual fundamental de que a revolução se revelou pela primeira vez em sua clareza total: que o apocalipse do homem está levando, pela lógica do sentimento, à deificação da sociedade intramundana. A revolução foi levada por seu *momentum* para além das questões periféricas de forma de governo até o cerne mesmo da crise, ou seja, à destruição da civilização cristã ocidental e à criação hesitante de uma sociedade não cristã. E as tentativas restauradoras são, por consequência, atingidas pela necessidade de lutar contra o problema espiritual da crise que foi colocado pela revolução.

Daí a revolução e a restauração, no caso francês, não poderem ser distinguidas como uma sublevação social e política que ultrapassa o fim que pode ser reconhecido no momento e um contramovimento que termina a revolução e estabiliza seus resultados no nível que corresponde à potência real das forças políticas em luta. Tal interpretação se enquadraria bem na sublevação inglesa do século XVII com seu término pela Revolução Gloriosa e o Ato de Estabelecimento. No caso francês, revolução e restauração estão interligados a ponto de se tornarem indistintos porque ambos os movimentos penetram no cerne espiritual da crise. A situação é iluminada pela luta entre Robespierre e os hebertistas. No nível da política de poder, é uma luta entre o Comitê de Segurança Pública (representado por Robespierre) e o Comitê de Paris (representado por Hébert); no nível da crise espiritual é a luta entre o *Culte de la Raison* de Hébert e o culto de Robespierre do *Être Suprême*. Aqui, no cerne mesmo da revolução, estamos diante da tentativa de Robespierre de estabilizar espiritualmente a revolução em algum lugar próximo do deísmo dos *philisophes*, e seu ataque ao *Culte de la Raison* como uma aventura ateia que foi longe demais. Essa tentativa de Robespierre, como sugeriram alguns historiadores, já pertence à história da restauração? A pergunta é de importância para a interpretação da posição de Comte; pois Comte, como vimos, reconhece no *Culte de la Raison* um passo na direção correta, isto é, na direção de seu próprio culto do *Grand-Être*. De acordo com esta autointerpretação, a religião política de Comte continuaria a revolução e a levaria a uma conclusão lógica que foi evitada por Robespierre; por outro lado, Comte é claro no ponto de que sua Religião da Humanidade terminará com a desordem da revolução, que será uma restauração da ordem. A restauração torna-se idêntica à conclusão da revolução.

A contradição pode ser resolvida se reconhecermos que a revolução e a restauração se encontram no problema da crise. Se definirmos os dois conceitos no nível de deposição e reinstituição de uma dinastia, significarão dois períodos sucessivos na história pragmática; se os definirmos como um movimento de forças políticas e o restabelecimento da ordem de acordo com um novo equilíbrio de forças, então significarão processos que se sobrepõem no tempo; se lhes ampliarmos o significado para incluir o problema da ordem espiritual na sociedade, então nos fundiremos no processo da crise. A questão de em que nível devemos estabelecer o significado não é uma decisão arbitrária. A inclusão do problema espiritual é um postulado teórico; pois o homem como um todo está envolvido no processo histórico, e não temos o direito de definir nossos conceitos com base numa antropologia fragmentária. Se negligenciarmos este postulado, o processo histórico tornar-se-á ininteligível; seríamos obrigados a aceitar as autointerpretações dos movimentos políticos em seu valor nominal; e já que o curso da crise consiste nos conflitos e nas falhas espirituais desses movimentos, não poderíamos ultrapassar a desordem da crise através de sua interpretação pela ordem do espírito, mas permitiríamos que a desordem invadisse a tentativa historiográfica de encontrar-lhe o significado. Nossa interpretação de Comte teria de descer, neste caso, ao nível de Littré e John Stuart Mill, ao passo que nossa interpretação da história intelectual desceria ao nível do monadismo demônico de Comte; nossa interpretação de Marx desceria ao nível daqueles que não veem nele senão a ameaça da revolução proletária e do comunismo, ao passo que nossa concepção de "ideologia" desceria ao nível de Marx; nossa interpretação do constitucionalismo e da liberdade desceria ao nível fascista, ao passo que nossa concepção do nacional-socialismo desceria ao nível dos intelectuais progressistas que veem nele um movimento reacionário.

A inclusão do problema espiritual da crise nos conceitos de revolução e restauração não significa, entretanto, que os conceitos se tornaram supérfluos. Dentro do processo geral da crise, permanecem distinguíveis as fases de revolução, restauração e suas ramificações internacionais. O movimento de 1789 com sua evolução rápida no estado-igreja terrorista é ainda seu começo bem marcado; e a reasserção de forças que sobreviveram ao furor desta erupção ainda marca a restauração. Surgirá um problema de delimitação apenas quanto ao final formal que poderia ser atribuído à restauração. De fato, a restauração esgota a geração de homens que sobreviveram à revolução e tentaram estabelecer a ordem pós-napoleônica com as forças políticas e as ideias que dela emergiram. Se se quer atribuir um significado simbólico especial ao ano de 1830, quando desapareceu de cena o último irmão de Luís XVI e Lafayette fez sua aparição, ou ao ano de 1832, que marca o fim do antigo regime na Inglaterra, ou ao ano de 1848, que

3 - O apocalipse do homem: Comte | 257

removeu Metternich, é uma questão de escolha, e será decidida diferentemente pelos historiadores das várias nações. O que é certo é que com os anos de 1840, com a geração de Bakunin e Marx, entramos num novo clima intelectual. Não mudou o problema da crise, mas tornaram-se mais claras as dimensões da catástrofe; afinou-se a consciência escatológica; e dissolveu-se a ilusão de que depois da revolução se tinha-se restabelecido uma ordem estável pelo arsenal de remédios contemporâneos.

Comte e sua obra têm um lugar peculiar quanto a esta peridiozação. O desenvolvimento último das ideias de Comte através da instituição da Religião da Humanidade cai nos anos de 1850. Seu *Système* foi escrito e publicado depois do *Manifesto Comunista*. A intuição original, por outro lado, cai nos anos de 1820; tira sua inspiração de um ambiente intelectual que é determinado por Condorcet e Saint-Simon, por Danton e Robespierre, por Napoleão e Luís XVIII, por Jean-Baptiste Say e Lafitte, por de Bonald e do de Maistre. O desenvolvimento e a publicação de suas ideias coincidem com o liberalismo vitoriano e as décadas do começo do comunismo e do anarquismo; os meios intelectuais em que ele encontra a crise pertencem à restauração. Devemos agora examinar brevemente os elementos principais do ambiente intelectual em que Comte formou sua intuição.

b. A revolução permanente dos liberais

Uma primeira resposta ao problema da crise é dada pelos liberais que querem transformar o ritmo violento da revolução e da restauração numa ondulação suave de reforma progressiva. Esta ideia foi desenvolvida na publicação liberal *Le Censeur* por seus editores, Charles Comte e Charles Dunoyer, em 1815. A revolução é reconhecida como uma necessidade, à medida que é exigida pela luz da razão; mas há outras revoluções que são motivadas por orgulho, ambição e necessidade. A revolução que levou à monarquia liberal de 1791 foi comandada pela razão; a república, o consulado, assim como os movimentos que tendem a restaurar o antigo regime, pertenciam ao segundo tipo. Há dois estados que são igualmente ruins para uma sociedade: completa estagnação e desordem anárquica prolongada. "Um liga-se muito fortemente aos seus costumes mais pueris e a suas práticas mais supersticiosas; o outro entrega-se ao movimento desordenado das paixões." Além disso, um estado produz o outro. A revolução anárquica é inevitável quando o regime insiste em sua continuação contra a razão e a história; ao passo que o despotismo reacionário de um Bonaparte surgirá da anarquia. "Há apenas um meio para as nações evitarem as grandes revoluções; ou seja, porem-se num estado de revolução permanente e regulada sabiamente." Quando uma nação é guiada inteligentemente, está protegida contra todas as revoluções, ou melhor, sua revolução é "permanente, mas lenta e progressiva, de tal maneira que segue sem sobressaltos o progresso da razão".[62]

Os artigos de Comte e Dunoyer têm sua importância porque o *Censeur* representa a restauração liberal em sua melhor fase intelectual. Vemos aqui desenvolver-se uma atitude para com a crise que permanece típica no liberalismo tardio; podemos observar em suas origens o crescimento de um lugar comum escapista. O ritmo de revolução e restauração é considerado um exagero estúpido do processo de reforma social; as agitações violentas do pêndulo deveriam ser suavizadas – sob o título de "revolução permanente" – para o processo que hoje é chamado de "mudança pacífica". Desapareceu o problema da própria crise e foi engolido pela categoria de progresso sob o guiamento da razão. Estamos caracterizando esta atitude como escapista porque ela evita habilmente as verdadeiras questões da crise. Uma sociedade está por definição num estado de crise quando suas forças remediadoras, embora talvez presentes, são socialmente ineficazes. Os problemas sociais que exigiriam urgentemente uma solução não podem ser

---

[62] Charles Dunoyer, "Des Révolutions em Général et des Révolutionnaires"; Charles Comte, "Du Système Représentatif"; Idem, "De l'Autorité Législatif". Esses artigos foram publicados em *Le Censeur*, vols. 3 e 4. As citações são de Gouhier, *Jeunesse*, op. cit., vol. 3, p. 17.

resolvidos porque a força espiritual e moral para a tarefa está faltando no grupo governante. Nesta situação, é obviamente em vão o conselho de fazer o que não é feito porque não pode ser feito. E o conselho não é apenas vão; até aumenta a gravidade da crise porque tira a atenção das alternativas verdadeiras. O conselho progressista de Charles Comte e Dunoyer (e isto permaneceu um fator constante no agravamento da crise ocidental) coloca a alternativa da estagnação na solução de problemas sociais e reforma gradual e inteligente. Esta alternativa não existe concretamente; o fato do tardar na solução de problemas explosivos (acerca dos quais todo o mundo que se dá ao trabalho de ler a literatura corrente está amplamente informado) é a prova de que, no nível da política pragmática, não existe a alternativa do gradualismo inteligente. A verdadeira alternativa seria a restauração da substância espiritual nos grupos governantes de uma sociedade, com a consequente restauração da força moral em criar uma ordem social justa. O problema da crise tem de ser afirmado nos termos platônicos de espírito e poder. Como mostrou a experiência, não é muito alto o valor pragmático desta alternativa. O aparecimento de Platão não mudou o curso da crise helênica; o caso de Nietzsche não serviu como um exemplo de alerta para a Alemanha; nem o aparecimento de Dostoiévski fez mossa no sistema czarista. No entanto esta é a verdadeira alternativa; e temos de ser claros no ponto em que uma propaganda para o gradualismo que despreza e obscurece a verdadeira questão se tornou um sério fator no agravamento da crise.

A ideia que emerge dos artigos do *Censeur* é tão particularmente grave em suas consequências porque implica a falácia posterior de que a abolição de uma injustiça social levará automaticamente a uma ordem estável satisfatória. A abolição revolucionária de um regime que é experimentado como opressivo por um estrato poderoso da sociedade certamente satisfará o grupo revolucionário bem sucedido, mas não é de modo nenhum uma garantia de que o novo grupo será mais apropriado do que o antigo para cumprir as obrigações de comando de maneira competente. A desordem espiritual não é privilégio de uma classe governante; a classe revolucionária que a substitui pode bem ser igualmente deficiente neste ponto, e ainda mais. A incompetência espiritual e moral da burguesia em lidar com o problema do proletariado industrial e da classe média crescente certamente foi um desafio à incompetência da aristocracia pré-revolucionária em lidar com o problema da burguesia ascendente; e o desempenho da classe média baixa na revolução nacional-socialista não é mais edificante. O pior problema na dinâmica da crise ocidental é o fato de que a resistência da classe dominante do momento contra a "mudança pacífica" pode resultar num grau de legitimidade espiritual a partir das qualidades dos grupos revolucionários. A ideia liberal e progressista de "revolução permanente" dos editores do *Censeur* despreza toda esta classe de problemas; e tem de desprezá-los porque o problema espiritual da crise é obscurecido para eles pelo lugar comum de "razão", do Iluminismo. Mas, na noite do espírito, a luz da razão é um guia duvidoso.

c. Internacionalismo

Os problemas mais profundos da crise, entretanto, não escaparam aos pensadores da restauração. Foram inevitavelmente forçados a eles pelos aspectos internacionais da revolução. As guerras napoleônicas da Espanha até a Rússia tornariam evidente para qualquer um que a revolução era mais do que um problema de reforma constitucional francesa. E o Ato do Congresso de Viena, de 1815, foi mais do que um simples tratado de paz entre ex-beligerantes; foi um estabelecimento da ordem europeia, comparável ao Tratado de Münster e Osnabrück que tinham concluído a sublevação da Guerra dos Trinta Anos. Os acontecimentos apenas no nível pragmático tornariam clara a escala europeia do problema. O verdadeiro internacionalismo do período, entretanto, foi alimentado a partir de um número considerável de outras fontes. Já notamos o *pathos* internacional da própria revolução, no alargamento do recrudescimento francês da ideia de uma civilização em conformidade com o espírito francês, assim como nas ideias de Napoleão. Este *pathos* revolucionário espalha-se até mesmo para a América; numa carta a Lafayette, escreve Washington: "Semeamos uma semente de Liberdade e União que germinará aos poucos em toda a terra. Algum dia os Estados Unidos da Europa serão constituídos, modelados pelos Estados Unidos da América. Os Estados Unidos serão os legisladores de todas as nações".[63] E este *pathos* não é mais do que a culminação do internacionalismo do século XVIII, que se cristalizou nos projetos de paz perpétua do Abbé Saint-Pierre, de Rousseau e de Kant, e que se cristalizou em formulações tais como "A República Europeia" (Rousseau) ou a "Assemblée des nations" (Volnay).

O internacionalismo do tipo humanitário iluminado precede a revolução e torna-se intensificado apenas em seus anos iniciais. Com a revolução em si novas fontes de internacionalismo estão abertas pelo curso dos acontecimentos. Um papel muito importante foi exercido pela emigração francesa. A sociedade cortês, como cada grupo fechado deste tipo, tinha um horizonte relativamente estreito; a emigração foi o descobrimento do mundo, mediante o conhecimento de civilizações nacionais estrangeiras, e em particular mediante o descobrimento da tradição medieval vivente da cultura europeia.[64] O horizonte é alargado para além do período do estado nacional absoluto, e vem à baila a fundação comum da civilização cristã ocidental através de Carlos Magno. Um efeito similar surgiu da experiência da revolução pelo clero francês. Na luta com o governo revolucionário, o galicanismo recebe um golpe do qual nunca mais se recuperou; o caráter europeu internacional do catolicismo ganha um novo peso; e é redescoberta a importância do poder espiritual que não deve estar aliado muito de perto ao governo nacional. Para além dessas ocasiões concretas para relembrar as fontes temporal

---

[63] Citado por Gouhier, *Jeunesse*, op. cit., vol. 3, p. 22.

[64] Fernand Baldensperger, *Le Mouvement des Idées das l'Émigration Française* (*1789-1815*). Paris, Plon-Nourrit, 1924, vol. 2, p. 151-52. Gouhier, *Jeunesse*, op. cit., vol. 3, p. 24.

e espiritual da unidade ocidental, a lição geral desta segunda conflagração seguindo a primeira das guerras religiosas não foi perdida nas contemporâneas. A revolução foi entendida como o segundo ato no drama da decomposição ocidental do qual a reforma se tinha tornado o primeiro ato. E a busca de unidade voltou-se inevitavelmente para a Cristandade como a força espiritual que produzira a unidade que agora estava visivelmente desmoronando-se. Esta consciência da unidade cristã do passado e do problema espiritual que coloca para o presente, encontra expressão numa literatura considerável. Mencionemos apenas as obras de de Bonald: *Théorie du pouvoir politique dans la société civile* (1796) e o subsequente *Essai analytique sur les lois naturelles de l'ordre social* (1800) e *Législation primitive considérée dans les derniers temps par les seules lumières de la raison* (1802); *Christenheit oder Europa*[65] (1799), de Novalis; e as obras do de Maistre: *Considérations sur la France* (1796), a principal obra sistemática *Du Pape* (1819) e a obra que deixou incompleta à época de sua morte, em 1821, *Les soirées de Saint-Pétersbourg*.

d. De Maistre

Algumas formulações tomadas dessas obras iluminarão o clima intelectual em que Comte cresceu. De acordo com Bonald, a Europa, até o século XVI, poderia ser considerada uma "única família"; sua fundação remontava a Carlos Magno, "*le fondatuer et le héros de la société civile*"; esta família feliz teve problemas por ocasião das paixões de seus membros, mas sempre era reunida "*par la même religion publique*"; a reforma dilacerou esta Europa cristã e com este golpe também "dividiu a Europa política".[66] Em suas *Considérations sur la France*, de Maistre retoma este problema de princípio.

Todas as instituições imagináveis apoiam-se numa ideia religiosa [...]. São fortes e duráveis à medida que são

---

[65] Cristandade ou Europa. (N. T.)

[66] As passagens são de *Théorie du Pouvoir*, Gouhier, *Jeunesse*, op. cit., vol. 3, p. 26.

divinizadas [...]. A razão humana (ou o que se chama filosofia sem saber o que faz) não é substituto para esta base (que alguém chamou superstição, de novo sem saber o que faz); a filosofia, ao contrário, é uma força essencialmente desorganizadora".[67]

Esta sentença poderia ter sido escrita por Comte, assim como a seguinte: "parece-me que todo filósofo verdadeiro deveria fazer sua escolha entre duas hipóteses: ou uma nova religião está para ser formada, ou a cristantade se rejuvenescerá de maneira extraordinária. Temos de fazer nossa escolha entre essas duas suposições, de acordo com nosso estado na verdade da cristantade".[68] De Maistre decide pela cristantade; Comte, pela nova religião; mas, quanto ao princípio, estão de acordo.

O campo de concordância entre de Maistre e Comte é ainda mais amplo do que suas escolhas alternativas de cristantade e a Religião da Humanidade poderiam sugerir; pois a solução cristã do de Maistre pertence intensamente ao caráter projetivo, organizacional que é peculiar a Comte. Consideremos, por exemplo, uma passagem de uma carta do de Maistre a Blacas (1814): "Lembra frequentemente esta corrente de raciocínio: nenhuma moralidade pública ou caráter nacional sem religião, nenhuma religião europeia sem Cristandade, nenhuma Cristandade sem catolicismo, nenhum catolicismo sem o papa, nenhum papa sem a supremacia que é devida a ele".[69] Este tipo de argumentação, que leva de Maistre à supremacia do papa, é do mesmo tipo que leva Comte a criar para si o alto pontificado da nova religião da República ocidental. Ambos os pensadores estão certos à medida que diagnosticaram o problema da unidade espiritual na civilização ocidental, e ambos estão certos à medida que levam a sério o problema de uma institucionalização do espírito. Ambos, em comum, estão surpreendentemente cegos à magnitude do problema.

---

[67] De Maistre, *Considérations sur la France* (1855). Paris, Impr. Nationale, 1994, p. 67.

[68] Ibidem, p. 73.

[69] Citado por Gouhier, *Jeunesse*, op. cit., vol. 3, p. 25.

Se supusermos que de Maistre não considerou um exercício vão sua obra literária, teremos também de supor que acreditava seriamente poder mudar o curso da história ocidental por uma análise clara do problema da crise e pela sugestão de uma solução apenas organizacional que parecia fazer sentido. Que a situação crítica de toda uma civilização, que estivera em construção por séculos, não possa ser transformada, da noite para o dia, numa ordem harmônica por um ato de intelecção e por uma concordância entre pessoas inteligentes, ou que algo poderia estar profundamente errado não apenas fora do catolicismo, mas dentro da própria igreja, não era suficientemente claro para ele, assim como era inconcebível para Comte que ele não pudesse restaurar a ordem de uma civilização por sua renovação pessoal, ou que algo pudesse estar errado com sua Religião da Humanidade. Em de Maistre como em Comte sentimos o toque da razão iluminada que cega seus portadores para o trabalho do espírito. Além disso, esta impressão é reforçada quando vemos de Maistre, em *Du Pape*, envolver-se nas mesmas projeções de longo alcance de Comte e incluir a Rússia e a igreja Ortodoxa em suas reflexões sobre uma Europa restaurada sob a supremacia papal.[70]

Na última obra do de Maistre, as *Soirées de Saint-Pétersbourg*, um tom fortemente apocalíptico se faz sentir que está ainda mais perto do temperamento de Comte: "Temos de estar preparados para um acontecimento imenso na ordem divina para a qual estamos marchando com uma velocidade acelerada que deveria surpreender todo observador. Já não há nenhuma religião na terra: a humanidade não pode permanecer neste estado". Escritores assim católicos como protestantes encontram na Revelação de São João o anúncio do acontecimento iminente. Alguns chegam a acreditar que já começou "e que a nação francesa será o grande instrumento da maior das revoluções". "Não há talvez nenhum homem verdadeiramente religioso na Europa (estou falando da classe educada)

---

[70] Ver *Du Pape*, no livro III, os capítulos acerca da Rússia; e todo o livro IV: "Du Pape dans son rapport avec les églises nommées schismatiques".

que não espere, neste momento, algo extraordinário. E, acreditas que esta concordância de todos os homens pode estar errada?" Como prova, observa a marcha da ciência e vê aonde ela nos leva. De Newton o caminho vai até Pitágoras. Uma vez que a afinidade natural entre religião e ciência se tiver tornado concreta "na cabeça de um único homem de gênio", então o século XVIII terá verdadeiramente chegado a seu fim. Não está longe o aparecimento deste homem; "talvez ele já viva".

De Maistre conclui essas reflexões com uma especulação acerca da função do número místico Três na história: "Deus falou pela primeira vez ao homem no Monte Sinai; e esta revelação foi restringida, por razões que desconhecemos, até os limites estreitos de um único povo e um único país". "Depois de quinze séculos, uma segunda revelação dirigiu-se a todos os homens sem distinção [...]. mas ainda a universalidade de sua ação estava infinitamente restringida pelas circunstâncias de tempo e espaço." Quinze séculos se passaram de novo, e a América foi descoberta; toda a terra e toda a humanidade agora estão atraídas numa unidade, e devemos esperar "uma terceira explosão da bondade onipotente em favor da humanidade". "Tudo anuncia [...]. não sei para que grande unidade estamos marchando rapidamente."[71]

A visão de uma terceira revelação, a expectativa de uma nova personagem messiânica, a unidade de ciência e religião – tudo isso está tão perto de Comte que é desnecessário um desenvolvimento posterior. Quão perto está, pode ser depreendido do fato de que o movimento rival do positivismo de Comte, ou seja o saint-simonismo de Enfantin e Bazard, se apropriou da expectativa profética do de Maistre como um anúncio do salvador que chegara na pessoa de Saint-Simon:

> Fiquemos preparados, como diz de Maistre, para um acontecimento imenso na ordem divina para a qual estamos

---

[71] De Maistre, *Les Soirées de Saint-Pétersbourg*. 11. ed. (1854), p. 270-85. Edição inglesa: *St. Petersburg Dialogues, or, Conversations on the Temporal Government of Providence*. Trad. Richard A. Lebrun. Montreal, McGill-Queen's University Press, 1993.

marchando com uma velocidade acelerada que deveria surpreender todos observadores; já não há necessidade de nenhuma religião na terra, a humanidade não pode permanecer neste estado; mas mais felizes do que de Maistre, já não esperamos pelo *homem de gênio* que ele anunciou e que, segundo ele, deveria revelar ao mundo a *afinidade natural de religião e ciência:* Saint-Simon apareceu.[72]

e. A santa aliança

"É impossível que forças mundanas se equilibrem umas às outras; apenas um terceiro elemento, que é mundano e transmundano ao mesmo tempo, pode resolver esta tarefa."[73] Este sentimento – de que a ordem pós-revolucinária não pode ser obtida como um equilíbrio de poderes seculares – permeia a restauração; encontrou sua expressão política pública no documento que surgiu da relação curiosa entre o Czar Alexandre I e a Baronesa von Krüedener, ou seja, a Santa Aliança de 26 de setembro de 1815. Os equívocos populares concernentes a este documento foram dissipados agora, no entanto, pode valer a pena repetir que a Santa Aliança não deve ser confundida com a Quádrupla Aliança e que suas intenções não devem ser identificadas com as políticas reacionárias da era de Metternich. A Santa Aliança parece ter tido sua origem na intersecção mais ou menos acidental das dusa tábuas de salvação de Mme. de Krüedener e do czar. A baronesa livoniana (1764-1824) experimentou uma conversão em 1804, e desde então sua vida foi uma série colorida de associações com os vários grupos pietistas da época: com os moravianos em Herrenhut, com o círculo de Heinrich Jung-Stilling em Karlsruhe, com

---

[72] *Doctrine de Saint-Simon: Exposition, Première Année* (1829). Ed. Célestin Bouglé e Daniel Helévy. Paris, Rivière, 1924, p. 418 ss. Edição inglesa: *The Doctrine of Saint-Simon: An Exposition, First Year.* Trad. Georg. G. Iggers. New York, Schocken Books, 1972 (Studies in the Libertarian and Utopian Tradition).

[73] Novalis, "Die Christenheit oder Europa" (1799). In: *Schriten.* Ed. J. Minor. Jena, 1923, vol. 3, p. 42. [Ver *The Early Political Writing of the German Romantics.* Ed. e trad. Frederick C. Beiser. New York, Cambridge University Press, 1996.]

Fontaines na Alsácia, com Wegelin em Estrasburgo e com Jean Frédéric Oberlin (que inspirou o nome do Colégio Oberlin) em Waldbach. De interesse especial para nós é a associação com Jung-Stilling e a corte de Baden porque a Imperatriz Elizabeth, da Rússia, e a esposa de Gustavus Adolphus IV, da Suécia, eram princesas de Baden, pertencentes a este grupo pietista; aqui tocamos na base social internacional para o elemento pietista na restauração na Rússia e Alemanha, assim como para o fato de que Mme. de Krüedener pôde obter acesso ao czar. Através de sacerdotes e outras personalidades místicas, o pietismo criara uma comunidade de sentimentos e ideias que ligava, socialmente, o campesinato às cortes e, geograficamente, a Alemanha ocidental à Rússia. Do ponto de vista político, esta comunidade estava fortemente imbuída de ideias quiliásticas em que Napoleão figurava como o Anticristo e as esperanças eram dirigidas a um salvador vindo do Norte, com base na profecia de Isaías 41,25: "Eu o suscitei do aquilão, e ele virá de onde nasce o sol: ele invocará o meu nome, e tratará aos magistrados como lodo, e como oleiro que pisa o barro calcando o chão".[74] Alexandre I, que parecia muito claramente um salvador do Norte, era uma alma angustiada, oprimida pela culpa de parricida; sua busca de paz para a alma, que o levou a contatos

---

[74] E. Muhlenbeck, *Étude su les Origines de la Sainte-Alliance*. Paris, Vieweg, 1909. No entanto o peso real dessas esperanças quiliásticas só poderá ser entendido se separarmos o simbolismo quiliástico de seu conteúdo histórico acidental. Que Napoleão e Alexandre I parecessem preencher esses símbolos é historicamente acidental nas primeiras décadas do século XIX. O movimento quiliástico em si remonta ao período da reforma. Baseia-se nas profecias bíblicas da passagem de Isaías citada no texto, assim como em Daniel 11 (O rei do Norte), Jeremias 4,5 (o leão do Norte); Jeremias 50,9 e 50,41-44 (o povo do Norte). Este complexo de sugestões bíblicas cristalizou-se num simbolismo firme na assim chamada Profecia de Paracelso, provavelmente datada de 1541. A profecia anuncia o "*Loewen von Mitternacht*" que, depois de uma grande luta, retirará do império as garras da águia. No século XVII, esta profecia teve uma carreira muito popular quando aplicada a Gustavus Adolphus, como o "Leão do Norte", em sua luta contra o imperador. Nunca morreu a consciência deste simbolismo, mas foi continuada numa rica literatura mística, rosacruciana e alquímica. A história deste simbolismo é tratada excelentemente em Johan Nordström, *Lejonet fràn Norden*. Upsala, 1934. A Profecia de Paracelso está republicada no apêndice ao estudo de Nordström. Pode-se encontrar uma republicação em alemão moderno na edição de Hans Kayser dos, *Schriften Theophrastus von Hohenheim (Paracelsus)*. Leipzig, Insel Verlag, 1924, sob o número 297.

com representantes de vários movimentos sectários, não chegou a um fim antes de sua estranha desaparição do trono em 1825 e (o que parece no momento a presunção mais provável) sua retirada para a Sibéria. Em 1815 empregara a oportunidade da campanha para procurar esta paz numa entrevista com Jung-Stilling, em Karlsruhe; falhou a tentativa. Em junho de 1815 tinha seus quartéis-generais em Heilbronn, não distante de uma vila onde Mme. de Krüedener estava envolvida em persuadir alguns camponeses a vender a propriedade deles e fugir da catástrofe escatológica iminente. Para essa senhora, foi a sua oportunidade da vida: obteve uma entrevista com o czar e, em várias horas de prédica, sujeitou o homem soluçante até o ponto de ele "encontrar a paz" – ao menos por um tempo. A pedido dele, ela o seguiu até Paris, e estavam em contato diário em reuniões de oração. Da noite para o dia, essa senhora tinha-se tornado uma força política de importância europeia, e em suas sessões religiosas reunia pessoas como Chateaubriand, Benjamin Constant e Mme. Récamier. Desta associação emergiu, em setembro de 1815, a Santa Aliança.

A Santa Aliança foi publicada em nome dos soberanos da Áustria, Prússia e Rússia.[75] Os três monarcas confessam estar impressionados com os acontecimentos dos últimos três anos. A Providência Divina cumulou de bênçãos os estados que puseram apenas nela a sua confiança. E os monarcas estão convencidos de que as relações mútuas dos poderes têm de ser baseadas nas verdades sublimes que são ensinadas pela religião eterna do Deus Salvador. Daí declararem agora, "*à la face de l'Univers*", que adotarão como sua regra de conduta os princípios de justiça, caridade e paz, assim nas relações domésticas como nas estrangeiras. Esses princípios não são aplicáveis apenas à vida privada, mas têm de exercer influência direta nas resoluções dos príncipes. Apenas quando esses princípios diretos lhes guiam os passos é que se consolidarão as instituições humanas e se lhe remediarão as imperfeições.

---

[75] O texto da Santa Aliança pode ser encontrado em *Recueil Martens* 2:60. Göttingen, 1818, p. 630 ss.

A Escritura manda que todos os homens se considerem uns aos outros como irmãos. Os três monarcas permanecerão unidos pelo elo de uma fraternidade verdadeira e indissolúvel. Considerarão uns aos outros como compatriotas; considerar-se-ão a si e a seus povos como membros de uma nação cristã; os três príncipes consideram-se como delegados pela Providência a governar três ramos de uma mesma família; e não reconhecem como seu soberano comum nenhum outro senão aquele a quem pertence verdadeiramente todo o poder, ou seja, Deus, nosso divino Salvador Jesus Cristo, o Verbo mais Alto, o Verbo de Vida. Em relação a seus súditos e exércitos, considerar-se-ão como pais de famílias e os guiarão, no espírito de fraternidade, a proteger a religião, a paz e a justiça. A força só será empregada entre eles com o propósito de prestação de serviço mútuo. A seus povos os monarcas recomendam que se fortifiquem cada vez mais, diariamente, nos princípios e deveres que o Salvador ensinou; pois este será o único meio de gozar a paz durável que surge da boa consciência. E os outros poderes são convidados a unir-se a esta convenção para a felicidade de nações que foram abaladas por muito tempo, de tal maneira que doravante essas verdades exercerão sua devida influência nos destinos dos homens.

A interpretação deste documento foi obscurecida pelo fato de ele ter sido expresso na forma de um tratado internacional. Se for tomado no valor nominal de sua forma legal, então pode ser descartado como "inócuo" ou "irrelevante", como fazem em relação a ele os historiadores pragmáticos. Os contemporâneos que foram convidados a assiná-lo, e que na verdade o assinaram por deferência ao czar, não tinham ilusões quanto à irrelevância de tal documento. Os monarcas da Áustria e da Prússia não o assinaram de boa vontade; e Francisco I observou que, quanto à sua implementação, ele teria de consultar-se com o chanceler, quanto às matérias temporais; e com seu confessor, quanto às matérias espirituais; o príncipe regente da Inglaterra assegurou aos monarcas que ele sempre se esforçaria para regular sua conduta por essas máximas sacras, mas recusou-se a assinar porque sua assinatura não tinha valor sem a assinatura concomitante de um ministro; Metternich se referia desdenhosamente ao tratado como um nada ensurdecedor. No entanto na história das ideias não se pode tratar de tais documentos com o *dictum* de Castlereagh: "um documento de misticismo sublime e tolice". Vimos, em nosso próprio tempo, dois estadistas, que eram, quanto ao mais, muito inteligentes, prometendo "libertar da necessidade e do medo" o mundo em geral, na forma de um tratado internacional.[76] A despeito de sua irrelevância legal, exige atenção o fenômeno.

Uma vez descontada a forma legal e reduzido o documento a seu *status* apropriado, recorrendo ao encontro entre Mme. Krüedner e o czar, não temos nenhuma dificuldade em caracterizá-lo. Temos de vê-lo como a resposta protestante-quiliástica ao problema da crise, assim como vimos na obra do de Maistre uma resposta católico-quiliástica. No programa pietista de uma restauração espiritual não temos, é claro, de esperar projetos para uma organização institucional do poder espiritual com um papa demaistriano ou um alto sacerdote comtiano em seu ápice; temos de esperar a transferência, para a escala internacional, do espírito de irmandade que animou as comunidades pietistas; e isso é precisamente o que encontramos. Todos os homens são irmãos, a os monarcas também serão irmãos. As nações, em sua existência política separada, serão abolidas e transformadas em membros de uma nação cristã. Os próprios governantes deixarão de ser soberanos e se transformarão em cabeças de família sob a soberania de Cristo, e assim por diante. Da noite para o dia entramos no milênio de paz, caridade e justiça sob a Providência Divina. Tal força tanto quanto possa ainda ser necessária servirá apenas a propósitos de assistência recíproca contra infames; e muito consistentemente o documento não é submetido a infiéis não irmãos como o sultão e o papa. Nesta projeção da comunidade pietista na escala europeia, reconhecemos o mesmo procedimento do alargamento do humanitarismo revolucionário francês na nova ordem da humanidade, ou no alargamento de Comte de

---

[76] [Talvez Voegelin se refira a Roosevelt e Churchill, já que a frase foi primeiro empregada por FDR em seu famoso discurso "Quatro Liberdades" (1941).]

3 - O apocalipse do homem: Comte | 271

sua intuição pessoal para a ordem da República ocidental. Sob este aspecto também a forma legal de uma convenção internacional encontra seu lugar no padrão: a formalização participa da operação mágica pela qual Comte traz salvação para a sociedade em crise através da publicação de um livro. É um tipo de mágica que sobrevive hoje em certos círculos intelectuais cujos problemas políticos são tratados por "altas resoluções" e declarações de "princípios elevados". Quanto ao mais, a Santa Aliança não deixou de ter consequências pragmáticas no ambiente em que se originou. A intervenção de Nicolau I, em 1849, para interromper a revolução húngara, foi inspirada pela ideia de "assistência recíproca" à "irmã" austríaca; e o rescrito de Nicolau II, em 1898, que iniciou a Primeira Conferência de Paz de Haia, tirou parte de sua inspiração desta fonte – embora outra parte tenha de ser procurada, antes, nas dificuldades financeiras de manter a corrida armamentista.

f. Saint-Simon

O clima intelectual da restauração exerceu sua influência muito fortemente em Comte por intermédio de Saint-Simon (1760-1825) durante os anos de associação entres os dois homens, ou seja, nos anos de 1817 a 1824. Para os pormenores deste relacionamento o leitor deve recorrer à literatura monográfica, em particular, aos volumes de Gouhier. A associação era tão próxima que mesmo agora é difícil decidir concretamente o que pertence a Comte e o que a Saint-Simon num complexo de ideias que se formaram nos anos de colaboração. Por sorte, a questão não é tão importante quanto é delicada e complicada a tarefa de separação. Nem Saint-Simon nem Comte tem um lugar na história por causa da originalidade de suas ideias ou da profundidade de seu pensamento sistemático; as ideias deles eram de propriedade comum da época, e as realizações deles na penetração sistemática é, na melhor das hipóteses, diletante. Ocupam seu lugar de distinção por causa de sua sensibilidade aguda ao caráter crítico da época; e por causa de sua habilidade para concentrar a atmosfera apocalíptica nos símbolos proclamadores do Juízo Final e da salvação.

Embora seja certo que Saint-Simon foi para Comte um mediador importantíssimo de ideias, seria difícil dizer com precisão que ideias Comte recebeu de Saint-Simon que não pudesse ter recebido alhures. Uma vez que se esclareçam completamente os pormenores deste relacionamento e se acalme o debate, chegaremos provavelmente à conclusão de que a coisa mais importante no relacionamento desses dois homens foi o fato de que havia dois deles. A segurança que provém da confirmação mútua de espíritos que se movem na mesma direção foi talvez o presente mais precioso de Saint-Simon a Comte. No entanto a própria afinidade de seu movimento intelectual permite-nos nomear ao menos dois grandes complexos em que a confirmação mútua ou influência devem ter sido mais fortes, ou seja, (1) o credo cientificista e (2) a intelecção das consequências sociais da Revolução Industrial. Nas seguintes observações acerca de Saint-Simon, concentrar-nos-emos nesses aspectos de suas ideias.[77]

Poucos meses antes de sua morte, numa conversa com Olinde Rodrigues, Saint-Simon resumiu as intenções de sua obra copiosa:

> Como todo o mundo, quis sistematizar a filosofia de Deus. Quis descer sucessivamente dos fenômenos do universo para os fenômenos do sistema solar, depois, para os fenômenos terrestres e, finalmente, para o estudo das espécies consideradas como uma subdivisão de fenômenos sublunares; deste estudo quis obter as leis de organização social, o objeto original e essencial de minha inquirição.

Saint-Simon confessa o sonho que foi inspirado pela física newtoniana, o sonho de expandir o tipo de ciência que se transformara na física matemática para abarcar sistematicamente o mundo todo, incluindo a sociedade humana. É o sonho que também inspirou o *Cours de Philosophie Positive*.

---

[77] Para os materiais desta seção louvamo-nos na apresentação de Saint-Simon nos vols. 2 e 3 da *Jeunesse*, de Gouhier. Para traçar a linha do credo cientificista, baseamo-nos principalmente no estudo de von Hayek, "Counter-Revolution of Science".

3 - O apocalipse do homem: Comte | 273

Baldou-se o sonho porque se mostrou impossível estender a lei fundamental de Newton a outros campos de inquirição e então perceber o fim nobre que hoje tem o nome de *Ciência Unificada*. Saint-Simon continua seu sumário, como narrado por Rodrigues: "Mas dei-me conta, a tempo, da impossibilidade de sequer estabelecer a lei positiva e coordenadora desta filosofia". Abandonou a ideia por volta de 1813; mas a lei de gravitação ainda assombra a primeira preleção do *Cours* de Comte; e somente no começo do volume 4 do *Cours* é que Comte mudou o nome de *physique sociale* para *sociologie* – não sem uma observação maldosa acerca de Quetelet, que se apropriara do nome *physique sociale* para sua obra estatística; a solução de Comte para o problema de Saint-Simon foi a substituição do *método* positivo como o agente unificador pelo *princípio substantivo* unificador da gravitação.

A falha em concretizar uma ciência newtoniana unificada da sociedade levou Saint-Simon a mudar seu tratamento da matéria; em suas observações a Rodrigues, continua ele: "Voltei-me para a *ciência geral do homem*; aqui não se consideram diretamente as ciências, mas, antes, os cientistas; não a filosofia, mas, antes, os filósofos, sob o aspecto positivo de suas funções na sociedade humana". Saint-Simon não abandonou o "escopo original e essencial" de sua inquirição; este escopo é ainda a exploração da *organisation sociale*; mas já não o buscará mediante o desenvolvimento de projetos para uma sociedade na era da ciência, tecnologia e indústria newtonianas. Cientistas e filósofos têm a função "positiva" de desenvolver o corpo de conhecimento sistemático que garantirá a dominação humana sobre a natureza. A organização social abolirá o velho domínio do homem sobre a natureza e o substituirá por um governo de cientistas, engenheiros e industrialistas que asseguram e aumentam a dominação do homem sobre a natureza em benefício da sociedade como um todo. Politicamente, o avanço da ciência transforma-se na "contrarrevolução da ciência" (como de Bonald chamou tal desenvolvimento), com a ideia de uma sociedade totalitária dominada por tecnocratas teoréticos e práticos. É importante isolar este fator no pensamento de Saint-Simon, como o fez Hayek no estudo citado, porque este fator pode amalgamar-se com ideias e movimentos políticos amplamente diversos e, na verdade, permaneceu, até hoje, uma das grandes constantes no pensamento político. Encontramo-lo como um componente no "industrialismo" administrativo de Saint-Simon e Comte, na concepção das instituições bancárias de *crédit mobilier* com o propósito de financiar a expansão industrial, no socialismo de Marx e Engels, nas concepções modernas de governo pela administração, assim como no intervencionismo progressivo do estado de bem-estar.[78]

No contexto de uma história geral não podemos entrar nos pormenores da obra fantasticamente volumosa de Saint-Simon. Restringir-nos-emos à mera enumeração dos principais símbolos políticos que emergiram neste curso e permaneceram eficazes assim na obra de Comte como na história posterior. A obra mais antiga é *Lettres d'un Habitant de Genéve à ses Contemporains* (1802). Podemos caracterizar--lhe a atmosfera como uma forma transitória do século XVIII para o XIX. Do século XVIII, mantém em pleno vigor o culto voltairiano de Newton; ao século XIX pertence o projeto de uma organização totalitária da sociedade. Saint-Simon, nas *Lettres*, está em busca de patrocinadores financeiros para o projeto de um Concelho de Newton para o qual os subscritores nomearão os membros a partir dos matemáticos, físicos, químicos, fisiologistas, escritores, pintores e músicos da época. O concelho dos 21, assim eleito pela "humanidade", reunir-se-á sob a presidência do matemático que recebeu o maior número de votos. Representará Deus na terra; abolirá o papado, que não entendeu a ciência divina que um dia criará o paraíso terrestre. Subdividirá o mundo em regiões com concelhos locais de Newton, com cultos, pesquisa e instruções localizados nos Templos de Newton. A revelação vem do próprio Deus, que tem Newton a seu lado como o *logos* que iluminará o mundo; e Saint-Simon é seu profeta. Em suma:

---

[78] O sumário de Saint-Simon pode ser encontrado em Olinde Rodrigues, "De Henri Saint-Simon", *Le Producteur* 3 (1826); citado em Gouhier, *Jeunesse*, op. cit. vol. 3, p. 6.

3 - O apocalipse do homem: Comte | 275

aqui temos o terceiro tipo de visão apocalíptica, ou seja, o cientificista, ao lado do católico e do pietista.

Este projeto contém certos pormenores que se desenvolvem inteiramente apenas nas obras posteriores de Saint-Simon. A estrutura social que este implica nesse estágio mostra uma estratificação em cientistas (e intelectuais liberais, em geral), industriais proprietários e trabalhadores sem propriedade. Seu projeto tem para este propósito, entre outras coisas, a revogação de uma luta de classes que, de outro modo, seria inevitável. A nova sociedade será permeada pelo *ethos* da obra. Todos os homens trabalharão;

os braços dos pobres continuarão a sustentar os ricos, mas ordenar-se-á que os ricos deixem seus cérebros trabalhar; e se seus cérebros não forem adequados ao trabalho, logo serão obrigados a trabalhar com seus braços; pois Newton certamente não deixará ficar neste planeta (que está tão perto do sol) trabalhadores que são voluntariamente inaptos nas oficinas.

Todos os homens considerar-se-ão como operários ligados a uma oficina; e o trabalho deles será dirigido pelo Concelho de Newton. É quase desnecessário discorrer acerca da importância deste concentrado de ideias. Aqui podemos colocar o dedo no ponto onde o utilitarismo iluminado e o cientificismo de d'Alembert e Condorcet adquirem a sociedade industrial como seu corpo institucional e fazem florescer a ideia, sem escapatória, da oficina totalitária. Mesmo a ferocidade de rotular e tratar os dissidentes como sub-humanos já está desenvolvida, pois qualquer um que não obedeça ordens "será tratado pelos outros como um quadrúpede".[79]

As *Lettres* contêm em germe a substância do pensamento posterior de Saint-Simon, no que é de interesse para nosso contexto. Mencionemos apenas algumas variantes e desenvolvimentos. Na *Introduction aux trauvaux scientifiques du XIXe siécles* (1807-1808), considera, em lugar do antigo Concelho de Newton, um comitê editorial para uma nova *Encyclopédie* que

---

[75] Para as *Lettres*, ver Gouhier, *Jeunesse*, op. cit., vol. 2, e Hayek, op. cit., p. 26 ss.

unificará toda a ciência do ponto de vista do fisicismo. Este fisicismo é uma nova fase da religiosidade humana, seguindo as fases anteriores de politeísmo e monoteísmo. Esta nova obra enciclopédica é necessária porque a obra dos intelectuais do século XVIII era meramente destrutiva e ainda não positiva. Podemos discernir nessas reflexões o germe da caracterização posterior de Comte do estágio "metafísico" como meramente transitório e crítico, assim como o desenvolvimento do fisicismo na nova religião com um "clero fisicista". Encontramos na introdução, além disso, as categorias típicas da política da restauração; a *"société européenne"* fundada por Carlos Magno, dilacerada em sua unidade espiritual por *"le défroqué Luther"*,[80] mas, não obstante, ainda formando uma unidade civilizacional das cinco nações, não faltando hoje nada, senão uma ligação religiosa federativa. Contudo este estoque de concepções da restauração é agora combinado com a ideia de que a solução chegará através da formulação de um novo poder temporal, consistindo na classe proprietária, e num novo poder espiritual, consistindo em cientistas e intelectuais.[81] A *Mémoire sur la Science de l'Homme* (1813) de novo enfatiza a necessidade de uma ciência unificada e positiva da sociedade e traz, em consequência, nesta conexão, uma nova variante das três fases: a primeira, ou época preliminar, terminou com Sócrates; a segunda, ou conjectural, dura até o presente; e a terceira e positiva está prestes a começar.

Selecionemos, finalmente, duas ideias da fase final da obra de Saint-Simon que indicam a transição para a fase de pós-restauração da crise. No *Système Industriel* (1820-1822),

---

[80] "O despadrado Lutero". [N.T.]

[81] Ver von Hayek, op. cit., p. 29 ss. Gouhier, op. cit., vol. 3, p. 67 ss. As concepções de Saint-Simon eram a essa época fortemente influenciadas pela constituição corporativa de Napoleão para o reino da Itália. Nesta constituição, o eleitorado era dividido em três grupos de proprietários de terras, comerciantes e cientistas, e clérigos. Saint-Simon esperava uma reconstrução da Europa através de uma reorganização de todas as nações de acordo com essas linhas gerais e uma união sob o imperador. A classe trabalhadora não recebeu nenhuma representação; esta característica permaneceu constante na obra de Saint-Simon; sua concepção da sociedade industrial foi a de um estado de bem-estar com industriais e cientistas como a classe governante temporal e espiritual.

3 - O apocalipse do homem: Comte | 277

Saint-Simon dá um novo rigor à estrutura de classe da sociedade; a nova sociedade não apenas terá de descartar a velha aristocracia feudal e clerical; terá também de eliminar a "segunda classe", consistente nas pessoas que vivem de suas rendas, nos militares, nos magistrados e em todas as pessoas ocupadas em trabalho inútil. No *Catéchisme Industriel* (1823-1824), atribui a esta classe o nome de *burguesia* e nela inclui todos os proprietários que não são industriais; portanto a classe governante temporal é circunscrita precisamente como consistindo em pessoas que combinam propriedade com trabalho administrativo. A Revolução Francesa é obra da burguesia, não dos industriais. A segunda ideia, igualmente contida no *Catéchisme Industriel*, é a da nova liberdade: a exploração do homem pelo homem será substituída pela exploração da natureza pelo homem; o regime militar ou governamental será substituído pelo regime industrial ou administrativo. Neste ponto, podemos dizer, ocorre a divisão entre a restauração propriamente dita e o socialismo revolucionário posterior. Na *Doctrine de Saint-Simon*, Bazar e Enfantin, neste ponto, ainda seguem a seu mestre.[82] Entretanto, no *Globe*, de 1831, de Saint-Simon, a posição já é invertida: "Não é uma questão apenas de administrar coisas, mas de governar homens, uma tarefa difícil, imensa e santa". A ideia revolucionária de Saint-Simon de que o governo desaparecerá, e a administração das coisas lhe tomará o lugar, por um lado, é retomada por Engels em *Anti-Dühring* (1877): "O governo sobre pessoas é substituído pela administração de coisas. O estado não será abolido, definhará". Os saint-simonianos e Comte ainda têm o senso da ordem governamental histórica; com a geração de Bakunin e Marx, a febre escatológica também corroeu este elemento da tradição.[83]

---

[82] *Doctrine de Saint-Simon*, op. cit., p. 162.

[83] Acerca da fórmula da "administração de coisas" e suas origens e destinos, ver a nota esclarecedora de Bouglé e Halévy in: ibidem, p. 162 ss. [Um eco alemão anterior do abominável "definhar do estado" pode ser encontrado na determinação de Fichte de dominar o poder do estado para a realização da iceia. Ver George Armstrong Kelly, *Idealism, Politics and History: Sources of Hegelian Thought*. London, Cambridge University Press, 1969, pt. 4, cap. 2, "Metaphysics and Consciousness".]

§ 7. A intuição de Comte

Em sua autobiografia intelectual, Comte mostrou que o ensaio de 1822, ou seja, o "Plan des Travaux Scientifiques Nécessaires pour Réorganiser la Socièté", continha sua intuição grandiosa. Este autoelogio, todavia, tem de ser recebido com certas restrições. Deveríamos, antes, dizer que no "Plan" sua intuição alcançou um grau de certeza e clareza tais que poderia começar a "explicação" em si. A "intuição" não chegou como visão repentina; cristalizou-se num processo de vários anos de duração. Para o historiador de ideias, este processo de cristalização é a parte mais interessante da famosa intuição porque aqui ele pode encontrar os motivos últimos de um modo de dogmatizar que no desenvolvimento sistemático posterior obteve corpo, mas não muita substância. Daí devamos concentrar nossa atenção nos primeiros ensaios de Comte, algo negligenciados, em que o futuro Alto Sacerdote da Humanidade desenvolveu a legitimidade de sua posição posterior assim como a substância de suas convicções.

a. O publicista

A ocupação de toda a vida de Comte de estabelecer a lei para a humanidade não se origina de um capricho inconsequente, mas de considerações acerca da função do publicista na sociedade moderna. O que o intelectual de nosso tempo tem como certo – que é importante para outras pessoas se familiarizarem com as opiniões posteriores deles acerca do mundo em geral – foi para Comte um problema que exigiu um esforço sério de legitimação. Este esforço ele o fez num artigo de julho de 1919 intitulado "Séparation Générale entre les Opinions e les Désirs".[84] Quanto à estrutura social do tempo, este esforço tinha o propósito de estabelecer o intelectual político como um terceiro tipo político ao lado dos governantes e do povo.

---

[84] Este artigo, assim como os outros artigos iniciais, está reimpresso no apêndice do *Système*, op. cit., vol. 4.

Os governantes tendem a acreditar que somente eles sabem o que é certo na política e que as opiniões do povo não devem ser consultadas. Aos olhos de Comte, é absurdo tal comportamento, porque a preocupação com a prática da política torna impossível formar opiniões justas e elevadas quanto aos princípios. Quanto mais alguém se envolve na prática, menos pode ver claramente, na teoria. A primeira condição para um publicista que quer ter *"des idées larges"* é abster-se rigorosamente do emprego público. Ao condenar com justiça a pretensão ridícula dos governantes, caiu-se, no entanto, na crença, igualmente injustificada, de que as pessoas podem ter opiniões justas em política, com base simplesmente no instinto. Condorcet refletiu sobre a peculiaridade de que um homem que consideraria impertinente apresentar opiniões acerca de um problema de física sem ter estudado a ciência, está, no entanto, muito desejoso de expressar opiniões decisivas acerca de questões políticas sem as ter estudado. A peculiaridade provém do fato de que a política ainda não se tornou, como a física, uma ciência positiva; se se tivesse tornado, qualquer um veria imediatamente que tem de estudá-la, a fim de entendê-la.

Se nem os governantes nem o povo podem ter, em política, opiniões bem fundadas, quem pode tê-las? Obviamente aqueles que dominam a ciência da política, uma vez que seja estabelecida como ciência positiva; e já que não chegamos ainda a esse estágio, o próximo passo terá de ser o desenvolvimento posterior da ciência. Uma vez, contudo, que se realize o programa e se estabeleça a nova ciência, é clara a função do publicista. A fim de relacionar esta função com os governantes e com o povo, Comte introduz os conceitos de desejo e opinião. Segundo a nova prática, pelas razões mencionadas previamente, governantes e povo podem ainda não ter nenhumas opiniões; mas, como todos os homens em todos os tempos, têm desejos políticos. Por exemplo, todos os cidadãos que vivem de seu trabalho desejam "liberdade, paz, prosperidade industrial, economia nos gastos públicos e emprego idôneo do lucro". A opinião, entretanto, é mais do que um desejo, pois expressa não apenas uma finalidade, mas os meios necessários para alcançá-la. Todavia, precisamente na questão de meios, seria "ridículo e não razoável" pronunciar julgamento sem estudo cuidadoso. Embora qualquer um possa ter desejos, a exploração dos meios é o domínio do publicista.

A distinção de opiniões e desejos ainda não estabeleceria o publicista como a nova figura decisiva. A não ser que sejam uniformes os desejos do povo, ainda não haverá espaço para o publicista exercer seu papel como o líder da sociedade; se houver tantos desejos quantos são os homens, os desejos terão de lutar entre si. Neste ponto, Comte faz a suposição fatal sem a qual sua vida de trabalho seria sem sentido, a suposição de que os desejos são, na verdade, uniformes até o grau em que o cientista político pode fazer o papel do experto que determina os meios para fins sociais acerca dos quais não há nenhuma discordância. Uma vez que a opinião pública indicou o desejo, o raciocínio deve ser deixado para o publicista. "Cabe à opinião querer, aos publicistas, propor os meios de execução; e aos governantes, executar."

Uma vez que a política se torne uma ciência positiva, o público deve conceder aos publicistas, e necessariamente concederá, a mesma confiança quanto à política que ele concede no momento aos astrônomos, pela astronomia; aos médicos, pela medicina, e assim por diante; com a diferença, porém, de que pertence exclusivamente ao público indicar o escopo e a direção da obra.

A doutrina ainda não está nítida e a linguagem não tem precisão, mas são inconfundíveis os contornos da ideia grandiosa. Ademais, vemos a obsessão demôniaca de Comte desempanhar sua obra inicial. Na reflexão acerca dos desejos, são eliminadas a estrutura social do *ancien régime* e mesmo a estrutura de propriedade da sociedade burguesa. Os desejos são uniformes porque são os desejos do povo "que trabalha"; e não são levados em consideração os desejos dos detentores de propriedade, que não trabalham. Esta argumentação envolve um pequeno malabarismo com o termo *povo*. Na primeira fase, a argumentação estabelece o padrão dos governantes e dos governados (*gouvernants, gouvernés*); os governantes têm apenas opiniões erradas, os governados têm os desejos uniformes. Na segunda fase da argumentação, a função do publicista é baseada na suposição dos desejos uniformes de todos os *citoyens* que trabalham; pareceria que os governantes tinham desaparecido. No entanto não é este o caso; desapareceram apenas aqueles governantes que Comte quer eliminar. Os governantes, que não são "trabalhadores", têm os mesmos desejos que os outros trabalhadores que estão na posição de governados; mas são agora reduzidos ao *status* de "executores" das políticas a que chegaram os publicistas. É a visão, muito próxima a Saint-Simon, de um estado de bem-estar industrial, com um povo que consiste em trabalhadores industriais, uma classe governante executiva que consiste em banqueiros e administradores, e uma classe que molda a política, que consiste nos publicistas.

b. Os gnósticos

Podemos entender que esta visão de sociedade faria cócegas ao desejo de poder de Comte, pois o colocaria no papel do publicista, no topo da ordem social. Mas mesmo o jovem de vinte e um anos era capaz de ver que tinham de ser preenchidas algumas condições a fim de transpor para a realidade este sonho de grandeza futura. As principais condições seriam: (1) a existência de uma sociedade industrial em que os "desejos" seriam realmente uniformes; (2) o desenvolvimento de uma ciência política; e (3) uma convicção, aceita pela sociedade como um todo, de que era inevitável a ordem planejada por Comte, e que nem era possível nem legítima nenhuma ordem alternativa. Ele teria de desenvolver a ciência política; e teria de começar com uma interpretação da história que mostraria a necessidade e legitimação da nova ordem. A esta tarefa ele dedicou o segundo ensaio inicial, o "Sommaire appréciation de l'ensemble du passé moderne", de 1820.

O ensaio contém a visão de Comte acerca da história e de seus princípios; pelo desenvolvimento posterior volumoso esses princípios mantiveram-se inalterados. Os velhos sistemas sociais que, na marcha da civilização, serão substituídos pelo novo podem ser definidos como a combinação do poder espiritual (ou papal e teológico) com o poder temporal (ou feudal e militar). Este velho sistema começou a desenvolver-se no século IV e alcançou seu apogeu no século XI, ao tempo do papado hildebrandino. No século XI começaram a surgir os elementos do novo sistema. Os novos fatores são as emancipações das comunas e a introdução da ciência árabe na Europa. Do primeiro desses fatores surge o desenvolvimento das artes e ofícios e, por fim, da capacidade industrial; este fator agora desenvolveu-se até o ponto em que pode substituir o antigo poder temporal feudal e militar. Do segundo fator surge o desenvolvimento da ciência ocidental; e de novo a evolução da ciência alcançou agora o ponto onde "a direção dos negócios espirituais pode ser transmitida à capacidade científica positiva, já que ela é obviamente muito superior aos poderes mais antigos teológico e metafísico". Está mudando o conteúdo dos dois poderes; todavia, mantém-se sua divisão. Pois tal divisão, "que não existia com os romanos, é a perfeição mais importante da organização social que devemos aos modernos. Nesta divisão está radicada a possibilidade de fazer da política uma ciência, pois permite-nos fazer a teoria distinta da prática".

As definições iniciais determinam a organização do corpo principal do ensaio num esboço da decadência do velho sistema e um esboço do crescimento do novo. Não entraremos nos pormenores dessas pesquisas. Notemos apenas que, por duas razões, são de interesse na historiografia: de um lado, Comte tinha uma quantidade respeitável de conhecimento histórico; sua tentativa de classificar as fases da evolução política desde o século XII até o século XIX certamente sofrerá numerosas emendas e restrições; no entanto, ainda hoje a perspectiva histórica geral que ele desenha tem de ser considerada correta. Por outro lado, ele dá a forma final para o mito cientificista do desenvolvimento de várias ciências para seu estado positivo numa sequência histórica que corresponde à distância delas dos problemas humanos. As ciências tornam-se positivas

3 - O apocalipse do homem: Comte | 283

numa "ordem natural". As ciências humanamente mais periféricas primeiro tornam-se positivas; as outras seguem-lhe o exemplo. A positivação começa com a astronomia, então se seguem a física, a química e a fisiologia, de tal maneira que no presente apenas a filosofia, a moral, e a política não alcançaram o estágio final onde serão "baseadas em observações". Este desenvolvimento, entretanto, é iminente. Uma vez que as ciências remanescentes se tenham libertado do passado teológico e metafísico, então nada estará faltando no "desenvolvimento espiritual do novo sistema social".

Esta projeção do desenvolvimento das ciências naturais no futuro das ciências filosófica e histórica é o dogma cardeal do credo científico e encontra ainda ampla aceitação social. Em princípio, como vimos, já fora desenvolvida por Condorcet; contudo a formulação de Comte ilumina a intenção espiritual que a anima e dá-lhe força. Se o dogma não fosse mais do que uma proposição quanto ao curso real que a história da ciência tomou, seria ainda de algum interesse, mas não seria tão emocionante quanto é para os progressistas. O dogma é emocionante porque, na verdade, a história da ciência não tomou tal curso, mas espera-se que ela o tome no futuro. Está longe de basear-se numa "observação", mas expressa a esperança apocalíptica de que o homem se livrará da dimensão transcendental de sua existência e dirigirá seu destino por meios e regras de sua própria fatura. Comte é explícito nas consequências políticas que espera desta evolução posterior da ciência. Apenas quando a moral se tiver tornado uma ciência positiva "baseada na observação de fatos" é que a as "civilizações religiosas" poderão finalmente ter sua influência no sistema educacional retirada. Que o sistema educacional de uma sociedade tem de estar nas mãos de um poder espiritual é tido como evidente por Comte; é absurda a tentativa de remover esta influência das escolas; só se pode resolver esse problema pela instituição de um novo poder espiritual positivista. Não é vã a esperança de estabelecer tal poder novo em escala europeia, pois vemos o internacionalismo da ciência já estabelecido na cooperação real de eruditos de todas as ciências que chegaram ao estágio positivo. Nesta comunidade de ciência é abolido o nacionalismo. E não pode haver dúvida de que, no futuro, esta "Santa Aliança" das ciências operará o sistema europeu com uma competência consideravelmente maior do que a igreja anteriormente o fez.

Se não houvesse mais nada no ensaio de Comte do que um bom exame da evolução política desde a Idade Média até o presente, suplementada por um exame dúbio da história da ciência e cercada por um pouco de esperanças vãs, o autor não teria alcançado seu objetivo de estabelecer a necessidade e a legitimidade do desenvolvimento futuro. Temos de conhecer o passado a fim de projetar o futuro com *certeza*; a conexão *certa do* futuro com o passado é o grande problema de Comte. A conexão decisiva entre o futuro e o passado Comte obtém por ocasião de suas reflexões acerca do desenvolvimento da sociedade urbana europeia da Idade Média na sociedade industrial de seu tempo. Temos de estudar-lhe com cuidado a argumentação porque há poucos fragmentos em toda a história das ideias que revelam tão admiravelmente a técnica intelectual do pensamento apocalíptico.

A sociedade urbana, que surge como um enclave na sociedade feudal medieval, desenvolve-se no "novo sistema" que está prestes a substituir o antigo. O emprego do termo *sistema* para um estado de sociedade induz Comte a seguir a corrente de pensamento. Seria certamente absurdo pensar que a organização do novo sistema tinha sido conduzida pelos cientistas, artistas e artesãos de acordo com um plano premeditado desde o século XI até o presente. Em nenhuma época a marcha da civilização se submeteu ao procedimento de "ser concebida por um homem de gênio e de ser adotada pelas massas". Essas sentenças parecem ser uma desaprovação de seu projeto grandioso de conceber a marcha da civilização e de induzir as massas a seguir-lhe a concepção. De fato, são apenas o ponto de partida para uma meditação espantosa em cujo final ele aparece precisamente como este homem de gênio. A argumentação está aguçando-se até a pergunta: por que, no passado, a marcha da civilização não pôde ser planejada e por que pode ser planejada agora pelo gênio de Comte?

No que diz respeito à antiguidade, foi o grande erro dos filósofos antigos de quererem "submeter a marcha da civilização à visão sistemática deles" em vez de se submeterem à marcha dos acontecimentos. Era escusável o erro, pois naquele período os homens estavam ainda muito próximos das origens das civilizações; não podiam ainda discernir o que a marcha da civilização seria, e não poderiam sequer observar que esta tivesse tal marcha; menos ainda poderiam saber que esta marcha não depende de nossa vontade. O progresso do espírito humano domina o curso da história; os homens são apenas os instrumentos deste progresso; e enquanto o progresso depender das ações do homem, ainda não podemos escapar-lhe do curso ou dominá-lo por nossa ação. Esta intelecção, entretanto, é *a posteriori*; não é *a priori*.

Em outras palavras: a política não podia tornar-se uma ciência a não ser baseando-se na observação; e não poderia haver observação exceto depois de uma duração prolongadíssima da civilização. Exigia o estabelecimento de um sistema de ordem social, aceito por uma população numerosíssima e composta de várias nações grandiosas, e toda a duração possível do sistema, antes que uma teoria pudesse ser fundada nesta experiência grandiosa.

Agora chegou essa época feliz. A humanidade, ao marchar pela história, finalmente produziu suficientes fatos para observação, de tal maneira que Comte, em retrospecto, pode agora descobrir que a marcha tinha algum sentido, e em particular o sentido de permitir ao próprio Comte discernir-lhe o curso e mapeá-lo para o futuro. Comte chegou ao problema cardeal de uma filosofia da história: como conciliar o processo inconsciente da história com o significado da história; e ele dá ao problema a solução gnóstica: que o significado da história consiste na evolução do espírito humano desde a inconsciência até a consciência do autoentendimento. "Não fazemos nada senão submeter-nos a esta lei (que é nossa verdadeira providência) com compreensão, tornando clara para nós mesmos a marcha que ela prescreve, em vez de sermos empurrados cegamente por ela; e nisto consiste precisamente o grande avanço da filosofia que é reservado à época presente."

Comte aplica esta cadeia de raciocínio à história da sociedade urbana de onde surge o significado do futuro. Esta história, como notado previamente, não se deve a um plano, mas desenrola-se com uma lógica interna como se fosse premeditada. Daí ser permitido apresentá-la *como se* tivesse sido planejada. O plano que as comunas poderiam ter tido pode ser imaginado nestes termos: "Ocupar-se exclusivamente da ação na natureza a fim de modificá-la tanto quanto possível da maneira mais proveitosa para a espécie humana; e não exercer nenhuma ação sobre os homens exceto com o propósito de induzi-los à cooperação nesta ação geral de coisas". Este é o plano simples que, desde o começo, cientistas e artesãos vêm seguindo: os cientistas estudam a natureza a fim de conhecê--la, os artesãos aplicam o conhecimento à satisfação das necessidades e desejos humanos. A marcha verdadeira da história foi tão *"tellement sage"* [igualmente sábia] que ninguém, por premeditação, poderia ter feito melhor. O plano é tão perfeito que tudo o que podemos fazer hoje é "aplicá-lo (sem mudá--lo) à direção da sociedade como um todo". A Providência do processo histórico inconsciente obriga muito agradavelmente Comte a submeter-se, humilde, a um significado da história que coincide com os planos de sua carreira pessoal.

c. O messias

O terceiro destes primeiros ensaios é o "Plan des travaux scientifiques nécessaires pour réorganiser la société de 1822". Neste ensaio Comte aparece como o messias que anuncia o evangelho da nova era, se não ainda para a humanidade, ao menos para o ocidente. O problema da época é definido pontificialmente: "Um sistema social em declínio, um novo sistema que alcançou sua maturidade e está a ponto de constituir-se, este é o caráter fundamental que a marcha geral da civilização atribuiu à época presente". Na coexistência de um sistema em declínio com um em ascensão "consiste a grande crise que as nações mais civilizadas experimentam hoje". Até aqui o novo sistema expressou-se apenas criticamente, pois tinha de destruir o sistema antigo; não encontrou sua expressão positiva, orgânica. O fato de que o novo sistema esteja ainda no estágio de uma tendência crítica tornou-se o principal obstáculo para o término da crise e sua transformação num simples movimento moral. Se quisermos pôr fim a esta situação, as nações civilizadas têm de abandonar a "direção crítica" e voltar-se para a "direção orgânica". "Esta é a necessidade de nossa época"; e este ensaio tem o propósito de inspirar as forças que "trarão a sociedade para o caminho de um novo sistema".

Nem os reis nem os povos são capazes de encontrar a saída da crise. Os reis querem levar para trás a roda da história, e nesta tentativa fútil, agravam a situação. No entanto sua própria absurdidade torna essas tentativas menos perigosas do que os erros a que se entrega o povo. O povo tenta empregar os princípios que serviram à destruição crítica do velho sistema como a base para o novo. Esta tentativa é mais do que perdida, pois continua a obra de destruição e tem de levar à completa anarquia. Os dois princípios que impedem mais seriamente a reorganização são os mesmos princípios que foram mais eficazes em solapar os antigos poderes espiritual e temporal. A doutrina que diz respeito ao poder espiritual é o dogma de uma liberdade de consciência ilimitada. Por mais importante que este princípio tenha sido quando serviu para o estilhaçamento da autoridade do sistema teológico, arruinará a sociedade quando tiver sobrevivido a este proveito; a sociedade despedaçar-se-á numa multidão em que cada homem será seu próprio papa infalível; e tornar-se-á impossível o estabelecimento de um novo sistema de ideias gerais, "sem as quais a sociedade não pode existir". Comte leva a sério seu cientificismo: "não há nenhuma liberdade de consciência em astronomia, física, química e fisiologia"; daí não deve haver liberdade de consciência em matérias espirituais e políticas. O povo deve aceitar os resultados da ciência política no mesmo espírito de confiança que aceita os descobrimentos dos físicos. O mesmo argumento é verdadeiro quanto ao dogma que serviu para solapar a autoridade dos reis, ou seja, o dogma da soberania do povo. Se continuar para além da luta contra o feudalismo e reinado, arruinará o corpo político porque colocará o poder nas "classes menos civilizadas". A única maneira de sair deste impasse está na adoção, assim pelos reis como pelo povo, da "doutrina orgânica". "Somente esta doutrina pode pôr fim à crise." "Finalmente chegou o tempo de começar esta grande operação."

A grande operação tem de ser conduzida, necessariamente, em dois estágios que correspondem aos poderes espiritual e temporal. Primeiro têm de ser estabelecidas as fundações teoréticas ou espirituais; somente então é que poderemos continuar o desenvolvimento da fundação prática. A parte teorética "é a alma, a parte mais importante e difícil, embora seja apenas preliminar". Era quase certo que as tentativas de pôr fim à crise pela série de constituições francesas iam falhar, porque começaram a operação no campo das medidas práticas sem primeiro determinar a natureza do problema. Um plano para a reconstrução social não pode ser desenvolvido com sucesso enquanto não estivermos certos acerca dos fins da nova ordem. Temos de decidir-nos claramente por uma das duas possibilidades. Esses fins são: (1) a dominação do homem sobre outros homens por meios violentos, ou (2) a dominação do homem sobre a natureza. O primeiro foi o fim característico da sociedade militar feudal; o segundo será o fim da nova sociedade industrial. Ademais, temos de ser claros acerca da divisão do poder espiritual e temporal. As especulações correntes acerca da constituição, baseadas no princípio de separação de poderes, dizem respeito apenas a um problema menor; o princípio mais sério de interpretação é o restabelecimento da divisão grandiosa que, em seu período áureo, deu sua força ao sistema medieval.

Desses princípios segue-se um plano para a nova sociedade. "O poder espiritual estará nas mãos dos cientistas

3 - O apocalipse do homem: Comte | 289

(*savants*), e o poder temporal pertencerá aos administradores industriais (*chef des travaux*)." A obra dos cientistas em se organizarem como o novo poder espiritual é o primeiro problema de reconstrução e o mais importante. Comte dedica um cuidado considerável a este ponto, e um cuidado ainda maior a um argumento que assegurará aos homens de seu tipo pessoal um papel preponderante na operação. Os cientistas serão inevitavelmente o novo poder espiritual da sociedade porque (1) têm a capacidade e a cultura intelectual que os fazem competentes para este tipo de trabalho, porque (2) de fato eles são mesmo agora os portadores do novo espírito porque (3) somente eles na sociedade moderna possuem a autoridade moral que obrigará o povo a aceitar a nova doutrina orgânica e porque (4) de todas as forças sociais existentes apenas a dos cientistas é europeia no caráter. A crise é europeia em escopo, e exige um tratamento em escala europeia. Apenas os cientistas dispõem da autoridade que poderia unificar a nação do ocidente. Por infelicidade, os industriais tornaram-se muito profundamente envolvidos nas rivalidades da política econômica. Entretanto, dentro do grupo de cientistas, deve-se fazer uma distinção. Como os cientistas devem ser considerados não apenas os especialistas em uma das ciências, mas também e mais importante, os homens que, sem serem especialistas, "fizeram um estudo profundo do todo do conhecimento positivo, que se impregnaram das leis principais concernentes aos fenômenos naturais". Infelizmente esta última classe de cientistas não é muito numerosa, embora para eles seja reservado o papel ativo no desenvolvimento da doutrina orgânica. No entanto os especialistas não devem ser desprezados, pois no novo regime têm o papel passivo de serem juízes críticos das ideias desenvolvidas pelos homens que "seguem a nova direção filosófica".

Essas reflexões levam à conclusão de que "hoje os cientistas devem elevar a política ao nível de uma ciência de observação". Ao desempenharem esta tarefa, submetem-se à lei grandiosa que governa a evolução do espírito humano na história, ou seja, à famosa lei das Três Fases. Cada ramo de conhecimento tem de passar, primeiro, pelo estado teológico ou fictício; depois, pelo estado metafísico ou abstrato; e, então, florescerá no estado científico ou positivo. Apenas a primeira e a terceira fases são estados bem definidos. Na primeira fase, fatos observados são explicados por fatos inventados; enquanto for limitado o conhecimento de fatos, este modelo de raciocínio é o único que é possível. Na terceira fase, todos os fatos pertencem à classe observada e a ciência consiste na formulação de ligações observadas entre os fatos observados. A segunda fase é um estágio transitório, ilegítimo. Liga fatos por ideias que não são muito sobrenaturais, mas não se tornaram ainda muito naturais. Emprega abstrações personificadas em que o espírito verá ou causas sobrenaturais ou formulações simples de sequências de acordo com a tendência mais teológica ou mais positiva do espírito intérprete.

Para a verificação desta lei, Comte remete o leitor ao estado presente da ciência. As ciências naturais já passaram pelos primeiro e segundo estados e chegaram ao terceiro estado positivo. A política passou pelos primeiros dois estados e está prestes a entrar no terceiro. Os primeiros dois estados da política ainda estão conosco no presente, e estão manifestos respectivamente na "doutrina dos reis" e na "doutrina do povo". A doutrina dos reis representa o estado teológico da política. Interpreta os governos à luz do direito divino dos reis, e interpreta a história como o curso da humanidade sob guiamento sobrenatural desde o primeiro homem até hoje. A doutrina do povo representa o estado metafísico da política. É baseada na hipótese metafísica de um contrato social original, precedente à civilização, e emprega o "direito natural" como seu argumento habitual. A doutrina é negativa em princípio; é tirada do estoque teológico de argumentos e serviu na guerra contra o sistema antigo. Rousseau foi o pensador que sistematizou a doutrina num princípio orgânico para a interpretação da sociedade; e ela ainda serve nesta função. Ambos serão superados pela "doutrina científica" da política, que considera o estado em que, a todos os momentos, a humanidade se encontra como o resultado necessário de sua organização.

Esta posição constante do homem na natureza é um objeto não de explanação, mas apenas de observação. Da observação resulta a intelecção de que o homem está constantemente agindo na natureza a fim de desenvolver sua posição; o significado da ordem social é o desenvolvimento desta tendência na ação coletiva específica. Uma vez que se obtenha esta intelecção, a "doutrina científica" reconhecerá a evolução do passado como uma série de passos que levam ao estado definitivo da humanidade; aplicar-se-á ao estado presente e considerará os estados anteriores apenas à medida que possa ser necessário estabelecer as leis fundamentais da nova ciência da política.

d. Conclusão

Quando a Lei das Três Fases é pronunciada em sua forma geral, com o *sous-entendu*[85] de um estudo empírico profundo que levou a esta intelecção, certamente é impressionante e pode ser tomada facilmente como uma das grandes interpretações da história. É ainda impressionante quando aparece embutida no volume tremendo da obra posterior de Comte – embora o leitor possa ter vez ou outra algumas dúvidas concernentes ao equilíbrio de sua aplicação em minúcia. Quando aparece no contexto dos primeiros ensaios, com sua confirmação franca pelos materiais que acabamos de estudar, parece pouco consistente para um novo evangelho. É muito superficial uma generalização da luta política concreta entre o *ancien régime* e a revolução; emprega-se algo toscamente demais o truque bem gasto de obter uma legitimação universal pela formulação da solução pessoal de alguém para um problema concreto como lei geral. No entanto mesmo o conteúdo teórico da intuição de Comte não pode ser descartado levianamente. Muito do sucesso da ideia de Comte decerto deve ser levado em consideração em razão do diletantismo intelectual e à corrupção do público em que a ideia teve seu sucesso; ainda assim, a radiação histórica de uma grande ideia (seu *Glanz*, como o chama Jaspers) não é obtida pelo truque esperto de um jovem ambicioso – quanto à

---

[85] Em francês, no original: "subentendido". (N. T.)

radiação da Lei das Três Fases, não pode haver dúvida. Concluindo, temos de refletir acerca da substância verdadeira da lei, assim como acerca de suas falácias sutis.

A despeito da formulação teoreticamente dúbia de uma situação concreta numa lei geral, a lei de Comte tem um campo considerável de aplicação empírica porque a situação concreta que serviu como o modelo da lei por acaso é a situação de uma crise civilizacional. A Revolução Francesa é mais do que um acontecimento na história nacional francesa e implica mais do que um problema de reforma constitucional; na revolução, como vimos, chega a seu fim um processo civilizacional que atravessa os séculos. Está perfeitamente correto o diagnóstico de Comte de que a luta entre as forças do *ancien régime* e a burguesia é fundamentalmente a luta entre as forças sociais que determinaram o crescimento da civilização ocidental do século IV ao século XI e as forças que surgiram na sociedade urbana desde o século XI até o século XVIII; a história civilizacional desde a Alta Idade Média até os anos de 1800 é, na verdade, a história da luta entre os Estados Primários (termo de Spengler) e o Terceiro Estado. Além disso, Comte diagnosticou corretamente que as duas forças sociais envolvidas na luta representam dois tipos diferentes de espírito; e embora seja muito rudimentar sua descrição desses tipos, é válida, no entanto, à medida que discerne neles a religiosidade da sociedade anterior e as tendências metafísicas e científicas da sociedade posterior. Num contexto anterior tivemos, ademais, ocasião de reconhecer como correto o diagnóstico de Comte de que a era positiva tem algo que ver com a ascensão do fenomenalismo e o recuo da especulação acerca da substância. Ao formalizar os fatores que diagnosticou na situação da crise, Comte deu então uma descrição do curso da civilização ocidental que está substancialmente correta nos fundamentos. O que quer mais que possamos dizer como crítica acerca das implicações adicionais da lei, há um cerne de realização sólida que justifica a classificação de Comte como um dos grandes filósofos da história ocidental; e, considerando a juventude de Comte, esta realização é a obra de um gênio precoce.

Ao reconhecer a civilização ocidental como o campo de aplicação para a Lei das Três Fases, já tocamos criticamente em suas limitações. Comte não estava satisfeito em ter formulado as principais forças sociais e atitudes espirituais que caracterizam o curso da civilização ocidental; sua lei tinha de ser a lei, não para o curso civilizacional ocidental, mas para a marcha da humanidade pela história. A aplicação da lei, não a outros cursos civilizacionais, mas à história total da humanidade, obrigou-o a arrumar apressadamente em sua época teológica toda a história humana que, no tempo e no espaço, transcende a civilização ocidental. Este procedimento sumário se origina na húbris progressiva do intelectual iluminado que discutimos amplamente no capítulo anterior assim como nas partes anteriores deste estudo. A expansão acrítica é uma façanha não de Comte, o historiador, mas de Comte, o messias demônico que força a humanidade à prisão de sua existência monádica. Entretanto precisamente a expansão da lei transmitiu a ela a cor específica de sua radiação. Sem a expansão da lei, pareceria muito menos original e fascinante. Na verdade, quando eliminamos a aplicação à história total da humanidade, descobrimos que a Lei das Três Fases está bem perto, quanto a seu conteúdo, da teoria cíclica da história; se reduzirmos a lei ao modelo pelo qual é verificada, mantemos um padrão de curso civilizacional que, a despeito do abismo metafísico entre as duas teorias, não se diferencia substancialmente do padrão de Vico da *storia eterna ideale*. Comte viu, como Vico, que uma civilização começa com um mito, que cresce até se exaurirem as forças do mito, e que o período de crescimento é seguido por uma época de metafísica e de reflexão racional. Também concorda com Vico na avaliação dos períodos: a época do mito (o estado teológico de Comte) é a era do crescimento da civilização e de florescimento; a era da reflexão (a era metafísica de Comte) é a era da decadência civilizacional. Difere de Vico à medida que acredita que a era metafísica (que na verdade destrói a civilização anterior) contém os elementos de uma nova civilização positiva que fará florescer uma nova ordem quando for dada a direção "orgânica" apropriada. Esta injeção de uma esperança apocalíptica na interpretação do período de declínio leva a uma perversão curiosa: Comte, o historiador empírico, descreve o declínio da civilização ocidental, ao passo que Comte, o pensador apocalíptico, interpreta o declínio como progresso. Em suma: a lei de Comte da evolução progressiva é, de fato, a lei do declínio civilizacional.

Como é possível tal perversão? No que diz respeito a sua motivação, discutimos esta questão em nossa análise da existência monádica de Comte; no que diz respeito a seus instrumentos intelectuais, podemos agora sumariar as referências esparsas a este problema. Apresentemos primeiro negativamente o problema: Comte não sabe o que é religião; Comte não sabe o que é metafísica; Comte tem opiniões extremamente errôneas acerca da estrutura e da função da ciência. Isso pode soar brutal; mas não há nenhum sentido em evitar a questão (que discutimos na Parte Oito: "Última Orientação") de que o diletantismo filosófico e ignorância manifesta em matérias filosóficas são fatores decisivos na formação de ideias na era de crise. A religião é para Comte teologia, e teologia é para ele uma interpretação imperfeita dos fatos; isso significa que é simplesmente desconsiderado o reino da experiência espiritual em que o homem se encontra na tensão perante o fundamento de sua existência. A metafísica é para Comte uma explanação igualmente imperfeita dos fatos, em que, entretanto, os fatos inventados explanatórios se tornaram princípios abstratos; isso significa que a interpretação especulativa do todo da experiência humana através de uma visão sistemática de mundo é desconsiderada como uma função autônoma pela qual o homem se orienta neste mundo. Ciência, para Comte, é o instrumento da dominação do homem sobre a natureza e para o desenvolvimento consequente do bem-estar; neste caso, Comte ao menos compreendeu corretamente o componente pragmático da ciência, mas despreza o componente contemplativo; como consequência, encontramos Comte projetando repetidamente um estado futuro de ciência organizada em que o diretorado da humanidade decidirá que

3 - O apocalipse do homem: Comte | 295

problemas na ciência devem ser buscados por prometerem resultados úteis, e que outros devem ser negligenciados por serem *oiseaux* [inúteis].

Já que Comte está totalmente no escuro acerca do significado de religião, metafísica e ciência, é, também, incapaz de reconhecê-las como funções autônomas que não podem substituir umas às outras. A metafísica não é nenhum substituto para a religião, nem é a ciência um substituto nem para a religião nem para a metafísica. Comte pode arranjar as três funções numa série de evolução progressiva, porque confundiu a religião e a metafísica como tipos imperfeitos de ciência; no curso da história, os tipos mais perfeitos substituirão os menos perfeitos. Entretanto, com esta interpretação, Comte envolveu-se nas dificuldades que discutimos previamente. Foi astuto o suficiente para ver que nenhuma quantidade de conhecimento científico pode ser da menor serventia na direção da ação; a orientação para a ação deve provir de outra fonte. Sua teoria do "coração" deveria preencher essa lacuna, e ele a desenvolveu na Religião da Humanidade – supondo, em sua megalomania, que seu "altruísmo" ditatorial foi a medida do homem e das coisas. Vimos a revolta de Littré contra esta fase da obra de Comte, com o argumento bem sensato de que, se era para ser religião, a anterior era histórica, estética e emocionalmente preferível à nova. Por meio de sua teoria da *unité mentale* e da fundação por ele de uma religião intramundana da humanidade, Comte reconheceu de fato que há mais no problema da religião do que pode ser tratado pela teoria do "estado teológico".

No entanto seu próprio estado pneumatopatológico impediu-o de aceitar as conclusões bem óbvias que poderiam ser tiradas de sua Lei das Três Fases – considerando que a lei contém um cerne sólido de observação histórica. Concordamos com Comte que sua lei é aplicável, no todo, ao curso de uma civilização mediante crescimento e declínio. Podemos ir um passo além e concordar que mesmo sua expansão da lei para o curso total da história humana não é sem sentido. Embora a religião, a metafísica e a ciência sejam funções independentes, que não substituíram uma à outra e que podem coexistir em toda civilização e em todo ser humano, é inegável que as várias civilizações e épocas mostram uma preponderância de uma ou outra função. As civilizações asiáticas, por exemplo, não têm nenhum desenvolvimento de ciência que poderia comparar--se com o ocidente; as grandes religiões de salvação originam--se na área claramente circunscrita da Síria e da Índia; o estilo grandioso de metafísica sistemática origina-se na civilização helênica. Um problema similar de preponderância surge quanto à distribuição das três funções no curso da história humana no tempo. A Lei das Três Fases, sem modificações consideráveis, não pode ser aplicada a esse curso; tal aplicação ruiria já diante do fato de que a civilização helênica mostra dentro de seu curso uma sequência inteira de fases mítica, metafísica e científica. No entanto contém um elemento de verdade mesmo para o curso total da história humana à medida que a raça humana teve uma explosão de criatividade religiosa, sem paralelo anterior ou posterior, no primeiro milênio a.c. Se focalizarmos nossa atenção nessa explosão, podemos concordar que a humanidade teve nesse milênio algo como uma "fase religiosa" – embora as categorias de metafísica e ciência sejam muito deploravelmente delgadas para cobrir a estrutura complicada da história posterior. Comte, o historiador empírico, estava bem a par do problema; mas não tirou a conclusão de que a grande criatividade religiosa já tivera seu tempo na história humana, que a atrofia desta criatividade na história posterior não é motivo de regozijo, e que o respeito e o cuidado extremo pela preservação desta herança preciosa são tanto mais apropriados já que aparentemente nossa própria época é muito estéril quanto à criação religiosa. Ao contrário, sob o pretexto de submissão humilde a uma lei da história, ele deixa seu orgulho demônico perder a cabeça numa tentativa de destruição que, se pudesse ter tido sucesso, teria levado a um deserto civilizacional sob a ditadura odiosa de um aleijado espiritual.

3 - O apocalipse do homem: Comte | 297

4. Existência revolucionária: Bakunin

Na existência de Michael Bakunin (1814-1876), tornam-se visíveis profundidades de satanismo e niilismo que na vida e obra de outras grandes personagens da crise ocidental são encobertas por remanescentes da ordem tradicional e pelos véus de planejamento futurista. Os pré-positivistas do século XVIII queriam destruir as civilizações históricas; mas sua vontade de destruição estava enterrada profundamente por causa de sua consciência sob o seu programa de uma civilização mundial utilitária de bem-estar. Comte queria extirpar a cristantade e a metafísica da civilização ocidental; mas, de novo, a vontade de destruição estava enterrada sob o programa de um cientificismo e sua expansão mundial. No caso de Bakunin, todos os andaimes tradicionais ou futuristas são consumidos pelo desejo de destruição: o passado tem de ser destruído até suas raízes, e o futuro não deve nem mesmo ser imaginado por homens que ainda estão contaminados pelo passado. A obra de destruição é a obra de uma geração sacrificial entre as épocas; os revolucionários não podem fazer nada senão destruir; a construção de "um mundo jovem e glorioso em que todas as dissonâncias presentes serão dissolvidas em unidade harmoniosa" tem de ser deixada para os que vierem depois de nós. Aparece em sua nudez a existência destrutiva do revolucionário.

§ 1. Reação e revolução

Conseguimos acesso às operações da mente revolucionária através do artigo inicial de Bakunin acerca da reação na Alemanha, um estudo da natureza da liberdade e da democracia, assim como dos obstáculos à sua realização na história.[1]

a. Renascimento partindo do fundamento

O grande inimigo dos princípios da revolução democrática é para Bakunin o partido reacionário que começou a formar--se por toda a Europa no período de restauração. Ele o vê manifestar-se no conservadorismo na política, na escola histórica do direito e na filosofia positiva em especulação. Este partido reacionário ele não o considera um acidente histórico. Não pode ser tratado como uma forma de obscurantismo que, com o tempo, desaparecerá; sua existência está profundamente arraigada na evolução do espírito moderno. A história não é um campo de contingências; é uma evolução livre e, portanto, necessária do espírito; o credo democrático, fundado como está na liberdade do espírito, seria mal servido se a suposição de contingências fosse admitida para explicar o curso da história. O partido democrático só pode ser vitorioso se e quando transformar seu entusiasmo e o vago de suas fantasias numa intelecção existencial do processo da história. Suas dificuldades não são causadas pela oposição de obscurantismo; surgem antes "da inteireza da totalidade da natureza humana, que não pode ser exaurida pelas proposições abstratas teoréticas". Não haverá nenhuma esperança de vitória até que a

---

[1] "Die Reaktion in Deutschland: Ein Fragment com einem Franzosen" [A reação na Alemanha: um fragmento de um francês], publicado em Arnold Ruge, *Deutsche Jahrbuecher für Wissenschaft und Kunst*, n. 247-51 (Dresden, 17-21 de outubro, 1842), sob o pseudônimo de Jules Elysard. Citamos da reedição em Michael Bakunin, "Zwei Schriften aus den 4oer Jahren des XIX Jarhunderts", *Internationale Bibliothek für Philosophie 2*, n. 11/12. Praga, 1936. A *Bibliothek* e essas duas publicações de Bakunin são editadas, com notas valiosas, por Boris Jakowenko. Tradução inglesa em James M. Edie et al. (org.), *Russian Philosophy*, 3 vols. Chicago, Quadrangle Books, 1965, vol. 1, p. 385-406.

democracia emerja de suas dificuldades presentes mediante a compreensão de que o inimigo não está fora, mas dentro, e que primeiro a democracia tem de vencer o inimigo interno. Os revolucionários primeiro terão de compreender que a democracia não consiste apenas em opor-se ao governo do momento, nem em numa reorganização constitucional particular, nem numa mudança político-econômica, "mas que ela anuncia uma reversão total do estado do mundo", ou seja, "uma vida nova, original, que nunca antes existiu na história".

Terão de compreender que "democracia é uma religião" e por este conhecimento terão de tornar-se eles mesmos religiosos; terão de ser *penetrados* por seus princípios, de tal maneira que os expressem não apenas no pensamento e raciocínio, "mas verdadeiramente em sua vida concreta, nas suas mínimas manifestações".[2]

Bakunin, então, está preocupado com a *metanoia* da pessoa: as proposições intelectuais acerca da democracia são sem sentido a não ser que sejam radicadas na personalidade verdadeiramente transformada do revolucionário. Estamo-nos movendo na tensão entre o reino femonênico da teorização e da atuação políticas e uma "verdade" substancial no fundamento da existência. Daí a contenda entre a reação e a revolução não estar primordialmente preocupada com formas de governo. Na verdade, a democracia revolucionária, como veremos mais tarde, terá de lançar mão de meios ditatoriais de governo, ao passo que uma república burguesa não pode ser considerada uma democracia simplesmente porque tem o sufrágio universal. Se a democracia quiser ser verdadeiramente concretizada, tem de nascer do fundamento da existência verdadeira. É forte a reação no momento porque até aqui foi enfrentada apenas por um *partido* democrático. O princípio da democracia está historicamente ainda no estágio de oposição ao estado político existente ou de negação dele; como simples negação "tem necessariamente toda a inteireza de vida fora de si"; existe *apenas* como um partido que,

---

[2] "Zwei Schriften", p. 5.

como partido, pressupõe a existência de sua reação: ainda não existe afirmativamente. Nesta "forma ruim", terá de perecer juntamente à reação a fim de renascer "partindo de seu fundamento livre". E esta mudança do partido democrático não ocorrerá como um crescimento quantitativo de sua "existência ruim" atual, mas como uma transformação qualitativa, como "uma revelação nova, vivente e vivificante, um novo céu e uma nova terra". "Uma simples expansão significaria um esmagamento de todo o mundo, e o resultado de toda a narrativa seria a ninharia (*Nichtigkeit*)[3] absoluta."

b. O terceiro reinado da liberdade

Não é necessário insistir minuciosamente no fato de a ideia de Bakunin de existência revolucionária democrática tomar claramente os traços do passado cristão do qual emerge. Estamos familiarizados com o padrão escatológico desde nosso estudo acerca de "O Povo de Deus". A "reversão total do estado do mundo" provém do "virar as mesas" do Antigo Testamento; a "revelação viva e vivificante" que traz "um novo céu e uma nova terra" pertence ao complexo de anúncios messiânicos; a distinção entre adulação intelectual a uma ideia e sua concretização verdadeira na "vida concreta" reflete a mudança cristã do coração; a "vida nova original" conhecemos como a *renovatio Evangelica*. Toda a atmosfera de uma nova dispensação iminente relembra muitíssimo as expectativas dos sectários ingleses de que "Deus virá, saltando pelas montanhas" e estabelecerá seu reino na terra.

Para além desta estrutura formal da escatologia cristã, no entanto, é perceptível nas ideias de Bakunin uma continuidade com o passado cristão. A "liberdade do espírito" que ele evoca deve ser uma última concretização do espírito cristão. Bakunin vê a luta por liberdade como inerente na cristantade católica desde os seus começos. O princípio de liberdade é "a fonte de todas as heresias"; sem ele, o catolicismo seria

---

[3] Ibidem, p. 6.

imutável; e, daí, "foi o princípio de sua vivacidade já que estava contido como um simples momento em sua totalidade". Liberdade é a fonte da heresia vitoriosa do protestantismo que também era inerente no catolicismo desde seus começos paulinos até tornar-se um princípio independente.[4] E, em geral, a libertação do espírito essencialmente livre dos grilhões de escravidão é o significado da história. No momento chegamos a uma época nova, crítica, que abre um futuro para além do catolicismo e do protestantismo. "A oposição de liberdade e escravidão foi levada a sua culminação última e mais alta em nosso presente, que é tão similar aos períodos de dissolução do mundo pagão." "As palavras misteriosas e terríveis" *Liberté, Égalité* e *Fraternité* sugerem "a aniquilação completa" do mundo político e social existente. Não espalhou vitoriosamente Napoleão, este suposto domador da democracia, os princípios niveladores pela Europa? Não representam Kant, Fichte, Schelling e Hegel o mesmo princípio revolucionário nivelador no mundo intelectual? A autonomia do espírito é o novo princípio de ordem, e está na mais alta oposição a todas as religiões e igrejas do passado.[5]

Se seus oponentes respondessem que os conflitos tinham sido resolvidos e apaziguados politicamente na França de Luís Filipe, e intelectualmente através de Schelling, ele os remeteria ao espetáculo do presente. O que está ainda vivo dos velhos mundos católico e protestante? E onde está a harmonia intelectual diante das obras de Strauss, Feuerbach e Bruno Bauer? Há um estado de completa confusão e desarmonia, e tal estado não pode durar. "Sabes" – dirige-se Bakunin ao leitor – "que a humanidade de acordo com seu destino último só pode encontrar a paz e a tranquilidade num princípio de prática universal que obriga vigorosamente a ficarem juntas as milhares de manifestações de vida espiritual – e onde está esse princípio?" Deve ser encontrado no protestantismo? Mas o mundo do protestantismo é presa da anarquia de suas seitas.

---

[4] Ibidem, p. 17 ss.
[5] Ibidem, p. 18 ss.

Schelling disse que, sem um grande entusiasmo, só podem existir seitas, nenhuma opinião pública. E o mundo protestante não é penetrado por um grande entusiasmo; é o mundo mais sóbrio que se pode imaginar. E o catolicismo? Já se foi a sua velha glória; de seu reinado sobre o mundo, afundou-se ao nível de um instrumento para uma política externa imoral. E o estado? O estado está envolvido nas mais profundas contradições porque é impossível um estado sem religião, sem um sentimento público forte (*allgemeine Gesinnung*).

Olha para ti mesmo e dize-me verdadeiramente: estás satisfeito contigo e podes estar satisfeito? – Não és de todo manifestações tristes e enlameadas de um tempo triste e enlameado? – Não estás cheio de contradições? – És um homem inteiro? – Acreditas realmente em algo? – Sabes o que queres, e podes realmente querer algo? – A reflexão moderna, a epidemia de nosso tempo, deixou em ti alguma parte viva, e não és penetrado pela reflexão cada vez mais, e paralisado e destroçado? Na verdade, terás de confessar que nossa época é uma época triste, e que todos nós somos seus filhos ainda mais tristes.[6]

"Todos os povos, todos os homens, estão cheios de certa premonição, e todo aquele cujos órgãos vitais não estão completamente paralisados olha com apreensão tremente para o futuro que se aproxima, o qual dirá a palavra de salvação." "É por isso que clamamos a nossos irmãos cegos: Arrependei-vos! Arrependei-vos! O Reino de Deus está próximo!" "Acreditemos no espírito eterno que destrói e aniquila apenas porque é a fonte insondável e eternamente criativa de toda a vida. A paixão [*Lust*] alegre de destruição é uma paixão criativa."[7]

c. Ativismo e o agente histórico

A perspectiva histórica de Bakunin não deixa dúvida acerca de seu papel como um novo São João Batista que anuncia, após o catolicismo e protestantismo, o Terceiro Reinado do

---

[6] Ibidem, p. 20-21.

[7] Ibidem, p. 20.

espírito fundamentalmente livre. No que diz respeito à técnica dialética da perspectiva, quase não há diferença entre a especulação de Bakunin e o desenrolar dialético hegeliano da liberdade na história ou da especulação de Schelling acerca das três cristantades. Sob esse aspecto, sua escatologia aparece como uma derivação tardia das experiências cristãs, mediada pela metafísica alemã da liberdade e da razão e em virtude desta mediação, ligada à tradição mística europeia. Neste ponto, entretanto, ocorre uma quebra entre a cristantade secundária de Hegel e Schelling, de um lado, e a especulação revolucionária de Bakunin. As interpretações de Hegel e Schelling da história eram contemplativas no sentido de que a compreensão da história era para eles o exercício catártico mais importante em esclarecer-lhes e solidificar-lhes a existência. Por mais que suas ideias tenham divergido da cristantade ortodoxa, dogmática, por mais que tenham ido em direção da gnose, ainda permaneciam substancialmente pensadores cristãos e estavam preocupados quanto à ordem de suas almas. O *pronunciamento* de Bakunin respira um espírito inteiramente diverso. A consciência de crise está fortemente viva nele, e ele emprega judiciosamente a perspectiva histórica, embora não impecavelmente, para sua expressão. No entanto a história é agora mais do que um meio catártico de esclarecer a posição de um homem em seu mundo; sob a influência de Feuerbach, tornou-se a base legitimadora para a ação. A consciência da crise moveu Schelling para seu "retorno íntimo", para o fundamento na alma em que se deve encontrar a identidade de liberdade e necessidade. A mesma consciência move Bakunin para a ação revolucionária, uma ação que, como o retorno íntimo de Schelling, deveria produzir a identidade de liberdade e necessidade – mas liberdade compreendida como uma liberdade política e econômica, e necessidade compreendida como a pressão revolucionária inexorável das massas.

Na verdade Bakunin aconselha-nos a dirigir nossa atenção para "a classe pobre que é, sem dúvida, a grande maioria da humanidade", a fim de identificarmos, se possível, nossa liberdade com a necessidade deles. No presente, esta classe pobre

4 - Existência revolucionária: Bakunin | 305

está condenada à escravidão factual através de seu ignorância e falta de propriedade. Esta classe, "que é o povo real", torna-se ameaçadora e começa a exigir o gozo dos direitos que todo o mundo reconhece teoreticamente.[8] As pré-condições sociais estão crescendo para a concretização do novo reino através da "ação direta" em que a liberdade humana encontra sua identidade não com a necessidade de Deus, mas com o poder material que pode ser fornecido por uma massa de pessoas enfurecidas. Tal ação não pode formar a alma, mas será dirigida contra as instituições políticas presentes como os vasos do velho espírito. Não é possível nenhum acordo com elas. "Em sua natureza mais profunda, a propaganda revolucionária é a negação das condições existentes de governo; pois em sua natureza mais íntima não tem nenhum outro programa senão a destruição do que existe." "E como poderia ser possível que aquele cuja vida toda é destruição chegasse a um acordo externo com o que, conforme sua natureza mais íntima, ele deve destruir?"[9]

d. Sumário

Reunimos os elementos do artigo de Bakunin que nos permitirão apreciar agora a nova fase que a crise ocidental alcançou com ele. Em sua maioria, as ideias de Bakunin pertencem ao tipo de ativismo místico de que tratamos com minúcia no capítulo "O Povo de Deus". Sua política revolucionária é escatológica por natureza; pertence ao tipo de especulações acerca do Terceiro Reinado que encontramos estabelecidas nos movimentos sectários medievais. Dentro deste tipo geral, pertence à variedade de misticismo ativista que produz Paracletos como os fundadores do Reino do Espírito. Dentro do tipo ativista deve-se distinguir do tipo paraclético cristão genuíno (como exemplificado por Jan Van Leyden) através da humanização e imanentização do espírito. Bakunin não

---

[8] Ibidem, p. 6. Esta sentença parece ser uma citação de *Die europäische Pentarchie* [A pentarquia europeia] (Leipzig, 1839), publicado anonimamente, atribuído a Goldmann (1798-1863). Acerca deste ponto, ver nota 2 de Jakowenko em "Zwei Schriften", p. 46.

[9] "Zwei Schriften", op. cit., p. 6.

é um Paracleto em quem o lógos se fez carne; todos os traços de transcendentalismo cristão já se foram. Seu espírito é imanente à história e ao homem que faz a história; a este respeito, as ideias de Bakunin são encontradas na antropologia de Feuerbach. Não o espírito de Deus, mas o espírito do homem, e muito especificamente o espírito de Bakunin, trará a salvação na ação histórica imanente. A esse respeito, a política escatológica de Bakunin está intimamente relacionada com o Apocalipse do Homem que estudamos em pormenor no caso de Comte. Essas determinações permitem-nos, finalmente, isolar os elementos no complexo de ideias de Bakunin que são especificamente suas; encontramo-las (1) na ausência radical de uma ideia positiva de ordem; (2) na identificação de liberdade com a "paixão alegre de destruição", que, na existência de Bakunin parece ser tanto a causa da ausência de uma ideia de ordem quanto sua consequência; e (3) no descobrimento das "massas" como o agente histórico que proporcionará a força bruta para a obra de destruição.

O isolamento desses três elementos, que podemos considerar especificamente de Bakunin, permitir-nos-á esclarecer a relação entre ele e Marx. Em anos recentes, o problema tornou-se de algum interesse porque a publicação, em 1932, da *Nationalökonomie und Philosophie* (1844) de Marx colocou praticamente fora de dúvida que a formação das ideias de Marx estava fortemente influenciada por "Die Reaktion in Deutschland" (1842) de Bakunin. Podemos formular a relação entre as ideias dos dois homens talvez nos seguintes termos: a posição fundamental de Marx é a mesma que a de Bakunin. Encontramos a mesma consciência de crise, assim como o mesmo pano de fundo de antropologia e imanentização feuerbachianas; Ademais, vemos Marx em concordância com Bakunin acerca da *metanoia* como a essência da revolução; e consequentemente em concordância quanto à exterioridade da simples revolução política e econômica. Para Marx, não menos que para Bakunin, a abolição do capitalismo e o estabelecimento de uma ordem comunista de propriedade sem uma mudança de coração levaria à criação de uma sociedade livre. E, finalmente, vemos Marx em concordância com Bakunin no descobrimento das "massas" como o agente que colocará a força maciça, histórica, numa revolução que, de outro modo seria confinada aos palavrórios ocos de intelectuais.

De novo, a determinação deste campo de concordância permitir-nos-á fixar o ponto em que o trajeto de Marx parte do de Bakunin. Marx não compartilha com seu rival a concupiscência de destruição, nem a ausência de qualquer ideia de ordem. Está disposto a guiar a revolução ao oferecer-lhe um sistema científico de teoria social e filosofia da história. A esse respeito, a vontade de organização de Marx, seu intelectualismo ditatorial, está relacionado ao de Comte. Bakunin, por outro lado, detesta de todo o coração assim Marx como Comte por causa de seu "autoritarismo", que lhe limitaria a paixão vigorosa de destruição pelas visões de ação responsável e ordenadora. Ademais, sua análise científica da crise permite a Marx ir além de Bakunin ao definir o "proletariado" como o agente específico da revolução em vez dos vagos "classes pobres", "massas" e "povo real". Nos anos de 1860, quando Marx está entretido em deixar um fundamento para uma organização internacional do proletariado, Bakunin ainda se entregava a panfletos românticos, glorificando o salteador russo. No entanto, enquanto no final de suas vidas, o socialismo autoritário cientificista de Marx e a existência revolucionária anarquista de Bakunin se tinham separado, devemos estar conscientes dos começos comuns. A linha marxista de revolução teve sucesso por causa dos elementos que estavam faltando em Bakunin; mas o sistema de Marx não teria sido nunca escrito e não teria exercido sua influência se não se tivesse originado no *pathos* genuíno da existência revolucionária que encontramos em sua pureza em Bakunin.

§ 2. A Confissão *de Bakunin*

Em 1849 Bakunin foi preso e julgado pelas autoridades saxônias por sua participação na revolta de Dresden;

em 1850 foi condenado à morte. A sentença, no entanto, não foi executada porque as autoridades saxônias concordaram em entregá-lo aos austríacos, que o procuravam por sua participação na revolta checa de 1848. De novo, foi julgado e, em 1851, condenado à morte. Dessa vez a sentença foi comutada em prisão perpétua. Dessa vez a sentença foi comutada em prisão perpétua. A comutação foi uma formalidade, pois tinha sido decidido, antecipadamente, que no dia da sentença ele seria transportado para a fronteira russa e entregue às autoridades russas. Na Rússia, Bakunin já em 1844 tinha sido sentenciado, *in absentia*, a perder os privilégios de nobreza e a trabalhos forçados perpétuos na Sibéria, quando se recusou a obedecer à ordem de voltar para a Rússia. Portanto, em 1851, Bakunin não foi julgado pelas autoridades russas, mas foi simplesmente aprisionado na fortaleza Pedro e Paulo, em execução de uma sentença anterior.

Na fortaleza, no começo, nada aconteceu; Bakunin esperou em vão por sua deportação para a Sibéria. Depois de dois meses, as portas de sua cela se abriram, e ele recebeu uma visita do conde Orlov, ajudante de campo do czar e chefe da Terceira Seção. O visitante informou a Bakunin que fora enviado pessoalmente pelo czar e lhe foi ordenado que o convidasse a escrever uma confissão de seus pecados ao czar. "Dize a ele", ordenara o czar, "que deve escrever a mim como um filho espiritual a seu pai espiritual". Bakunin aceitou o convite; o resultado é a *Confissão*.[10]

---

[10] A fonte para a visita do conde Orlov é uma carta de Bakunin a Herzen, em *Michail Bakunins sozial-politischer Briefwechsel mit Alexander Iw. Herzen und Ogariow* [Correspondências socio-políticas entre Michail Bakunin e Alexandre Iw. Herzen e Ogariow], ed. M. P. Dragomannov, 1895; reimpressão Berlim, Kramer, 1977, p. 35. As *Confissões* foram publicadas dos Arquivos da Terceira Seção por V. A. Polonsky no vol. 1 de sua *Materiali dlya biografii M. A. Bakunina*. Moscou, 1923. O texto usado é *Michael Bakunins Beichte aus der Peter-Pauls-Festung an Zar Nikolaus I*. Ed. Kurt Kersten, com prefácio de Polonski. Berlim, Deutsche Verlags-gesellschaft für Politik und Geschichte, 1926. Edição inglesa: *The Confession of Mikhail Bakunin: With Marginal Comments of Tsar Nicholas I*. Trad. Robert C. Howes, introdução e notas Lawrence D. Orton. Ithaca, Cornell University Press, 1977.

a. *Motivos da* Confisssão

Escrever uma confissão dos próprios pecados ao czar não é considerada uma boa fórmula entre revolucionários. Os biógrafos de Bakunin, que são ou revolucionários eles mesmos, ou ao menos têm simpatia suficiente pelo *code d'honneur* revolucionário para se sentirem apologéticos acerca de seu herói, trabalharam duro para minimizar o horror. Alguns de seus argumentos apontam, muito aptamente, para as circunstâncias da confissão. Bakunin era um pioneiro, e o código de conduta para revolucionários ainda não fora padronizado. Além disso, Bakunin era nobre e oficial, e para um homem de sua posição social não era estranho comunicar-se com homens de sua classe. Além desse ponto, entretanto, não há muito por onde continuar. O que alguns dos biógrafos têm para dizer acerca das motivações psicológicas de Bakunin e dos acontecimentos ainda mais fascinantes na alma de Nicolau I é na maior parte pura fantasia literária.[11]

aa. As fontes imediatas

Além da própria *Confissão,* há apenas duas fontes imediatas que poderiam ser úteis para sua compreensão. A primeira fonte é a carta a Alexander Herzen citada anteriormente. Bakunin diz nessa carta que num julgamento comum ele teria seguido o mesmo procedimento que nos interrogatórios austríaco e saxônio, em que confessou seus princípios, mas não deu nenhuma informação. "Mas dentro de quatro paredes, sob o poder do urso", poderia relaxar e escrever um tipo de confissão, à maneira de *Dichtung und Warheit* [Poesia e Verdade]. Além disso, suas ações, de qualquer modo, tinham sido bem abertas, e ele nada tinha para esconder. Apenas tomou

---

[11] Acerca da *Confissão* de Bakunin, ver Polonski no prefácio a *Michael Bakunins Beichte*; Hélène Iswolski, *La Vie de Bakounine.* Paris, 1930; New York, International Publishers, 1937; e a excelente obra de E. H. Carr, *Michael Bakunin.* London, 1937; reeditado: New York, Octagon, 1975. [Ver também Guy Alfred Aldred, *Bakunin* (1940); reedição: Nova York, Haskell House Publishers, 1971; Aileen Kelly, *Mikhail Bakunin: A Study in the Psychology and Politics of Utopianism.* New Haven, Yale University Press, 1987.]

cuidado para não mencionar nenhuns nomes de pessoas que pudessem ser comprometidas por ele. "Na consciência de minha aparente situação desamparada e considerando o caráter enérgico de Nicolau, minha carta foi muito decidida e corajosa – e foi por isso que ele gostou dela."[12]

A outra fonte é uma carta secreta que ele fez chegar, às escondidas, às mãos de membros de sua família quando lhes foi permitido visitá-lo. Aqui ele pormenoriza sua decadência física, assim como seu medo de chegar a uma deterioração mental se continuasse o confinamento solitário que estava sofrendo havia dois anos. E então assegura a seus parentes que suas convicções anteriores não tinham mudado; elas apenas se tornaram mais ferventes e incondicionais. Tudo o que lhe restava está compreendido em uma palavra: "Liberdade"! Isto não é apenas um desejo de liberdade da prisão, mas o desejo de agir de novo como um revolucionário.

Dá-me a possibilidade de agir. Parece-me que nunca tive tantas ideias, nunca senti uma necessidade tão fervente de movimento e ação. Ainda não estou morto; e precisamente esta vida da alma, que, através da concentração, se tornou mais profunda e mais poderosa, agora mais do que nunca exige expressar-se, agora se tornou para mim uma fonte inexaurível de sofrimento que sequer tento descrever. Nunca saberás o que significa ser enterrado vivo, dizer a si mesmo todo minuto do dia e da noite: sou um escravo, estou aniquilado, estou desamparado, com o corpo ainda vivo.

Ouvir o eco da grande luta e ser condenado ao silêncio! Pleno de ideias, e incapaz de realizar uma sequer!

Sentir amor no coração, sim, amor a despeito das paredes ao redor, e não ser capaz de dá-lo por algo ou por alguém. Sentir-se alguém pleno de abnegação, e mesmo heroísmo, para servir milhares de ideias santas – e ver todos esses esforços

---

[12] Carta a Herzen, de Irkutsk, 8 de dezembro de 1860, em *Sozialpolitischer Briefwechsel* [Correspondências sociopolíticas], p. 35 ss. Para sopesar o valor desta carta deve-se considerar que foi escrita quase dez anos depois da *Confissão*.

quebrados por quatro paredes nuas, minhas únicas testemu-
nhas, minhas únicas confidentes".[13]

bb. O problema do arrependimento

As duas fontes, juntamente a algumas outras poucas
indicações que logo apresentaremos, parecem abrir uma
compreensão da situação de Bakunin que torna supérflua
qualquer especulação. Há, primeiro de tudo, o horror vital, puro, da decadência mental e física; qualquer passo que
desse alívio a esse respeito, como o trabalho forçado exigido
como um ato de graça por Bakunin, pareceria justificado,
contanto que outras pessoas não fossem ameaçadas pela
Confissão. Confrontado pela finalidade do fado "no poder do
urso", podem-se relaxar as formas. No nível espiritual, entretanto, a situação é mais complexa. Parece haver uma contradição entre a carta secreta e certas fórmulas da *Confissão*.
Na carta secreta, Bakunin reconhece livremente que ainda
está firme em seu coração a esperança "de começar de novo
onde parei o trabalho que me trouxe aqui, apenas com mais
tenacidade, talvez com mais circunspeção". A *Confissão*, por
outro lado, conclui com a fórmula: "o pecador sinceramente
arrependido M. B.".

A contradição é óbvia, mas não é simples, pois a fórmula não é uma mentira pura. A fórmula de arrependimento
a seu turno é contraditada por todo o conteúdo da própria
Confissão, em que Bakunin frequentemente expressa seu
arrependimento em tais termos que é claro o não arrependimento. Já no começo, Bakunin implora ao czar que não
lhe peça para tornar-se um traidor e confessar os pecados
alheios. "Mesmo a teus próprios olhos, imperador, eu pre-
feriria aparecer como um criminoso político merecedor da
punição mais severa a aparecer como um patife."[14] O czar,
que era do estofo de que são feitos os inquisidores, notou à

---

[13] Texto da carta em *Michael Bakunins Beichte,* introdução de Kurt Kersten, p.
xiii ss. Esta carta é quase contemporânea da *Confissão*.

[14] *Michael Bakunins Beichte*, op. cit., p. 2 ss.

margem: "Por essas palavras ele já destrói toda a confiança; se ele sente todo o peso de seus pecados, apenas uma confissão completa, não uma *condicionada*, pode ser considerada uma confissão". Algumas páginas depois, Bakunin fala de sua doença política e filosófica que o levou àquela condição, "e não sei mesmo agora se estou completamente curado". Nota do czar: "N.B.!".[15] Prosseguindo, Bakunin se dirige ao czar: "Imperador, não falarei contigo acerca de meu último arrependimento: o arrependimento, em minha situação, é tão inútil como o arrependimento de um pecador após a morte". O czar não caiu no truque; anotou: "Errado; o arrependimento de todo pecador pode trazer a salvação, desde que venha de um coração puro".[16] A *Confissão*, assim, não é uma tentativa de enganar o czar. O que significam, então, as afirmações de arrependimento, se por sua própria formulação elas negam o propósito de comover o czar por um arrependimento sincero? Parece haver só uma resposta para a pergunta: são complicados os humores de Bakunin; e enquanto a carta secreta mostra um humor rebelde, na *Confissão* Bakunin se pôs num estado de sinceridade e de arrependimento que é revelado em suas palavras; *podia* passar por um pecador arrependido, em certo grau, perante o czar.

cc. O reacionário consistente

Como foi isso possível? Uma chave talvez seja oferecida por certas reflexões de Bakunin em um de seus primeiros artigos acerca da "Reação na Alemanha". Em 1842 Bakunin distinguia entre dois tipos de reacionários: o consistente e o mediador. O tipo mediador tinha o seu mais completo desprezo, não assim o consistente.

Em nossa época sem consciência e má, quando tantos tentam esconder perante si mesmos as consequências estritas de seus próprios princípios, por mera covardia, a fim de

---

[15] Ibidem, p. 5.
[16] Ibidem, p. 16.

escaparem do perigo de ser perturbados na concha fraca e artificial de suas supostas convicções, somos imensamente agradecidos a esses homens. São sinceros e honestos; querem ser homens inteiros [...]. Eles são homens honestos e inteiros, ou melhor, querem ser homens honestos e inteiros; e odeiam toda indiferença, assim como nós, porque sabem que apenas um homem inteiro pode ser bom e que a indiferença é a fonte má de toda perversidade.[17]

"A fonte de seus esforços é quase sempre honesta."[18] Há mais em comum entre Bakunin e um reacionário consistente do que entre ele e um homem que quer condescender entre tradições e as necessidades de reforma. O czar era um reacionário consistente nesse sentido, e a carta a Herzen, referindo-se ao caráter enérgico de Nicolau I, parece indicar um respeito verdadeiro pelo inimigo. O imponderável pode ter intensificado esse comportamento, como o fato de o czar não ser apenas um governante secular, mas, na verdade, o cabeça espiritual de Bakunin, assim como as memórias da escola de oficiais e o entusiasmo do jovem cadete pelo czar a que se dedica muito a *Confissão*. Medir-se com esse inimigo respeitado e íntimo foi certamente uma tentação.

dd. O eros político

Um estrato mais distante da alma é tocado nas passagens da carta secreta em que Bakunin expressa seu desespero de que seu amor heroico e abnegado se quebrem em vão contra as paredes da prisão. Este amor de Bakunin, seu *eros* político, não vai apenas para a "ideia santa" da revolução à maneira partidária. Abarca também os atores oponentes no drama da liberdade. De novo, o artigo de 1842 é muito revelador desse problema. Bakunin pergunta a si mesmo se o revolucionário deve responder com amor ao ódio dos reacionários. Sua resposta: "Não, isso não seria digno da boa causa da qual somos

---

[17] "Zwei Schriten", op. cit., p. 7.
[18] Ibidem, p. 9.

os órgãos". Por sua própria existência, a visão unilateral de um partidário pressupõe a existência de outra unilateralidade. O revolucionário, como ser humano, se encherá de "paixões más" na luta, será parcial e odiento. Mas isso não pode ser a última palavra, pois nesse caso a revolução não seria melhor do que a reação. Ser um partidário revolucionário em política pode ser justificado apenas se "a existência meramente política unilateral é perpetuamente sobrepujada [*aufgehoben*] na religião do princípio multilateral e compreensivo". O revolucionário tem de reconhecer em seu oponente reacionário que este realmente almeja o bem e que apenas "por um azar incompreensível" ele, como indivíduo, foi desviado de seu destino verdadeiro. "Apenas para nós, que somos chamados os inimigos da religião cristã, é reservado e mesmo tornado nosso mais alto dever praticarmos o amor concretamente mesmo na mais fervente luta, este maior mandamento de Cristo e esta única essência do verdadeiro cristianismo."[19] O amor que reconhece no inimigo um irmão que também almeja o bem, e é talvez até um parceiro secreto na luta comum, é um traço forte que perpassa a vida de Bakunin. Na lenda russa, Cristo beija Judas por sua traição: diante de Deus, ambos têm seus papéis no drama da salvação; um tem de trair de tal modo que o outro possa redimir como vítima da traição. Aquele beijo é dado de novo por Cristo no Grande Inquisidor em *Os irmãos Karamázov*.

ee. A aventura demoníaca

Finalmente, temos de considerar outra "confissão" de Bakunin, feita alguns anos antes numa carta a Annenkov.[20] Bakunin diz a seu amigo que sua vida fora determinada por mudanças quase involuntárias, independentes de seus próprios planos. "Deus sabe aonde isso me levará. Sinto apenas que não devo refazer meus passos e nunca devo ser desleal

---

[19] Ibidem, p. 8.

[20] Carta a Annenkov, Bruxelas, 28 de dezembro de 1847, em *Sozial-politischer Briefwechsel*, p. 7.

a minhas convicções. Nisso reside toda a força e dignidade; nisso reside toda a realidade e toda a verdade de minha vida; nisso reside minha fé e meu dever; ao resto dou pouca importância. Esta é minha confissão". Se isso pode soar como misticismo, continua ele, bem, quem não é místico? Há alguma vida sem misticismo? "Há vida apenas onde há um horizonte severo, ilimitado e, portanto, algo místico. Na verdade não sabemos quase nada; vivemos numa esfera vivente, rodeados de milagres e de forças vitais; e cada um de nossos passos pode trazê-los à luz, sem nosso conhecimento e frequentemente mesmo sem querermos." O "horizonte severo e ilimitado" é o símbolo perfeito de uma força que vê direção, mas não vê finalidade. As contingências mais inesperadas, no sentido da *fortuna secunda et adversa*, podem surgir com tal força que não tenham outro padrão senão a lealdade à sua necessidade demoníaca. E quem poderia dizer o que *poderia* acontecer quando o czar lesse a *Confissão*? A aventura demoníaca de lançar a *Confissão* no tempo, como um ponto de cristalização potencial para acontecimentos não conhecíveis, tem de ser tomada em consideração para se compreender o ato de Bakunin.

b. A Confissão

A *Confissão* em si é uma das peças literárias mais perfeitas escritas por Bakunin. Trata de sua vida desde a juventude na escola de oficiais e se demora nas atividades revolucionárias na década de 1840 na França, na Prússia, na Saxônia e na Áustria. Por causa desse conteúdo, é, com seus outros escritos do final da década de 1840, uma fonte importante para os acontecimentos revolucionários de 1848 e 1849. Os problemas de história política, entretanto, não são nossa primeira preocupação. Temos, ao contrário, de explorar os elementos da *Confissão* que contribuem para a compreensão da existência revolucionária de Bakunin na amplitude do crime e do arrependimento. Temos de perguntar, portanto: o que precisamente fez Bakunin arrepender-se e quais foram os motivos do arrependimento?

aa. Desilusão

Bakunin não se arrependeu, por nenhum momento, de sua existência revolucionária como tal. Arrependeu-se de sua futilidade. E arrependeu-se porque sua observação dos acontecimentos revolucionários em Paris e Berlim, em Frankfurt, Baden, Dresden e Praga o enchera de um desgosto contínuo pelos republicanos amantes da liberdade, que voltam atrás e traem sua revolução tão logo veem ameaçados seus interesses de propriedade e ficam muito alegres em voltar para o rebanho do poder conservador. As experiências revolucionárias produziram em Bakunin um desprezo profundo pelo ocidente, especialmente pela Alemanha. Ao mesmo tempo, seus sentimentos nacionais russos se tornaram mais férvidos do que eram antes; e embora não se tenha feito cego aos males russos, descobriu também que a Rússia não é tão ruim quanto o ocidente e, particularmente, que o czar congruentemente reacionário é uma figura de qualidade comparada com os monarcas europeus que tremiam abjetamente em face das revoltas de 1848. "A despeito de minhas convicções democráticas, venerei-te profundamente nos últimos anos, como se fosse contra minha vontade. Não apenas eu, mas muitos outros, poloneses e europeus em geral, compreendemos como eu mesmo que és o único entre as cabeças reinantes do tempo que preservou sua fé em seu chamado imperial."[21]

bb. A corrupção do ocidente – Comunismo

A desilusão e o arrependimento de Bakunin estão intimamente ligados a seu comportamento para com o comunismo e as seitas comunistas e sociedades secretas dos anos de 1840. Do ponto de vista de sua existência revolucionária, Bakunin não vislumbra uma ordem de propriedade comunista como o objetivo direto da revolução que aboliria os males da sociedade. Uma mera mudança da ordem de propriedade, sem uma revolução democrática "real", não interessaria a ele. O comunismo

---

[21] *Michael Bakunins Beichte*, op. cit., p. 25.

seria inevitavelmente incidental à revolução, mas não seria seu propósito. Portanto o movimento comunista é um sintoma de decadência social; não abre a passagem para a salvação. Bakunin insiste, na *Confissão*, que ele nunca foi comunista, embora tenha seguido o movimento com grande interesse porque nele viu "o resultado inevitável, necessário e natural do desenvolvimento econômico e político da Europa ocidental". A ordem social do ocidente é corrupta e pode ser mantida apenas com o maior esforço. Este estado é a única explicação para o "terror pânico" que em 1848 surgiu nos países ocidentais, com exceção da Inglaterra. "Para onde quer que se vire na Europa ocidental vê-se decadência, descrença e corrupção, uma corrupção que tem suas raízes na descrença. Das mais altas até as mais baixas camadas sociais, nenhuma pessoa, nenhuma classe privilegiada, tem fé em seu chamado e em seu direito." Privilégios são mantidos apenas pelo egoísmo e pelo hábito.

Esta é, em minha opinião, a essência e a força do comunismo [...]: o comunismo tinha e tem seu ponto de partida, ao menos, tanto em cima quanto embaixo; embaixo, nas massas, ele cresce e vive como uma demanda energética e sem clareza, como o instinto de revolta; nas classes mais altas aparece como o instinto de um desastre ameaçador e merecido, como uma angústia indeterminada e desamparada causada por sua própria fraqueza e má consciência.

Esta angústia e clamor perpétuo acerca do comunismo contribuíram mais para sua disseminação do que a propaganda dos comunistas. "Acredito que este comunismo indeterminado, invisível, intangível, mas onipresente, que sob várias formas, mas sem exceção, está vivo em toda parte, é mil vezes mais perigoso do que a variedade exata e sistematizada que é pregada apenas numas poucas sociedades públicas e secretas." Em 1848, essas sociedades revelaram sua impotência na Inglaterra, na França e na Bélgica; além disso, seu programa é tão pouco prático que eles não poderiam sobreviver a três dias de sucesso. Desta vez, Bakunin e o czar estão num acordo de coração; a análise de Bakunin de uma sociedade ocidental que é empesteada por sua má consciência é anotada por Nicolau I com observações como "Correto" e "Uma verdade pertinente".[22]

cc. O impasse social

A mudança da ordem econômica, então, interessaria Bakunin apenas como o acompanhamento inevitável de uma revolução ocidental. Mas, para uma revolução real, o ocidente não está pronto, como mostraram os acontecimentos de 1848. Com essa desilusão e com o desespero causado por uma vida fútil, tocamos o cerne do comportamento revolucionário de Bakunin, e não apenas de Bakunin, mas geralmente dos revolucionários russos do século XIX. Bakunin foi forçado à existência revolucionária porque apenas numa Rússia revolucionada poderia um homem de sua energia e qualidade encontrar um campo adequado de ação. A revolução no ocidente foi de importância vital para ele porque esperava que ela fosse o sinal para a revolução na Rússia; e a revolução russa lhe permitiria voltar para casa e ter um papel ativo na política de seu país. A *intelligentsia* russa do século XIX se torna uma classe fora das classes porque a ordem social e política (em que mesmo o louvor do governo era considerado uma insolência subversiva) não deixava lugar para uma ação construtiva, dentro da ordem, para homens de inteligência, temperamento, educação, personalidade madura e uma vontade moral de reforma. Tornou-se um lugar-comum na análise da revolução afirmar que um governo está em perigo quando os intelectuais vão para a oposição. Como descrição superficial, o lugar-comum contém uma verdade. Mas não trata do problema subjacente de que os intelectuais não vão para a oposição por sua própria escolha, mas porque em sua sociedade não encontram nada melhor e mais digno de fazer. Uma ordem social alcança sua fase crítica quando os homens de integridade moral e intelectual teriam de rebaixar-se se quisessem participar da vida pública. O mais grave insulto à personalidade humana é a negação da oportunidade de deixar qualidades de alto valor transformar-se em

---

[22] Ibidem, 7 ss.

uma força ativa na sociedade. Quando uma sociedade atingiu o estágio de corrupção em que seus membros mais valiosos são simplesmente empurrados para fora, a consequência será, de acordo com os tipos de personalidade, um retraimento numa contemplação ou numa resistência ativa a ponto de destruição revolucionária e criminalidade.

A ordem social russa do tempo de Bakunin desenvolvera um grau de repressão que produziu como sua contrapartida as formas extremas de niilismo. Nesse tempo, um russo educado em sua posição social tinha a escolha de estabelecer-se em sua propriedade e explorar os servos, ou de entrar no serviço administrativo em que teria de submeter-se às regras de conduta de uma burocracia depravada, ou de tornar-se um oficial na armada com uma vida de rotina enfadonha em lugares fora do mundo na companhia de uns camaradas não inspiradores.[23] Na geração posterior a Bakunin, quando do o problema de uma vida intelectual ativa e madura se

---

[23] Um rompimento grave do sentimento de repressão pode ser encontrado no discurso de Bakunin no aniversário da revolução polonesa de 1847:

Nous aussi nous sommes gouvernés par une main étrangère, par un souverain d'origine allemande qui ne comprendra jamais ni les besoins ni le caractère du peuple russe, et dont le gouvernement, mélange singulier de brutalité mongole et de pédantisme prussien, exclut complètement l'élément national. De sorte que, privés de tous droits politiques, nous n'avons pas même cette liberté, patriarcale, pour ainsi dire, dont jouissent les peuples les moins civilisés et qui permet du moins à l'homme de reposer son coeur dans un milieu indigène et de s'abandonner pleinement aux instincts de sa race. Nous n'avons rien de tout cela: aucun geste naturel, aucun mouvement libre ne nous est permis. Il nous est presque défendu de vivre, car toute vie implique une certaine indépendance, et nous ne sommes que les rouages inanimés de cette monstrueuse machine d'oppression et de conquête qu'on appelle l'empire russe."

[Nós também somos governados por uma mão estrangeira, por um soberano de origem alemã que não entende nem as necessidades nem o caráter do povo russo, e cujo governo, uma mistura singular de brutalidade mongol e de pedantismo prussiano, exclui completamente o elemento nacional. Como consequência, privados de todos os direitos políticos, não possuímos sequer aquela liberdade patriarcal, como é chamada, gozada por povos menos civilizados, e que minimamente permite ao homem descansar seu coração em seu solo nativo e entregar-se aos instintos de sua raça. Não temos nada disso: nenhum gesto natural, nenhum movimento livre nos é permitido. Permite-se-nos escassamente viver, porque toda vida implica certa independência, e somos apenas rodas inanimadas desta máquina imensa de opressão e de conquista chamada império russo.]
O discurso foi publicado em *La Reforme*, de 14 de dezembro de 1847; citamos da reedição em *Sozial-politischer Briefwechsel*, p. 279 ss.

espraiara pela classe média, a situação se tornou agravada porque os intelectuais de classe mais baixa não tinham sequer as oportunidades de carreira de um Bakunin. Num país sem vida pública do povo, apertados entre a organização governamental de uma classe mais alta a quem desprezavam e camponeses com os quais não tinham contato, os intelectuais ficaram ante um muro branco de nada e niilismo a ponto de o assassinato terrorista tornar-se um meio considerável de expressão porque para alguns deles era o único à sua disposição. As paredes da prisão contra as quais o amor de Bakunin se despedaçou eram apenas a corporificação física última das paredes da prisão da sociedade contra as quais uma inteligência ativa martelava até exaurir-se e quebrar-se. A essa luz temos de ler a confissão tocante de Bakunin:

> Teria subordinado a mim mesmo a qualquer um se eu tivesse reconhecido nele a habilidade, os meios e a firme vontade de servir aos princípios que eu considerava como verdades absolutas. Eu o teria seguido alegremente e teria subordinado a mim mesmo a ele com prazer, *porque sempre respeitei e amei a disciplina que se funda na convicção e na fé.*

E então ele transforma seu grande problema até mesmo num vício pessoal:

> Minha natureza teve sempre um vício profundamente arraigado: meu amor por aventuras inauditas, incomuns e fantásticas que abrem horizontes ilimitados. Num círculo quieto e cotidiano eu sentia que sufocaria. Normalmente os homens estão em busca de tranquilidade e a veem como o mais alto bem. Mas, para mim, a tranquilidade trazia desespero; minha alma estava numa excitação incessante; demandava ação, movimento e vida. Poderia ter nascido em algum lugar entre os colonos ocidentais das florestas americanas, onde a civilização está prestes a florir, onde a vida é ainda uma luta incessante contra os selvagens e contra uma natureza selvagem, não numa sociedade burguesa bem ordenada.[24]

---

[24] *Michail Bakunins Beichte*, op. cit., p. 47 ss.

dd. A fé sob a vontade

O propósito da atividade revolucionária de Bakunin é o retorno à Rússia, a uma Rússia que terá espaço para ele na vida pública. "Para minha vida na Rússia, poderia retornar apenas por um caminho criminoso e revolucionário."[25] Mas como se poderia efetivar tal revolução? A resposta da *Confissão* continua em sua implicação para além da ocasião imediata: revela uma característica da vida de Bakunin que irrompe repetidas vezes nas empresas de seus últimos anos; vai a ponto de explicar a fascinação pessoal que Bakunin tinha para quem quer que o encontrasse; e vai mesmo além da existência pessoal de Bakunin e revela uma fonte de força que leva a revolução ao sucesso. A resposta:

Tenho apenas um confederado: a fé! Disse a mim mesmo que a fé move montanhas, remove obstáculos, vence o invencível e torna possível o impossível; somente a fé é meia vitória, meio sucesso; complementada pela vontade poderosa, cria circunstâncias, torna os homens prontos, agrupa-os e os une [...]. Em uma palavra: queria acreditar, queria que outros acreditassem.

Essa é talvez a mais perfeita descrição já dada da magia do mal, da magia de criar uma realidade do nada, da criação *ex nihilo* pelo homem. É a oposição da fé demoníaca sob a vontade à vontade cristã sob a fé. Esta "fé sob a vontade" se manifesta mais tarde na invenção prodigiosa de Bakunin de sociedades revolucionárias não existentes e na injeção de tais invenções de imaginação na realidade com resultados bem tangíveis. A fé e a imaginação de uma vontade isolada irrompem no curso da história, criam, na verdade, as circunstâncias e produzem os mais incríveis efeitos entre contemporâneos estupefatos que não podem acreditar que tais coisas possam acontecer. É a primeira aparição da magia negra da vontade isolada que mais tarde reaparece na "magia do extremo" de Nietzsche, na persistência de Lenin nos anos desesperançados

---

[25] Ibidem, p. 14. [Ver também Arthur P. Mendel, *Michael Bakunin: Roots of Apocalypse*. New York, Praeger, 1981.

até que chegasse sua hora, e na "vitória da Fé" e permanência no poder de Hitler. No humor da *Confissão*, entretanto, Bakunin é sensível ao caráter forçado da "fé na vontade".

Reconhece que não sem esforço, não sem graves lutas, "obteve esta fé violenta, artificial e hipócrita"; que foi atormentado por dúvidas "acerca da moralidade e da possibilidade de sua empresa"; que "ouvia vozes de reprovação íntima",[26] e assim por diante. A fonte experiencial da dúvida parece ter sido a própria atividade revolucionária de Bakunin. Na prática política, um homem é responsável por descobrir algumas coisas acerca da *ananke* [necessidade], o fado de ser apanhado numa rede de obrigações e de necessidades que determinam o curso de ações tão estreitamente que não se deixa mais nenhum lugar para a escolha. Bakunin confessa que entendeu "uma verdade total e inteiramente": que a atividade de governar é difícil e requer experiência; "que na vida dos estados e dos povos há condições mais altas e leis, que não devem ser medidas pelos padrões do dia a dia, e que na alta política são necessárias muitas coisas que na vida privada parecem injustas, opressoras e cruéis". "A história tem seu curso próprio e secreto"; e raramente tem um indivíduo privado, "por mais sinceras, honestas e sagradas que sejam suas convicções", a vocação "para levantar seu pensamento rebelde e sua mão impotente contra as forças inescrutáveis do destino".[27]

ee. O mistério do drama histórico

A tensão entre a fé e o arrependimento na *Confissão* é apenas a manifestação mais forte de uma tensão que está permanentemente presente na existência de Bakunin. Notamos a manifestação anterior no respeito pelo reacionário consistente e no amor do inimigo. Mesmo em seus humores mais destrutivos, Bakunin sempre preserva a consciência do mistério no drama histórico e do fado inescrutável que assinalou os papéis aos atores. Não encontramos nunca em Bakunin a

---

[26] *Michael Bakunins Beichte*, op. cit., p. 38.

[27] Ibidem, p. 43.

confusão marxista de atribuir ao inimigo individual, como uma culpa pessoal, o papel que é determinado pelos acidentes biográficos e pelas circunstâncias econômicas e sociais. Há mal em Bakunin e, em seus últimos anos, criminalidade e satanismo aberto, mas não há nele em nenhum tempo a marca baixa da pequena besta que se fecha em certezas e cospe veneno no inimigo. Temos de enfatizar esse traço na existência de Bakunin porque, em contraste com isso, ganhamos uma compreensão mais clara das forças que determinam a linha de sucesso político da revolução ocidental e da crise: das forças do rancor, do ódio, da difamação. Nessa linha principal temos de observar o *crescendo* na decomposição moral do ocidente: das vulgaridades voltairianas do Iluminismo; através do ódio, da hipocrisia moral e das técnicas de difamação de Marx, intelectual de classe média, que se tornou uma força na história através do movimento do marxismo; à decomposição final da sociedade ocidental e sua submersão na corrente de sujeira que emana das difamações mútuas das classes médias ocidentais no século XX. O fator mais importante na formação do destino civilizacional e político do ocidente nesse período é o "ódio livre flutuante" das classes médias. Desse fenômeno, entretanto, e de sua etiologia vamos tratar mais explicitamente num contexto posterior.

ff. O imperialismo pan-eslavo

Bakunin sonha a revolução russa como parte de uma revolução pan-eslava. O primeiro objetivo é a destruição do poder czarista. A abolição da forma monárquica de governo, entretanto, não deve ser mais do que a abertura da grande liberação eslava. Uma Rússia livre tem de tomar a dianteira dos povos eslavos nas guerras contra a Áustria, a Prússia e a Turquia e, se necessário, contra a Alemanha, para a liberação dos eslavos do domínio estrangeiro. "Metade da Silésia prussiana, a maior parte da Prússia ocidental e oriental, ou seja, todos os territórios de fala polonesa e eslava, devem ser separados da Alemanha." Numa varredura seguinte, também a Hungria, os moldavos, os romenos e os gregos deveriam ser induzidos a juntar-se à federação eslava de tal modo que um império oriental livre e unido emergisse, como um novo poder mundial oriental contra o ocidente, com a capital em Constantinopla.[28] A república revolucionária não seria construída de acordo com as ideias do liberalismo ocidental. Não seria representativa, nem constitucional, nem parlamentarista, e não teria nenhum equilíbrio de poderes. A democracia não pode ser realizada através da representação parlamentar num país onde a grande massa de pessoas não é politicamente articulada e não pode formar sua própria representação. Um parlamento de aristocratas e burgueses, entretanto, apenas continuaria a opressão.

Para a Rússia, é necessário um poder ditatorial forte, que se preocupe exclusivamente com a elevação e a iluminação das massas; um poder que é livre em tendência e espírito, mas sem uma forma parlamentar; um poder que edita livros de conteúdo livre sem introduzir a liberdade de imprensa; um poder que está cercado, aconselhado e apoiado pela cooperação livre de homens que pensam da mesma maneira, mas que não é limitado por ninguém nem nada.

---

[28] Ibidem, p. 45. Para minúcias da federação eslava, com autonomia das nações-membros e uma política internacional e militar comum, ver, de Bakunin, "Statuten der neuen slavischen Politik" [Estatutos da nova política eslava] e "Grundzüge der slavischen Föderation" [Caracteres fundamentais da federação eslava], de 1848, em *Sozial-politischer Briefwechsel*, p. 285-89. Para uma análise ainda mais pormenorizada da revolução, ver o *Appel aux Peuples Slaves par un Patriote Russe* [Apelo aos povos eslavos feito por um patriota russo]: *"En déclarant la guerre aux oppresseurs, la révolution proclamait donc le remaniement, le bouleversement de tout le Nord, de toute la partie oriental de l'Europe, l'émancipation de l'Italie, et, comme but final: la fédération universelle des republiques Européennes!"* [Ao declarar guerra aos opressores, a revolução proclama, assim, a alteração, a derrubada de todo o Norte, de toda a parte oriental da Europa, a emancipação da Itália e como objetivo final: a federação universal de repúblicas europeias]. O *Appel* foi publicado pela primeira vez em Josef Pfitzner, *Bakuninstudien* [Estudos sobre Bakunin], 1932; 2. ed. Berlim, Kramer, 1977. O *Appel* é o primeiro rascunho, consideravelmente mais radical no conteúdo do que o *Aufruf an die Slaven: Von einem russischen Patrioten* [Exortação aos eslavos: por um patriota russo], que foi publicado em dezembro de 1848, por E. K. Keil em Leipzig, tendo na página de rosto a designação: "Koethen, Selbstverlag des Verfassers" [Cöthen, edição do autor]. O *Aufruf* está reeditado e anotado por Boris Jakowenko em "Zwei Schriften" [Dois escritos].

A única diferença entre o poder ditatorial e o monárquico seria a tendência daquele de se fazer supérfluo tão rápido quanto possível através da educação do povo, ao passo que o monárquico tenta perpetuar sua existência, mantendo as pessoas numa criancice inalterada.[29]

gg. *Revolta da alma x necessidade marxista*

É desnecessário estender-nos quanto ao significado do programa de Bakunin à luz dos acontecimentos contemporâneos. É clara a linha que vai de Bakunin a Lenin e Stalin. É mais importante acentuar a diferença entre sua concepção de revolução e a de Marx. A diferença se torna aguda quanto à questão: como deve ser feita tal revolução e por quem? Neste ponto Bakunin revela a ausência de ideias concretas. Assegura ao czar que certamente não tinha nenhuma ambição pessoal de se tornar o ditador da Rússia. Ao contrário, estava convencido de que pereceria na luta. Sua geração é chamada para destruir, não para construir; "a construção será feita por outros que são melhores, mais inteligentes e mais novos do que nós".[30] E se alguém lhe perguntasse como podia planejar o horror de uma revolução russa sem ter uma ideia clara do que seria tal empresa, teria de reconhecer que ele próprio estava tremendo quando considerava as consequências. Os camponeses russos revolucionários são bestiais em sua crueldade, e ele se lembrava das palavras de Púchkin: "Livrai-nos, ó Senhor, da revolta russa que não conhece nenhum sentido nem misericórdia!". Em parte esperava que a selvageria bêbada das massas pudesse ser restringida, em

---

[29] *Michail Bakunins Beichte*, op. cit., p. 46. A ideia da "ditadura de ferro, provisória" e benevolente reaparece nos anos de Sibéria de Bakunin. Bakunin se tornou muito amigo do governador da Sibéria oriental, general Muraviov--Amurski, um primo por parte de mãe. O construtor do império e o revolucionário aparentemente encontraram muito em comum, pois numa carta a Herzen, de Irkutsk, de 17 de novembro de 1860, Bakunin louva muito os méritos de Muraviov, o verdadeiro democrata e "incondicionalmente um de nós". Parece ter contemplado com alguma seriedade as possibilidades de uma revolução russa e uma liberação pan-eslava sob a liderança de um ditador liberal como Muraviov *(Sozial-politischer Briefwechsel*, p. 11-29).

[30] *Michail Bakunins Beichte*, op. cit., p. 48.

326 | História das Ideias Políticas – A Crise e o Apocalipse do Homem

parte confortava-se com o pensamento de que em certos tempos na história é necessário um terrível desastre.[31]

Esse comportamento para com o processo e as táticas de revolução não é um humor passageiro em Bakunin. A vontade de começar a revolta, na esperança de que, por causa do terror, forças benéficas emergiriam e construiriam a nova sociedade, persiste por todos os anos posteriores. Num panfleto de 1871, Bakunin formula a questão do princípio. Insiste que a dignidade humana nas nações e nos povos se manifesta apenas no "instinto de liberdade, no ódio à opressão e pela força da revolta contra tudo o que tenha o caráter de exploração e domínio no mundo".[32] Nessa "firme convicção" de que o instinto de liberdade é a fonte de revolta e a essência da dignidade humana, de que a revolta da alma é o primeiro fator movente da história e de que o reino da liberdade emergirá de algum modo, sem se preocupar muito com detalhes técnicos, uma vez que a revolta tenha começado, Bakunin se coloca em oposição à ideia marxista de revolução. A escola de "comunistas autoritários alemães", continua ele, desenvolveu o princípio materialista de que a história humana, "mesmo nas manifestações ideais da vida individual e coletiva da humanidade, em seus desenvolvimentos social, jurídico, político, artístico, científico, metafísico, religioso e moral", nada mais é do que o reflexo de fatos econômicos. "Esse princípio é profundamente verdadeiro se considerado de um ponto de vista relativo; mas, se tomado absolutamente, como a fonte primeira e a única base de todos os princípios, torna-se completamente errado."[33] A concepção materialista da história contém para Bakunin uma verdade relativa à medida que ele também supõe que o mundo social, e a manifestação especificamente humana do espírito, funda-se na base animal do homem, e a base animal, por sua vez, na matéria. O espírito é a culminação da evolução da

---

[31] *Ibidem*, p. 49.

[32] Bakunin, *L'Empire Knouto-Germanique et la Révolution Sociale*. In: Michel Bakounine, *Oeuvres*, vol. 2. Ed. James Guillaume. Paris, Stock, 1907, p. 455.

[33] *Sophismes Historiques de l'Ecole Doctrinaire des Communistes Allemands*. In: *Oeuvres*, vol. 3. Paris, Stock, 1908, p. 9-18.

matéria. Mas pode ser a culminação da matéria apenas porque a matéria não é inorgânica, mas contém espírito. A ascensão da matéria à humanidade significa libertar-se da matéria através dos princípios independentes do pensamento e da revolta. A negação do mero animalismo, o florescimento, na matéria, da revolta da alma é o novo fator independente que forma a história.[34] A oposição entre os princípios da alma independente e livre em revolta e da determinação do pensamento através da situação econômica, assim como a oposição decorrente entre as duas táticas revolucionárias, permaneceu até hoje a questão entre bakuninistas e marxistas: de um lado, a fé na personalidade e a habilidade de homens livres de produzir ordem por um pensamento afim revolucionário sem liderança autoritária e, de outro lado, a crença na marcha necessária da história que progride através da ação das almas não tão revolucionárias sob a liderança autoritária dos executores da vontade histórica.[35]

hh. Um apelo ao czar

A vontade revolucionária, desimpedida de concepções doutrinárias de necessidade histórica, permitiu a Bakunin uma considerável latitude de imaginação política. Na *Confissão* revela que uma vez, em 1848, quando o ódio pan-eslavo contra tudo o que fosse alemão foi elevado ao máximo pelo Parlamento de Frankfurt, pensou em apelar ao próprio czar para assumir a liderança da liberação pan-eslava. Não apenas os poloneses, mas todos os eslavos da Prússia e da Áustria teriam seguido, nessa época, na opinião de Bakunin, um chamado do czar para uma guerra contra a Alemanha e toda a Europa ocidental. Ele esboçara o apelo, mas o destruiu porque considerava fútil a tentativa. O czar, na verdade, não estava entusiasmado com a ideia. Em resposta à afirmação de Bakunin de que todos os eslavos teriam seguido seu chamado para a libertação, o czar anotou à

---

[34] Bakunin, *Dieu et l'Etat*. In: ibidem, p. 18 ss. Nova edição: *God and the State*. Introdução de Paul Avrich. New York, Dover, 1970.

[35] Para uma boa comparação das duas posições contrastantes, ver um bakuninista moderno, Erwin Rholfs, no Prefácio ao vol. *1* de Bakunin, *Gesammelte Werke*. Berlim, 1921.

margem: "Não duvido disso; e eu teria ficado como cabeça de uma revolução de um Masaniello eslavo; não, obrigado!".[36]

c. A sombra da Confissão

Quanto ao destino de Bakunin, o efeito imediato da *Confissão* foi nenhum. Ele permaneceu na fortaleza de Pedro e Paulo. Sobre sua vida posterior, a *Confissão* parece ter ficado suspensa como uma sombra. Durante a insurreição polonesa de 1863, Bakunin estava em Estocolmo, participando do movimento. A Terceira Seção preparou, nessa época, um panfleto que continha a *Confissão* e alguns outros documentos. Não foi nunca publicado, mas Bakunin repentinamente rompeu relações com os poloneses e deixou Estocolmo. Em 1870 Bakunin participou na rebelião de Lyons. De novo, um panfleto similar foi preparado, e de novo Bakunin saiu de cena. Autores que querem amontoar toda a torpeza no regime czarista veem uma conexão entre a ameaça de publicação e as saídas de cena de Bakunin. Não há, entretanto, nenhuma prova de tal pressão; e havia outras razões suficientes para justificar a saída.[37] Somente é certo que o que quer que tenha ocorrido por trás das cortinas, o governo russo nunca fez uso público da *Confissão*, embora sua publicação pudesse ter desacreditado Bakunin nos círculos revolucionários.

§ 3. Anarquismo

Em 1861 Bakunin fugiu da Sibéria e foi, a caminho da América, para a Inglaterra. Os anos entre a fuga e sua morte, em 1976, estão repletos de um labirinto de acontecimentos de tanta complexidade que, numa história geral, não se pode tentar nem mesmo um breve relato. Para informação biográfica,

---

[36] *Michail Bakunins Beichte*, op. cit., p. 53.

[37] Acerca desses eventos na vida de Bakunin, ver Kersten, na introdução a *Michael Bakunins Beichte*, op. cit., p. xvi.

o leitor deve consultar a apresentação excelente da vida de Bakunin feita por E. H. Carr.[38] No presente estudo restringir-nos-emos a uma análise da transformação por que passou, em seus últimos anos, a existência revolucionária de Bakunin.

A existência revolucionária de Bakunin, em seus últimos anos, cristalizou-se no que comumente é chamado seu anarquismo. O termo *anarquismo*, entretanto, lamentavelmente é hoje obscurecido por sua aplicação a uma multiplicidade de subfenômenos. Antes de entrarmos na análise da última fase anarquista de Bakunin, temos de esclarecer o significado do termo ao menos até o ponto que seu significado na existência de Bakunin seja acautelado contra a confusão com formas correlatas.

a. Terrorismo

O primeiro ponto que exige esclarecimento é o emprego de métodos terroristas por anarquistas, tais como o assassínio e o lançamento de bombas, ou seja, a assim chamada propaganda da ação. O emprego pragmático da violência como tal não é nada especificamente anarquista. Alguns anarquistas empregaram essa arma para a perpetração de fins revolucionários; alguns, não; e alguns a condenaram; por outro lado, o método foi empregado por grupos revolucionários que não eram anarquistas. Num nível mais profundo do que o pragmático, todavia, o problema do terrorismo é de relevância para nós porque revela um elemento na existência revolucionária, e particularmente na existência de certos revolucionários russos, o qual também pode ser encontrado em Bakunin, embora ele mesmo nunca tenha recorrido a atos terroristas.

O leitor lembrar-se-á de nossa discussão anterior concernente ao impasse em que se encontra uma inteligência ativa numa ordem social se barram os canais legítimos para uma ação construtiva. A experiência de culpa pela miséria e pelo mal em uma sociedade, com a vontade de ação de reforma e com a experiência de impotência, podem levar uma pessoa

---

[38] Carr, *Michael Bakunin*.

de alta sensibilidade moral ao desejo de autossacrifício. O ato terrorista oferece a oportunidade para o sacrifício em dois sentidos: primeiro, o terrorista arrisca fisicamente sua vida, pois será executado quando for capturado; segundo, e mais importante, ao cometer o assassínio o terrorista sacrifica sua personalidade moral. Suplantar a aversão profunda do assassínio e aniquilar-se moralmente ao cometer o assassínio, talvez de pessoas inocentes, é o sacrifício supremo; para o homem que se parte sob a consciência da culpa social porque está frustrado na ação, este sacrifício permanece a única prova perante ele mesmo de que ele é, na verdade, capaz de "fazer" algo; é sua última justificação. Este ato supremo, no entanto, revela o estado pneumopatológico da pessoa que o comete, pois um sacrifício da personalidade moral não pode nem levar a um espírito de amor nem é aceitável a outros homens. Não é um ato de amor, mas, antes, um ato de autoafirmação pelo qual o homem que faz o sacrifício reivindica para si mesmo um *status* excepcional em comparação com os outros homens; os homens para quem ele traz o sacrifício são mal empregados como o auditório para sua própria justificação.[39] Ademais, o sacrifício é espiritualmente vão porque o ato sacrificial, se entendido como um modelo de conduta, negaria implicitamente a personalidade moral aos homens contra quem é cometido. O ato insinuaria a eles afinal seguir o exemplo assim como aceitar o sacrifício. No entanto nenhum é possível numa relação espiritual saudável. Pois o homem nem tem um direito de sugerir o sacrifício da personalidade moral aos outros, nem tem o direito de colocá-los numa posição em que seu próprio sacrifício da personalidade moral apareceria como exigido por eles para o benefício deles. O ato terrorista como modelo moralista é um sintoma da doença em que o mal assume a forma de espiritualidade.[40]

---

[39] A pneumopatologia da "exceção" retornará como um problema fundamental em Nietzsche.

[40] Na análise do terrorismo, seguimos a excelente apresentação de Karl Nötzel em seu tratado *Die soziale Bewegung in Russland: Ein Einführungsversuch auf Grund der russischen Gesellsschaftslehre* [Os movimentos sociais na Rússia: um ensaio inicial com base na sociologia russa]. Stuttgart, Deutsche Verlags Anstatt, 1923, p. 214 ss e passim.

b. Kropotkin

Um segundo aspecto do anarquismo aparece na obra do Príncipe Peter Kropotkin (1842-1921). O padrão geral de uma revolução, seguida por um reino de liberdade, é compartilhado por Kropotkin com Bakunin. As instituições presentes, assim econômicas como políticas e eclesiásticas, têm de ser destruídas a fim de libertar as forças da cooperação no homem para a criação de uma nova sociedade que é livre do mal. As instituições políticas e econômicas criaram a dependência do homem e, portanto, tornaram-se a fonte do mal; apenas sua destruição numa insurreição social tornará possível a reconstrução da sociedade através da atividade voluntária.

Embora o padrão geral do curso dos acontecimentos seja similar ao de Bakunin, os sentimentos subjacentes às ideias são extremamente diversos. Há muito mais da crítica de Rousseau à civilização em Kropotkin do que da dialética de reação e revolução de Bakunin. A concepção revolucionária mostra o impacto de Bakunin assim como da análise marxista de instituições econômicas, mas não resta nada em Kropotkin do misticismo de liberdade na história. O "salto" para o novo reino não é condicionado por uma renovação interna, o homem não tem de ser penetrado por um novo "princípio"; tudo o que acontecerá é o esmagamento externo das instituições existentes, e por este ato a natureza boa do homem, que está agora presente, receberá a oportunidade de desenrolar-se, não deformada pelo mal da compulsão.

Isto também é uma teologia da história, embora não de Bakunin; é, antes, o reverso da ideia cristã da necessidade de instituições. Na ideia cristã, a Queda corrompeu a natureza do homem, e no estado corrupto o homem, sem controle externo, não é capaz de governar-se e de viver com outros em paz; na ideia de Kropotkin, as instituições são a Queda, e, com a eliminação da Queda, a vida sem pecado será restaurada. Na ideia cristã, a necessidade de instituições é explicada pela Queda; na ideia de Kropotkin, a Queda é explicada pelas instituições. Ambas as ideias estão preocupadas com o mal na sociedade e com a necessidade de instituições; mas, na interpretação cristã, emprega-se uma antropologia realista que reconhece a realidade do mal no homem, ao passo que Kropotkin – no dizer de Schelling – "não está suficientemente a par do homem em si mesmo e fora dele", e opera com uma antropologia que comete o erro cardinal de projetar o mal do homem em seu ambiente. A despeito da relação com Bakunin, temos então de compreender o anarquismo de Kropotkin como a consequência extrema de ideias que podem ser encontradas como uma tendência difusa na época de Iluminismo e crise, da ideia anticristã da bondade fundamental do homem e da negação do mal radical. É uma tendência de ideias que se manifesta em fenômenos tão variados como o retorno de Rousseau à natureza; o elogio do selvagem inocente que preservou sua bondade natural não corrompida pela civilização; a teologia protestante liberal do século XIX e seguinte, que abole o pecado original e com ele Cristo como o Redentor; essa tensão na ideia de democracia que supõe que é sempre boa a vontade do povo; e em nossa época a glorificação mítica por nossos intelectuais liberais do homem comum, não perturbados pelo fato de que a ascensão empírica do homem comum à ascendência política em nosso século se parece muito com a ascensão da besta comum.

No anarquismo de Kropotkin, esta ideia foi isolada radicalmente e transformada na base de uma interpretação da política; se a bondade do homem é tomada seriamente, o mal deve ser uma fonte externa ao homem e, com a remoção revolucionária da fonte externa, a humanidade pode entrar no paraíso de sua boa natureza.

c. Tolstói

Abre-se uma terceira perspectiva de anarquismo com a obra do conde Liev Tolstói (1828-1910). O que Tolstói tem em comum com Bakunin e Kropotkin é a consideração do estado e da propriedade como o mal na sociedade. O que o separa de ambos é sua condenação da força como o instrumento para operar a transição do estado presente de mal para a boa sociedade. Fundou seu anarquismo numa ética cristã evangélica; e foi claro no ponto de que a salvação não pode provir da mudança das instituições; o divisar de novas instituições não é nenhum substituto para a *metanoia*, para a mudança de coração. A reforma não pode ser trazida por atividades conspiratórias e por revoltas; tem de ser realizada pela iluminação e pela persuasão, elevando a consciência, pelo modelo de conduta de vida e, se necessário, pela resistência passiva aos mandamentos não cristãos do estado.

Na superfície, sua atitude assemelha-se fortemente ao chamado cristão ao arrependimento e ao regresso íntimo; e Tolstói compreendeu, de fato, sua posição como um regresso à ética cristã baseada diretamente no Evangelho; seus seguidores compreendem-no da mesma maneira, e seus intérpretes estão inclinados frequentemente a aceitar-lhe a tese e classificar-lhe as ideias como anarquismo cristão. A cristantade de Tolstói, no entanto, não é mais do que uma superfície; substancialmente sua atitude é tão anticristã quanto as de Bakunin ou Kropotkin; e como um fenômeno na história da crise ocidental, pertence, na verdade, à variedade anárquica da doença pneumática. A antiCristandade de Tolstói consiste precisamente no que ele considera sua cristantade, ou seja, na aceitação de um código de ética cristão. O problema de Tolstói a esse respeito é similar ao de Kropotkin. Aceitar a ética da cristantade e rejeitar a substância espiritual é uma tendência que se torna incrivelmente marcada desde a era do Iluminismo; Tolstói não faz mais do que radicalizar e isolar uma ideia que está presente como ingrediente nas tentativas anteriores de estabelecer um sistema autônomo de ética sem fundá-lo na experiência espiritual que é sua fonte. Para Kropotkin enfatizamos a ancestralidade da crítica de Rousseau à civilização; para Tolstói temos agora de enfatizar as raízes de sua ideia na ética de Iluminismo e particularmente na moralidade de senso comum de Voltaire. A concepção de Cristo como um pensador moral "progressista", a secularização da cristantade e sua redução a um código de ética, é um movimento ocidental geral que corroeu profundamente a vida sectária cristã. As consequências típicas de tal desespiritualização podem ser encontradas em Tolstói. A ética cristã sem o amor cristão é propensa a produzir moralismo e crítica do pecador. Temos de relembrar de novo que o Sermão da Montanha não é um código para a vida no "Mundo"; dirige-se a homens que vivem entre os mundos em expectativa escatológica. Na existência histórica, emaranhado na rede de obrigações sociais, o homem tem de pagar sua dívida à natureza e é obrigado a cometer atos em violação do sermão. Se lhe baterem na face direita, não dará sua esquerda, mas revidará, em defesa de sua vida, de sua família e de sua comunidade. Mas, ao revidar, fará bem, como cristão, em lembrar o sermão e estar consciente de que na defesa está envolvido na culpa e de que o homem que bateu nele pode ter tido razões "mundanas" excelentes para o ataque assim como ele, para a defesa. Ambos estão estão envolvidos numa culpa comum; ambos estão engolfados no mistério inescrutável do mal no mundo; e em sua inimizade ambos têm de respeitar um no outro o segredo do coração que é conhecido apenas de Deus.

Este comportamento cristão não é o comportamento de Tolstói. Este cai na série de falácias que um revolucionário do século XIX parece não ser capaz de tratar: (1) o mal concreto nas relações sociais e instituições não é aceito como emanando da natureza do homem, a ser remediado, tanto quanto possível, nos casos concretos, mas não a ser abolido em princípio; (2) o mal concreto está generalizado, num próximo passo, num mal abstrato que se liga a instituições, não ao homem; e, num último passo; (3) o mal abstrato que se liga às instituições é atribuído como culpa pessoal àqueles homens que, por circunstância biográfica, acontece de serem os titulares das instituições. Em seus opúsculos políticos, Tolstói aponta o dedo acusador para o mal das instituições governamentais e para os homens que são responsáveis por ele; e apresenta os males de maneira tão exuberante na cor que suas acusações podem ser tomadas pelos grupos anarquistas radicais violentos como seus panfletos

4 - Existência revolucionária: Bakunin | 335

de propaganda incitando à revolta. São vãs as admoestações de Tolstói para a prática do "amor que perdoa" diante do conteúdo crítico implacável de seus escritos; e são vãs suas asserções de que o emprego de seus escritos com propósitos revolucionários seria como atear fogo a uma vila por meio de um evangelho. Como anota adequadamente Nötzel em sua excelente análise: a diferença entre o evangelho e os escritos de Tolstói é que o evangelho não contém nada que justificasse ações sediciosas.[41]

Sua cristantade é, em substância, uma forma extrema de puritanismo iluminado; Tolstói põe-se a salvo numa ilha de moralismo convenientemente situada: está perto o bastante do "mundo" para nele arremessar suas acusações de culpa, mas longe o bastante do "mundo" para negar responsabilidade de seus atos como atos no "mundo". Não é nenhum São Francisco que se conformou com Cristo e deixou em paz as instituições; Tolstói desespiritualizou o sermão, transformando-o num código de ética cristã que governa o comportamento humano no mundo, e cria para si mesmo uma posição "de exceção", como a dos terroristas, que lhe permite entregar-se à ação no mundo sem a responsabilidade do mundo. Se compararmos sua posição com a de Bakunin, teremos de dizer que este, em seu esforço espiritual, penetrou profundamente o mistério do mal, a despeito do fato de que sua existência doente terminou no reconhecimento espontâneo de seu caráter satânico, ao passo que Tolstói, embora não menos doente, escapou das consequências de Bakunin pela monotonia iluminada.

d. Gandhi

Tem-se de acrescentar uma palavra acerca de certos fenômenos que estão intimamente relacionados com o anarquismo do século XIX, ou seja, com as tendências de não resistência na política inglesa. Por volta do final do século XIX, a expansão da literatura anarquista russa, particularmente das obras de Tolstói, tinha criado no ocidente uma atmosfera de conhecimento

---

[41] Ibidem, p. 180 ss.

geral da desobediência civil e da resistência passiva como armas políticas na luta contra autoridades governamentais. Dessa atmosfera surgem na Inglaterra no começo do século XX os incidentes sufragistas com sua desobediência civil e suas greves de fome e, seguindo-se a eles, a retomada fatídica dessas armas no arsenal político de Gandhi (1889-1948).[42] A técnica de resistência passiva foi praticada por Gandhi primeiro no Transvaal, em 1907, em protesto contra o projeto asiático de lei de registro do governo do Transvaal, e depois da Guerra Geral continuou na Índia, começando com a campanha de não cooperação de 1920. No curso desta campanha, surgiram para Gandhi os mesmos problemas que tinham preocupado Tolstói. Gandhi insistiu na ação não violenta, e o resultado foram as revoltas terroristas e as insurreições camponesas de 1921. Posto diante de tal violência sediciosa como consequência de sua propaganda de não violência, Gandhi, por volta do ano de 1921, recorreu à denúncia vigorosa da violência; o resultado foi o caso Chauri Chaura de 1922, no qual uma multidão de camponeses insurgentes tomou de assalto o posto policial e matou os policiais. O caso obrigou-o a ordenar a suspensão imediata de toda desobediência civil e não cooperação. A experiência de insurreições violentas foi repetida na campanha de desobediência civil de 1930. A posição de Gandhi é, em princípio, a mesma da de Tolstói: introduz-se uma ética escatológica como arma política na luta do mundo; a diferença não tão importante é que Tolstói podia fundar seu anarquismo no prestígio do Evangelho, ao passo que Gandhi desenvolveu com sucesso um halo de santidade oriental.

§ 4. Fundando um novo reinado

Se compararmos o período posterior da existência revolucionária de Bakunin com seu período anterior, antes da

---

[42] Acerca das relações pessoas entre Tolstói e Gandhi, ver Ernest J. Simmons, *Liev Tolstói* (1946); reeditado: London, Routlege and Kegan Paul, 1973, p. 722 ss.

prisão, poderíamos dizer que nos anos de 1840 participou de várias revoltas conforme se oferecia a oportunidade, ao passo que depois da Sibéria, embarcou em sua própria obra de organização revolucionária. Nos primeiros anos, sua existência foi levada para as revoluções; nos anos finais alcançou o estágio de ação, preparando a situação revolucionária que afinal levaria à fundação de um novo reinado. Nesses anos, organizou e influenciou grupos de operários revolucionários na Suíça, na Itália e na Espanha; e nesses anos envolveu-se na luta com Marx pela Associação Internacional de Trabalhadores (a Primeira Internacional). Suas atividades organizacionais deixaram a marca no movimento de operários na Itália e na Espanha até que foram obliteradas, ao menos por enquanto, pelas revoluções fascistas e falangistas de nossa época; e em menor grau sua influência estendeu-se a toda a Europa e aos círculos anarquistas na América. Não teve sucesso sua luta com Marx pelo controle da Internacional; mas obrigou Marx, depois do Congresso em Haia, de 1878, a transferir o Concelho Geral de Londres para Nova Iorque, a fim de afastá-lo da influência de Bakunin, e terminou no desaparecimento da Primeira Internacional.

A ação de Bakunin expressou-se na criação prodigiosa de sociedades revolucionárias. Em que medida essas organizações existiam na realidade social ou apenas na imaginação de Bakunin não se consegue determinar sempre de modo claro. Este ponto, contudo, é de menor importância para nós do que o princípio em que eram concebidas. Uma intelecção das ideias organizacionais de Bakunin é oferecida pela mais eficaz de suas criações, a Aliança Social-Democrata Internacional de 1868.

a. Aliança social-democrata internacional

Bakunin fundou a aliança como um instrumento para introduzir à força sua direção numa posição de líder na Associação Internacional de Trabalhadores de Marx, e ela, de algum modo, realmente existiu. Nesta ocasião, impõe-se por si mesma a pergunta de com que propósito uma organização deveria ser fundada que não tinha manifestamente nenhuns fins que não os da organização de Marx e que parecia meramente duplicá-la com consequências indesejáveis para o sucesso revolucionário. Em seu *Rapport sur l'Alliance*, de 1871, Bakunin revelou parte de sua resposta à pergunta.[43] Deveria ser a política da aliança formar núcleos menores de revolucionários ardentes dentro da Internacional de Marx. A operação através das assembleias gerais de seções parecia derrotar-lhe o propósito; Bakunin preferia reuniões menores de vinte a quarenta membros selecionados das várias seções com um olho em sua devoção aos princípios da Internacional. A aliança deveria desenvolver não princípios e programas, mas, antes, "caráter, unidade, solidariedade na ação, e confiança mútua entre vontades sérias; em suma, queria formar propagandistas, apóstolos e, afinal, organizadores".[44] As assembleias gerais não deviam ser desprezadas para ocasiões formais e apoio representativo, mas a preparação das reuniões públicas teria de fundar-se nas reuniões menores; os membros seletos teriam de influir nas maiorias das assembleias e fazê-las entender o significado das questões submetidas à sua decisão.[45] As assembleias maiores são restritas em sua discussão; muitas questões não podem ser veiculadas em público; os membros mais circunspectos talvez não participassem dos debates que são conduzidos num nível baixo, e assim a qualidade deles não pode ser reconhecida; e assim por diante. Daí não serem as assembleias suficientes para o triunfo do princípio revolucionário e para uma organização séria da Internacional.[46]

b. A criação de uma nova comunidade

Até certo ponto não há nada extraordinário na ideia de Bakunin. Não se pode atuar numa organização através de assembleias gerais; a democracia precisa da gradação pela

---

[43] *Bakunin, Rapport sur l'Alliance*. In: *Oeuvres*, vol. 6. Paris, Stock, 1913.

[44] Ibidem, vol. 6, p. 245 ss.

[45] Ibidem, vol. 6, p. 246.

[46] Ibidem, vol. 6, p. 247.

qual as pessoas, com o propósito de ação, são filtradas a um executivo pequeno por meio de partidos, convenções, reuniões políticas, comissões de organização e assim por diante. Os problemas surgem da natureza da fundação revolucionária. Acima de tudo, havia o conflito com a Internacional. Bakunin queria que a aliança se tornasse, sob sua liderança, o estado-maior da Internacional. Naturalmente, Marx e seus amigos do Concelho Geral de Londres eram de opinião de serem eles mesmos muito capazes para essa posição. Para além do conflito, então, abre-se o problema verdadeiramente revolucionário que Bakunin tinha em comum com Marx. Uma coisa é filtrar um povo existente – por exemplo, o inglês – dos milhões até um gabinete de guerra através dos processos de eleições, reuniões políticas, antiguidade no partido e assim por diante; é bem outra executar no vácuo essa operação de filtragem. Os operários não são um povo, e organizar uma revolução internacional de trabalhadores implica a criação de um povo para além das nações ocidentais. Temos de distinguir entre o problema de articulação política para as amplas massas infraburguesas com o propósito de integração no corpo político nacional e a participação no governo constitucional – propósito que é atendido pela auto-organização de operários em sindicatos, organizações, partidos de operários e assim por diante – e a ideia de uma revolução internacional que planeja a destruição das nações como forças determinantes na história e a criação de uma nova comunidade supranacional. Nem Bakunin nem Marx queriam formar partidos operários nacionais; queriam inspirar um movimento revolucionário a homens sem país, e por meio de organização revolucionária queriam criar um país para essas pessoas sem lar.

c. O homem sem país

No entanto a criação de uma nova comunidade através de um movimento levanta problemas delicados. A liderança não pode surgir do povo porque o povo como unidade não existe; e a matéria-prima humana que podia ser moldada numa nova comunidade tem alguma dificuldade em moldar-se na ausência de uma existência articulada que produza líderes naturais. Nesta situação particular estão enraizados os tratados das revoluções internacionais que a cercaram no período de seus sucessos contemporâneos.

A ideia do homem sem um país que encontra sua pátria na revolução não surge entre os operários; é uma projeção nos operários do intelectual sem lar que se torna o líder de massas que, por várias razões, estão prontas para serem formadas.[47] De fato, não há tantos operários sem um país quantos os intelectuais sem lar que tentam persuadi-los de que há; e a discrepância entre a ideia dos intelectuais de uma revolução internacional e a realidade social dos operários – e ainda mais dos camponeses – leva a várias "surpresas", como a cooperação nacional dos operários da Segunda Internacional em 1914 e o impulso para um nacionalismo soviético da Revolução Russa de 1917.

---

[47] Acerca da situação dos intelectuais da Europa cental, ao tempo de Marx, ver a pesquisa de Karl Löwith, *Von Hegel bis Nietzsche*. Zurich and New York, *Europa Verlag, 1941, p. 91-98*. Edição inglesa: *From Hegel to Nietzsche: The Revolution in Nineteenth-Century Thought*. Trad. David E. Green. New York, Columbia University Press, 1991. A maior parte dos homens que lideraram a crítica da sociedade eram "descarrilados" socialmente de uma maneira ou de outra: Feuerbach, Ruge, Bruno Bauer, Stirner, Dühring, Marx, Schopenhauer, Kierkegaard, Nietzsche. É bem conhecido o autoexpatriamento dos intelectuais russos do período. Acerca da revolução como a nova pátria, ver Bakunin, *Programme et objet de l'Organisation Révolutionnaire des Frères Internationaux*, 8: "*La revolution devant se faire partout par le peuple, et la supreme direction devant en rester toujours clans le peuple organise en federation libre d'associations agricoles et industrielles – l'Etat revolutionnaire et nouveau s'organisant de bas enhaut parvoie de delegation revolutionnaire et embrassant taus les pays insurges au nom des memes principes sans egard pour les vieilles frontieres et pour les differences de nationalites, aura pour objet l'administration de services publics et non le gouvernement des peuples. Il constituera la nouvelle patrie, l'Alliance de la Revolution Universelle contre l'Alliance de toutes les Reactions*" (A revolução, antes de espalhar-se por toda parte com os povos organizados numa federação livre de associações agrícolas e industriais – o estado, novo e revolucionário, organizando-se desde o fundamento até acima, por meio de delegação revolucionária, e incluindo todos os países insurgentes em nome dos mesmos princípios sem atentar para velhas fronteiras e para as diferenças de nacionalidade, deverá ter por objeto a administração do serviço público e não o governo dos povos. Constituirá *a nova pátria, a Aliança da Revolução Universal* contra a Aliança de todas as Reações).

4 - Existência revolucionária: Bakunin | 341

A segunda característica que se origina nesta situação é a impossibilidade de organizar democraticamente a revolução. Uma revolução internacional não é um partido em que uma comunidade existente se organiza para ação; é um movimento em que uma comunidade não existente é criada desde cima. Exige inevitavelmente uma concentração de liderança nas mãos de uns poucos ativistas revolucionários que raramente são eles próprios operários. Como forma social, o movimento é centralizado num núcleo de liderança de onde emanam as influências fundantes em seus dois modos de apostolado e institucionalização. A intelecção deste problema é comum a todas as grandes personagens da revolução, mas as ênfases mudam com as habilidades e inclinações pessoais e com as exigências do drama revolucionário que se desenrola. A função histórica de Marx foi a criação de um sistema formidável de doutrina que pudesse servir como a escritura sagrada para o apostolado; esta função obscurece de longe seu desempenho como organizador. Lenin foi capaz de desenvolver a doutrina ainda mais, mas sua realização peculiar foi a crueldade da organização centralizadora, levando aos rompimentos inflexíveis com antigos associados. Ademais, ele era o grande estadista que via seu momento e o empregava decididamente, embora, a fim de empregá-lo, tivesse de enxertar a revolução operária internacional na força de uma revolução camponesa russa. Com Stalin emerge o secretário geral do movimento como o organizador que constrói a revolução internacional no corpo de um povo – processo que é algumas vezes interpretado numa analogia errada como o "Termidor" da Revolução Russa. Como movimento internacional, este ramo da revolução chegou a seu fim; os Partidos Comunistas nos países ocidentais já não são os fermentos de uma revolução internacional, mas instrumentos da política de estado russa. O que sobreviveu na Rússia é o centralismo apostólico e organizacional do movimento original, agora construído na Constituição Soviética.

A linha de sucessão política de Marx a Stalin é a linha para longe do impulso revolucionário original em direção a uma

342 | História das Ideias Políticas - A Crise e o Apocalipse do Homem

organização ditatorial de poder com uma doutrina inflexível.

O movimento começou como uma revolta contra a nação, contra o estado, contra a igreja e contra as ideologias burguesas; terminou no imperialismo russo, no poder do estado soviético e no monopólio da doutrinação. Este fim foi sentido por Bakunin mesmo em Marx. Para além do conflito de ambições pessoais deles está o antagonismo profundo entre o autoritarismo de Marx e a existência verdadeiramente revolucionária de Bakunin. A importância de Bakunin para a compreensão da revolução está precisamente nesses elementos de sua existência que evitaram um sucesso político duradouro. A intelecção das necessidades de apostolado e organização está presente, mas, na execução, Bakunin louva-se primordialmente no contágio do carisma que possuía em alto grau. Sua ação, mesmo quando seja em concepção ditatorial e centralista, age sempre mediante a transformação desejada de personalidade. Ademais, as organizações concebidas por ele não são nunca planejadas como um "estado dentro do estado" destinadas a se tornarem o núcleo do poder do estado após um golpe bem-sucedido; são estritamente tidas por instrumentos para a destruição das instituições existentes e teriam de desistir quando o sucesso é obtido para a vida federal livre que deve surgir do novo povo revolucionário.

d. Criação limitada e criação fantástica

Na ausência de uma vontade de criar instituições permanentes, as atividades de Bakunin movem-se numa atmosfera do fantástico. A atmosfera ora despertou o senso de humor de seus biógrafos, ora a pena por tamanha candura política; e levou à referência a Bakunin como o "poeta da revolução". Tais sentimentos e fraseologia, perdoáveis quando se consideram os fatos, não contribuem muito para a compreensão deles.

O elemento do fantástico está enraizado profundamente na doença do espírito que constitui a crise revolucionária; e está relacionado à "magia do extremo" antes discutida. Na existência espiritual saudável, a ação sobre os outros recebe seus limites e seu estilo mediante a substância espiritual que deve ser comunicada e, por tal comunicação, ser transformada de uma potencialidade a uma substância comum atual. Na *República* de Platão, a ideia da pólis está nas suposições quanto à receptividade dos homens para uma intelecção mística; nas tentativas de Platão de fundação real, os limites de ação diminuem rapidamente, da busca sem sucesso de um rei-filósofo até os limites estreitos da academia. No estado de doença pneumática de Bakunin, o estilo é determinado pelo esforço da vontade particular radical de existir *como se* fosse espiritual; já que, no entanto, está faltando a substância comunicável e limitadora, as tentativas da existência *como se* podem ser empilhadas sem a responsabilidade de uma pirâmide de fundações sem substância.

A aliança de 1868 foi tal tentativa de empilhar ainda uma organização no topo da Internacional cujo propósito característico nunca se tornou muito claro. Mas esta excrescência não foi tudo. No outono de 1868, Bakunin convidou o socialista francês Charles Perron, a quem mal conhecia, para juntar-se à aliança, e quando Perron concordou, Bakunin lhe disse que mesmo a aliança poderia ser contaminada por homens que não eram verdadeiros revolucionários e que deveria ser formado por trás da aliança um círculo mais restrito, os Irmãos Internacionais. Se fosse necessário, Perron estava disposto a tornar-se um Irmão Internacional. Mas poucos dias depois Bakunin sugeriu-lhe que mesmo os Irmãos Internacionais eram um grupo muito grande e que por trás deles deveria ser formado um Diretorado de Três, do qual Perron deveria ser um. E, é claro, por trás do diretorado subiria para a estratosfera revolucionária a pessoa do próprio Bakunin.[48]

O estilo de empilhamento fantástico é mais claramente visível em Bakunin porque está faltando nele o efeito limitante de esforçar-se por uma organização de poder estável que caracteriza a linha revolucionária de Marx a Stalin. No entanto o elemento de empilhamento também é um componente

---

[48] Carr, *Michael Bakunin*, p. 348 s.

na linha exitosa, provindo da situação revolucionária inicial. Podemos reconhecê-la ainda na pirâmide de: (1) a massa de humanidade reacionária que não é boa para nada; (2) a parte seleta da humanidade, os "trabalhadores", que são o sal da terra; (3) os operários industriais, que são o grupo mais avançado de trabalhadores; (4) o Partido Comunista, que é a vanguarda do proletariado; (5) o círculo interno de líderes dentro do partido, culminando no Politburo; (6) a estratosfera dos pais e fundadores, ou seja, de Marx e Lenin.

O elemento fantástico merece atenção séria porque as categorias do espectro tornaram-se, de um lado, o grande obstáculo para uma compreensão adequada do processo real da revolução, particularmente na Rússia, ao passo que, de outro lado, o estilo deles é uma força formativa no curso dos acontecimentos.

§ 5. O caso *Nechaiev*

O espectro da fundação alcançou seu clímax no *caso* Nechaiev.[49] Sergei Nechaiv era um estudante russo que foi para Genebra, em 1839, aos vinte e um anos. Apresentou-se a Bakunin como o líder e delegado de um movimento revolucionário de estudantes, com um comitê central em Petesburgo e ligações ao longo do país. Era imaginário o movimento. Bakunin simpatizou imediatamente com o jovem. Aqui estava a nova geração da Rússia, representada por um homem que se assemelhava a ele até mesmo no tipo, com as vantagens da juventude, com uma vontade revolucionária ardente, e com a determinação de ferro de realizar o trabalho de destruição.[50] Bakunin correspondeu ao movimento imaginário de

---

[49] Para os dados do *caso* Nechaeiv, ver Ibidem, cap. 28. [Ver também Arhur Lehning, *Michel Bakounine et ses relations avec Sergej Necaev, 1870-1872*. Leiden, Brill, 1971.]

[50] Numa carta de 13 de abril de 1869 a James Guillaume, Bakunin caracterizou Nechaiev nos seguintes termos: "*J'ai maintenant ici un spécimen de ces jeunes*

Nechaiev, criando para benefício deste a Aliança Revolucionária Mundial, consistindo num selo. Emitiu para Nechaiev um cartão de membro para a seção russa com o número 2771, ao passo que o próprio Bakunin agia como o Comitê Central da Aliança Revolucionária Europeia. Tendo então estabelecido e aliado seus movimentos respectivos, ambos os homens passaram a produzir para estes alguma literatura. O resultado foi *Algumas Palavras aos Irmãos na Rússia, Como a Questão Revolucionária se Apresenta, Os Princípios da Revolução, Um Apelo aos Oficiais do Exército Russo,* um *Apelo à Nobreza Russa* e o *Catecismo do Revolucionário.*[51]

a. Os Princípios da Revolução

De importância especial para nós são *Os Princípios da Revolução.* Nos *Princípios,* os autores apresentam a tese de que a revolução significa a substituição radical de novas formas para todas as formas contemporâneas da vida europeia. Apenas do "amorfismo" completo é que surgem formas saudáveis. Se elementos de velhas formas fossem retidos, envenenariam a nova vida; uma revolução parcial não é nenhuma revolução, como mostraram os acontecimentos de 1848. "Nenhuma revolução verdadeira aconteceu ainda; e, se acontecer, só poderá começar num estado, mas então terá de espraiar-se para todos os países." O pessoal da revolução não será encontrado entre os que estão nas posições de liderança nas instituições atuais. Os novos homens têm de viver no meio do povo; e têm de ser a ligação de mediação entre as massas de tal maneira que ao movimento seja dada uma direção, espírito e

---

fanatiques que ne doutent de rien et qui ne craignent rien, et qui ont posé pour principe qu'il en doit périr sous la main du gouvernement beaucoup, beaucoup, mais qu'on ne se reposera pas un instant jusque'à ce que le peuple se soit soulevé [Agora tenho aqui uma espécie desses jovens fanáticos que não duvidam de nada e não temem nada e que propuseram como princípio que muitos perecerão nas mãos do governo, mas que não se deve descansar um instante até que a mão do povo se tenha levantado]. James Guillaume, *L'Internationale, Documents et Souvenirs (1864-1878),* vol. 1. Paris: Société Nouvelle de Librairie et d'Édition, 1905, p. 147.

[51] *Sozial-politischer Briefwechsel,* p. 344, 349, 358, 264, 269, 371.

caráter uniformes. "Este é o significado único de liderar uma organização preparatória secreta." Os líderes de uma revolução popular real mostram-se em ação tão logo a vida os tenha preparado e se enfileirem no curso da própria revolução. O trabalho longo, subterrâneo, falto de ação real, trouxe uma infiltração de homens que recuam sob a pressão de circunstâncias; mas quando o movimento popular real chega mais perto, "torna-se mais raro o cisma entre o pensamento e a ação". À medida que se aproxima o tempo crítico, alguns revolucionários não serão capazes de restringir seu ódio destrutivo e recorrerão à ação individual. Pessoas em alta posição que são representantes da corrupção governamental e econômica serão "aniquiladas". "Este é o modo natural": da ação individual para uma epidemia de violência e, finalmente, à grande revolta. "Temos de terminar com esse idealismo que impede a ação de acordo com seus méritos; tem de ser substituído pela consistência cruel, fria e implacável."

A revolução tem um começo e um fim, ou seja, desenrola-se em duas fases de destruição e reconstrução. O verdadeiro revolucionário não tem planos de reconstrução. "Todos os homens nobres e santos que foram animados pela ideia de uma nova vida e que tentaram de maneira pacífica, dar às instituições existentes uma forma melhor foram perseguidos e banidos." Agora chegou a época da luta amarga e fria; "nosso escopo é a destruição completa de todos os grilhões". A atual geração está ela mesma sob a influência das condições abomináveis que tem de destruir; a reconstrução não é por sua causa; esta tarefa é reservada às forças mais puras que surgirão nos dias de renovação. "As abominações da civilização contemporânea em que crescemos privaram-nos da habilidade de erigir a estrutura paradisíaca da vida futura; desta vida futura, podemos formar apenas ideias nebulosas imaginando o oposto da coisa revoltante existente." Para o revolucionário, toda contemplação do futuro nebuloso é criminoso; poria apenas obstáculos no curso da destruição e, com isso, faria o futuro mais remoto. "Numa causa prática seria uma dessacralização inútil do espírito." Temos de submeter-nos à necessidade e à justiça e dedicar-nos à destruição permanente e incansável até um *crescendo* em que nenhuma forma social existente é deixada por destruir. A conspiração não é nossa tarefa, mas a luta verdadeira desde o primeiro passo. "Chamarão isso de terrorismo! Mas temos de manter-nos indiferentes a todo este lamento e não nos envolver com os que são destinados a perecer!"

b. O desaparecimento da contemplação

Essas páginas dos *Princípios* são talvez o documento mais importante para a compreensão da explosividade de uma existência pneumaticamente doente. São reveladoras porque a descrição está suficientemente próxima da terminologia filosófica tradicional para tornar inteligível a causa de explosividade. A contração da existência numa concha explosiva de destruição é devida à diminuição e do desaparecimento último da tensão entre a contemplação e a ação. A *bios theoretikos*, assim como a vida do espírito, desapareceu a ponto de tornar-se impossível o planejamento da ação e sua orientação última pela ordem do espírito. A vontade particular sem orientação não pode expressar-se numa ação com propósito; pode expressar-se apenas na negação de ordem sem a imaginação positiva da nova ordem. A contração da existência, além disso, está ligada historicamente à decadência da civilização; pois sua destrutividade resulta da experiência concreta da civilização negativa contra a qual dirige sua ação; não é um negativismo por si só. É claramente entendido como um tipo aleijado de existência, que, no entanto, tem sua função histórica de produzir a transição do velho mundo para o paraíso. De novo aparece o sacrifício consciente da personalidade, que notamos antes como ingrediente no terrorismo. Daí o homem que se submete à contração não é um criminoso, mas um "homem nobre e santo"; a contração é uma façanha do espírito, e qualquer expansão para a contemplação seria, a seu turno, criminosa e uma dessacralização do ato espiritual. São peculiares a Bakunin e Nechaiev esta coerência e esta clareza quanto à estrutura da existência revolucionária e constituem sua verdadeira superioridade sobre os outros revolucionários – pois mesmo no mal há níveis de profundidade.

c. Autoaniquilação – O "salto" místico

Bakunin fez soar a profundidade da existência negativa e entendeu o salto místico do mundo para o paraíso. A destruição total a ponto do amorfismo é a contrapartida intramundana à "morte para o mundo" espiritual e à santificação da vida em preparação para a graça redentora na morte. A aniquilação intramundana, no entanto, não se livra apenas do mundo que deve ser destruído; engolfa também a personalidade do próprio revolucionário. Para o revolucionário, sua ação significa sua morte para a vida no velho mundo; mas, ao contrário do cristão, não verá o paraíso do futuro. Daí impor-se a pergunta por si mesma: com que propósito o revolucionário traz o sacrifício de sua existência, se este não serve, como na santificação cristã, para a catarse e salvação da alma? A resposta terá de ser: na contração revolucionária, temos de reconhecer o clímax autodestrutivo da busca intramundana de imortalidade mediante a sobrevivência na posteridade. O revolucionário radical não vive simplesmente na posteridade através de sua fama como um estadista renascentista ou homem de letras; antes move-se no papel do Salvador que reverte a Queda e redime o mal. E não assume apenas o papel do Filho, mas até mesmo o de Pai. Pois Bakunin não promete o reino de Deus no para além; promete o paraíso terrestre: Deus tirou o homem do paraíso; Bakunin, por sua ação, levá-lo-á de volta.

Bakunin, o místico, entendeu claramente que o revolucionário pertence ao mundo que pretende destruir e não verá o paraíso; não consegue sequer imaginá-lo, e o lugar de tal imaginação é tomado pela complacência diante das instituições existentes. Esta intelecção do caráter da imaginação revolucionária radical é de novo peculiar a Bakunin. Se o misticismo de imaginar opostos for mal compreendido, e se os opostos forem constituídos como a natureza do homem e da sociedade futuros, serão grotescos os resultados. Esta tentativa foi feita por Nietzsche. O setor na obra de Nietzsche que projeta o misticismo da vontade de poder no símbolo do super-homem corresponde funcionalmente ao "futuro nebuloso" de Bakunin. O símbolo do super-homem é o oposto da sociedade desespiritualizada de classe-média que Nietzsche desprezava; é o *como se* – criação de uma nova ordem sem a substância espiritual. Neste aspecto – mas não em outros –, Bakunin é superior a Nietzsche; o autossacrifício na ação destrutiva é mau, mas é profundo; a rivalidade com Deus na contemplação negativa é apenas absurda.

d. O mistério do mal na existência histórica

Finalmente, essas páginas abrem uma intelecção geral da natureza e função da destruição na sociedade. A vida da humanidade na existência histórica não é uma vida de doce razão e ajustamento sensível. Na vida das nações e civilizações, surgem situações em que, pelo atraso do ajuste às circunstâncias mudadas, os grupos se tornam maus a ponto de os ódios acumulados das vítimas quebrarem o impasse através da violência. Estamos diante do mistério do mal na história: pelo mistério de que o mal algumas vezes só pode ser remediado pelo mal oposto; que a insurreição destrutiva do mal oferece a força para quebrar uma ordem injusta e substituí-la por uma ordem de justiça superior. Com uma consciência deste mistério, temos de ler o elogio de Bakunin à criminalidade e ao "assalto".[52] O assaltante russo é um camponês que escapa da opressão governamental passando à "vida das florestas". "O assalto é uma das formas mais honradas da vida política russa." É o protesto desesperado do povo contra a ordem social. O que não simpatiza com o assalto não tem coração para o sofrimento imensurável do povo. O assalto é cruel e implacável, "mas não é mais implacável e cruel do que o poder governamental que, por sua iniquidade, produziu o assalto". O fim do assalto na Rússia significará ou a morte derradeira

---

[52] "Como a Questão Revolucionária se apresenta". In: *Sozial-politischer Briefwechsel*, p. 349 ss.

do povo ou sua libertação total. "O assaltante é o único revolucionário verdadeiro na Rússia." Quando o assaltante e o camponês se unem, o resultado será a revolução do povo. E Bakunin conclui com um apelo: "Joguemo-nos no meio do povo, no movimento do povo, na revolta dos assaltantes e camponeses. Unamos as explosões isoladas dos camponeses numa revolução bem pensada, mas implacável!".

Com o progresso da civilização, o simbolismo revolucionário muda e o trabalhador industrial toma o lugar do assaltante como a vanguarda do povo sofredor, mas o princípio de mobilizar os ódios dos oprimidos para o estabelecimento da nova ordem permanece uma constante na dinâmica da revolução. A fim de obter uma perspectiva adequada do problema, temos de distinguir entre o problema permanente do mal na revolução e o novo fator que entrou na situação através de Bakunin. Sentimentos e interesses ignóbeis são o cimento de cada ordem de homem no mundo, mesmo dos mais sublimes; e uma revolução que queira quebrar o cimento ignóbil de uma ordem estabelecida e oferecer um novo cimento para o estabelecimento da sua própria ordem precisa de uma dose particularmente forte deste ingrediente. O homem não pode escapar à sua natureza, e poderíamos discernir o componente de crueldade na dureza espiritual mesmo em Jesus e São Francisco. A tempestade da revolução, com seus horrores e confusão moral, é, por um fado inescrutável, a escuridão através da qual o homem tem de vaguear a fim de encontrar a luz de uma nova justiça. Temos de enfrentar o problema de que no nível da existência histórica, em que a vida da humanidade em comunidade é representada, o homem que assume conscientemente a responsabilidade de soltar a tempestade talvez seja movido mais profundamente pelo sentimento de justiça do que o homem que resiste a ela porque quer preservar os valores da ordem existente; e mesmo o patife que emprega a insurreição para seu proveito pessoal, e que é entorpecido para suas questões morais e espirituais, pode ter uma função positiva no estabelecimento da nova ordem que é negada ao homem que tem de ficar à parte porque não consegue sacrificar sua integridade. O novo fator que se torna manifesto em Bakunin é a contração da existência numa vontade espiritual de destruir, em o guiamento de uma vontade espiritual de ordem. Este novo absolutismo do mal, no entanto, não é introduzido na situação pelo revolucionário; é o reflexo da desespiritualização real da sociedade da qual emerge o revolucionário. A crise revolucionária de nossa época é distinta de revoluções anteriores pelo fato de que a substância espiritual da sociedade ocidental chegou ao ponto do desaparecimento, e o vácuo não mostra sinais de ser preenchido por novas fontes. Bakunin compreendeu inteiramente sua própria situação; em seu anarquismo entendeu conscientemente metade da revolução, a metade que chamou o "começo"; sabia que, com o sucesso, a outra metade exigiria seus direitos. Esta outra metade ainda não está próxima na linha exitosa da revolução, e a crise do espírito que se manifestou no misticismo do mal de Bakunin arrasta-se. Arrasta-se nas revoluções italiana e alemã temporariamente bem sucedidas, mas também se arrasta no sucesso mais bem estabilizado na Rússia, a despeito do fato de que um elemento do humanismo iluminado ocidental seja preservado na concepção marxista do trabalhador como o verdadeiro homem.

§ 6. A obra tardia de Bakunin

Na década de 1863-1873, Bakunin produziu um corpo considerável de obra escrita que, de uma maneira ou de outra, contribui para o esclarecimento de suas ideias anarquistas tardias.[53] Entretanto é surpreendentemente pequena a fração do corpus que tem relevância sistemática. A discrepância entre quantidade e substância deve-se em parte ao caráter ocasional dos escritos e em parte a certas peculiaridades de exposição. Temos de indicar, portanto, os princípios de eliminação em vez de de seleção que nos permitirão isolar o núcleo relevante.

---

[53] Ver os 6 vols. de suas *Oeuvres.*

a. Eliminações

Pode-se eliminar uma primeira seção deste período porque consiste em memorandos e preleções para congressos e audiências de trabalhadores; o autor restringe-se nesses escritos a uma afirmação dogmática de sua posição e não pode entrar num desenvolvimento crítico de suas ideias. Outros escritos desta seção têm a forma de polêmica contra oponentes políticos e de novo não se prestam à exposição sistemática. E os escritos mais volumosos desta classe têm o hábito desconcertante de começar como uma carta a um amigo, desenvolvendo-se num artigo acerca de alguma questão que prende a atenção de Bakunin e expandindo-se, finalmente, num volume cuja unidade é criada antes por uma cadeia de associações do que pela organização de problemas. Este caráter de circunstância e de associação dos escritos de Bakunin produz uma grande quantidade de repetições sem um aumento de penetração.

Pode-se eliminar uma segunda seção da obra porque Bakunin adquirira as idiossincrasias estilísticas de um dogmatista positivista. Estava na posse da verdade e não tinha de preocupar-se muito com o fundamento crítico de seus problemas. Como no caso de Comte, grande parte dos escritos de Bakunin são uma elaboração de pormenores que se mantêm ou caem com a validade dos pressupostos fundamentais. Os fundamentos de uma ciência social foram deixados para Bakunin por Auguste Comte e sua *philosophie positive*; tudo o que Bakunin tinha de fazer era tirar as consequências, ou, na melhor das hipóteses, expurgar alguns dos elementos de obscurantismo do grande pensador.[54] Novamente, pode-se negligenciar esta aplicação profusa.

b. Corolários

Não se devem eliminar inteiramente as referências ao estado futuro da sociedade – embora possamos dele tratar

---

[54] *L'antithéologisme.* in: *Oeuvres*, vol. 1, p. 71.

brevemente. Bakunin conhecia, como vimos, a "nebulosidade" de perspectivas para o futuro, e entendeu que uma imaginação futurista teria de proceder pela criação de opostos ao presente estado. No entanto entregou-se ocasionalmente ao enunciado de tais negações – para muito medo de uma burguesia pública não muito numerosa. A religião é um instrumento de degradação – portanto: fora com a religião! A propriedade privada é o instrumento de exploração, portanto: fora com a propriedade privada nos instrumentos de produção! A burocracia é um instrumento de opressão, portanto: fora com o *funcionário público*! O estado é a fonte de compulsões más, portanto: fora com o estado! Toda autoridade em geral é uma restrição à liberdade, portanto: fora com a teologia, com a ciência institucionalizada! (contra Comte) e com qualquer forma de liderança política institucionalizada (contra Mazzini)!

Nessas complacências futuristas aparecem apenas alguns pontos que merecem atenção porque estão relacionados a experiências concretas do estado presente. Um deles é a insistência de Bakunin na federalização desde baixo até em cima como a lei estrutural da sociedade futura. A federalização é, de novo, uma opositora ao estado centralizado, mas não é uma simples negação; tem um conteúdo positivo à medida que este par de opostos é modelado no contraste entre o federalismo americano e o centralismo revolucionário francês: "Deveria ser claro para todos os que realmente querem a emancipação da Europa que temos de rejeitar a política da revolução francesa (embora preservando nossas simpatias por suas grandes ideias socialistas e humanitárias) e adotar resolutamente a política de liberdade dos norte-americanos".[55] Pode-se duvidar que fosse profunda a intelecção de Bakunin da natureza e dos problemas do federalismo americano; no entanto a imagem da democracia federal americana exerceu uma vaga influência orientadora não apenas em Bakunin, mas em geral nos sonhos federalistas de revolucionários antiestado.

---

[55] *Proposition motivée au comité de la ligue de la paix et de la liberte.* In: ibidem, vol. 1, p. 13.

Um segundo toque de realidade se faz sentir em uma passagem que revela o que é talvez a razão experiencial mais profunda para o antiestatismo de Bakunin. No curso de sua polêmica contra Mazzini, Bakunin reflete sobre a natureza do homem: se deres ao homem a possibilidade de fazer o mal, ou seja, se lhe alimentares a vaidade, a ambição, a cupidez a expensas dos outros, ele fará o mal.

Somos certamente socialistas e revolucionários sinceros, *mas*: se nos dessem o poder e o pudéssemos preservar apenas por alguns meses, não seríamos o que somos hoje. Como socialistas, estamos convencidos, tu e eu, de que o ambiente social, a posição, as condições de existência são mais fortes do que a vontade e a inteligência do indivíduo mais forte e mais enérgico. E, precisamente por essa razão, não exigimos igualdade natural, mas social de todos os homens como a condição de justiça e a base da moralidade. E é por isso que detestamos o poder, todo poder, como o povo o detesta.[56]

Esta passagem é de importância para a compreensão da mente revolucionária porque mostra em operação a falácia que toma o "ambiente social" como fator independente e negligencia a interação entre ambiente e homem. Bakunin está a par de que as oportunidades do ambiente podem ser uma tentação; parece não estar consciente de que a estrutura fundamental de qualquer ambiente social tem algo que ver com a natureza do homem que a cria. Nesta passagem, se a isolarmos, Bakunin parece não ter pensado nunca na possibilidade de que na manhã da revolução a natureza humana começará a trabalhar para criar um novo ambiente com oportunidade para fazer o mal, que talvez não será precisamente o mesmo que o de há pouco abolido, mas ainda será um substituto satisfatório. Para muitos revolucionários, esta falácia é, na verdade, o dogma fundamental que inspira e justifica seu ataque às insuficiências da sociedade. No que diz respeito a Bakunin, o impasse se quebra na linha principal de seu pensamento pela fé numa natureza humana misticamente renovada que

---

[56] *Circularie à mes amies d'Italie*. In: ibidem, vol. 6, p. 343 ss.

produz o cataclismo da destruição. No entanto a passagem em si não é especificada no contexto por uma lembrança da *renovatio* mística; portanto mostra de maneira instrutiva a transição de uma existência revolucionária mística tal como representada por Bakunin em seus momentos mais claros até o dogma revolucionário vulgar de que a natureza do homem muda automaticamente com a mudança das instituições. Na evolução total do dogma podemos distinguir, portanto as três fases seguintes: (1) no centro mítico está o sentimento escatológico radical que se expressa consistentemente na demanda por *renovatio* como a condição primordial para um estado perfeito da sociedade; (2) uma fase transicional é marcada pela suposição de Bakunin, na passagem em discussão, de que a natureza do homem não mudará e que, portanto, instituições compulsórias com suas tentações têm de ser abolidas; (3) a forma final é o dogma vulgar que anima a linha exitosa da revolução: que com a deposição de um grupo governante, os novos governantes terão uma natureza mudada de tal maneira que, com a "tomada do poder" exitosa, a nova sociedade pode mover-se em direção à perfeição sem uma revolução radical envolvendo a mudança escatológica do coração.

c. Satanismo e materialismo

O que permanece depois dessas eliminações e corolários são algumas ideias sistemáticas, mais bem formuladas no estudo *Dieu et l'État* e no apêndice do *Fantôme Divin*.[57]

A primeira ideia que deve ser separada deste corpo de escritos é a inversão satanista da Queda. Bakunin narra a história do Gênesis com a proibição de comer da Árvore do Conhecimento:

> Deus queria privar o homem da consciência de si; queria que ele permanecesse eternamente um animal, de quatro,

---

[57] O estudo *Diue et l'État* é parte do longo manuscrito que tem o título de *L'Empire Knouto-Germanique et la Révolution Sociale*; foi publicado separadamente por Elisée Reclus e Cafiero em 1882; o apêndice tem o título "Considérations Philosophiques sur le Fantôme Divin, sur le Monde Réel e sur l'Homme". Ambos os manuscritos estão incompletos. *Oeuvres*, vol. 2.

perante o Deus eterno, seu Criador e Senhor. Mas então veio Satã, o revoltado eternamente, o primeiro *libre penseur* e emancipador do mundo. Faz o homem envergonhar-se de sua ignorância e de sua obediência bestial; emancipa-o e põe-lhe na testa o selo da liberdade e da humanidade, persuadindo-o a desobedecer e a comer do fruto do conhecimento (*ciência*).[58]

Bakunin continua então a explicar o que considera ser o verdadeiro sentido do mito: "O homem é emancipado, deixou sua animalidade e constituiu-se como homem. Começou sua história; o desenvolvimento especificamente humano começou com a desobediência e o conhecimento (*ciência*), ou seja, da *revolta* e do *pensamento*".[59] Neste ato de emancipação origina-se a natureza histórica do homem com seus três estratos de animalidade, pensamento e revolta; e os três estratos da natureza humana manifestam-se socialmente na criação dos três reinos da economia privada e social, da ciência e da liberdade.

Tendo empregado o mito como ponto de partida, Bakunin deixa seu simbolismo e passa a dar uma base de metafísica materialista para sua concepção da natureza do homem. O materialismo de Bakunin é "genuíno" no sentido em que empregamos o termo no capítulo sobre o fenomenalismo a fim de opô-lo a um materialismo fenomênico. Em seu desenvolvimento, Bakunin mostra uma perspicácia crítica considerável. É cuidadoso em não negar a autonomia dos fenômenos moral e intelectual; não tenta explicá-los como epifenômenos da matéria. Distingue entre a *vile matière* dos idealistas que projetam o conteúdo mais importante da matéria em Deus de tal maneira que nada remanesce, senão um *caput mortum* privado de seu conteúdo espiritual, e o do materialista que concebe a matéria como contendo as forças de vida e inteligência, que devem manifestar-se no curso da evolução progressiva. A matéria de Bakunin não é a matéria em oposição ao espírito; não é a matéria de natureza inorgânica; é, antes, a força fundamental do universo, que se manifesta em reinos diferenciados

---

[58] *Oeuvres*, vol. 2, p. 20 ss.

[59] Ibidem, vol. 2, p. 23.

do ser – no inorgânico e no orgânico e nos reinos intelectual e moral. Como consequência dessas suposições, o materialismo de Bakunin pareceria bem próximo das concepções metafísicas de Nietzsche, Valéry e Santayana.

Entretanto construção materialista verdadeira quebra-se em Bakunin por uma linha de pensamento que se anuncia na designação do elemento especificamente humano como "revolta". A existência à maneira de revolta exclui a existência na dimensão interior em que a alma se abre para seu próprio fundamento. Liberdade não pode ser para Bakunin, como é para Schelling, a identidade com a necessidade interior. Liberdade é "domínio sobre coisas externas encontrado na observação respeitosa das leis da natureza".[60] A ciência dos fenômenos, não da *cognitio fidei*, é o caminho para a liberdade. Há submissão também em Bakunin; mas uma submissão à experiência dos sentidos, não da alma. "Em que consiste a experiência de todo o mundo? Na experiência de seus sentidos, dirigidos por sua inteligência. De minha parte, não aceito nada que não tenha encontrado materialmente, que não tenha visto, ouvido e, se necessário, tocado com meus dedos. Para mim, pessoalmente, este é o único meio de assegurar-me de algo."[61] A experiência sozinha dos fenômenos não oferece, contudo, conhecimento de meios; não oferece guiamento para ação. Qual é então a fonte de princípios guiadores? Muito coerentemente, Bakunin de novo apela para as leis da natureza. A liberdade é o domínio sobre a natureza, fundado na submissão à natureza. É domínio sobre a natureza à medida que o conhecimento das leis da natureza nos oferece o conhecimento dos meios para a consecução dos fins; é submissão à natureza à medida que os próprios fins devem ser encontrados na natureza. Mas onde é que, na natureza, encontramos os fins?

Neste ponto, o problema da liberdade funde-se, para Bakunin, com o problema da organização social. Mesmo se conhecermos os fins da natureza e estivermos dispostos a

---

[60] Ibidem, vol. 2, p. 246.
[61] Ibidem, vol. 2, p. 318 ss.

submeter-nos a eles, a submissão tornar-se-á impossível se os fins conflitantes forem impostos ao homem pela autoridade social. A vontade de submeter-se à natureza tem de ser assegurada em sua liberdade contra a intervenção social. Bakunin proclama, portanto, como o critério negativo de liberdade, "a independência de atos pretensiosos e despóticos de outros homens". Mas como sabemos se um ato é ou não pretensioso e despótico? Esta pergunta tem de ser decidida, afinal, pela autoridade da "revolta política". O que desperta a revolta é despótico. A liberdade só pode ser assegurada pela criação de um ambiente social que não incite à revolta; e tal ambiente pode ser criado pela organização da sociedade em conformidade com as leis da natureza, "que são inerentes em toda a sociedade".[62] Isso parece ser um círculo à medida que a sociedade, a fim de oferecer as condições de liberdade, terá de ser organizada de acordo com as leis da natureza, que são inerentes, de qualquer modo, em toda a sociedade. E, pondo de lado o problema de que a sociedade deveria ser organizada de acordo com suas próprias leis, ainda não sabemos o que são precisamente essas leis inerentes. Como solução para ambos os problemas, Bakunin oferece o conselho prático de "modelar o espírito e o coração, tanto quanto possível, de acordo com o espírito e os interesses reais das massas".[63]

Até o fim, Bakunin recua de uma ideia articulada da sociedade; as leis não são nunca definidas. A ordem justa é determinada dinamicamente por um acordo permanentemente renovado da alma individual na revolta com os sentimentos das massas. A liberdade permanece uma tensão existencial entre a revolta contra a autoridade e a imersão no povo. Na última obra, Bakunin frequentemente recorre ao fluxo da natureza como a imagem mais adequada para expressar seus sentimentos existenciais: a humanidade na história é um mar em movimento; e o homem é uma crista da onda, movendo-se em espiral por um momento, para ser dissolvido para sempre.

---

[62] Ibidem, vol. 2, p. 246.

[63] *Réponse à l'unità italiana*. In: *Oeuvres*, vol. 6, p. 299.

No misticismo do fluxo, neste balanço último da revolta pela imersão na corrente natural da humanidade, pode-se talvez reconhecer o componente especificamente russo em Bakunin – embora se deva ser sempre cauteloso com tais suposições. Esta última palavra de Bakunin, assumindo a forma de materialismo sistemático, é substancialmente a mesma de sua primeira, em 1842: o retorno íntimo deve ser substituído pela revolta política; a orientação espiritual, pela orientação em direção aos "interesses reais" das massas; e a renovação da alma, pela imersão na revolução do povo.

5. SOCIALISMO GNÓSTICO: MARX

Nas páginas de abertura de nosso estudo de Comte refletimos acerca das dificuldades que assaltam a interpretação de um pensador cujas ideias formam parte da crise contemporânea. Muito do que tínhamos para dizer naquela ocasião é também válido para o caso de Marx (1818-1883). No caso deste, podemos dizer que a situação é até pior do que a de Comte. Todas as principais obras do pensador francês foram publicadas em vida; da luta entre positivistas integrais e intelectuais ao menos era possível apelar ao próprio Comte. No caso de Marx, entretanto, a luta dos partidários chegou mesmo a atingir o acesso à sua obra; como os marxistas as consideraram sem importância, um corpo considerável de manuscritos permaneceu não publicado até que começaram a aparecer os volumes da *Marx--Engels Gesamtausgabe* [Obras Completas de Marx-Engels] nos anos de 1927-1932. Dentro do movimento marxista da primeira geração, surgira a lenda de um primeiro Marx filosófico que, por volta de 1845,[1] penetrou em suas intelecções verdadeiras em economia, sociologia e filosofia da história; de acordo com essa lenda, não valia a pena ler a

---

[1] Estou dando 1845 como a data lendária aproximativa porque Lenin (em seu artigo de enciclopédia de 1914 acerca de "O Ensinamento de Karl Marx") supõe que por essa época o "materialismo" de Marx tinha encontrado sua forma definitiva.

obra inicial. Em consequência, para o público mais largo, Marx passou a ser o autor do *Kommunistische Manifest* e de o *Kapital*, o fundador da Primeira Internacional e, num sentido mais amplo, do movimento comunista; tornou-se o Marx dos marxistas e o Pai da Revolução Russa. Praticamente o Marx histórico, durante sua vida, desapareceu por trás do ancestral mítico do movimento que tem seu nome. A transfiguração foi tal, que a questão do Marx "real" passou a ser a questão de se ele era o Marx de Bernstein e Karl Kautsky ou o Marx de Rosa Luxemburgo e Lenin. Nunca se levantou seriamente[2] a questão de se as pretensões de *diadochi* e *epigoni* não eram totalmente duvidosas. Só se saiu desse impasse quando, depois da Primeira Guerra Mundial e da Revolução Russa, o Instituto Marx-Engels-Lenin em Moscou começou a publicar as obras dos *patres* como matéria de dever eclesiástico e quando, ao mesmo tempo, os social-democratas alemães começaram a mostrar algum interesse pelos tesouros manuscritos que estavam nos arquivos do partido. Como consequência deste desenvolvimento curioso, somente depois de 1932[3] é que uma interpretação séria das ideias marxistas passou a ter curso.

---

[2] Mesmo hoje a situação é tão acalorada e confusa que não será desnecessário enfatizar que não levantamos, a nosso turno, esta questão a fim de estabelecer um Marx "real" ou "verdadeiro". Nossa tentativa de apresentar as ideias de Marx não pretende nem salvá-lo dos marxistas nem criar um Marx "verdadeiro" em rivalidade com outros; nossa análise tem o propósito de estabelecer criticamente um quadro convincente das ideias de Marx e, ao mesmo tempo, de explicar como o marxismo pôde desenvolver-se, partindo delas.

[3] Uma das melhores análises, embora breve, do pensamento inicial de Marx é a introdução de S. Landshut e J. P. Mayer à sua edição de Karl Marx, *Der Historische Materialismus: Die Fruehschriften*, 2 vols. Leipzig, Kröner, 1932. De grande valor são as seções acerca de Marx em Löwith, *Von Hegel bis Nietzsche*. De interesse especial para a antropologia filosófica de Marx é a seção "Feuerbach et l'illusion religieuse". In: Henri de Lubac, S.J., *Le Drame de l'Humanisme athée*. 3. ed. Paris, Édtitions Spes, 1945; *The Drama of Atheist Humanism*. Trad. Riley. O leitor de língua inglesa encontrará um relato do conteúdo dos escritos de Marx até 1847 em H. P. Adams, *Karl Marx in His Earlier Writings*. London, Allen and Unwin, 1940. Lamentavelmente o autor, embora informando o conteúdo, evitou analisar os problmeas de Marx. [Ver também Loyd D. Easton e Kurt H. Guddat (org), *Writings of the Young Marx on Philosophy ans Societey*. Garden City, Doubleday, 1967.]

362 | História das Ideias Políticas – A Crise e o Apocalipse do Homem

§ 1. A lógica da ideia

Por trás desta história da interpretação equívoca e do redescobrimento está a tragédia de um místico ativista. Estamos familiarizados com o tipo do místico assim como com as variantes de sua tragédia por nosso estudo de "O Povo de Deus"; e analisamos uma subvariante especial no capítulo precedente acerca de Bakunin

a. A revolução e suas funções

Na estrutura fundamental de seu misticismo ativista, Marx conforma-se a um padrão bem conhecido. Estava a par da crise de sua época; e sua percepção era intensa ao grau de consciência aguda da época. Experienciou o período como "um desmoronamento dos tempos"; o velho mundo de corrupção e iniquidade seria seguido por um novo mundo de liberdade. A sociedade contemporânea burguesa "fechou a pré-história da sociedade humana"; depois de uma insurreição histórica, começará a verdadeira história da sociedade.[4] A transição do velho para o novo mundo não será conseguida por uma mera mudança de instituições; como os sectários medievais e puritanos, e como Bakunin, Marx supõe uma *metanoia*, uma mudança de coração, como o acontecimento decisivo que inaugurará a nova época. Para sua produção, Marx confiou na experiência da própria revolução.

Para a criação em massa da consciência comunista, assim como para a obtenção do próprio objeto, é necessária uma mudança em massa do homem, a qual só pode ocorrer durante um movimento prático, ou seja, durante uma *revolução*. Daí ser a revolução necessária não apenas porque a classe *governante* não pode ser vencida de nenhuma outra maneira, mas também porque apenas através de uma revolução é que a classe

---

[4] Karl Marx, *Zur Kritik der politischen Oekonomie* (1859). 2. ed. aumentada. Editado por Karl Kausky. Stuttgart: Dietz, 1907, lvi.

vencedora pode alcançar o ponto em que se livra do velho lixo (*Dreck*) e se torna capaz de uma nova fundação da sociedade.[5]

A revolução, então, é concebida como um processo intramundano com duas funções principais: (1) a função de uma subversão institucional e (2) a função de purificação. É convencional a estrutura fundamental, e é pressentida a tragédia da ideia: se a revolução predita houver de ocorrer algum dia, o coração do homem não mudará, e o mundo novo será exatamente tão pré-histórico e iníquo como o velho mundo. No entanto mesmo neste nível de estrutura geral a ideia contém uma peculiaridade que foi capaz de ter, e na verdade teve, consequências políticas de grande alcance antes de a miséria chegar ao fim. Estamos falando da função dupla da revolução. Marx não criou, como os sectários anteriores, primeiro o Povo de Deus com corações mudados e então levou o povo a uma revolução; ele queria que a revolução acontecesse primeiro, e então deixaria o Povo de Deus brotar da experiência da revolução. Embora para Marx a derrubada da burguesia fosse sem sentido a não ser que a revolução provocasse a mudança de coração, a prova histórica de que a derrubada não era o método próprio de produzir tal mudança viria apenas depois de a revolução ter ocorrido. A tolice pneumopatológica da ideia não podia quebrar-se na rocha da realidade antes de se provocar o prejuízo. Nesse ínterim, podia-se imaginar uma quantidade formidável de distúrbios e destruição, animada pelo *pathos* de heroísmo escatológico e inspirada pela visão de um paraíso terrestre.

No entanto mesmo esta peculiaridade da ideia marxista poderia não ter tido as consequências históricas de que já

---

[5] *Deutsche Ideologie* (1845-1846). In: *Marx-Engels-Gesamtausgabe*, seção 1. Frankfurt, Berlim e Moscou: Marx-Engels Institute, 1927-1935, vol. 5, p. 60. A não ser que se indique o contrário, todas as referências são aos volumes desta edição da *Gesamtausgabe*. Edição inglesa: *The German Ideology*. In: *The Marx-Engels Reader*. Ed. Robert Tucker. New York, Norton, 1978, p. 146-200. As edições recentes mais abrangentes são *Marx-Engels Gesamtausgabe*. Berlin: Dietz Verlag, 1972 e *Marx-Engeles Collected Works*. New York: International Publishers, 1975-.

sabemos, e poderia ter outras consequências imprevisíveis no futuro, a não ser que um outro fator tivesse entrado na estrutura da ideia. A função dupla marxista da revolução em si não difere substancialmente da ideia de Bakunin. Não obstante, a concepção do russo de uma destruição total da qual surgiria misteriosamente um mundo jovem e bonito era um tanto fria demais para o homem médio que quer ter ao menos *alguma* ideia de aonde a revolução o levará, mesmo se, de outro modo, for ele doente espiritualmente e confuso moralmente para olhar com expectativa agradável algum divertimento escatológico. O fator que torna eficaz a ideia marxista num grau que o anarquismo ineficaz de Bakunin não poderia nunca ter obtido é o conteúdo que Marx dá a essa visão do novo mundo. Temos, portanto, de examinar os antecedentes e a natureza da visão de Marx.

b. A visão – Os reinos da necessidade e da liberdade

Marx distingue-se entre os revolucionários de sua geração por seus poderes intelectuais superiores. Como místico, pôde evocar um novo mundo, mas como pensador perspicaz, não cairia nas várias armadilhas que cercam o caminho da especulação escatológica. De sua intelecção dos males do sistema industrial ele não tiraria conclusões precipitadas de que o sistema industrial deveria ser abolido; não se entregaria ao tipo de fantasias socialistas que estigmatizou como "utópicas"; para ele Owen, Fourier, Proudhon e Cabet significavam muitas tentativas abortadas de resolver os problemas da sociedade capitalista. Em particular, nunca encorajaria a ideia de que o remédio para a sociedade industrializada pudesse ser encontrado num retorno às formas mais primitivas de produção. O que quer que o novo mundo trouxesse, este teria certamente uma sociedade industrializada como a do velho mundo, apenas mais. Além disso, em nenhum momento Marx entreteria a metamorfose comtiana da tradição franco-católica, com seu sacerdócio de intelectuais positivistas em seu poder temporal da classe administrativa. Por intermédio de Hegel e dos jovens

5 - Socialismo gnóstico: Marx | 365

hegelianos, estava embebido nas tradições do protestantismo luterano intelectualizado; e, portanto, seu novo mundo teria de ser uma "democracia verdadeira", ou seja, uma sociedade em que o novo espírito seria concretizado na existência concreta de cada homem. Marx, então, antevê um novo mundo em que a humanidade opera um elaborado aparato industrial para a satisfação de suas necessidades, ao passo que espiritualmente os homens entraram num novo reino de liberdade através da experiência "emancipadora" da revolução.

Traçamos o esboço geral da visão, e devemos agora voltar-nos para a descrição que o próprio Marx dá dessa visão. Para este propósito não devemos empregar as formulações das obras iniciais, mas, antes, a última descrição a fim de pôr para além da dúvida que a visão de Marx não era um negócio de sua juventude "filosófica", substituído por suas ideias "maduras", mas a motivação de seu pensamento até o fim de sua vida.

No volume 3 do *Kapital*, Marx reflete sobre as vantagens do sistema capitalista de produção. Se comparado com algumas forças mais primitivas de produção, o sistema capitalista permite uma expansão mais rápida da produtividade de tal modo que, com um mínimo de sacrifício, uma população crescente pode ser abastecida com uma quantidade crescente de bens. Este sistema excelente tem de ser mantido depois da revolução, pois somente ele torna possível a redução do dia de trabalho e a criação correspondente de tempo livre para as massas amplas da humanidade. "A redução da jornada de trabalho é a condição fundamental." "O reino da liberdade começa apenas onde o trabalho é determinado pela necessidade e pelos fins externos almejados; na natureza do caso, está para além da esfera da produção material em sentido estrito." O homem civilizado, assim como o homem primitivo, tem de lutar com a natureza a fim de satisfazer suas necessidades; nenhuma forma de produção e nenhuma revolução podem abolir a *conditio humana*. Este "reino de necessidade natural" até mesmo se expandirá com o avanço da civilização, pois os desejos multiplicar-se-ão e crescerão. À medida que houver alguma liberdade nesse reino, consistirá na "regulação racional deste metabolismo com a natureza". "O homem socializado" (*der vergesellschaftete Mensch*), ou seja, "os produtores associados", trará o metabolismo sob seu "controle comunal" em vez de serem dominados por ele como por um poder cego; tratará dele com o mínimo de esforço e sob condições que satisfarão a dignidade da natureza humana. A despeito de tais melhoramentos, "ainda será um reino de necessidade". Apenas para além de tal necessidade "começa o desenrolar de forças humanas que podem ser consideradas um fim em si"; apenas aqui "começa o verdadeiro reino da liberdade – que entretanto só pode florescer partindo do reino da necessidade como sua base".[6]

Essas passagens são provavelmente a formulação mais clara que Marx já deu de sua visão. Distingue entre os reinos da necessidade natural e da liberdade humana. O reino da necessidade abrange o sistema de produção econômica em que a dependência da existência humana da natureza se manifesta. A extensão exata deste reino é essencial para a compreensão da visão de Marx. O reino da produção econômica não deixa de ser o reino da necessidade natural quando passa pela mudança revolucionária, desde a propriedade privada até o "controle comunal". A abolição da propriedade privada não é um fim em si mesmo; e o controle comunal é de interesse apenas se reduzir o trabalho excessivo e as horas de trabalho para as massas em geral e se as deixar com mais tempo livre. Essas horas recentemente ganhadas, livres de necessidade, são o solo em que crescerá "o verdadeiro reino da liberdade"; e daí seria de interesse saber *o que* Marx intuiu como nascendo nessas horas de ócio. Acerca deste ponto, porém, muito pouco se encontra em toda a sua obra. Nas páginas que analisamos no momento, encontramos apenas a observação de que a sociedade capitalista é caracterizada "pela completa vadiagem de uma parte da sociedade". Isso pode ser uma pista. Muito

---

[6] *Das Kapital, Kiritik der politischen Oekonomie, vol.* III/2. *4.* ed. Ed. Driedrich Engels. Hamburg, 1894, p. 354 ss.

5 - Socialismo gnóstico: Marx | 367

provavelmente Marx não planejou uma revolução histórica a fim de democratizar a arte da vadiagem; e muito provavelmente teria considerado como vadiagem burguesa a maior parte do "entretenimento", "divertimento", "recreação", "jogo", e assim por diante, a que se entregam nossos trabalhadores contemporâneos em suas horas de ócio (provavelmente mais longas do que qualquer coisa que Marx intuiu como o resultado imediato de uma revolução). Se a "vadiagem" for excluída, o que é que ele queria dizer com o reinado da liberdade? Sabemos com certeza apenas que ele queria dizer algum tipo de ação; definiu-a como "um desenrolar de forças humanas que podem ser consideradas um fim em si". Considerando seus antecedentes de estudos clássicos, ele poder ter pensado em algo como um *bios theoretikos* aristotélico e *schole*. Mas talvez não devamos enfatizar muito este ponto. Enfatizemos apenas que o controle comunal dos instrumentos industriais de produção *não é* o propósito último da revolução; o propósito último é o reino da liberdade. O controle comunal oferecerá apenas a base material; e a liberdade brotará num reino que não provém da base material, mas da experiência da revolução. E enfatizemos de novo que esta foi a ideia de Marx não apenas em seus anos iniciais, mas em seu último período, quando estava trabalhando no terceiro volume de o *Kapital*.

A análise da visão de Marx permitir-nos-á entender o entrelaçamento dos seguintes problemas: (1) o descarrilamento de Marx em seus últimos anos; (2) o descarrilamento de suas ideias no movimento marxista que dele se seguiu; (3) a lenda de um primeiro Marx "filosófico"; (4) o malogro do marxismo no que diz respeito à concretização da visão de Marx; e (5) o sucesso político do marxismo numa forma que levaria Marx, se pudesse vê-lo, a dizer seu palavrão preferido.

c. O descarrilamento

Marx dedicou a obra de seus primeiros anos, ou seja, mais ou menos uma década, de 1837 a 1847, à elaboração da ideia cuja expressão última estudamos. Boa parte de sua obra inicial nunca foi publicada, e não foi sequer preparada para publicação, porque havia servido ao propósito de esclarecer-lhe o pensamento. E, uma vez que a visão estava clara, a ação revolucionária teria estado em ordem, não havendo necessidade de mais escritos ou discursos. De fato, nos últimos anos Marx não escreveu muito nem falou acerca da visão. Foi excluída a confecção de programas utópicos. O reino da necessidade seria uma sociedade industrial, menos a burguesia. Não eram tão importantes pormenores organizacionais, pois o controle administrativo no novo mundo não teria nenhumas implicações políticas por causa da mudança de coração. E o reino da liberdade tinha de crescer; não podia ser planejado. Neste ponto, quando Marx parecia estar enfrentando a alternativa de naufragar na existência revolucionária, à maneira de Bakunin, ou cair no silêncio, abriu-se a possibilidade grandiosa de escrever e agir que lhe preencheu o resto da vida: era a preparação da revolução.

Esta possibilidade estava enraizada na estrutura de sua ideia. Se Marx tivesse sido obrigado por sua ideia a criar o reino da liberdade como à sua substância, se tivesse sido obrigado a produzir uma *renovatio* revolucionária em seus semelhantes através de sua autoridade espiritual, não se teria seguido muito, senão sua tragédia pessoal. Mas não se impôs tal obrigação a ele. A liberdade seria o resultado da revolução; a revolução em si seria realizada dentro do reino da necessidade. A fim de imaginar a revolução, Marx não teve de apelar ao espírito; foi suficiente mover as *Acheronta* [profundezas] no homem. Em sua ideia, Marx queria salvar e, por fim, assegurar a dignidade do homem; em sua ação podia entregar-se a seu desprezo do homem. Ademais, a revolução no reino da necessidade tinha um conteúdo claramente circunscrito, ou seja, a destruição da burguesia. Daí preparar a revolução significava a tarefa bem circunscrita (1) da análise crítica dos fatores na sociedade capitalista que necessariamente desintegrariam o sistema até o ponto no qual a revolução proletária seria assim inevitável como exitosa, e (2) criar a organização proletária que, no momento decisivo, daria o golpe. Em suma:

5 - Socialismo gnóstico: Marx | 369

a obra maiêutica dentro do reino da necessidade podia tornar--se, e tornou-se, para Marx uma ocupação em si. Ele não se fez o líder de uma revolução; ao contrário, escreveu o *Manifesto Comunista*, o chamado, não para uma revolução, mas para a organização das forças que executariam a revolução inevitável. Não escreveu um tratado acerca da sociedade comunista futura; em vez disso, escreveu o *Kapital*, a análise da sociedade moribunda. Na primeira metade dos anos de 1840, podemos dizer, a disposição de Marx era ainda próxima da disposição da existência revolucionária de Bakunin; desde então, a ênfase de sua vida e obra muda cada vez mais para a de parteiro da revolução. Esta mudança do fazer para o preparar uma revolução é o que chamamos descarrilamento de Marx. A imensidão da obra preparatória no reino da necessidade obscureceu a experiência escatológica que tinha motivado a visão revolucionária assim como o propósito último da revolução, ou seja, a realização do reino da liberdade.

d. O movimento – Revisionismo

Na vida de Marx, o descarrilamento nas operações maiêuticas obscureceu a experiência e a ideia, mas não quebrou nunca a tensão revolucionária; por mais profundamente que Marx estivesse imerso em seus preparativos intelectuais e organizacionais, nunca perdeu sua visão escatológica. Quando desceu ao nível do movimento, o descarrilamento teve consequências de longo alcance. A queda pela preparação da revolução pôde ser seguida por homens que nunca tiveram a experiência em que as ideias marxistas se originaram. Marx, na verdade, experienciara a morte do espírito através de Hegel; e sua existência moveu-se na tensão entre esta experiência e a esperança de renovação do espírito num novo mundo depois da revolução. Os marxistas do movimento eram, na maior parte, homens que não conseguiam experienciar a morte do espírito porque eram almas mortas eles mesmos; e, em consequência, a visão marxista para eles pouco significava, se é que significava algo. No entanto embora não pudessem experienciar a tensão da morte espiritual e da liberdade, ainda podiam experienciar a tensão entre o estado presente e penoso da classe trabalhadora e um estado futuro com uma jornada de trabalho mais curta e um padrão de vida mais elevado. Se a revolução não trouxe a mudança de coração e o reino da liberdade, ainda podia trazer um reino de necessidade amplamente melhorado e a destruição da burguesia.

Com distância crescente da tensão marxista original, a lógica imanente do descarrilamento afirmava-se mais fortemente. Preparar a revolução intelectualmente através da redação de artigos e livros, e prepará-la organizacionalmente através do trabalho partidário e da representação parlamentar, tornou-se uma ocupação em que se podia viver e morrer sem sequer chegar próximo de uma revolução. Tornaram-se possíveis ditos famosos como os de Bernstein: "O que é comumente chamado o fim último do socialismo não significa nada para mim, o movimento é tudo", ou de Karl Kautsky: "O partido socialista é um partido revolucionário, não é um partido para fazer a revolução". Tais ditos indicam que, com a ampliação do período preparatório, a revolução em si estava sendo transformada em evolução. Esta tendência era inevitável se o propósito da revolução pudesse ser exaurido pelas ocorrências no reino da necessidade. Se os objetivos de uma jornada de trabalho mais curta, ou salários maiores, e de controle comunal do aparato industrial pudessem ser atingidos dentro de um tempo razoável "por meio de pressão econômica, legislativa e moral" (K. Kautsky), não havia razão em fazer uma revolução. No descarrilamento, a mudança de coração existencial tinha-se esbatido numa melhoria gradual da cota dos trabalhadores através do apelo à moralidade social. O lado revisionista do descarrilamento tornara-se em substância um movimento de reforma social.[7]

---

[7] A economia de uma história geral não nos permite mais do que uma caracterização do curso típico do descarrilamento. No reino das ideias, os problemas marxistas são de natureza insignificante e subordinada. No entanto uma vez que na história pragmática o marxismo é de importância imensa (ao menos por enquanto), pode ser escusável se acrescentarmos uma nota acerca do contexto do qual o dito de Karl Kautsky é tirado. A sentença citada no texto ocorre num artigo de Kautsky, em *Neue Zeit*, de 1892 e republicado em Karl Kautsky, *Der*

5 - Socialismo gnóstico: Marx | 371

Weg zur Macht. Berlin, 1910, p. 52; Edição inglesa: *The Road to Power*. Trad. Raymond Meyer. Atlantic, Highlands, N. J., Humanities, 1996. Citamos a sentença a fim de caracterizar a tendência evolucionária no descarrilamento; Kautsky, ao contrário, apresenta seu dito a fim de mostrar que é um revolucionário ardente. Explica ele: "Sabemos que nossos fins só podem ser obtidos por uma revolução; mas também sabemos que não está mais em nosso poder fazer esta revolução mais do que está em poder de nossos oponentes evitá-la. Daí não pensamos sequer em instigar uma revolução ou preparar uma" (52). A tolice aparente encontra sua solução pela convicção de Kautsky de que a revolução tem de ocorrer como uma questão de necessidade histórica, tal como provado por Marx; o revolucionário não tem de fazer nada senão esperar até que a sociedade burguesa se tenha desintegrado suficientemente (o que é inevitável) e então assumir o controle. Enquanto a desintegração não tiver avançado o suficiente, as revoluções estão fadadas ao fracasso. O "revolucionário verdadeiro" manterá a disciplina e esperará; apenas o entusiasta utópico correrá para aventuras antes de estar maduro o tempo. Um revolucionário, então, por definição, é um homem que sabe que a revolução proletária ocorrerá inevitavelmente e que vive em expectativa agradável deste acontecimento, apressando-o, talvez um pouco por "pressões" do tipo indicado. O ponto interessante acerca da posição de Kautsky é o fato de que ele pode defendê-la com os textos sagrados de Marx e Engels. O descarrilamento que em Kautsky assumiu proporções algo cômicas originou-se no período de 1848-1850. Até a Revolução de fevereiro de 1848, podemos dizer, Marx viveu em tensão escatológica no sentido de que esperou que a revolução histórica ocorresse num futuro muito próximo; daí, com a revolução, o reino da liberdade seria estabelecido em questão de alguns anos. O *Manifesto Comunista* (seção IV) ainda respira este espírito:

> Na Alemanha, todos os comunistas concentram sua atenção principal porque a Alemanha está às vésperas de uma revolução burguesa, e porque ela executa esta insurreição sob condições mais avançadas da civilização europeia em geral assim como com um proletariado muito mais altamente desenvolvido do que na Inglaterra no século XVII e na França, no século XVIII. Em consequência, a revolução burguesa alemã não pode ser nada senão o prelúdio de uma revolução proletária que se seguira imediatamente.

Quando a revolução malogrou, teve-se de dar muita explicação. Para a primeira fase do malogro, Marx deu sua explicação em *Die Klassenkämpfe in Frankreich* [A luta de classes na França] (1850), para a segunda fase (depois do golpe de estado de Napoleão), em *Der Achtzehnte Brumaire des Louis Napoleon* [O 18º Brumário de Luís Napoleão] (1852). Mas as explanações teoréticas não foram suficientes; aos membros da Liga dos Comunistas tinha-se de dizer o que viria depois. Esta obrigação Marx a cumpriu em seu *Ansprache der Zentralbehörde an den Bund* [Palestra da repartição central na liga] (1850). Nesse discurso, desenvolveu pela primeira vez o que mais tarde veio a ser chamado "tática" da luta de classe enquanto esperava a revolução verdadeira; neste discurso também cunhou o novo lema: *Die Revolution in Permanenz* [A Revolução Permanente]. A permanência durou um bom tempo. Na próxima grande ocasião, depois do fracasso da Comuna de Paris, de novo, devia-se uma explanação, e ela veio na forma de um discurso *Der Bürgerkrieg in Franreich* [A guerra burguesa na França] (1871). Depois da morte de Marx, Engels assumiu o controle. Em *Zur Geschichte des Bunds der Kommunisten* [Da história da liga dos comunistas] (1885) ainda via a revolução na esquina, baseando sua predição numa regra segundo a qual no século XIX as revoluções ocorrem em intervalos de quinze

e. O movimento – Comunismo

A linha de descarrilamento que desembocou na revolução comunista parece, à primeira vista, ser o que afirma ser, ou seja, um retorno ao "verdadeiro" Marx. E a afirmação é justificada, na verdade, à medida que os radicais que começaram a mover-se nos anos de 1890 não aceitaram o reformismo revolucionário como um substituto para a revolução. A atitude de Lenin para com a ala de Kautsky da social-democracia assemelha-se muito à de Marx para com o movimento dos sindicatos ingleses. A rejeição da cooperação democrática, a rejeição dos partidos de massa socialistas indolentes, a formação de uma organização de luta elitista na forma do Partido Bolchevique (mais tarde Comunista), a concentração na tomada do poder, a desconfiança profunda das massas grosseiras que podem ser "subornadas" pelas vantagens imediatas na traição da revolução, e assim por diante – tudo isso certamente indica o retorno a uma tensão revolucionária verdadeira. Quando comparamos o discurso de Lenin em Genebra (1908) sobre as lições da Comuna com a introdução de Engels, de 1895, a *Luta de Classe na França*, sentimos uma nova brisa. Engels, fascinado pelos dois milhões de votantes da social democracia alemã, enfatiza as possibilidades de avanço pacífico

---

a dezoito anos. (A *Geschichte* foi reimpressa em Karl Marx, *Enthüllung über den Kommunistenprozess zu Köln*. Ed. Franz Mehering. Berlin, 1914; para a predição, ver p. 45). Já que a última revolução tinha ocorrido em 1870, a próxima deveria ocorrer dali a cerca de três anos. A última expressão de Engels acerca do assunto, pouco antes de morrer, é a introdução à reedição da *Klassenkämpfe in Frankreich*, de 1895. Insiste na ironia de que os revolucionários prosperam muito mais na legalidade do que por métodos ilegais e revolta; na expansão da Democracia Social, medida em votos eleitorais, ele vê o minar de uma sociedade, comparável ao minar do império romano pelos cristãos. Enfatiza com entusiasmo o fato de que depois de uma geração de grande persecução de Diocleciano aos cristãos, em 303 Constantino fez da Cristandade a religião do império; espera que uma solução feliz similar depois de uma geração de perseguições de socialistas pelo Diocleciano alemão, ou seja, Bismarck. Kautsky podia dizer, portanto, que estava carregando a tocha de permanência, acesa por Marx depois de o fogo escatológico ter sido abafado pelos acontecimentos de 1848. Traçar esta continuidade também nos permite fixar o começo óbvio do descarrilamento de Marx por volta de 1850. [O guia exaustivo para o movimento marxista é Leszeck Kolakowski, *Main Currents of Marxism*, 3 vols. Oxford, Oxford University Press, 1978.]

5 - Socialismo gnóstico: Marx | 373

para a hora da decisão; considera o bloco alemão a "tropa de choque" do exército proletário internacional; esta força não deve ser dissipada em escaramuças preliminares; e nada poderia parar o desenvolvimento desta força, mesmo que apenas temporariamente, senão um banho de sangue como o da Comuna de Paris de 1871; daí o evitar de revoltas imprudentes ser o primeiro dever do movimento. Lenin, ainda com a memória fresca da Revolução Russa de 1905, enfatiza os aspectos violentos da Comuna como sua lição mais valiosa. A Comuna falhou porque foi atravancada por sonhos de estabelecer justiça e não expropriou implacavelmente os expropriadores, porque se entregou à magnanimidade para com seus inimigos e tentou influenciá-los moralmente em vez de matá-los, e porque não captou inteiramente a importância da ação puramente militar na guerra civil e através de suas hesitações deu tempo ao inimigo para restabelecer-se. Não obstante, a Comuna lutou; demonstrou o valor da guerra civil e, assim, ensinou ao proletariado "como lidar concretamente" com os problemas da revolução. A insurreição russa de dezembro de 1905 mostrou que a lição tinha sido aprendida. Os "sovietes de trabalhadores e representantes de soldados" simbolizam o aspecto duplo da revolução. Há um tempo para armas pacíficas no preparar a revolução, mas vem o tempo quando o proletariado tem de destruir seus inimigos em batalha aberta. Uma insurreição que fracassa vale o sacrifício porque mantém viva a consciência de que a revolução significa guerra civil iminente e violência.

A tensão revolucionária, então, é reconquistada, ao menos no nível de ação no reino da necessidade. É duvidoso se a visão marxista do reino da liberdade foi, entretanto, recapturada seriamente em algum momento. Certamente uma sombra dessa visão aparece na obra de Lenin; e esta se prolonga nas próprias formulações da Constituição Soviética de 1936 no reconhecimento de que a revolução socialista exitosa ainda não produziu o verdadeiro reino comunista em que o estado se extingue e os homens trabalharão no melhor de suas habilidades sem o incentivo de compensação de acordo com o desempenho. A distinção entre a sociedade socialista e comunista entrou no estilo da União Soviética como uma união de repúblicas *socialistas* soviéticas que será guiada ao estado perfeito por um partido *comunista*.[8] Deve-se duvidar, no entanto, que mesmo antes da Revolução de 1917 se desse muita importância a este elemento nas ideias de Lenin, que o retomou porque o encontrou nas notas críticas de Marx ao *Programa de Gotha*; era uma arma excelente para distinguir o marxismo ortodoxo do tipo de reforma de descarrilamento. No entanto precisamente este contexto "tático" da distinção de Marx deveria lembrar-nos de que o fim último do comunismo era caracterizado desta maneira a fim de tornar claro que a fase mais *imediata* do comunismo era algo amplamente diverso. A fase última é remota (Marx contava em décadas a sua distância; Lenin, em séculos); a fase imediata será a realidade seguindo uma revolução de sucesso. Daí consideremos a distinção menos uma recaptura da visão original do que uma das famosas "explanações" de Marx pelas quais provava, para satisfação

---

[8] A distinção remonta a Karl Marx, *Zur Kritik des sozial-demokratischen Parteiprogramms 1875* [Da crítica do programa do partido social-democrata de 1875]. Esta crítica do *Gothaer Programm* foi reimpressa por Hermann Suncker em sua edição de Marx e Engels, *Kritiken der Sozialdemokratischen Programm-Entwürfe von 1875 und 1891*. Berlin, Internationaler Arbeiter Verlag, 1928. Edição inglesa: "Critique of the Gotha Program". In: *Marx-Engles Reader*, ed. Tucker, p. 525-41. Como indica Duncker em seu prefácio, esta republicação do lado comunista serviu ao propósito especial de relembrar de novo do núcleo revolucionário de marxismo em oposição ao reformismo do Partido Social Democrata. No prefácio à segunda edição de 1930, o editor recomenda o artigo da enciclopédia de Lenin acerca de Marx como um "excelente suplemento" à *Kritik*. Voltaremos em breve, no texto, ao artigo de Lenin. Na *Kritik*, Marx distingue entre uma sociedade comunista como ela emerge da revolução, ainda manchada pelas marcas de sua origem, e "uma fase mais alta da sociedade comunista". A pior marca da fase mais baixa é a compensação de trabalho de acordo com a quantidade e qualidade do desempenho. Na fase mais alta, o trabalho já não será "um meio de vida, mas, antes, o primeiro desejo na vida (*Lebensbedürfnis*)". Quando se alcança este estágio, já não serão necessários incentivos para o trabalho, e o princípio da sociedade será: "de cada um de acordo com suas habilidades (de trabalho), a cada um de acordo com suas necessidades (compensação)". A nota de rodapé de Duncker (p. 27) indica que a fórmula se originou com Enfantin em 1831 e recebeu o fraseio que Marx emprega através de Louis Blanc, em 1839. A distinção das duas fases foi retomada por Lenin em seu *Estado e Revolução* (1917) e desde então permaneceu um dos ícones semânticos no comunismo russo.

5 - Socialismo gnóstico: Marx | 375

dos marxistas, que o fracasso do milênio foi um passo tático inevitável para sua concretização.[9]

Que, de fato, nem mesmo Lenin obteve de volta a visão original torna-se muito improvável por seu artigo da enciclopédia acerca de Marx (1914) previamente mencionado. O artigo abre-se com uma breve introdução biográfica. Então explica a doutrina do "materialismo filosófico", baseado sobretudo no naturalismo cru do *Anti-Dühring*, de Engels; a doutrina da "dialética", de novo com base em Engels e Feuerbach, evitando Marx; e a "concepção materialista da história", baseada na página famosa em *Kritik der politischen Oekonomie*, evitando os escritos iniciais volumosos de Marx acerca da matéria. O artigo então continua até "luta de classe" e "doutrina econômica". A seção subsequente acerca do "socialismo" trata da inevitabilidade do socialismo como evolvendo do capitalismo, baseado em passagens de Marx, embora, para a visão do futuro, Lenin se louve novamente em Engels.[10] O artigo chega a seu termo fatal com a seção acerca das "táticas". Nenhures em todo o ensaio encontramos uma única palavra quanto ao reino da liberdade e a precariedade de sua concretização.

---

[9] Depois da Primeira Guerra Mundial, as "explanações" e "táticas" do movimento marxista tornaram-se uma piada para os não marxistas. Por ocasião das repetidas predições erradas e explanação magistral do estrategista Otto Bauer, Karl Kraus, o satirista austríaco, cunhou o termo *tique-taque-tique*.

[10] Lenin cita a passagem famosa de Engels, *Hernn Eugen Dühring Umwälzung der Wissenschaft* (1878). 19. ed. Sttutgart, Deitz, 1919, p. 302:

O proletariado toma o poder do estado e primeiro transforma os meios de produção em propriedade do estado. Neste ato, entretanto, abole a si mesmo como proletariado, abole todas as diferenças e conflitos de classe e, assim, abole também o estado como estado [...]. O primeiro ato, em que o estado aparece com o representante real de toda a sociedade – assumindo o controle dos meios de produção em nome da sociedade – é, ao mesmo tempo, seu último ato independente como estado. A intervenção do poder de estado nas relações sociais tornar-se-á supérfluo em um campo após outro e cessará gradualmente (*schläft ein*). O governo sobre pessoas será substituído pela administração de coisas e pela administração de processos de produção. O estado não será 'abolido', *ele extingue-se* (*er stirbt ab*).

A banalidade mortal de Engels remove da ideia original precisamente o ponto que mais preocupava o jovem Marx, antes do descarrilamento, o ponto que a mecânica de expropriação poderia não produzir o reino da liberdade de maneira nenhuma, mas até mesmo uma rendição mais hedionda da sociedade corrupta que esta medida pretende suplantar. Contudo precisamente a banalidade de Engels era o de que Lenin precisava para suas táticas revolucionárias.

Quanto à ala radical do descarrilamento chegamos, portanto, à conclusão de que a tensão revolucionária foi reconquistada no nível da necessidade, mas não no nível da liberdade. Pelo mero lapso de tempo, o descarrilamento tornou necessário abranger mais e mais acontecimentos históricos com as categorias de tática; esta extensão das explanações táticas, finalmente, teve de abranger a própria revolução; e não apenas a revolução, mas também os acontecimentos históricos que se seguiram à revolução. A esta última classe pertencem os debates marxistas acerca da questão de se a Revolução Russa de 1917 era realmente *a* revolução ou apenas seu começo; se a revolução na Rússia tinha de expandir-se, através da Internacional Comunista, numa revolução mundial; se a Revolução Russa estava salva, visto que *a* revolução não tinha abrangido o mundo; ou se se podia estabelecer, por enquanto, com o socialismo em um país; quanto tempo levaria para o estado definhar, e quanto tempo teria de durar a ditadura do proletariado. O que a ditadura do proletariado poderia significar quando não se haviam deixado não proletários a quem se pudesse ditar; se esta ditadura teria durado como uma precaução de defesa até a revolução ter engolfado o resto do mundo, e assim por diante.

Este jogo de táticas, entretanto, caiu numa dificuldade interessante, de novo através do mero lapso de tempo. Uma vez que a revolução tivera sucesso na Rússia, e o milagre de Pentecostes da liberdade através da experiência revolucionária não ocorreu, a longo prazo o povo começou a ficar irrequieto. O jogo de tática pode manter em tensão aqueles que nele estão envolvidos ativamente num papel de liderança; mas aparentemente o homem médio não está disposto a viver somente de tática. A revolução acontecera; a importância do acontecimento que sacudiu o mundo foi sendo martelada em todo o mundo; mas dez, quinze, vinte anos se passaram, o estado não se extinguiu e a revolução ainda continuava – o reino da liberdade começou a mostrar-se um tanto engraçado. Neste ponto, tinha de ser encontrado um substituto de natureza mais tangível para o milênio que retrocedia, e foi encontrado na "pátria", no renascer de tradições russas e num "patriotismo soviético".

Se, então, interpretarmos a injeção de um novo patriotismo no comunismo russo como determinado pela lógica da visão original, se o entendermos como um apocalipse substituto para as massas que não podem viver permanentemente em tensão escatológica, deveremos, ao mesmo tempo, ficar muito hesitantes quanto a ver nisso uma mudança fundamental na história do descarrilamento marxista. A tática do descarrilamento não foi abandonada porque se lançou ao povo um suborno tático. Até este ponto, não há nenhuma sombra de uma indicação de que no estrato de governo do movimento marxista, a tensão revolucionária tenha relaxado. Não achamos, portanto, que o descarrilamento marxista tenha chegado a seu fim histórico, a que, na verdade, teria chegado se a tensão revolucionária se tivesse dissolvido numa política nacional "conservadora", por mais imperialista que fosse. As fontes mostram não mais do que uma inclusão tática das forças do nacionalismo soviético na tendência revolucionária que é levada adiante pelos líderes no estrato mais alto do movimento marxista. Um efeito retardante torna-se visível apenas quando o sucesso da revolução num país muito poderoso inevitavelmente comunica uma cor intensa de imperialismo nacional às táticas da revolução mundial e, portanto, pode fazer surgir resistência nacional mesmo entre aqueles grupos com que os estrategistas dos movimentos contam para seu apoio.[11]

f. Conclusão

Seguimos o problema do movimento até seu fim sistemático, embora nem de longe até seu fim histórico; podemos agora sumariar os resultados.

O movimento marxista está ligado, em continuidade, à ideia marxista através do descarrilamento que ocorreu em Marx no mais tardar depois da experiência da Revolução de

---

[11] Um caso sério deste tipo, mesmo dentro da área pan-eslava, parece ter ocorrido em 1948 na resistência iugoslava ao domínio russo.

Fevereiro de 1848. O descarrilamento, nós o definimos como a mudança de ênfase do fim último da revolução para as táticas de sua preparação. Foi possível esta mudança de ênfase porque o termo da revolução, ou seja, o estabelecimento do reino de liberdade, foi concebido como resultante da experiência da própria revolução; estava, portanto, para além da preparação. O que podia ser preparado era a revolução no reino da necessidade. Para este propósito não é necessária nenhuma mudança de coração; o apelo vai a sentimentos como indignação moral, idealismo, piedade, compaixão, o cálculo "humanitário" que sofrimentos menores serão compensados pela grande bênção para o maior número, *ressentiment*, inveja, ódio, o desejo moderado de melhorar a própria posição, cobiça, ambição de destruição, ambição de terrorismo e dominação e mero desejo de matar. A combinação deste apelo com o prêmio de moralidade, luta por liberdade, heroísmo escatológico e destino histórico é uma mistura psicológica muito atrativa. O único inconveniente sério que a receita poderia ter do ponto de vista marxista é a possibilidade de ser imitada e empregada por outros – como os marxistas (mas infelizmente não apenas os marxistas) descobriram, para seu pesar, quando os nacional-socialistas a empregaram e melhoraram.

No descarrilamento pudemos distinguir até agora as seguintes fases históricas:

1. O descarrilamento no próprio Marx, como se torna manifesto depois da Revolução de fevereiro de 1848.

2. O descarrilamento no nível do revisionismo alemão. A ameaça de derrubar a burguesia passou a ser o *épater le bourgeois* da linguagem revolucionária, ao passo que a política real passou a ser a do partido de reforma progressista. Sem a Primeira Guerra Mundial e a Revolução Russa, este poderia ter sido o fim do marxismo através da transformação do movimento em partidos trabalhistas dentro das políticas nacionais. Os revolucionários radicais ter-se-iam transformado em um grupo sectário inócuo.

3. O descarrilamento no nível do comunismo russo. A Revolução Russa de 1917 reverteu a tendência a uma eutanásia do marxismo. Com a tomada de poder pelos comunistas num país grande (mais por um lance de sorte do que por um desenvolvimento revolucionário real), a revolução foi submetida ao teste da realização. Já que nenhuma realização à luz de um reino da liberdade estava por vir, a distinção das duas fases de comunismo (da qual a primeira, real, poderia ir indefinidamente para o futuro), assim como o apocalipse substituto do patriotismo soviético, tinham de ser incorporados às táticas do movimento.

4. O descarrilamento no nível do imperialismo russo. Com o fim da Segunda Guerra Mundial, o problema que afligiu o Komintern já entre as guerras se intensificou, ou seja, a identificação crescente do movimento comunista com o imperialismo russo. Assim como a falha da revolução dentro da Rússia podia ser parcialmente suplantada pelo patriotismo soviético, esta dificuldade poderia ser suplantada na área europeia do Leste e central, ao menos em parte, pela mobilização de sentimentos pan-eslavos que, de certo modo, abrangiam a ausência de liberdade depois da "liberação". Para a expansão em direção ao Oeste nenhuns mecanismos de tática de disfarce tinham aparecido até então, com exceção do símbolo *fascismo* para a designação de todos os governos e grupos políticos que resistem ao imperialismo soviético.

Do exame das fases parece que o descarrilamento toma sua força contínua muito distintamente de guerras e revoluções que não são de sua lavra. Embora o movimento não pareça em si mesmo ter nenhum poder revolucionário sério, está excelentemente equipado (mediante suas "táticas" e técnica muito desenvolvida de luta política) com a habilidade de aproveitar as oportunidades que são oferecidas pela paralisação e desintegração da sociedade ocidental. Até aqui o movimento poderia revitalizar sua tensão revolucionária e evitar enfrentar o problema do milênio que retrocede mediante acontecimentos que se originaram fora do próprio movimento em si. Já que a fonte de revitalização está ainda florindo ricamente, é imprevisível o curso posterior do descarrilamento.

Que o descarrilamento se tornou possível através da lógica da ideia, no entanto, não é suficiente para explicar o apelo persistente da ideia nos momentos cruciais de desintegração ocidental. A fim de assegurar seu sucesso, a ideia não apenas teve de fundar-se numa análise substancialmente saudável do estado atual da sociedade ocidental; tinha também de ser parte da própria crise. Só porque a ideia era a manifestação de uma doença espiritual profunda, só porque leva a doença a um novo extremo, é que ela pôde fascinar as massas de uma sociedade doente. Devemos agora retornar à gênese da ideia e à natureza da doença que a produziu.

§ 2. Dialética invertida

Podemos chegar melhor a uma compreensão da doença marxista pela análise de seu sintoma central que é conhecido pelo nome de "materialismo dialético". A dialética da matéria é uma inversão consciente da dialética hegeliana da ideia. No curso deste estudo, lidamos várias vezes com o problema da inversão. É um modo de pensamento que ocorre nos últimos períodos sofistas de uma civilização que se desintegra. Encontramo-lo pela primeira vez na política sofística helena; e lidamos com ele minuciosamente no *Górgias*,[12] de Platão. Reapareceu de maneira decisiva no Iluminismo; e discutimo-lo no capítulo acerca de Helvétius. Tocamos no problema de

---

[12] A referência de Voegelin é a uma seção do capítulo 4 do plano original da *História das Ideias Políticas*. Foi primeiro publicada como "The Philosophy of Existence: Plato's *Gorgias*". *Review of Politics* 11 (1949): 477-98, e reproduzido com pequenas mudanças como capítulo 2, "The *Gorgias*". In: *Order e History*, vol. III, *Plato and Aristotle* (1957); disponível: Columbia, University of Missouri Press, 1999, p. 24-25. [Em edição brasileira: *Ordem e História*, vol. III, *Platão e Aristóteles*. São Paulo, Loyola, 2009.]

novo no capítulo acerca de Schelling; e, finalmente, estudamo-lo no capítulo acerca de Bakunin.

O caso de Marx é muito similar em sua estrutura ao de Bakunin; em si mesmo, dificilmente mereceria uma análise. Contudo, se damos atenção minuciosa a ele, isto é reconhecidamente uma concessão à importância política do movimento marxista. É também uma concessão ao presente estado deplorável da ciência política e da discussão política em geral. O materialismo dialético encontrou aceitação social ampla sob o nome convencional de "materialismo histórico", e mais ainda sob o rótulo distintamente respeitável de "interpretação econômica" da política e história; e encontrou tal aceitação não apenas entre os marxistas, mas geralmente no ambiente de intelectuais modernos que também absorveram a psicanálise. Já chegamos à situação em que qualquer dia podemos ler presunções ardentes de que ninguém tem o direito de falar de política se não tiver entendido nem for capaz de aplicar as intelecções profundas que provêm de Marx. O diletantismo filosófico, e algumas vezes a pura tolice, das teorias envolvidas não se mostraram como obstáculos à influência de massa delas. Diante desta situação, pode-se desculpar a análise presente da dialética marxista.

a. A formulação da questão

A simples expressão *materialismo dialético* apresenta um problema à medida que é uma *contradictio in adjecto*.[13] A dialética, qualquer que sejam as outras alterações que se possam introduzir na definição, é um movimento inteligível de ideias. O conceito pode ser aplicado não apenas a um processo na mente, mas também a outros reinos do ser, e no caso extremo, a dialética pode ser usada como um princípio de interpretação gnóstica para o todo do universo, sob a presunção de que a realidade é inteligível porque é a manifestação de uma ideia. Hegel pôde interpretar dialeticamente a história porque

---

[13] Contradição em que o atributo é a negação do sujeito. (N. T.)

presumia que o *logos* estava encarnado na história. Quando a realidade não é concebida como encarnação do *logos*, torna-se sem sentido a discussão de uma dialética da realidade. Embora o termo em questão contenha, então, uma *contradictio in adjecto*, ainda pode ser inteligível o curso de pensamento que levou à fórmula sem sentido. Não podemos descartar precipitadamente o problema, mas temos de inquirir sua origem. No entanto como ponto de interesse sociológico, devemos estar conscientes de que a falta de sentido da fórmula nunca perturbou um marxista, e na abreviação russa de *diamat* tornou-se um dos símbolos sagrados da doutrina comunista.

O próprio Marx deu a formulação mais madura de sua teoria da dialética no prefácio à segunda edição do *Kapital*, em 1872. Ali diz ele: "Em seus fundamentos, meu método dialético não apenas difere do hegeliano, mas é seu oposto direto". Quando, na primeira edição, se declarou um discípulo do grande pensador, Marx o fez por despeito às mediocridades que tratavam Hegel como um "cachorro morto". Em oposição a tais *epígonos*, queria enfatizar que Hegel, afinal de contas, foi o primeiro pensador que apresentou o movimento da dialética de um modo abrangente e consciente. Não obstante, "para Hegel o processo de pensamento (que ele transforma até numa matéria autônoma sob o nome de ideia) é o demiurgo do real que é apenas sua vestimenta externa. Comigo, ao contrário, o ideal não é nada senão o material transformado e traduzido na cabeça do homem". Marx distingue então entre as formas "mistificadas" e "racionais" de dialética. Em sua forma mistificada hegeliana, tornou-se uma moda alemã que glorificava o que quer que existe. Em sua forma racional marxista, é odiosa à burguesia "porque ao compreender positivamente o existente, implica também a compreensãodesuanegação,ouseja,deseuperecimentoinevitável". A dialética racional entende "cada forma de transformação na corrente de movimento"; "não se impressiona por nada; é essencialmente crítica e revolucionária".[14]

---

[14] Marx, *Das Kapital*, vol. 1. 4. ed. Ed. Engels. Hamburg, 1890, p. xvii ss.

b. A distorção antifilosófica

É breve a passagem, mas rica em implicações. Acima de tudo, podemos ver que a intenção marxista de "virar Hegel de cabeça para baixo" (*umstülpen*) a fim de colocar a dialética de pé está enraizada numa compreensão equívoca fundamental da metafísica de Hegel. A Ideia é para Hegel, é claro, não o demiurgo do "real" no sentido em que Marx entende o termo, ou seja, no sentido da realidade empírica; é o demiurgo do "real" apenas à medida que a realidade é a revelação da Ideia. A realidade empírica contém para Hegel boa parte que não é o desenrolar da Ideia. Precisamente porque a realidade empírica e a realidade da Ideia *não são* idênticas é que surge o problema da Ideia; ou, como podemos formular de maneira mais fundamentada: Hegel era um filósofo, e nesta qualidade estava preocupado com o problema filosófico mais básico, ou seja, com a natureza da realidade. A realidade empírica podia ser ou uma corrente desordenada de acontecimentos (o que não é), ou podia ter uma ordem discernível; neste último caso, inevitavelmente esta estrutura peculiar de realidade se torna um problema para o filósofo, e ele tem de distinguir entre a fonte de ordem e a fonte dos elementos que não se enquadram na ordem. Daí, quando Marx diz que sua dialética racional está pondo de pé a dialética hegeliana, não descreve corretamente o que está fazendo. Antes de a inversão real começar, ele fez algo muito mais fatal: aboliu de Hegel o problema da realidade. E já que apenas a resposta a este problema (a dialética da ideia) é especificamente hegeliana, ao passo que o problema em si é um problema filosófico geral, Marx, com este ato, aboliu o tratamento filosófico do problema da realidade em princípio. A posição marxista não é anti-hegeliana, é antifilosófica; Marx não põe de pé a dialética de Hegel, recusa-se a teorizar.

Neste ponto inevitavelmente surgem perguntas como: sabia Marx o que estava fazendo? E: como se pode teorizar, como Marx parece fazer em suas obras volumosas, sem teorizar? São espinhosas as perguntas, e as respostas exigirão uma longa exposição. Tratemos da primeira pergunta concernente à consciência e à sinceridade de Marx.

No prefácio citado anteriormente, Marx refere-se a seu estudo crítico da dialética hegeliana, que apresentou "há quase trinta anos". Se nos voltarmos para esta obra inicial, descobriremos que Marx tinha uma excelente compreensão do problema da realidade, de Hegel, mas preferiu desprezá-lo.[15] Criticou os conceitos de Hegel de ideia e realidade, não mostrando que eram formados acriticamente ou empregados incoerentemente, mas comparando-os com o seu próprio conceito de realidade e condenando-os por não se conformarem com ele. Já que a realidade de Marx não era a realidade de Hegel, não podemos surpreender-nos quando Marx mostra convincentemente que, na verdade, em cada ponto a teoria de Hegel da realidade política está em conflito com a dele. O que mais surpreende é que Marx pudesse considerar esta demonstração uma refutação da filosofia de Hegel. Teria sido uma refutação se Marx tivesse dado um fundamento crítico a seu próprio conceito de realidade, pois nesse caso a demonstração de desacordo teria mostrado que os conceitos de Hegel eram insustentáveis à luz dos padrões críticos marxistas. Entretanto Marx nunca tentou tal fundamento crítico para sua teoria da realidade. Como formularam os editores dos escritos iniciais de Marx: "Ele argumenta tacitamente de uma posição que é não filosófica por princípio"; a justificação desta posição "é simplesmente suposta". "A posição da qual Marx empreende sua crítica é uma simples negação, não discutida explicitamente, da posição filosófica como tal. Ao referir-se simplesmente ao que, na linguagem comum, é chamado realidade, amputa-se a pergunta filosófica concernente à natureza da realidade".[16]

---

[15] Do estudo sobre a dialética de Hegel apenas uma pequena parte foi publicada sob o título "Zur Kritik der Hegelschen *Rechstphilosophie*: Einleitung" [Da crítica à filosofia do direito de Hegel: introdução], em 1843. O corpo principal, a *Kritik des Hegelschen Staatsrecht* [Crítica à teoria do estado de Hegel], ficou em manuscrito. Tanto a "Introdução" quanto a Crítica estão agora publicadas em *Gesamtausgabe*, vol. 1/1.

[16] Landshut e Mayer, introdução a Marx, *Der Historische Materialismus* [O materialismo histórico], I:xxii. A passagem-chave que coloca a posição de Marx para além da dúvida pode ser encontrada na *Kritik*, nas notas ao § 262 da *Rechtsphilosophie* [Filosofia do direito] de Hegel: "*Das wirkliche Verhältnis*

c. Idofobia

É desconcertante o procedimento. A pergunta de se Marx era incapaz de compreender o problema de Hegel tem de ser respondida claramente na negativa; Marx entendeu Hegel

ist: 'dass die Zuteilung des Staastmaterials am Einzelnen durch die Umstände, die Willkür und die eigene Wahl seiner Bestimmung vermittelt ist'. Diese Tatsache, dies wirkliche Verhältnis wird von der Spekulation als Erscheinung, als Phänomen ausgeprochen. Diese Umstände, diese Willkür, diese Wahl des Bestimmung, diese wirkliche Vermittlung sind bloss die Erscheinung einer Vermittlung, welche die wirkliche Idee mit sich selbst vornimmt, und weche hinter der Gardine vorgeht. Die Wirklichkeit wird nicht als sie selbst, sondern als eine andere Wirklichkeit ausgrsprochen. Die gewönnliche Empirie hat nicht ihren eigenen Geist, sondern einen fremden zum Gesetz, wogegen die wirklich Idee nicht aine aus ihr selbst entwichelte Wirklichkeit, sondern die gewöhnliche Empirie zum Dasein hat. Die Idee wird versubjektiviert. Das wirkliche Verhältnis von familie und bürgerlicher Gesellschaft zum Staat wird als ihre innere imaginäre Tätigkeit gefasst. Familie und bürgerliche Gesellschaft sind die Voersussetzungen des Staats; sie sind die eigentlich Tätigen, aber in der Spekulation wird es umgekehrt. Wenn aber die Idee versubjektivier wird, werden hier die wirklichen Subjekte, bürgeliche Gesellschaft, Familie, 'Umstände, Willkür, etc., zu unwirklichen, anderes bedeutenden, objektiven Momenten der Idee" (*Gesamstausgabe*, 1/1:406);

A relação *real* é: 'que o empréstimo de conteúdo do estado é mediado no indivíduo por circunstâncias, capricho e escolha pessoal de sua posição na vida'. Este fato, este *relacionamento real* é expresso na especulação como *aparência* ou *fenômeno*. Essas circunstâncias, este capricho, esta escolha de posição na vida, esta *mediação real* são simplesmente a *aparência* de *mediação*, por que passa a Ideia real e que acontece por trás das cortinas. A realidade não é expressa como é em si, mas com outra realidade. A experiência comum não é sujeita à lei de seu próprio espírito, mas a um espírito alheio, ao passo que a Ideia real é baseada não numa realidade desenvolvida por si mesma, mas, antes, na experiência comum. A Ideia é completamente subjetivizada. A relação *real* de família e da sociedade civil com o estado é apanhada como a atividade de seu *imaginário íntimo*. A família e a sociedade civil são as pressuposições do estado; são realmente as formas ativas. Mas na especulação isto é invertido. Como a Ideia é subjetivizada, os sujeitos reais – civil, sociedade, família, 'circunstâncias, capricho, etc.' – tornam-se *irreais*, momentos objetivos da Ideia, significando algo mais" (Easton and Guddat, eds. e trad., *Writings of the Young Marx*, p. 155). Este método de crítica não apareceu em Marx pela primeira vez por ocasião de Hegel. Em seus estudos para sua dissertação, "Über die Differenz der demokratischen und epikurëischen Natruphilosophie" [Da diferença entre a filosofia natural democrática e a epicureia] (1840), Marx expressou seu ressentimento contra a filosofia, por princípio, na sentença. *"Alle Philosphen haben die Prädikate selbst zu Subjekten gemacht"* [Todos os filósofos fizeram do predicado o sujeito; *Gessamtsausgabe*, 1/1:119.] Marx observou corretamente que *todos* os filósofos são dados ao vício de falsificar a realidade. Não a deixarão em paz e aceitarão a ordem como um subproduto da bagunça da realidade tal como ela aparece para o homem comum; em vez deixar a essência em seu lugar confortável de um predicado da realidade, têm o hábito nojento de arrancá-la e fazer dela o sujeito. Podemos dizer, portanto, que Marx estava muito consciente, quando atacou Hegel, de que estava atacando a filosofia.

perfeitamente bem. Que propósito, então, ele perseguia ao escrever um comentário aprofundado da *Rechtsphilosophie* de Hegel, que não provava nada, senão que a visão de mundo de um filósofo crítico não é idêntica à visão de mundo pré-crítica, pré-filosófica do homem médio envolvido em seu negócio da vida? Ao realizar esta proeza, com a compreensão implícita de que demolia o sistema hegeliano, era Marx intelectualmente desonesto? Quando mediu o conceito de Hegel da realidade com o dele próprio, ele desvirtuou deliberadamente a intenção de Hegel? A esta última pergunta a resposta não pode ser sem hesitação. O dilema torna-se manifesto na sentença em que os editores de Marx lidam com a questão: "Marx – se podemos expressar-nos desta maneira – compreendeu de maneira equívoca Hegel como que de propósito".[17] Não ousam chamar abertamente Marx de impostor intelectual – mas não estão tão certos de que a solução do quebra-cabeça não pudesse ser encontrada nesta direção.

Por mais tentadora que seja a sugestão, não podemos segui-la. O caso certamente cheira a desonestidade intelectual, mas, afinal, Marx não era um trapaceiro comum. Não obstante, ao interpretar seu procedimento estamos numa dificuldade real. No nível do discurso racional, chegamos ao beco sem saída da pergunta há pouco levantada. A não ser que queiramos desistir neste ponto, temos de transferir o problema para o nível da pneumopatologia. Marx estava doente espiritualmente, e localizamos o sintoma mais óbvio de sua doença, ou seja, seu medo de conceitos críticos e da filosofia em geral; Marx recusa-se a expressar-se em quaisquer outros termos do que conceitos pré-críticos, não analisados. As causas mais profundas deste medo vamos discuti-las na próxima seção deste capítulo. No momento, temos de caracterizar o sintoma; e já que está pouco desenvolvida uma terminologia pneumopatológica, cunharemos o termo *idofobia* para designar este sintoma.

Podemos até ir um pouco além da definição estreita de *idofobia* como medo de conceitos críticos, pois Engels, em

---

[17] Landhut e Mayer, introdução a Marx, *Der Historische Materialismus*, xxii.

seu *Anti-Dühring*, por sorte nos forneceu o contexto maior do sintoma quando desenvolveu a posição antifilosófica de Marx. Engels reflete acerca da nova ciência materialista do século XIX. "O materialismo moderno" reconhece a história como o processo evolucionário da humanidade e tenta descobrir as leis de seu movimento. Ademais, abandonou o conceito estático de natureza que ainda era mantido por Newton e Lineu e também reconhece a natureza como processo e evolução sob leis que podem ser descobertas. Quanto à história assim como quanto à natureza, o materialismo moderno é "essencialmente dialético e já não precisa de uma filosofia acima das outras ciências". Este é para Engels o ponto decisivo: quando a ciência está ocupada com o descobrimento das leis de processo e evolução, torna-se supérflua a filosofia. Não se faz muito claro por que é que se deveria seguir este resultado curioso. Insiste Engels: "Tão logo cada ciência particular é tratada com a exigência de tornar-se clara acerca de sua posição no contexto total (*Gesammtzusammenhang*) de coisas e de conhecimento de coisas, passa a ser supérflua uma ciência particular do contexto total". Tudo o que resta da filosofia tal como a conhecemos é a "ciência do pensamento e suas leis – ou seja, a lógica formal e a dialética". "Tudo o mais dissolve-se na ciência positiva da natureza e da história."[18]

Uma série interminável de questões poderia ser levantada quanto a essas sentenças. Por que a filosofia se torna supérflua quando as ciências da história e da natureza reconhecem o caráter evolucionário da realidade? Por que, por exemplo, a filosofia é menos necessária na era de Darwin do que na de Lineu? Será talvez porque uma nova filosofia da realidade suplantou a antiga? Mas, neste caso, não teríamos uma nova filosofia em vez de nenhuma? Ou talvez não a filosofia, mas, antes, o filósofo se torna supérfluo quando cada cientista faz seu próprio filosofar? Mas não é estranho chamar tal mudança sociológica uma abolição da filosofia? Será que Engels classificou a filosofia sob o nome de ciência?

---

[18] Engels, *Hernn Eugen Dührings Umwälzung der Wissenschaft*, p. 10 ss.

Mas é debalde remexer com perguntas esta mixórdia de linguagem não crítica. Não conseguimos encontrar nenhum sentido nas sentenças de Engels, a não ser que as consideremos sintomas de uma doença espiritual. Como doença, no entanto, fazem muito sentido, pois demonstram, com muita intensidade, os sintomas de *idofobia*, agora muito francamente como um medo desesperado e ódio à filosofia. Podemos até mesmo ver nomeado o objeto específico do medo e ódio; é "o contexto total de coisas e de conhecimento de coisas". Engels, como Marx, tem medo de que o reconhecimento da análise conceptual crítica pudesse levar ao reconhecimento de um "contexto total", de uma ordem de ser e talvez mesmo da ordem cósmica, a que suas existências particulares seriam de algum modo subordinadas. Se podemos empregar a linguagem de Marx: um contexto total não deve existir como um sujeito autônomo do qual Marx e Engels são predicados insignificantes; se é que existe, tem de existir apenas como um predicado dos sujeitos autônomos Marx e Engels. Nossa análise levou-nos próximo do estrato mais profundo da doença marxista, ou seja, a revolta contra Deus.[19] No estrato de superfície da teoria, que estamos analisando no momento, o significado de *idofobia* agora se mostra mais claramente. Não é o medo de um conceito crítico particular, como a Ideia de Hegel; é o medo da análise crítica em geral. A submissão ao argumento crítico poderia levar, a qualquer ponto, ao reconhecimento de uma ordem do *logos*, de uma constituição do ser; e o reconhecimento de tal ordem poderia revelar a ideia revolucionária de Marx, a ideia de estabelecer um reino de liberdade e de mudança de natureza do homem através da revolução, como a tolice blasfema e fútil que é.

---

[19] A conexão é formulada em tantas palavras por Lenin (artigo de enciclopédia acerca de Marx) quando ele diz: "Marx rejeitou indiscutivelmente o idealismo, sempre ligado de algum modo à religião". A sentença segue uma citação do *Feuerbach*, de Engels, em que o autor caracterizou os idealistas como pessoas que declara que o espírito existe antes da natureza e, portanto, supõe que o mundo foi criado, ao passo que os materialistas são pessoas que consideram a natureza como primeira. Lenin acrescenta que qualquer outro emprego filosófico dos termos *idealismo* e *materialismo* "causaria apenas confusão".

5 - Socialismo gnóstico: Marx | 389

d. O meio marxista de expressão

Já que Marx se recusa a mover-se num universo de discurso racional, já que os conceitos críticos são excluídos de seu argumento, temos de primeiro conseguir alguma compreensão dos símbolos de linguagem que ele realmente emprega em seus escritos. Somente depois de termos estabelecido a natureza dos símbolos é que podemos chegar a conclusões quanto ao conteúdo da própria dialética marxista.

Assim Marx como Engels criaram um meio específico de expressão para si mesmos: sempre que aparece um ponto crítico em que seria necessária uma explicação última, o discurso deles desabrocha em linguagem metafórica referente a relações forçadas entre termos indefinidos. Tomai como exemplo a sentença citada previamente do prefácio de Marx: "Quanto a mim [...], o ideal não é nada senão o material transformado e traduzido na cabeça do homem".[20] A sentença soa excelentemente e carrega uma impressão vívida; teria de ser considerada brilhante se fosse um florescimento retórico ocasional que expressasse metaforicamente o que foi apresentado em outro contexto. O problema é que o outro contexto em que esta metáfora receberia seu significado crítico não existe nas obras reunidas de Marx. A sentença metafórica é tudo o que temos. Estamos diante de um "ideal" e de um "material" sem saber o que significam esses termos. Ouvimos que o ideal é o mesmo que o material, mas "transformado e traduzido"; e somos deixados a ponderar o que poderiam presumivelmente significar os termos *transformar* e *traduzir* nesta relação. E, finalmente, aprendemos que o local do processo misterioso é a "cabeça do homem", e perguntamo-nos se Marx quer significar um milagre de fisiologia cerebral ou uma atividade mental, se pensa em atos cognitivos de algum homem específico ou de um processo cósmico sob o crânio coletivo da humanidade. No entanto, para o tipo de leitor que engole essa sentença com anzol, linha e chumbo, ela transmite um quadro inspirador

---

[20] "Bei mir ist umgekehrt das Ideelle nichts anders als das im Menschenkopf umgesetzte und übersetzte Materielle", *Das Kapital*, 1, xvii.

de reverência do gigante que executa tais proezas metafóricas maravilhosas de "virar a dialética de cabeça para baixo", pondo-a "de pé", ao passo que antes "ela estava plantando bananeira", e assim por diante.

A natureza desta técnica de expressão tornar-se-á até mesmo mais clara quando considerarmos não uma única sentença, mas uma série de sentenças em que o pensamento de Marx se move de problemas mais concretos para uma formulação geral última. Como exemplo, empregaremos a famosa passagem da *Kritik der politischen Oekonomie*, que é considerada a formulação autorizada de Marx de sua interpretação materialista da história. A passagem começa assim: "Na produção social de suas vidas, os homens entram em relações necessárias, definitivas, que são independentes da vontade deles, ou seja, em relações de produção (*Produktionsverhältnisse*), que correspondem ao estágio de desenvolvimento em suas forças materiais de produção". Com esta sentença estamos, em geral, em terreno seguro. Todas as explicações necessárias de termos são dadas por Marx em outros contextos. A "produção social de vida" significa produção e preservação da vida através da alimentação e assim por diante. "Forças materiais de produção" são matérias-primas, conhecimento tecnológico, máquinas, e assim por diante. "Relações de produção" são "relações sociais de seres humanos com seu trabalho e o produto do trabalho".[21] A "correspondência" entre relações de produção e o desenvolvimento de forças materiais de produção também é explicada amplamente por Marx em várias obras, em particular em o *Kapital*. O começo da sentença seguinte é uma definição: "A totalidade de relações de produção forma a estrutura econômica da sociedade". Estamos ainda em terreno seguro. Então continua Marx: "A estrutura econômica da sociedade é a base real em que surge uma super-estrutura jurídica e política a que (refere-se à base) correspondem formas sociais definidas de consciência".[22] Aqui podemos começar

---

[21] Ibidem, vol. 1, p. 45.

[22] "*Die Gesamtheit dieser Produktionsverhältnisse bildet die ökonomische Struktur der Gesellschaft, die reale Basis, worauf sich ein juristischer und politischer Überbau*

a perguntar: por que é a estrutura econômica a "base real", e por que são as outras estruturas na sociedade, tais como a política, uma super estrutura? O que é uma "forma social de consciência" e o que faz quando "corresponde" à "base real"? Em parte essas perguntas são respondidas pela próxima sentença: "O modo de produção da vida material condiciona, em geral, o processo de vida social, política e mental".[23] Mas esta resposta mostra que já estamos fugindo para metáforas intangíveis. Que a estrutura econômica seja básica e todas as outras estruturas sejam super estruturas é agora justificado, na verdade, à medida que a estrutura básica "condiciona" as outras. Mas o que significa "condicionar"? O termo dificilmente é esclarecido por uma formulação anterior de que as formas políticas estão "radicadas" em relações materiais.[24] Agora que a explicação crítica seria exigida urgentemente, vem o clímax tipicamente marxista: "Não é a consciência dos homens que lhes determina o ser; é, ao contrário, seu ser social que lhes determina a consciência".[25] Chegamos a termos como *ser, ser social* e *consciência* em geral; e a relação entre eles já não é de "condicionamento", mas de "determinação".

Esta passagem clássica de Marx mostra admiravelmente o rodeio, partindo de problemas concretos de economia e sociologia para o palavreado oco grandioso com símbolos não críticos. De novo, enfatizemos que a sentença de clímax, embora falta de significado teorético, está transbordando de *pathos* revolucionário e certamente é capaz de fazer os cordeiros acreditar que agora foi encontrada a solução de todos os problemas sociais. Mas, de novo, enfatizemos também

---

erhebt, und welcher bestimmt gesellschaftliche Bewusstseinsformen entsprechen" (*Kritik der politischen Oekonomie*, ed. Kautsky, lv). [O prefácio à *Critique of Political Economy* é traduzido como "Marx on the History of His Opinions". In: *Marx-Engels Reader*, ed. Tucker, 3-6.]

[23] *"Die Produktionsweise des materiellen Lebens bedingt den sozialen, politischen und geistigen Lebensprozess überhaupt"* (*Kritik der politischen Oekonomie*, ed Kautsky, lv).

[24] *"Rechtsverhältnisse wie Staatsformen... wurzeln" etc.* (ibidem, liv).

[25] *"Es ist nicht das Bewusstsein der Menschen, das ihr Sein, sondern umgekehrt ihr gesellschaftliches Sein, das ihr Bewusstsein bestimmt"* (ibid, lv).

que as obras reunidas de Marx não contêm nada que seria útil para estabelecer o significado preciso de termos como *ser* e *consciência*. A grande fórmula não é o começo de uma discussão, é o instrumento ditatorial que, por princípio, amputa toda discussão. O leitor entenderá agora mais claramente por que é impossível uma análise crítica da doutrina marxista. Para dizer sem rodeios: não existe uma *teoria* marxista do materialismo histórico.

e. Especulação docetológica

Mesmo não havendo nenhum conteúdo teorético na assim chamada teoria do materialismo histórico, obviamente há algo nele. O que Marx tem para dizer não é teoria, mas não é tolice ininteligível. Temos de retornar à nossa pergunta paradoxal: como se pode teorizar sem teorizar? Estamos de novo fugindo para dificuldades terminológicas; a doença espiritual nunca se fez o objeto de inquirição sistemática, e não se desenvolveu nenhum vocabulário apto para sua descrição. A fim de falar eficientemente da teorização no meio não teorético que acabamos de analisar, devemos cunhar a expressão *especulação docetológica*. No significado desta expressão entrarão os seguintes elementos: (1) que a especulação deste tipo é teoria apenas em aparência, (dokesis) não na realidade; (2) que na intenção do pensador que nela se envolve, é significada como especulação teorética verdadeira; (3) que historicamente pressupõe a existência de uma filosofia verdadeira do *logos* que fornece a matéria que pode ser traduzida na forma docetológica.

Equipados com a nova expressão, podemos agora tratar do próximo passo na inversão marxista, ou seja, a transformação docetológica da especulação de Hegel. A importância deste passo será facilmente esquecida por aqueles que confiam cegamente nas metáforas marxistas de "virar de cabeça para baixo" e "pôr de pé" a dialética. Mesmo quando é virada de cabeça para baixo, a gnose hegeliana da história está ainda presente na totalidade de sua amplitude, incluindo o movimento da ideia. Marx, como Hegel, desenvolve uma filosofia da ideia. Não se pode sequer dizer que ele tenha invertido a dinâmica entre a ideia e a realidade, pois seu "material" não é a realidade de Hegel, nem seu "ideal" a ideia de Hegel. Esta impressão errônea certamente foi alimentada pelas metáforas marxistas, mas seria, no entanto, injusto adotar o equívoco vulgar do materialismo histórico como a intelecção profunda de que os seres humanos são dotados do dom de encontrar boas razões para promover seus interesses materiais (econômicos e políticos). Se supusermos que tal sabedoria é a substância do marxismo e sua negação a substância da dialética hegeliana, tornar-se-ia enigmática a agitação levantada pelo marxismo e sua eficácia revolucionária. Marx não era tão ordinário; Hegel não estava desinformado acerca de tais mecanismos psicológicos elementares, nem nunca os negou. A gnose hegeliana, então, é conservada por Marx; e a história é ainda, como vimos na primeira seção, "A Lógica da Ideia", a concretização do reino da liberdade.

A transformação docetológica da gnose de Hegel pode ser mais bem estudada em certas passagens de Engels, mais discursivo. A fim de transformar esta gnose, Engels tem de primeiro aceitar-lhe o problema. Louva Hegel porque se ocupou com a ordem inteligível da história. Em seu sistema, a história já não era uma série de atos de violência, dignos de esquecimento; era o processo evolucionário da humanidade; e tornou-se a tarefa do pensamento demonstrar-lhe a ordem por trás dos acidentes aparentes. Hegel falhou na resolução desta tarefa, mas ainda tem o "mérito histórico" de tê-lo estabelecido. De um lado, o método via a história como um processo evolucionário, "que, por sua natureza, não pode encontrar sua conclusão intelectual através do descobrimento de uma verdade assim dita absoluta". De outro lado, insistia "que era a totalidade (*Inbegriff*) desta verdade absoluta".

> Um sistema de conhecimento da natureza e da história, oniabrangente de uma vez por todas, está em contradição com a lei fundamental do pensamento dialético; isto, no entanto,

não exclui, mas, ao contrário, implica que o conhecimento sistemático de todo o nosso mundo externo pode avançar a passos largos de geração a geração".[26]

A passagem é um bom exemplo da confusão intelectual em que somente a especulação docetológica pode prosperar. Engels ataca corretamente Hegel por sua tentativa de interpretar a história como o desenrolar de uma Ideia que alcançou sua conclusão no presente. Por razões que discutimos amplamente, o significado total da história só pode ser construído como um drama transcendental, não como um drama mundano que chega ao fim dentro do tempo empírico. Esta é a falácia da gnose histórica que inevitavelmente malogra pelo fato de que a histórica continua. Da falácia teorética e da falha empírica da interpretação gnóstica, deve-se avançar propriamente para a intelecção de que o curso empírico da história não deve ser interpretado como o desenrolar de umaideia.

Este, entretanto, não é o argumento de Engels. Primeiro de tudo, interpreta erroneamente Hegel quando afirma que o processo da história, por sua natureza, não consegue encontrar sua conclusão intelectual através do descobrimento de uma verdade absoluta. Ao contrário, esta é a única maneira em que ela pode encontrar sua conclusão intelectual; mas porque (1) esta é a única maneira, e (2) a corrente empírica da história não está fechada, "a verdade absoluta" tem de permanecer transcendental. A falácia da gnose consiste na imanentização da verdade transcendental. Corretamente, Engels teria de dizer que a conclusão intelectual imanentista não barra a corrente da história, e, daí, não deve ser empregada para sua interpretação. O que, então, ganha Engels com sua formulação errônea? A segunda parte de seu argumento mostra o ganho: é uma realidade empírica que tem significado como se fosse o desenrolar de uma ideia, mas não é sobrecarregada com a conclusão do desenrolar. Teoreticamente, é claro, isso é tolice, pois o significado não é significado a não ser que se conclua, afinal, numa antecipação imaginativa. No entanto este é o

[26] Engels, *Herrn Eugen Dühring*, p. 9 ss.

propósito do argumento. A realidade de Hegel do desenrolar da Ideia é abolida, e a realidade empírica tornou-se significativa como se fosse uma Ideia. Com este resultado, tocamos também no motivo mais profundo da incompreensão "como que deliberada" do problema hegeliano da realidade no jovem Marx: ao substituir a realidade empírica pela realidade da Ideia, Marx e Engels podem mover o significado da Ideia para a realidade sem os problemas de uma metafísica da Ideia.

A obra-prima resumo da confusão é a proposição de que um sistema conclusivo e oniabrangente de conhecimento está em contradição com a lei fundamental do pensamento dialético. Por meio da confusão entre a realidade empírica e a realidade hegeliana da Ideia, a dialética da ideia moveu-se agora para a realidade empírica. Já que a realidade empírica é uma corrente aberta, a dialética também tem de ser aberta. O filósofo é deixado como um garoto de escola que se entrega a ideias esquisitas de que sistemas de significado dialético devem ser fechados. Chegamos, afinal, ao fundo da confusão que produziu a *contradictio in adjecto* do "materialismo dialético". Ao mesmo tempo, esta confusão representa erroneamente um sistema de metafísica como um sistema de conhecimento empírico. E Engels, muito coerente em sua confusão, conclui seu argumento com a garantia de que a abolição da irrefutabilidade metafísica não torna impossível um conhecimento sistemático que avança no sentido empírico; ao contrário, no futuro este sistema avançará com passos gigantescos.

Nesta conjuntura, o leitor talvez perguntará a si mesmo se Engels não provou demais para seu próprio bem, se o argumento dele não derrota o seu próprio propósito. Certamente Engels se livrou de Hegel e da metafísica, mas parece também ter chegado a uma ideia simples de ciência progressista que, a seu tempo, terá de fazer obsoleto o sistema marxista. Certamente, não podia ser essa a intenção de Engels. Mas o leitor não precisa preocupar-se. Na alegre confusão em que Engels se move, podem-se superar dificuldades desse tipo simplesmente deixando-se de pensar nelas. Quando Engels toma de novo sua linha de pensamento (cerca de cem páginas mais tarde), estamos no meio de uma especulação docetológica acerca da dialética da realidade empírica. O curso da história é a concretização da liberdade. Hegel foi o primeiro a entender corretamente a relação entre liberdade e necessidade. Sabia que a liberdade é intelecção na necessidade. "A necessidade é cega apenas à medida que não é entendida conceitualmente (*begriffen*)". Deveria a história ser, afinal, a concretização do *logos* no sentido hegeliano? Mas Engels não volta à metafísica. Seu *logos* é o conhecimento das leis da natureza e da possibilidade, baseadas em tal conhecimento, de "deixá-los operar de acordo com o plano para fins definidos". Por leis da natureza quer-se dizer não apenas aquelas da natureza externa, mas também as "da existência corporal e espiritual do homem". "Daí a liberdade da vontade não significar nada, senão a habilidade de tomar decisões baseadas em conhecimento especializado (*Sachkenntnis*)". Esta fórmula reduziria o *logos* à racionalidade da relação de meios e fins; deixaria aberta a questão da razão substantiva, dos fins em si mesmos. Este problema dos fins é resolvido por uma teoria da convergência de liberdade e necessidade. "Quanto *mais livre* o julgamento de um homem quanto a certa questão, tanto maior será a *necessidade* que determina o conteúdo do julgamento." A insegurança da decisão tem sua fonte na falta de conhecimento; a liberdade de escolha é verdadeiramente escravidão porque em tal indecisão o homem é dominado pelo objeto que, a seu turno, deveria dominar. "A liberdade, então, consiste no domínio do homem sobre si mesmo e sobre a natureza externa que é baseada nem seu conhecimento da necessidade natural."[27] A liberdade do homem avança com os descobrimentos tecnológicos. No começo da história humana está o descobrimento da produção do fogo através da fricção; no final da evolução está até agora a máquina a vapor, o grande símbolo representativo de um estado da sociedade sem classes e sem preocupação com os meios de subsistência; a máquina a vapor é a promessa de "liberdade humana verdadeira, de uma existência em

---

[27] Ibidem, p. 112 ss.

5 - Socialismo gnóstico: Marx | 397

harmonia com as leis conhecidas da natureza". A encarnação do *logos* tornou-se o avanço do conhecimento pragmático ao ponto em que absorveu em seu sistema, e dissolveu o mistério da existência humana; e Cristo, o Redentor é substituído pela máquina a vapor como a promessa do reino por vir.

A especulação de Engels é de interesse especial porque a falta completa de disciplina intelectual do autor permite-lhe entrelaçar nela associativamente várias tendências de desintegração ocidental, revelando assim sua conexão íntima.

(1) Esclareçamos a linha de especulação docetológica. O ataque à conclusividade do sistema hegeliano mostrou, afinal, ser um ataque à filosofia como tal. Tão logo Engels dominou sua dialética na realidade empírica, embarcou numa conclusão intelectual própria. A corrente empírica da história não se move indefinidamente para um futuro incerto; move-se para seu fim na convergência de liberdade e necessidade. No que diz respeito ao fator da "conclusão intelectual", a gnose de Marx-Engels difere da hegeliana apenas por empurrar o fim intelectual do mundo um pouco além para o futuro, a fim de abrir espaço para uma insurreição revolucionária.

(2) Já que, entretanto, apenas a forma de "conclusão intelectual" é tomada de Hegel e não sua substância (ou seja, o movimento do *logos*), o intelecto pragmático torna-se o portador do movimento. Na execução de sua especulação docetológica, Engels mostra uma consistência admirável. Marx resolve o problema da liberdade através de sua ideia de um "salto" revolucionário para a natureza mudada do homem. Esta deformação marxista, como veremos, tampouco está totalmente ausente dos meandros de Engels; mas está escondida em outro contexto. No contexto presente, Engels encarrega-se muito seriamente de resolver o problema da existência humana no nível pragmático. A este respeito ele traz para a sua conclusão lógica certas tendências que observamos no *Discours* de d'Alembert e de Diderot. A vida do espírito e a *bios theoretikos* não são empurradas simplesmente para o fundo por Engels, são eliminadas para sempre. O homem será livre quando tiver

alcançado o conhecimento perfeito do mundo exterior, e, com o conhecimento perfeito, o problema do propósito, que causa indecisão, terá desaparecido. De novo, muito coerentemente, Engels obtém esta posição ao subordinar todo o conhecimento do homem ao conhecimento do mundo externo.[28] A experiência espiritual é abolida como fonte autônoma de ordem; é absorvida no conhecimento empírico "externo". Lenin (que acredita frequentemente em Engels em vez de em Marx) viu a importância deste ponto e, no artigo de enciclopédia acerca de Marx, louva Engels por esta transformação da *Ding-an-sich,* da "coisa em si" kantiana, desconhecida, mas conhecível, na "coisa para nós", da substância das coisas em "fenômenos". A destruição da substância do homem passa a ser o programa declarado de uma última consequência do escândalo dos *encyclopédistes.*

(3) A despeito da conclusão intelectual que Engels dá à sua especulação pseudológica, não renuncia aos prazeres de antecipar os espaços de progresso abertos largamente. Embora o fim seja pressentido, temos um avanço da ciência nos passos gigantescos de geração a geração. Também podemos localizar a origem específica da satisfação de Engels. Na fórmula segundo a qual a liberdade consiste no domínio do homem sobre si mesmo e sobre a natureza, o leitor reconhecerá a fórmula pela qual Littré define "*le tout de la civilization*" (cap. 3, § 2b). Há uma dose forte de Saint-Simon e Comte no complexo de Marx-Engels; e mais especificamente em Engels encontramos um pendor pelo tipo liberal-intelectual de positivismo que é representado por Mill e Littré. Assim como o pano de fundo *encyclopédiste* (que se mostra fortemente não apenas em Engels, mas, acima de tudo, no *Materialismo e empirio-criticismo,* de Lenin) não deve ser negligenciado na compreensão do movimento marxista, as fontes liberais e positivistas merecem atenção. Como explicamos extensamente por ocasião do desenvolvimento interno do positivismo: uma avalanche de destruição não pode ser barrada à vontade por aqueles que lhe

---

[28] Ibidem.

5 - Socialismo gnóstico: Marx | 399

deram causa, quando já se fez uma destruição suficiente para alegrá-los, pois a avalanche continua a rolar.

De novo, o leitor poderá achar que Engels, a despeito de sua gnose docetológica, atenuou demais a "conclusão intelectual" pelo progresso empírico. Conhecemos o fim, mas antes de ele chegar, parece intervir um período de progresso não revolucionário. E de novo o leitor não deve preocupar-se, pois há espaço suficiente entre as capas de um livro escrito por Engels para cuidar desses problemas. A despeito do fato de que em sua linha principal de especulação docetológica Engels dissolveu a existência do homem num sistema de conhecimento pragmático, em outra ocasião está ele preocupado com os problemas de ética. Fala de vários sistemas de moral que surgiram com base em diferentes sistemas econômicos. Temos um sistema feudal-cristão de moralidade, um sistema burguês moderno e a moralidade proletária do futuro. Ao menos essas três teorias de morais coexistem na sociedade contemporânea, e a existência delas prova que não é possível nenhuma ética absoluta. "Rejeitamos a sugestão de que qualquer dogma moral seja imposto em nós como uma lei moral eterna, final e imutável, sob o pretexto de que o mundo moral tem princípios permanentes que são mais altos do que a história e as diferenças de nações."[29]

Este golpe parece solucionar completamente a verdade moral. No entanto, embora Engels não possa ver uma verdade moral última, ele tem critérios de preferência entre sistemas morais. Pode obter tais critérios porque compreende a "peremptoriedade" (*Endgültigkeiti*) de um sistema moral como sua sobrevivência histórica no final. É preferível o sistema que contém mais elementos com "a promessa de duração"; e esse sistema é o proletário porque no presente representa a revolução do presente para o futuro. Mesmo a moralidade proletária, no entanto, é imperfeita porque reflete a situação de classe do proletariado. Apenas depois da revolução, quando as classes, e com elas o proletariado, tiverem desaparecido,

---

[29] A discussão de bem e mal pode ser encontrada em ibidem, p. 88-90.

é que será possível "uma moralidade verdadeiramente humana", para além do antagonismo de classe e para além mesmo da memória desse antagonismo. Estamos "às vésperas desta revolução social"; e nesta situação é particularmente insensato advogar um ou outro sistema de moralidade de classe; pois amanhã serão varridos ante a verdadeira moralidade humana que hoje não podemos ver. Então, embora gozando de perspectivas imensas de progresso, estamos, contudo, às vésperas da revolução que porá um fim a ele, ao concretizar-lhe o objetivo. Nesta fase de seu pensamento, Engels recapturou o fervor revolucionário de sua gnose. Também escorregou agradavelmente numa moralidade que parecia supérflua na especulação docetológica propriamente dita. O único fator que está faltando (e nunca o encontramos em Engels) é o medo de Marx de que, talvez, no dia seguinte à revolução, não terá ocorrido a mudança de coração.

f. Inversão

Podemos ser breves acerca do problema da inversão propriamente dita. Nossa análise mostrou que é uma operação complicada a chamada inversão da dialética hegeliana mediante Marx. Isolamos, primeiro, o ataque antifilosófico que leva ao estabelecimento de uma realidade empírica pragmática como o objeto de mais investigação assim como de um meio linguístico para sua expressão. Esta primeira fase da operação não é uma inversão da dialética, mas a destruição idofóbica de problemas filosóficos em geral. Dentro do novo meio de expressão, de novo nada é invertido: a gnose hegeliana é traduzida como um todo na especulação docetológica. Ocorre a inversão no sentido técnico numa terceira fase em que o resultado das primeiras duas operações é construído como uma interpretação dos reinos do ser desde a base da hierarquia ontológica. Nesta terceira fase, entretanto, podemos ser breves, como indicado, porque Marx não disse quase nada acerca disso para além da garantia de que esta era, na verdade, sua intenção.

A execução deste plano teria envolvido uma filosofia da cultura. Primeiro, ele teria de ter explicado a natureza dos fenômenos culturais; segundo, teria sido sua tarefa mostrar que esses fenômenos podem ser interpretados de onde quer que ele considerasse a origem da existência, por exemplo, a matéria; e, finalmente, teria sido necessário explicar o que é esta origem da existência. De todo este plano, no que diz respeito a princípios, nada existe senão a fórmula previamente analisada da consciência que é condicionada pelo ser.

Para além desta formulação de princípio, temos algumas passagens escassas concernentes à esfera de cultura que ele designa pelo termo *ideologia*. A mais importante dessas passagens aparece no contexto da *Kritik der politischen Oekonomie*.[30] Marx fala de revoluções sociais que começam na esfera econômica e levam após si a revolução correspondente na esfera da "super estrutura". "Ao observar tais revoluções, temos sempre de distinguir entre a revolução material nas condições econômicas de produção (que podem ser observadas de modo verdadeiramente científico) e as formas jurídica, política, religiosa, artística ou filosófica, em suma, formas ideológicas, em que os homens se tornam conscientes do conflito e o resolvem, lutando". Tanto quanto se possa extrair algo desta sentença, ela parece apenas implicar que o conteúdo da cultura não é nada senão uma disputa sobre conflitos que surgem na esfera econômica.[31]

Quanto à base da existência, a passagem mais interessante é uma nota de rodapé em o *Kapital* acerca dos problemas de tecnologia.[32] Marx lamenta que não exista nenhuma história da tecnologia. A história dos órgãos produtivos do

---

[30] *Kritik der politischen Oekonomie*, ed. Kautsky, lv s.

[31] Em Engels, *Anti-Dühring*, p. 83, encontramos a frase: "as relações sociais, as formas legais e políticas com sua super estrutura ideal de filosofia, religião, arte, etc.". Engels parece incluir as formas legais e políticas com as relações econômicas na "estrutura" e confinar a "super estrutura" à filosofia, arte, religião, "etc.". É duvidoso se ele queria seriamente diferir de Marx neste ponto. Diante da bagunça geral, no entanto, vale pouco a pena de investigar tais refinamentos de inexatidão.

[32] *Das Kapital*, vol. 1, p. 335 ss., nota 89.

homem na sociedade mereceria ao menos a atenção que Darwin dedicou à história das plantas e dos organismos animais, porque esses órgãos humanos são "a base material de toda a organização específica da sociedade". Ademais, seria muito mais fácil escrevê-la do que a história correspondente de plantas e animais pois, "como diz Vico", a história do homem é distinta da história da natureza à medida que fizemos esta, e não aquela. A tecnologia "revela o comportamento ativo de homens para com a natureza, o processo de produção imediato de sua vida e, com ele, as relações sociais de sua vida assim como as concepções mentais (*geistigen Vorstellungen*) que surgem delas". Até este ponto, a nota é principalmente um tratamento diferente do princípio de ser consciente; de algum interesse é apenas o aparecimento curioso de Vico na ancestralidade do materialismo histórico. Para além deste ponto, torna-se polêmica a nota.

Mesmo uma história das religiões que abstraia desta base material é não crítica. É muito mais fácil pela análise encontrar o cerne terrestre das ficções nebulosas da religião do que ir para o lado oposto e desenvolver as formas celestificadas (*verhimmelten Formen*) das respectivas relações de vida. Esta última maneira é a verdadeiramente materialista e, portanto, o método científico. Os defeitos de um materialismo naturalista abstrato (*naturwissenschaftlichen Materialismus*) que exclui o processo histórico podem ser reconhecidos mesmo nas concepções abstratas e ideológicas de seus protagonistas tão logo ousem estender-se para além de sua especialidade estreita.

O que Marx parece criticar é uma história psicologizante que explica as religiões pela revelação de seus os motivos "terrenos". De tal materialismo abstrato ele distingue seu materialismo histórico, a único método verdadeiramente científico, que tornaria inteligíveis as religiões por meio das condições econômicas. A formulação é de interesse como explicação de intenções – mas não se dá nenhum passo em direção à execução do programa.

Finalmente, citemos uma passagem de Engels que ao menos faz um gesto em direção à formulação metafísica da inversão. No *Anti-Dühring* diz Engels: "a unidade do mundo não consiste em seu ser [...]. A unidade real do mundo consiste em sua materialidade; e esta materialidade é provada [...]. Por um desenvolvimento longo e árduo da filosofia e da ciência" (31). Com alguma boa vontade, pode-se extrair desta sentença a intelecção de que o materialismo histórico, a fim de tornar-se um sistema, precisaria de uma fundação teorética num princípio.

g. Conclusão

São estas as ideias que abalam o mundo.

§ 3. Gênese da ideia

Em muitos aspectos, é ainda obscura a gênese da ideia revolucionária marxista. Não passou muito tempo desde a publicação da obra inicial em 1932 para uma análise realmente completa. A literatura monográfica acerca da matéria, que citamos previamente, esclareceu muitos pormenores, e servimo-nos com gratidão dos resultados; mas um estudo abrangente é ainda um desiderato. A presente "História" não é a ocasião de oferecer uma monografia deste tipo. Não podemos fazer mais do que enfatizar certos motivos no primeiro Marx que consideramos de importância fundamental no desenvolvimento de sua posição. Embora o todo da obra inicial tenha sido levado em consideração na formação de nosso quadro, o leitor deve conscientizar-se de que há uma riqueza de ramificações em que nem sequer podemos tocar em nossa análise.

a. Revolta gnóstica

O ponto de partida para o movimento independente do pensamento de Marx parece ser uma posição gnóstica que herdou de Hegel. Especificamente, a gnose marxista expressa-se na convicção de que o movimento do intelecto na consciência do eu empírico é a fonte última de conhecimento para a compreensão do universo; a fé e a vida do espírito são expressamente excluídas como fonte independente de ordem na alma. Ademais, esta convicção é desde o princípio acompanhada de uma atitude de revolta contra a "religião" como uma esfera que reconhece a existência de um *realissimum* para além da consciência humana. Esta é a posição marxista como aparece na dissertação doutoral de 1840-1841.[33]

No prefácio, ataca o "Intelecto teologizante" de Plutarco, que ousa criticar um filósofo como Epicuro. Contra tal presunção, Marx defende a "soberania" da filosofia.

A filosofia não faz segredo disso. A confissão de Prometeu, 'Em uma palavra, odeio todos os deuses', é a sua própria confissão, sua própria sentença contra todos os deuses celestes e terrenos que se recusam a reconhecer uma autoconsciência humana (*das menschliche Selbstbewusstsein*) como a divindade suprema. E nenhum deve ser mantido a seu lado.

A autoconsciência humana é o deus para o filósofo; e "Prometeu é o primeiro santo e mártir no calendário filosófico".[34]

A matéria é desenvolvida numa nota acerca da existência de Deus.[35] São logicamente sem valor demonstrações da existência de Deus – e, além disso, não se atêm ao ponto. Todos os Deuses, sejam gregos ou cristãos, realmente existiram à medida que foram uma "força real" na vida do homem. Se Deuses são imaginados como reais, de fato, serão eficazes na mentes dos crentes. No entanto são ideias subjetivas, e são ineficazes onde não se toma em consideração a ideia subjetiva. "Trazei

---

[33] Marx, *"Über die Differenz der demokratischen und epikuräischen Naturphilosophie". In: Gesamtausgabe*, vol. 1/1.

[34] Ibidem, p. 10.

[35] Esta é uma nota ao apêndice da dissertação, intitulada "Kritik der plutarchischen Polemik gegen Epikurs Theologia" [Crítica à polêmica de Plutarco contra a teologia de Epicuro]. O apêndice em si perdeu-se. Ver a nota em ibidem, p. 80 s.

papel moeda para um país onde o uso do papel é desconhecido, e todo o mundo rirá de vossa ideia subjetiva. Vinde com vossos Deuses a um país onde se acredita em outros Deuses, e as pessoas vos demonstrarão que estais sofrendo de imaginações e abstrações." "O que um país em particular é para Deuses particulares do estrangeiro, isso é o país da razão para Deus em princípio; é uma região onde ele deixa de existir." As implicações desta ultimidade de autoconsciência razoável tornam-se mais claras mediante o emprego a que, na opinião de Marx, podem ser postas as demonstrações da existência de Deus. Se não podem demonstrar a existência de Deus, ao menos demonstrarão a existência da autoconsciência humana. De fato são "explicações lógicas" da consciência. Na prova ontológica, por exemplo, o ser que é dado em sua proximidade imediata como a fonte da ideia de Deus não é Deus, mas a própria autoconsciência. Neste sentido, todas as provas de existência de Deus são, de fato, provas de sua inexistência. Corretamente tais demonstrações teriam de ser formuladas: "Porque a natureza é mal organizada, Deus tem de existir", ou "Porque o mundo é insensato, Deus tem de existir". Mas qual pode ser o significado de tais formulações a não ser que signifiquem que "Deus existe para um homem para quem o mundo é insensato, e que, portanto, é ele mesmo insensato"? Marx sumaria o resultado dessas reflexões na sentença: "Insensatez é a existência de Deus".[36]

Desde o começo, pois, estão presentes a soberania de consciência e a revolta antiteísta. Entram como motivos nas reflexões de Marx acerca da situação filosófica que tinha sido criada através do sistema de Hegel. Há sistemas como o hegeliano e o aristotélico em que a filosofia "se fecha num mundo completo e total"; são "os pontos nodais" na filosofia que interrompem o avanço numa linha reta. Na contemplação, é impossível uma perfeição maior do sistema; e os sucessores voltar-se-ão para uma prática filosófica e crítica da época. "É uma lei psicológica que a mente teorética, quanto se

---

[36] Ibidem, p. 81.

tornou livre em si mesma, é transformada em energia prática, e como *vontade* se volta contra a realidade mundana que existe independente dela."[37] O espetáculo de tal meia contemplação e meia ação não é edificante nem no "curriculum vitae" pós-aristotélico nem no "pós-hegeliano" da filosofia. Mas, embora seja deprimente o desempenho dos *epigoni*, é inescapável a situação como tal.[38] Uma vez que a autoconsciência humana se tornou completamente "concretizada" num sistema desse tipo, não se pode voltar para a insensatez da fé.[39] Pode-se apenas avançar para além da transigência epigônica desmotivada entre a filosofia e o mundo em direção a uma rendição completa da filosofia e uma "crítica" radical do mundo. "Quando Atenas foi ameaçada pela devastação, Temístocles induziu os atenienses a deixar para sempre a cidade, e fundaram uma nova Atenas no mar, como um novo elemento."[40] A natureza precisa deste passo aparentemente tinha sido clara para Marx, mesmo antes da época de sua dissertação. Ao menos, na carta a seu pai, de 10 de novembro de 1837, encontramos indicações de que uma velha fé tinha sido estilhaçada e que "novos deuses" tinham de ser postos no altar. Da filosofia idealista, Marx tinha-se voltado (na idade de dezenove anos) para "a busca da ideia

---

[37] Ibidem, p. 64, 131.

[38] A escolha do tema da dissertação foi determinada por esta intelecção. Marx estava interessado na filosofia pós-aristotélica por causa do paralelo com sua própria situação pós-hegeliana. O ponto é expressamente mencionado em ibidem, p. 131.

[39] Marx caracteriza a cultura religiosa da Idade Média como "a era da insensatez concretizada" (ibidem, p. 9). Neste argumento está a falácia do pensamento de Marx. Quando a especulação filosófica se fez completamente "concretizada", ou seja, quando alcançou o impasse de uma interpretação gnóstica radical do universo, como a de Hegel, a *única* coisa que um realista espiritual pode fazer é deixar de lado a gnose e voltar para as fontes originais de ordem da alma, ou seja, às experiências de fé. A "necessidade" sob a qual Marx considerou a si mesmo provém não da situação filosófica, mas do fato de que ele estava em revolta demoníaca contra Deus [Acerca desses temas, ver Robert Tucker, *Philosophy and Myth in Karl Marx*. New York, Cambridge University Press, 1972; Leonard Wessell, *Prometheus Bound: The Mythic Structure of Karl Marx's Scientific Thinking*. Baton Rouge, Louisiana State University Press, 1985.

[40] *"Über die Differenz der demokratischen und epikurëischen Natur-philosophie"*. In: *Gesamtausgabe*, 1/1:132.

na própria realidade". "Antes os Deuses tinham vivido acima da terra, agora passaram a ser seu centro."[41]

A atitude de revolta torna-se historicamente eficaz através do programa fascinante de encarnação do *logos* no mundo por meio da ação humana revolucionária. Para Hegel, o *logos* (razão) estava encarnando-se na realidade; sua manifestação podia ser descoberta pela reflexão do filósofo. Sua filosofia da história era uma contemplação do desenrolar real da ideia na realidade. Nunca poderia o desenrolar da ideia fazer-se a intenção da ação humana. Devemos estar conscientes em particular de que a definição de Hegel da grande personagem histórica como uma pessoa cujas ações estão de acordo com os movimentos da Ideia, não é uma receita para tornar-se uma grande personagem histórica, ao produzir, à vontade, tal concordância. No entanto esta é precisamente a perversão a que Marx se entrega. A gnose de Hegel era contemplativa; Marx abandonou a contemplação e traduziu a gnose para a ação.

Estamos bem a par deste caso de doença espiritual. Discutimo-lo amplamente por ocasião dos Paracletos[42] do medievo tardio e da Renascença, e estudamos seu desenvolvimento moderno completo no Apocalipse comtiano do homem. Nem o fato de o *logos* no sentido cristão ter-se esmaecido mesmo em Hegel até a Ideia, nem a verborragia antirreligiosa de Marx devem obscurecer o fato de ser ele um Paracleto no melhor estilo sectário medieval, um homem em quem o *logos* se encarnara e por cuja ação no mundo a humanidade em geral passaria a ser o vaso do *logos*.

Esta caracterização tem de ser recebida com reservas, à medida que Marx não concebe o *logos* como um espírito transcendental que desce no homem, mas como uma essência verdadeira do homem que recebe o que lhe pertence através

---

[41] *Der Historische Materialsmus,* ed. Landshut e Mayer, vol. 1, p. 7 [A carta está traduzida em Easton e Guddat (Org.), *Writings of the Young Marx,* p. 40-50.]

[42] Ver Vol. IV, *Renaissance and Reformation,* Parte 4, cap. 3, "The People of God", § 10e. [Em edição brasileira: *HIP,* vol. IV, *Renascença e Reforma.* Trad. Elpídio Fonseca. São Paulo, É Realizações, 2014, p. 224 ss.]

do processo da história. O homem, ou seja, o verdadeiro homem, para adquirir sua existência completamente livre na sociedade, tem de ser "emancipado" dos estorvos históricos que ainda o mantêm agrilhoado. A verdadeira essência do homem, sua autoconsciência divina, está presente no mundo como o fermento que leva a história adiante de uma maneira significativa. Em algum ponto, esta essência irromperá – primeiro num homem, então em alguns, até que a grande revolução traga a realização social plena do verdadeiro homem. A concepção desta irrupção é substancialmente a mesma da concretização de Comte da mente positiva em um indivíduo através do processo de sua meditação, e a expansão desta renovação pessoal na regeneração social. A doença espiritual marxista, então, como a comtiana, consiste na autodivinização e na autossalvação do homem; um *logos* intramundano da consciência humana substitui o *logos* transcendental. O que aparecia no nível de sintomas como antifilosofismo e *idofobia* tem de ser etiologicamente entendido como a revolta da consciência imanente contra a ordem espiritual do mundo.[43]

b. As "Teses sobre Feuerbach" – O novo materialismo

Este é o cerne da ideia marxista. Este cerne em si foi desenvolvido frequente e prolificamente por Marx, e para além deste cerne estendem-se ainda ramificações ainda mais prolíficas de pormenores. Devemos restringir-nos à apresentação de uns poucos documentos em que as formulações estão mais fortemente concentradas. Consideremos primeiro as "Teses sobre Feuerbach".[44]

As "Teses sobre Feuerbach" têm sua importância para nós principalmente como um dicionário conciso que nos

---

[43] A propósito, isso deve esclarecer por que não tem sentido uma "discussão" com um marxista ou um positivista. Não se pode entrar no discurso racional com um "caso clínico" cuja doença consiste na negação da ordem do logos.

[44] Sob este nome há duas páginas de um caderno de anotações de Marx, que contém onze teses "ad Feuerbach". Estão publicadas em *Gesamtausgabe*, vol. 5, p. 533-35 (*Marx-Engels Reader*, ed. Tucker, p. 143-45).

permite relacionar a terminologia marxista com os termos filosóficos tradicionais. Acerca do problema fundamental do conflito entre filosofia e a nova não filosofia, a tese 11 informa-nos: "Os filósofos apenas *interpretaram* o mundo nos vários modos deles; o propósito, contudo, é *transformá-lo*". Esta sentença é a chave para a compreensão do agregado de teses. Se a oposição de "interpretação" e "transformação" estivesse relacionada com a divisão aristotélica tradicional de teoria e prática, não haveria nenhum propósito na antítese. Os filósofos, é claro, interpretam o mundo, pois essa é precisamente a função da *bios theoretikos*: censurar esta função, apontando para a relevância (*es kömmt darauf na*) da transformação do mundo seria sem sentido, pois ninguém afirma que a contemplação é um substituto da prática, ou vice-versa. Ademais, não se pode "mudar o mundo" como se pode "interpretar o mundo"; pode-se apenas agir *dentro* do mundo. Esta terminologia curiosa, no entanto, revela a intenção de Marx de encarnar na "prática" a atitude para com o mundo que só é possível como contemplação. A "prática" de Marx muda o "mundo" porque o mundo é compreendido como uma corrente de existência dentro do qual a ideia, ou razão, se move concretamente. O *logos* não é uma ordem imutável da alma e do mundo, a ser descoberto num distanciamento contemplativo do mundo; é uma ideia em movimento dialético dentro do mundo; e podemos lutar com esta ideia em movimento apenas se nos encaixarmos pela prática de seu movimento historicamente concreto. A "prática" marxista, podemos dizer, é uma prática docetológica, correspondendo à especulação docetológica que discutimos antes.

O "mundo" é a corrente concreta da história; a vida do homem é essencialmente social; é parte da vida da humanidade na história. Além do destino do mundo social e histórico da humanidade, o homem não tem nenhum destino da alma no sentido religioso. Desta posição Marx critica Feuerbach porque este dissolveu psicologicamente a religião como uma construção ilusória do homem, mas ainda deixou de pé a natureza do homem individual como o criador da ilusão. De acordo com Feuerbach, Deus é um sujeito imaginário, projetado pela mente do homem, a quem se atribuem os valores humanos mais altos. "O ser absoluto, o Deus do homem, é um ser do próprio homem." Deus é o "espelho do homem"; em Deus o homem projetou "seus pensamentos mais altos e seus sentimentos mais puros"; portanto Deus é "a essência do homem". O grande momento decisivo da história virá quando "o homem se conscientizar de que o único Deus do homem é o próprio homem". "*Homo homini Deus!*" "O espectro de Deus deve ser posto de lado, e o homem tem de tomar de volta o que jogou fora ao projetá-lo numa existência sobrenatural divina."[45] Com tudo isso, Marx concorda calorosamente. Entretanto não está satisfeito com o que ele chama a dissolução que Feuerbach faz da "essência religiosa na *essência humana*" (tese 6). Tal essência humana, a "mente religiosa" do indivíduo, é uma abstração não existente (6 e 7). Feuerbach supõe um indivíduo "isolado" como o criador da ilusão religiosa. No entanto o indivíduo não tem nenhuma "essência humana"; em sua realidade é "o todo de relações sociais" (tese 6). A "mente religiosa" em si é um produto social; e o indivíduo sente religiosamente porque "pertence a uma forma social específica" (tese 7). Feuerbach viu corretamente o "fato da autoalienação religiosa" na criação de uma existência divina sobrenatural e, seguindo-se a ela, "a duplicação do mundo num mundo religioso e num mundo mundano". Na verdade "reduziu o mundo religioso a sua base mundana". Mas não viu o problema mais importante: que tem de haver uma razão pela qual "a base mundana se distingue de si mesma, e fixa para si um reino independente nas nuvens". Este processo peculiar pode ser explicado apenas por "um cisma e uma autocontradição dentro da base mundana". A análise de Feuerbach não vai longe o bastante. A contradição na própria base mundana tem de ser "compreendida teoricamente e revolucionada de maneira prática" (tese 4).

---

[45] Acerca das visões de Feuerbach, ver de Lubac, *Le drame de l'humanisme athée*, p. 23 ss., e a bibliografia dada nas notas de rodapé.

Com esses esclarecimentos do significado da prática em mente, temos de ler uma sentença resumida como esta: "A vida social é essencialmente *prática*" (tese 8). Não devemos compreender mal a prática da vida social como base para uma vida de meditação em solitude. O atributo significa que toda a vida é social, mas não tem nenhuma dimensão de solitude; e que toda a vida é prática, mas não tem nenhuma dimensão legítima de contemplação no sentido aristotélico. Daí, "todos os mistérios que poderiam induzir misticismo na teoria encontrarão sua solução racional na prática humana e na compreensão dessa prática" (tese 9). Em seu zelo para fechar hermeticamente a corrente da prática existencial contra todos os desvios na contemplação, Marx condena expressamente qualquer tentativa de produzir mudança social pela educação. Essa tentativa não levaria em conta que os educadores têm de ser educados eles mesmos; dividiria a sociedade em duas partes, das quais uma é superior ao resto, de uma maneira miraculosa. Podem-se mudar as circunstâncias apenas pela ação humana; e esta mudança e ação coincidem de tal modo que de fato uma mudança das circunstâncias é uma autotransformação; e esta autotransformação é o processo mesmo que tem de ser entendido como "prática revolucionária" (tese 3). Deve-se de abolir a ideia de um sujeito de cognição e moral como distintos de objetos de ação cognitiva e moral; o próprio sujeito tem de ser concebido como "objetivo" (*gegenständlich*) e a atividade humana como "atividade objetiva". A realidade, por outro lado, não deve ser concebida como objeto de um sujeito, mas como "atividade humana sensorial" (*sinnlich menschliche Tätigkeit*) (tese 1). À luz da tradição filosófica, então, a prática revolucionária é definida como uma corrente existencial em que o sujeito é objetificado e o objeto, subjetificado. Esta é a posição que Marx chama seu "novo materialismo"; é a posição da "sociedade humana ou da humanidade social" como distinta da posição que reconhece o homem individual e a sociedade burguesa (*bürgerliche*) (teses 9 e 10).[46]

---

[46] Para uma interpretação completamente diversa das "Teses sobre Feuerbach", os leitores devem consultar Sidney Hook, *From Hegel to Marx*. London, 1936, p. 272-307.

c. Crítica do céu e crítica da terra

A prática crítica marxista começa com a crítica da religião e continua até a crítica da política e da economia. O problema desta segunda fase foi formulado sistematicamente por Marx em "Kritik der Hegelschen Rechsphilosophie".[47]

"A crítica da religião termina com a intelecção de que o homem é o ser mais alto para o homem; isto implica que o imperativo categórico suplante todas as relações em que o homem é um ser humilhado, oprimido, negligenciado e desprezado."[48] "A crítica da religião é o pressuposto de toda a crítica." Na realidade ilusória do céu, o homem "procurou o super-homem"; em vez disso, encontrou a reflexão de si mesmo. Agora ele se dá conta de que ele mesmo é o super-homem; e já não se satisfará em reconhecer-se como o "não homem" (*Unmensch*) que antes acreditava ser. "É o homem que faz a religião, não a religião o homem." "A religião é a autoconsciência e o autossentimento de um homem que ou ainda não se venceu ou que se perdeu de novo." Este homem, no entanto (dirigindo-se contra Feuerbach!), não é um ser abstrato fora do mundo. "O homem é o mundo do homem", ou seja, estado e sociedade. Este mundo social produz religião "com uma consciência pervertida do mundo porque é um mundo pervertido (*verkehrt*)". A religião é a "teoria geral" de um mundo pervertido. Dá "realidade imaginária à essência humana (*Wesen*) porque a essência humana não tem nenhuma realidade verdadeira". "A luta contra a religião é a luta contra o mundo, do qual a religião é o aroma espiritual." A miséria religiosa é a manifestação da miséria real e, ao mesmo tempo, um protesto contra ela. A religião é o grito de criaturas oprimidas – "é o ópio do povo".[49]

A destruição da religião é o começo da revolução, não o seu termo. A "alegria ilusória do povo" tem agora de ser

---

[47] Marx, "Kritik der Hegeleschen Rechtsphilosophie, Eileitung" (1843). In: *Gesamtausgabe*, 1/1:607 ss. ("Contribution to the Critique of Hegel's Philosophy of Right: Introduction". In: *Marx-Engels Reader*, ed. Tucker, p. 53-65).

[48] *Gesamtausgabe*, 1/1:614 ss.

[49] Ibidem, 1/1:607.

5 - Socialismo gnóstico: Marx | 413

substituída pela "alegria real". As "flores imaginárias na corrente" não foram arrancadas de modo que a humanidade tivesse de vestir uma "corrente prosaica sem consolação"; ao contrário, o homem deveria agora jogar fora a corrente e quebrar a flor vivente.[50] O homem desiludido deveria agora reconquistar sua razão e "mover-se ao redor de si mesmo como ao redor de seu sol verdadeiro". Agora que desapareceu o "para além da verdade", é "tarefa da história" estabelecer "a verdade deste mundo". "A crítica do céu transformou-se em crítica da terra", a crítica da religião e da teologia, em "crítica do direito e da política."[51]

d. Revolução política ocidental e revolução radical alemã

Quando, porém, Marx embarca em sua crítica ao direito e à política, não critica instituições concretas; em vez disso, critica a *Filosofia do Direito* de Hegel. Justificando tal procedimento, deu uma contribuição ao entendimento da política alemã e de seu conflito com a cultura política ocidental que ainda hoje vale a pena ler como um todo. No contexto presente, no entanto, temos de restringir-nos a seu princípio de interpretação. Marx observou a defasagem no desenvolvimento político entre a Alemanha e o ocidente. As revoluções inglesa e francesa aboliram o *ancien régime* nas áreas delas e estabeleceram o estado nacional moderno como expressão e instrumento da sociedade burguesa (*bürgerliche Gesellschaft*). As revoluções foram levadas ao sucesso por uma classe, mas foram tidas como revoluções representativas da nação. Uma revolução deste tipo não pode sempre ser feita com êxito; tem-se de preencher certas condições. Que "uma *parte* da sociedade se emancipe e obtenha a regra *geral*" é possível apenas se a classe revolucionária puder empreender "a emancipação geral da sociedade de sua posição particular". A emancipação política do regime feudal só pode ser experimentada como geralmente

---

[50] Ibidem, 1/1:607 ss. O símile das "flores imaginárias na corrente" é provavelmente a última transformação do simbolismo rosa-cruz de Hegel.

[51] Ibidem, 1/1:608.

414 | História das Ideias Políticas – A Crise e o Apocalipse do Homem

válida quando se tornam acessíveis a todas as pessoas os novos valores dos privilégios econômicos e educacionais – ao menos no princípio. De fato, dificilmente acontecerá isso. Daí, "nenhuma classe da sociedade pode representar esse papel, sem evocar um momento (*ein Moment*) de entusiasmo em si e nas massas, um momento em que confraterniza e floresce com a sociedade em geral, no que pode ser tomado para a sociedade e ser experimentado e reconhecido como seu *representante geral*". "Apenas em nome dos direitos universais da sociedade é que uma classe particular pode reivindicar uma regra geral para si mesma." "A energia revolucionária e o *pathos* espiritual (*Selbstgefühl*)" não são suficientes para obter a posição emancipadora. A fim de obter esta "coincidência de revolução nacional com a emancipação de uma classe particular", outra classe tem de existir que seja experimentada como a "esfera social do famoso crime contra toda a sociedade", de tal modo que a liberação desta classe possa aparecer como a liberação geral. A importância "geral-negativa" da nobreza e do clero franceses condicionou a importância "geral-positiva" da burguesia francesa como classe emancipadora.

Em relação a tudo isso, o desenvolvimento político alemão está ultrapassado. Nenhumas revoluções ocorreram; continua a existir uma *ancien régime* anacrônico. E não há nenhuma perspectiva de uma revolução no sentido ocidental, pois a Alemanha não tem nem uma classe de "coragem e crueldade" que pudesse aparecer como a "representante negativa" da sociedade nem um estado de "amplitude de alma" suficiente e "audácia revolucionária" que possibilitasse até mesmo a identificação momentânea com a "alma do povo". "Na Alemanha, a relação entre as várias esferas de sociedade não é dramática, é épica." Em consequência, cada esfera da sociedade alemã "experimenta sua derrota antes de poder celebrar uma vitória", desenvolve sua estreiteza antes de desenrolar sua generosidade, é envolvida em sua luta com a classe mais baixa vizinha quando começa sua luta com a classe mais alta. "Os príncipes estão envolvidos numa luta contra o reino; a burocracia, contra a nobreza; a burguesia,

5 - Socialismo gnóstico: Marx | 415

contra todos eles; ao passo que o proletariado já entra em sua luta contra a burguesia."[52]

A diferença de desenvolvimento político nos estados nacionais ocidentais e na Alemanha tem consequências importantes. As revoluções ocidentais não são o termo da história. O estado moderno em sua perfeição liberou o homem à medida que diferenças de religião e propriedade já não determinam diferenças de *status* político para o indivíduo. "O estado político perfeito é por natureza a vida genérica do homem em oposição à sua vida material." Toda a estrutura da "vida egoísta", no entanto, é mantida como vida social fora da esfera do estado. No estado político perfeito, o homem vive uma vida dupla: na comunidade política vive com seu ser genérico; na sociedade, vive como um indivíduo privado. Não se obtém a liberação completa mediante a socialização completa do homem. "A emancipação política é um grande progresso"; no entanto "não é a última forma de emancipação humana"; é apenas "a última forma de emancipação humana *dentro* da presente ordem do mundo".[53] Na Alemanha, por outro lado, nem mesmo se obteve até então a emancipação política. Mas, precisamente porque a situação política alemã é anacrônica e abaixo de uma discussão séria, a especulação política alemã podia abstrair-se desta realidade e, em vez disso, mediante Hegel, desenvolver "a ideia do estado moderno" até suas últimas consequências. "Os alemães *pensaram* na política o que as outras nações *fizeram*. A Alemanha foi a *consciência* teorética deles." A imperfeição da emancipação humana através do estado político chegou à consciência no pensamento político alemão. A pergunta é: pode a Alemanha obter uma prática, ou seja, uma revolução à la hauteur des principes, elevando-a não apenas "ao *nível oficial* de nações modernas, mas à *altura humana* que será o futuro seguinte dessas nações"?[54]

---

[52] Ibidem, 1/1:67 ss.

[53] Karl Marx, "Bruno Bauer: Die Judenfrage" (1843). In: Ibidem, 1/1:584 ss. ("On the Jewish Question". In: *Marx-Engels Reader*, ed. Tucker, p. 26-52).

[54] "Kritik der Hegelschen *Rechtsphilosophie*, Einleitung". In: *Gesamtausgabe*, 1/1:613 ss.

Nesta oposição entre a Alemanha e as nações ocidentais, e em particular na questão há pouco levantada, Marx está mais perto de ser um pensador nacional alemão. Estava preocupado seriamente com o lugar da Alemanha entre as nações. Viu a miséria política que parecia cortar toda esperança de um papel histórico de importância; mas também viu a façanha intelectual esplêndida. Sentiu-se como um pensador que podia tirar consequências práticas da filosofia hegeliana do estado; mas sofria sem saber se o povo alemão poderia tornar-se o portador da revolução última para a liberação da humanidade. A Alemanha não escalou "as estepes centrais da emancipação política com as nações modernas". Não alcançara na prática os passos por que já passara na teoria. Como poderia ser possível o "*salto mortale*" da "revolução radical"? Muito mais provável parece ser outro termo: "Uma manhã, a Alemanha encontrar-se-á no nível da decadência (*Verfell*) europeia antes de ter alcançado o nível de emancipação europeia".[55] Esta visão profética, no entanto, é rejeitada por Marx. Ele não considera uma revolução política no sentido ocidental uma possibilidade para a Alemanha, mas ainda acredita na possibilidade da revolução radical. "Não é a revolução radical que é um sonho utópico para a Alemanha, nem a emancipação humana geral, mas, ao contrário, a revolução parcial que é apenas política."[56] A emancipação alemã nunca será atingida a pouco e pouco por classes particulares da sociedade, como no ocidente, mas pode ser obtida de um golpe, por uma classe que é parte da sociedade burguesa e ao mesmo tempo, não é parte dela, ou seja, pelo proletariado.[57]

e. Revolução alemã e protestantismo

O proletariado é "um estado que é a dissolução de todos os estados", "uma esfera social que tem caráter universal através de seu sofrimento universal"; não tem nenhum reclamo particular porque nenhuma injustiça particular, mas a injustiça como

---

[55] Ibidem, 1/1:616.
[56] Ibidem, 1/1:617.
[57] Ibidem, 1/1:619 ss.

tal é cometida contra ele; não tem nenhum título histórico, não tem nada, mas o título humano; é uma esfera social "que não pode emancipar-se sem a emancipação de todas as outras esferas da sociedade"; é "a perda completa do homem e, portanto, não pode reconquistar-se sem reconquistar o homem completamente". "O proletariado é a dissolução da sociedade na forma de um estado particular." "Quando o proletariado anuncia a dissolução da ordem presente do mundo, revela apenas o segredo de sua existência, pois é, de fato, a dissolução desta ordem do mundo." O proletariado, então, será a arma material da filosofia, ao passo que na filosofia encontra suas armas espirituais. Quando o raio do pensamento tiver atingido o solo do povo, a emancipação do alemão no Homem será realizada. "A cabeça desta emancipação é a filosofia, seu coração é o proletariado; o proletariado não pode abolir-se sem concretizar a filosofia."[58]

Esta fé na tradução da filosofia em realidade através do proletariado alemão é apoiada por uma reflexão histórica acerca da reforma alemã. A fé numa revolução que começa com especulação faz sentido à luz do passado alemão. "O passado revolucionário alemão é teorético, é a Reforma. Nessa época era o *monge*, agora é o *filósofo*, em cujo cérebro começa a revolução." A reforma de Lutero foi o primeiro passo de uma revolução alemã. Ele rompeu a fé na autoridade, mas pôs em seu lugar a autoridade da fé. Libertou o homem da religiosidade externa, mas fez da religiosidade a substância do homem. O protestantismo, então, não trouxe a solução verdadeira, mas revelou a tarefa verdadeira, ou seja, a luta contra o sacerdote. A luta do leigo com o sacerdote fora de dele fora vencida; agora a luta tinha de continuar contra o sacerdote dentro do homem, contra a substância sacerdotal do homem. "O fato mais radical da história alemã", a Guerra Camponesa, irrompeu contra o muro da nova teologia protestante. Hoje, quando esta teologia mesma ruiu, o estado político anacrônico será quebrado pela nova filosofia.[59] Essas passagens mostram que

---

[58] Ibidem, 1/1:619-21.
[59] Ibidem, 1/1:615.

418 | História das Ideias Políticas – A Crise e o Apocalipse do Homem

Marx estava perfeitamente a par da conexão entre seu próprio pensamento e o protestantismo alemão. Há, na verdade, uma linha inteligível de significado, correndo desde a destruição que Lutero fez da autoridade eclesiástica, passando pela destruição de símbolos dogmáticos na geração de Strauss, Bruno Bauer e Feuerbach, até a destruição, em Marx, de "todos os deuses", ou seja, de toda a ordem autorizada. Embora fosse incorreto dizer que o caminho do protestantismo leva, por necessidade interna, de Lutero a Hegel e Marx, é verdade que o marxismo é o produto final da desintegração de um ramo de protestantismo liberal alemão.

f. Emancipação e alienação

Emancipação é a categoria geral sob a qual Marx concebe o avanço do homem até sua liberdade completa. "*Toda* emancipação é *redução* da palavra humana, de relações, *ao próprio homem.*" A emancipação religiosa é a redução da religião à consciência do homem de fazer religião como levada a cabo por Feuerbach. "A emancipação política é a redução do homem, por outro lado, a um membro da sociedade burguesa, ou seja, ao indivíduo *egoísta, independente*; por outro lado, ao *cidadão*, ou seja, à pessoa moral." Este cisma do homem tem de ser subjugado pelo próximo e último passo na emancipação. Apenas quando "o homem real, individual toma de volta o cidadão abstrato", apenas quando ele, como homem individual se tornou *ser genérico* (*Gattungswesen*) "em sua vida empírica, em seu trabalho individual, em suas relações individuais" apenas quando o homem "reconheceu suas '*forces propres*' [forças próprias] como forças *sociais* e organizadas como tal", apenas quando, como consequência, "já não separa a força social de si mesmo na forma de força *política*", é que a emancipação humana está completa.[60] O sobrepujar do estado é um problema histórico que se assemelha em sua estrutura ao sobrepujar da religião. "A constituição política foi até então a *esfera religiosa*, a *religião* de uma vida do povo, foi

---

[60] *"Bruno Bauer"*. In: ibidem, 1/1:599.

o céu de sua generalidade em oposição à *existência terrena* da realidade [...]. *A vida política* no sentido moderno é a *escolástica* de uma vida do povo."[61]

O curso da história passada é a "alienação" do homem; a tarefa da história futura é sua "emancipação". Na alienação, ou autoalienação, o homem perde-se para o além da religião e das instituições sociais; através da emancipação, ele leva esses setores objetivados de sua essência de volta para sua existência. Chegamos ao cerne da filosofia marxista da história. A história da emancipação (emancipação religiosa, passando pela emancipação política, até, por fim, a emancipação social) é o reverso do processo de alienação. A fim de chegar à solução crítica, o pensador revolucionário tem de ter uma compreensão crítica da gênese do mal. O mal contemporâneo tem sua origem na relação entre o homem e a natureza; pode ser suplantado apenas quando se traz a natureza sob o controle do homem de tal maneira que se possa desenrolar a liberdade para além da natureza. As vicissitudes da relação do homem com a natureza são a matéria da história. Temos de traçar a história do homem desde seus começos mais primitivos, quando o homem emerge de sua condição animal; temos de segui-la através das várias fases em que o homem se torna mais profundamente envolvido no processo de produção, a ponto da completa autoalienação; temos, ainda, de estudar as possibilidades de emancipação que correm paralelas com a alienação crescente; e temos, finalmente, de conceber a ideia da derrubada revolucionária da ordem da alienação e sua substituição pela ordem da liberdade.

g. Substância e processo de história

Todas as histórias críticas começam com certas "pressuposições". Não devem ser, contudo, de natureza dogmática; têm de ser "pressuposições reais". São os "indivíduos reais,

---

[61] *"Kritik der Hegelschen Rechtsphilosophie, Einleitung"*, § 279. In: ibidem, 1/1:436.

suas ações e as condições de vida materiais". A primeira pressuposição é "a existência de indivíduos humanos viventes" com uma organização corporal e uma relação com o resto da natureza, que é condicionada por esta organização.[62] O homem distingue-se do animal tão logo comece a *produzir* seus meios de vida; em tal produção, os homens produzem indiretamente sua vida material. Seu modo de produção passa a ser seu modo de vida (*Lebensweise*). Deste ponto de partida, Marx traça a diferenciação entre produção, reprodução sexual e divisão de trabalho no nível da família, mediante outra diferenciação no nível tribal e outros níveis locais, até o sistema de produção e divisão do trabalho sob as condições das sociedades nacionais modernas e sua inter-relação num mercado mundial. Paralelo a esta diferenciação de produção corre o desenvolvimento de ideias na política, no direito, na moral, na religião e na metafísica, em correlação íntima com o processo de produção material da vida. "A consciência não pode ser nunca senão ser consciente (*Bewusstsein, bewusstes Sein*), e o ser do homem em seu processo de vida real." "As ideologias" não têm nenhuma história própria, são um subproduto do processo material. "Não é a consciência que determina a vida; é a vida que determina a consciência." Com o desenvolvimento da história crítica, "a filosofia perde seu meio de existência". Pode ser substituída, na melhor das hipóteses, "por um sumário de resultados gerais que podem ser abstraídos do estudo do desenvolvimento histórico da humanidade". Tais abstrações, no entanto, não têm valor se forem separadas da história real. Podem apenas facilitar a ordenação dos materiais históricos – à maneira em que Marx está fazendo isso.[63]

O "processo material de produção" e sua diferenciação através da divisão do trabalho são estabelecidos como a substância irredutível da história. Este processo de diferenciação contém um conflito inevitável de azedume crescente, ou seja, o conflito entre o interesse do indivíduo trabalhador e

---

[62] *Deutsche Ideologie (1845-1846)*. In: ibidem, vol. 5, p. 10.
[63] Ibidem, vol. 5, p.10-17.

5 - Socialismo gnóstico: Marx | 421

o interesse do grupo maior de indivíduos que estão envolvidos na produção pela divisão de trabalho e troca de produtos. "Tão logo se divide o trabalho, atribui-se um leque definido e exclusivo de atividade a cada um; este leque é imposto ao trabalhador, e este não pode escapar; é caçador, pescador ou pastor, ou crítico crítico, e tem de continuar, a não ser que queira perder seus meios de vida."[64] Embora sob condições tecnológicas mais primitivas seja ainda tolerável tal dependência de atividade especializada, porque mesmo a especialização neste nível deixa um campo amplo para o trabalho humano diversificado, a situação passa a ser desastrosa sob condições de produção industrial para um mercado mundial. "A fixação de atividade social, a consolidação de nosso próprio produto num poder objetivo (*sachliche Gewalt*) dominando-nos, crescendo para além do controle, ultrapassando-nos as expectativas, destruindo-nos os cálculos, é um dos fatores principais na evolução histórica."[65] "Quanto mais riqueza produz, e quanto mais sua produção ganha em poder e volume, tanto mais pobre se torna o trabalhador." "O trabalho não produz mercadorias apenas; produz a si mesmo e ao trabalhador como uma *mercadoria.*" "A concretização do trabalho é sua objetivação." "O trabalhador põe sua vida no objeto; mas então sua vida já não é senão do objeto." "O que é o produto de sua obra, ele não é." "A vida que deu ao objeto opõe-se a ele como inimiga e alheia." "O trabalhador torna-se o servo de seu objeto." "Seu trabalho é externo a seu se." "Não se afirma, nega-se em seu trabalho." "Apenas fora do trabalho é que o trabalhador está consigo mesmo; em seu trabalho, está fora de si." "Está à vontade quando não trabalha, e quando trabalha não está à vontade." "Daí seu trabalho não ser voluntário, mas compulsório, é *trabalho compulsório.* Não é uma satisfação de sua necessidade, mas apenas um meio de satisfazer as necessidades fora de seu trabalho." "O resultado é que o trabalhador só pode sentir-se livre em suas funções animais de comer, beber e procriar, e talvez em sua casa, enfeites, etc., embora em suas

---

[64] Ibidem, vol. 5, p. 22.
[65] Ibidem, vol. 5, p. 22 ss.

funções especificamente humanas seja apenas um animal."
"Comer, beber e procriar certamente são também funções humanas genuínas. Mas na abstração que as separa do leque maior de atividade humana e as torna os únicos e últimos objetivos, são animalescos (*tierisch*)." O homem distingue--se do animal mediante a universalidade de sua relação com a natureza; não produz apenas por necessidade, mas pode dar forma à sua existência material através da ciência e da beleza. Todo este leque de atividade produtiva que distingue a vida humana é degradada ao nível de um meio de vida. A existência livre e produtiva do homem "torna-se um meio para sua existência física". Esta "alienação" da produtividade humana é inerente na divisão de trabalho; não tem nada que ver com salários mais altos ou mais baixos. Um aumento nos salários não seria nada "senão um melhor assalariamento de escravos; não faria o trabalhador nem seu trabalho reconquistar seu destino humano e a dignidade". "Mesmo uma igualdade de salário, como exigida por Proudhon, só transforma a relação do trabalhador com seu trabalho na de todos os homens com seu trabalho. A sociedade tornar-se-ia então o Capitalista em abstrato."[66] As condições de existência na sociedade moderna passaram a ser um acidente para o trabalhador sobre o qual ele não tem nenhum controle e "sobre o qual nenhuma organização *social* pode dar-lhe controle".[67]

A última sentença deveria ser capaz de destruir a suposição (que se faz frequentemente) de que Marx estava impressionado com a miséria do trabalhador em seu tempo, e que com o desenvolvimento material do quinhão do trabalhador desapareceram as causas da revolução. A reforma social *não* é um remédio para o mal que Marx tem em mente. Este mal é o crescimento da estrutura econômica da sociedade moderna num "poder objetivo" a que o homem tem de submeter-se sob ameaça de fome. As principais particularidades características

---

[66] *Oekonomisch-philosophische Manuskript (1844)*. In: ibidem, vol. 3, p. 82-93 (tradução em *Marx-Engels Reader*, Ed. Tucker, p. 66-125).

[67] *Deutsche Ideologie*. In: *Gesamtausgabe*, vol. 5, p. 66.

5 - Socialismo gnóstico: Marx | 423

que vez por outra aparecem nas descrições de Marx podem ser submetidas aos seguintes tópicos:

1. A separação do trabalhador de suas ferramentas. Esta característica é determinada pela tecnologia industrial. Nenhum homem pode possuir individualmente e operar as ferramentas da produção industrial moderna. A "fábrica" ou, em geral, "o lugar de trabalho" não pode ser o "lar".

2. Dependência do trabalho. Esta característica tem a mesma causa determinante. Nenhum homem pode obter seu sustento num sistema industrial, a não ser que encontre um trabalho em alguma "empresa" que reúna as ferramentas para a produção e comercialize o produto.

3. Divisão de trabalho. Nenhum homem pode produzir nenhum produto por inteiro. O processo de produção tem de ser planejado centralmente, e o trabalhador é confinado à fase no processo que lhe foi designado. Marx estava muito a par do insulto supremo à dignidade humana que está no fato de que, no final da vida, quando um homem relembra o que obteve, tenha de dizer: toda a minha vida, gastei-a cooperando na produção de certo tipo de móvel de Grand Rapids e, com isso, degradei a humanidade em mim e nos outros.

4. Especialização. Esta característica está intimamente relacionada à precedente. Mesmo se o produto final não for um insulto à dignidade humana, a produtividade do homem não tem nenhum leque apreciável para desenrolar-se se seu trabalho for confinado a um pequeno setor de produção em que, como um todo, ele não tenha nenhuma influência.

5. Interdependência econômica. Nenhum homem pode viver toda a sua vida se sua existência for permanentemente ameaçada, não por catástrofes naturais, como no caso de um camponês, mas por ações sociais para

além de seu controle – sejam elas novas invenções ou o fechamento de um mercado através de tarifas, ou cálculos errados de administração, ou mudança no gosto dos consumidores, ou uma crise econômica geral.

h. O homem socialista

Todas essas características estão ligadas ao sistema industrial de produção. Já que Marx não quer abolir o sistema industrial e, em particular, já que está totalmente a par de que nenhuma mudança na organização social, como, por exemplo, a propriedade pública ou os instrumentos de produção, pode abolir tais males, surge a pergunta: o que precisamente ele pretende atingir com uma revolução comunista? Este é o ponto crucial do sistema marxista de pensamento e é o ponto que de regra se negligencia. Marx não disse muito a esse respeito, mas disse o bastante para tornar claras suas intenções para além da dúvida. Por temerário que isso possa parecer, Marx queria manter o sistema industrial de produção com sua diferenciação tecnológica inevitável de trabalho, mas queria abolir a especialização humana. O homem deveria emergir da revolução como um ser integralmente produtivo que, por vontade própria, trabalharia um dia numa máquina, o dia seguinte num escritório, e o terceiro dia como *littérateur* [literato]. Uma formulação primitiva, mas inconfundível da ideia ocorre por ocasião de sua reclamação de que a divisão do trabalho produz cristalizações profissionais como caçador, pescador, etc. Este mal pode ser superado na

sociedade comunista, na qual ninguém tem um leque exclusivo de atividade, mas todos podem treinar em todas as áreas, em que a sociedade regula a produção geral e, com isso, torna possível que eu faça uma coisa hoje e outra coisa amanhã, caçar de manhã e entregar-me ao trabalho de crítica depois do jantar, como me aprouver, sem nenhuma necessidade de tornar-me um caçador, um pescador, um lavrador ou um crítico.[68]

---

[68] *Deutsche Ideologie.* In: ibidem, vol. 5, p. 22.

De novo, por incrível que possa parecer, esta é a visão que Marx transfere para a situação do sistema industrial moderno. A revolução diante da "alienação" é necessária a fim de os homens poderem reconquistar sua "autoatividade" (*Selbstbetätigung*) assim como a fim de assegurar-lhes a existência. Assumirá a forma de "uma apropriação da totalidade existente de forças produtivas". Sob divisão internacional do trabalho, essas forças existem na forma de um sistema mundial universal de interdependência."

A apropriação, portanto, tem de ter um caráter universal que corresponde à universalidade de forças produtivas e comércio. A apropriação dessas forças em si não é nada, senão o desenvolvimento de faculdades individuais na correspondência com os instrumentos materiais de produção. Daí, a apropriação de uma totalidade de faculdades nos indivíduos.

A fim de obter uma resolução humana deste gênero, é necessário certo tipo de indivíduo. Apenas os proletários serão capazes de executar a façanha porque sua existência individual já não estará presa a um tipo especial de propriedade que limitaria o interesse de sua atividade. Todas as revoluções anteriores foram limitadas (*borniert*), porque a autoatividade dessa classe revolucionária estava limitada por seu tipo específico de propriedade. O proletário sem propriedade é o agente apto a provocar uma massa de instrumentos produtivos "sob cada indivíduo" e a "agrupar a propriedade embaixo de tudo". Ademais, o método de revolução é determinado pelo caráter universal do sistema industrial. Apenas uma associação universal de proletários em escala mundial pode quebrar o poder da presente estrutura social e econômica; e apenas tal revolução universal desenvolverá o caráter universal e a energia que são necessários para executar a apropriação. Somente depois desta revolução é que "a autoatividade coincidirá com a vida material". Somente então "estarão os indivíduos desenvolvidos em indivíduos totais"; "o trabalho ter-se-á transformado em autoatividade" e o "comércio até então condicionado ter-se-á mudado para o comércio de indivíduos como tais". A divisão do trabalho não pode ser abolida com o simples esquecimento; "os indivíduos têm de subordinar as forças objetivas a si mesmos e, assim, abolir (*aufheben*) a divisão do trabalho. Isso é impossível sem a comunidade. Somente em comunidade com os outros é que o indivíduo tem os meios à sua disposição para desenvolver suas faculdades em todas as direções".[69]

Os "indivíduos totais" ou (em outros contextos) "o homem socialista" é o escopo da história. O homem tem de reconquistar-se completamente de sua alienação a fim de tornar-se o ser perfeitamente livre e independente que em essência ele é. A "libertação da propriedade" é o último ato deste drama. Voltemo-nos agora para uma passagem em que Marx formulou concisamente a conexão entre sua ideia de revolução social e sua revolta original contra Deus. "Um ser é independente apenas quando se firma em seus próprios pés; e firma-se em seus próprios pés apenas quando não deve sua existência a ninguém, senão a si mesmo." Um homem que vive pela graça de outro alguém é dependente; e vivo o mais completamente pela graça de outro alguém quando ele "criou minha vida", quando a fonte de minha vida está fora de mim. A criação, reflete tristemente Marx, é uma ideia que está profundamente arraigada na consciência do homem. "O ser por si da natureza e do homem é inconcebível para ele porque contradiz todas as experiências tangíveis (*Handgreiflichkeiten*) da vida prática." O homem conhece-se a si mesmo como uma ligação na corrente do ser, e necessariamente perguntará: onde se suspende essa corrente? E o que podemos responder ao perguntador importuno? Marx dá a mesma resposta que Comte: não faças tais perguntas; são "abstrações", não têm "nenhum sentido";

---

[69] *Deutsche Ideologie*. In: ibidem, vol. 5, p. 57 ss., 63 ss. O leitor deveria também comparar *Das Kapital*, vol. 1, p. 42-46. O pensamento é substancialmente o mesmo que está em *Deutsche Ideologie*. Ali ocorrem, no entanto, essas formulações famosas como a "Fetischcharakter der Waarenwelt" [Caráter fetichista do mundo das mercadorias] (vol. 1, p. 39), a comparação muito reveladora da sociedade pós-revolucionária com a situação do *Robinson polivalente* (vol. 1, p. 45) e a reflexão sobre a Cristandade como o ambiente ideológico em que floresce a ideia do indivíduo limitado (vol. 1, p. 45 ss.).

5 - Socialismo gnóstico: Marx | 427

fixa-te à realidade do ser e do devir![70] Como no caso de Comte, no momento crítico somos confrontados pela exigência de não formular perguntas vãs. O homem que não formula tais perguntas é, por definição, "o homem socialista".[71]

i. Comunismo tosco e comunismo verdadeiro

Para o homem socialista, o "toda a chamada história do mundo" não é nada senão a produção do homem mediante o trabalho do homem. Neste processo, ele tem sob os olhos "a prova irresistível de seu *nascimento*, através de si mesmo, de seu processo genético". A essencialidade (*Wesenhaftigkeit*) do homem na natureza é dada à intuição sensível; diante desta experiência, a procura de um ser *estranho* para além da natureza e do homem torna-se uma impossibilidade prática. "O ateísmo, como a negação desta não essencialidade (*Unwesentlichkeit*), já não faz sentido, pois o ateísmo é uma *negação de Deus* e mediante esta negação propõe a *existência do homem*." O socialismo não precisa de tal mediação; começa imediatamente com a consciência sensível do homem como essência verdadeira. É autoconsciência positiva do homem, não mediada pela negação da religião. E, da mesma maneira, "a vida verdadeira" é a realidade positiva do homem, não mediada pela abolição da propriedade privada, ou seja, pelo comunismo. Para a próxima fase na história, o comunismo é positivo como "uma negação da negação", "mas o comunismo como tal não é o objetivo do desenvolvimento humano – não é a forma de sociedade humana".[72] O comunismo e o ateísmo são ideias contrárias de um estado histórico que tem de ser superado. Marx, como Bakunin, está a par do perigo que subjaz nas tentativas levianas de dar conteúdo à visão do futuro pela elaboração de um catálogo de exigências concretas que não podem ser nada senão negações dos males

---

[70] *Oekonomisch-philosophische Manuskripte*. In: *Gesamtausgabe*, vol. 3, p. 124 ss.

[71] Ibidem, vol. 3, p. 125, linha 18 ss.

[72] Ibidem, vol. 3, p. 125 ss.

presentes. O comunismo não é uma reforma institucional; é, na verdade, uma mudança da natureza do homem.

Com este perigo em vista, Marx distinguiu cuidadosamente entre "comunismo tosco" (*roher Kommunismus*) e "comunismo verdadeiro" ou socialismo. O comunismo tosco é a "expressão positiva" da propriedade privada abolida; estabelece a "propriedade privada geral"; é apenas uma "generalização e perfeição da propriedade privada". O domínio da propriedade nas coisas é tão enorme que o comunismo tosco quer aniquilar tudo que não possa ser possuído como propriedade privada por todo o mundo. Considera a propriedade imediata, física, o único propósito de vida. A existência do trabalhador não é abolida, mas estendida a todo o mundo; quer destruir pela violência todo talento diferenciador. A natureza deste tipo de comunismo torna-se particularmente clara em sua ideia de uma comunização das mulheres. "Podemos dizer que a ideia de uma comunidade de mulheres revela o segredo deste comunismo tosco e irrefletido"; a mulher abandona o casamento e entra na prostituição geral; o mundo da riqueza abandona a propriedade privada e entra na prostituição geral com a comunidade. Tal comunismo, "em sua negação radical da *personalidade* do homem", é uma continuação da propriedade privada anterior. "A *inveja* geral que constitui a si mesma como poder é apenas uma forma escondida em que a *avareza* se restaura e se satisfaz sob uma forma diferente." A competição sob condições de propriedade privada é inveja e desejo de nivelar, voltado contra a propriedade privada maior. O comunismo tosco manifesta a perfeição deste desejo de nivelar a partir da posição de um mínimo imaginado. Tal abolição da propriedade privada não é sua apropriação verdadeira; nega a civilização por seu retorno a uma simplicidade não natural de pessoas pobres que não estão para além da propriedade privada, mas que ainda não chegaram a ela. Daí a comunidade do comunismo tosco não ser nada senão uma comunidade de trabalho e de igualdade de salário pago pela comunidade como o capitalista geral. "O comunismo tosco, então, é a única manifestação

5 - Socialismo gnóstico: Marx | 429

da patifaria (*Niedertracht*) da propriedade privada que quer estabelecer-se como uma comunidade positiva."[73]

A natureza do comunismo verdadeiro, já a discutimos. Acrescentemos, em conclusão, algumas formulações da passagem presente. O comunismo verdadeiro é o retorno do homem a si mesmo como homem social "dentro de toda a riqueza do desenvolvimento humano até este ponto". É um naturalismo humanista completado, "a solução verdadeira do conflito entre o homem e a natureza". "É o enigma resolvido da história e conhece a si mesmo como a solução." A sociedade comunista "é a ressurreição verdadeira da natureza, o naturalismo concretizado do homem e o humanismo concretizado da natureza".[74]

j. O Manifesto

A gênese da ideia é substancialmente completada com sua aparição na cena mundial na forma do *Manifesto Comunista* (dezembro de 1847-janeiro de 1848).[75] No que diz respeito às ideias de história, revolução e comunismo, o *Manifesto* não contém nada que seja novo; ao contrário, contém consideravelmente menos do que o resultado de nossa análise precedente, como é inevitável num documento que não procura intenções teoréticas, mas serve a um propósito de propaganda. No entanto, se não nas ideias, devemos insistir brevemente nas formulações. O *Manifesto* é uma obra-prima de retórica política. Depois de um século, suas fórmulas não perderam nada de seu *pathos* revolucionário e de sua eficácia na cena política.

No preâmbulo, os autores fixam a escala de importância de seu *pronunciamento*. O comunismo é reconhecido como uma força por todos os poderes europeus. O papa e o czar,

---

[73] Ibidem, vol. 3, p. 111-13.

[74] Ibidem, vol. 3, p. 114, 116.

[75] *Manifest der Kommunistischen Partgei*. In: *Gesamtausgabe*, vol. 6, p. 523 ss (*Marx-Engels Reader*, ed. Tucker, p. 469-500).

Metternich e Guizot, os radicais franceses e os policiais alemães aliaram-se numa "Perseguição Santa" para fazer desaparecer o espectro. Tal reconhecimento pelos velhos poderes cria uma obrigação de os comunistas esclarecerem suas visões e submetê-las ao público. A nova força mundial alista-se contra os poderes do velho mundo.

A primeira seleção do *Manifesto* desenvolve a perspectiva histórica do comunismo. "Até o presente, a história de toda a sociedade é a história da luta de classes." Sempre houve classes e estados, opressores e oprimidos. No entanto a sociedade moderna distingue-se de todos os períodos anteriores pela simplicidade do padrão. "Toda a nossa sociedade está desintegrando-se mais e mais em dois campos hostis, em duas grandes classes que se enfrentam – a burguesia e o proletariado." Estabelece-se o padrão atraente da simplicidade maniqueísta: há apenas duas forças – uma boa, outra má; quem quer que não esteja no lado bom está inevitavelmente no lado mau. O *Manifesto*, então, segue este padrão e lida, primeiro, com a ascensão da burguesia e, segundo, com o proletariado.

A burguesia surgiu dos servos da Idade Média para tornar-se a operadora da indústria e do comércio modernos, espalhando-se pelo globo; como seu instrumento político, criou o estado representativo moderno. "A burguesia tem um papel muito revolucionário na história." A descrição do papel revolucionário começa com observações como estas: a burguesia "destruiu todos os relacionamentos idílicos feudais e patriarcais". Mas os começos depreciativos logo passaram a ser um louvor às façanhas da burguesia como nenhum progressista iluminista jamais escreveu. A burguesia "obteve milagres muito maiores do que as pirâmides egípcias, os aquedutos romanos e as catedrais góticas". Tornou "cosmopolitas a produção e o consumo de todos os países: afastou o solo nacional de sob os pés da indústria"; as velhas "autossuficiência e exclusividade local e nacional" foram substituídas por uma interdependência geral de todas as nações. E o que foi feito pela produção material também foi feito pela produção intelectual.

5 - Socialismo gnóstico: Marx | 431

"A unilateralidade e a limitação nacionais passam a ser mais e mais impossíveis, das muitas literaturas nacionais e locais se ergue uma literatura mundial." Pelo desenvolvimento das comunicações, "até mesmo as nações mais bárbaras são levadas à civilização". Todas as nações têm de adotar métodos burgueses de produção, a não ser que desejem perecer. "Em suma, criou um mundo à sua própria imagem." Criou nossas grandes cidades e "arrancou uma parte apreciável da população da idiotia da vida rural". "Fez o campo dependente da cidade, transformou os países bárbaros e meio bárbaros em países civilizados, as nações camponesas em nações burguesas, o oriente no ocidente." "Em seu domínio de classe de quase um século, a burguesia criou mais forças maciças e colossais de produção do que todas as gerações precedentes juntas." Em suma: ouvimos os tons autênticos de um Condorcet, com orgulho maciço na esperada destruição completa de todas as civilizações históricas e a transformação de toda a humanidade numa sociedade burguesa universal.

É transitório, no entanto, o esplendor da burguesia, como tudo no mundo, exceto o comunismo. A burguesia tem de continuar, e suas realizações serão herdadas pelo sucessor que cresceu sob sua regra, pelo proletariado, "a classe de trabalhadores modernos que vive apenas enquanto podem encontrar trabalho". A caracterização da existência proletária não contém nada novo. De interesse, entretanto, é a descrição das fases na luta. "Sua luta contra a burguesia começa com sua existência." No começo, não temos mais do que as lutas individuais e locais contra a opressão individual e local. Com a expansão da indústria, as massas de proletários crescem e sua situação comum torna-se mais visível do que eles. Formam-se coligações e associações; irrompem revoltas locais. Seguem-se derrotas às vitórias momentâneas; o resultado real é a coligação nacional e a centralização da luta de classes. O proletário está a caminho da organização como uma classe e partido. A proletarização progressiva de grupos cada vez maiores na sociedade lança pessoas cultas no proletariado. E a desintegração da velha sociedade induz pequenos grupos da classe dominante a tornar-se renegados e a juntar-se à classe revolucionária que tem o futuro em suas mãos. "Como anteriormente uma parte da nobreza passou para a burguesia, assim agora uma parte da burguesia passa para o proletariado, e, em particular, uma parte dos ideólogos burgueses que trabalharam para uma compreensão do movimento histórico." Então, chegamos finalmente aos próprios Marx e Engels, os ideólogos burgueses que podem dizer aos proletários o que é o processo histórico e oferecer-lhes a liderança intelectual na sua qualidade de organizadores do Partido Comunista.

A segunda seção do *Manifesto* lida com a relação entre proletários e comunistas. Aqui encontramos um novo conjunto de ideias concernentes à função da liderança comunista na luta proletária contra a burguesia. São de particular importância as sentenças de abertura porque contêm os princípios que mais tarde foram desenvolvidos na ideia do comunismo como uma igreja universal do proletariado. A seção começa muito humilde: "os comunistas não são um partido à parte em oposição (*gegenüber*) aos outros 'partidos' de trabalhadores". Mas a próxima sentença transforma esta rejeição de rivalidade num chamado universalista: "Eles não têm nenhuns interesses separados dos do proletariado como um todo". As implicações são de longo alcance, pois esta sentença não é nem uma afirmação de fato que estaria aberta à verificação nem um programa; é o dogma fundamental que declara o espírito do proletariado como um todo que residirá no Partido Comunista. Qualquer intenção programática é explicitamente rejeitada pela sentença seguinte: "Não estabeleceram princípios próprios pelos quais querem moldar o movimento proletário". Os comunistas distinguem-se de outros grupos proletários não por princípios e programas, mas pelo nível universal de sua prática. "Nas várias lutas nacionais de proletários, enfatizam e trazem à tona os interesses comuns do proletariado como um todo, independente da nacionalidade"; e "nos vários estágios sucessivos através dos quais tem de passar a luta entre o proletariado e a burguesia, sempre representam os interesses do movimento como um todo". Para

5 - Socialismo gnóstico: Marx | 433

além da diversificação regional e temporal da luta, começa a desenhar-se a liderança central dos comunistas. E, na verdade, o parágrafo seguinte formula o princípio de vanguarda: "Em sua prática, os comunistas são a seção mais empurrando-sempre-para-adiante nos partidos dos trabalhadores de todos os países; em sua teoria, têm a vantagem sobre a grande massa de proletariado por sua intelecção das condições, curso e resultados gerais do movimento proletário". Em seus objetivos imediatos, quanto ao mais, os comunistas não diferem de outros partidos proletários; são seus objetivos: "formação do proletariado numa classe, derrubada da ordem burguesa, conquista do poder político através do proletariado".

O resto da segunda seção lida com a exposição e a defesa dos objetivos últimos do comunismo. Os autores enfatizam o caráter não programático desses objetivos. "As teses teóricas do comunismo não são de maneira nenhuma baseadas em ideias ou princípios que foram inventados ou descobertos por este ou aquele reformador do mundo (*Weltverbesserer* [idealista])". "Não são mais do que expressões de relacionamentos concretos numa luta de classes real, num movimento histórico que está diante de nossos próprios olhos." As teses comunistas, então, não devem ser confundidas com exigências programáticas para a mudança do estado atual das coisas; ao contrário, revelam o estado atual das coisas e sugerem que as tendências, na verdade inerentes ao processo histórico, são levadas à sua realização plena. Daí não terem fundamento as acusações lançadas contra o comunismo. Os oponentes acusam os comunistas de pretenderem a abolição da propriedade privada. O *Manifesto* concorda que esta é a substância da teoria comunista. Mas o que significa esta abolição diante do fato de que a propriedade privada socialmente relevante é a propriedade capitalista e a grande massa de pessoas não têm tal propriedade? E, se for tomada dos que a têm, é isso realmente uma expropriação? Não, pois "o capital é um produto coletivo e pode ser posto em movimento apenas através da atividade comum de muitos membros da sociedade, e como último recurso apenas pela atividade comum de todos os membros da sociedade. O capital, portanto, não é um poder pessoal, é um poder social"; e ser capitalista significa: "manter na produção não uma posição exclusivamente pessoal, mas social". "Se, portanto, o capital for convertido em propriedade comum, pertencente a todos os membros da sociedade, tal conversão não transformará a propriedade pessoal numa propriedade social. Apenas o caráter social da propriedade será transformado. Perderá seu caráter de classe." A assim chamada expropriação, então, apenas transforma a situação real num princípio de ordem pública. O mesmo tipo de argumento é, então, aplicado às acusações contra a abolição do casamento, da nacionalidade, da religião e das "verdades eternas burguesas, como liberdade, justiça, etc.".

As teses do comunismo trouxeram à consciência a marcha da história. Não são um programa de interferência na ordem estabelecida; são uma intelecção na ordem que se está formando, que está crescendo sob a ordem desintegrante da velha sociedade. Os comunistas e seus seguidores podem sentir-se os executores da lei da história. De novo temos de notar o toque poderoso de Condorcet nesta concepção dos comunistas como o diretorado da humanidade em sua marcha para o reino da liberdade. (Não podemos enfatizar suficientemente que não há nenhum conflito fundamental entre progressismo iluminista e comunismo.). No entanto a história não marcha por si mesma; o diretorado tem de dar uma mãozinha. Está presente o material bruto para a concretização do objetivo; ou seja: os proletários como uma classe fora da sociedade, sem propriedade e sem nacionalidade ("Os operários não têm país"). Mas este material tem de ser moldado pelo despertar da consciência de classe, e então a revolução em si tem de ser empreendida. A conquista do poder será um processo prolongado; entre a regra burguesa e a sociedade livre, interpor-se-á o período de transição da ditadura do proletariado.[76] O primeiro passo será a elevação do proletariado ao lugar da classe governante na democracia. A dominação política será então

---

[76] O termo não é ainda empregado no *Manifesto*, embora seja discutida a matéria.

5 - Socialismo gnóstico: Marx | 435

empregada "gradualmente para arrancar todo capital da burguesia, para centralizar todos os instrumentos de produção nas mãos do estado, ou seja, o proletariado organizado como classe governante, e o mais rapidamente possível aumentar a totalidade das forças produtivas". Isso só pode ser feito "pelas intervenções despóticas no direito de propriedade e nas condições burguesas de produção"; tais medidas podem parecer indefensáveis pelos padrões econômicos, mas são inevitáveis para o propósito de revolucionar todo o método de produção. No curso deste desenvolvimento, desaparecerão as diferenças de classe, a produção se concentrará nas mãos dos indivíduos associados, o poder público perderá seu caráter político porque já não será um instrumento de governo de classe e, finalmente, a velha sociedade será substituída por "uma associação em que o desenvolvimento livre de cada um será a condição para o desenvolvimento de todos". O *Manifesto* termina com o famoso chamado para a associação revolucionária: "Os proletários não têm nada que perder senão seus grilhões. Têm um mundo para ganhar. Proletários de todos os países, uni-vos!".

k. Táticas

O *Manifesto* foi publicado em fevereiro de 1848. No mesmo mês irrompeu a revolução em Paris. Em 1850, quando estava claro que ainda não tinha chegado o tempo de uma revolução mundial proletária, abrandou-se a excitação escatológica do *Manifesto* e vieram à tona os problemas das táticas revolucionárias. Podemos concluir este estudo da gênese da ideia marxista com algumas passagens acerca das táticas do discurso à *Bund der Kommunisten* [Liga dos comunistas] de março de 1850.

O problema imediato para os comunistas já não era a tomada do poder numa revolução democrática. Os democratas que eram capazes de vencer uma revolução não eram comunistas. O problema imediato era a aliança com grupos democráticos revolucionários onde quer que começassem a movimentar-se e a luta cruel contra os aliados na manhã seguinte à vitória comum. Era substancialmente a situação que experimentamos

436 | História das Ideias Políticas - A Crise e o Apocalipse do Homem

na política do Fronte Popular dos anos de 1930 e no reatamento da luta contra a democracia depois da vitória. Marx informa a seus ouvintes que "a pequena burguesia democrática quer concluir a revolução o mais rápido possível", tão logo tenham cuidado de seus próprios interesses. Mas

> é de nosso interesse e é nossa missão fazer a revolução permanente até que mais ou menos todas as classes proprietárias sejam removidas do poder, até que o poder do estado seja conquistado pelo proletariado, e até que a associação de proletários tenha avançado não apenas num país, mas em todos os países importantes do mundo até o ponto em que a rivalidade entre os proletários em diferentes países tenha cessado e ao menos as forças produtivas decisivas estejam concentradas em suas mãos. Não estamos interessados numa mudança na propriedade privada, mas apenas em sua aniquilação, não numa conciliação de antagonismos de classe, mas na abolição das classes, não nas reformas da sociedade presente, mas na fundação de uma nova.[77]

A fim de continuar a luta, tanto quanto possível tem-se de evitar uma estabilização da situação política. Durante o conflito, assim como imediatamente depois, os proletários têm de contra-atacar todas as tentativas de acalmar a excitação revolucionária. Os partidos democráticos têm de ser restringidos a suas promessas mais radicais e a suas ameaças mais terroristas. Não se deve evitar a violência das massas; não apenas deve ser tolerada, mas até mesmo alimentada e organizada pelos comunistas a fim de comprometer os democratas.[78] No caso especial alemão, os comunistas têm de opor qualquer tentativa de uma interpretação federativa da constituição. "Sob nenhumas circunstâncias se deve tolerar que cada aldeia, cidade e província possam opor-se à

---

[77] *Ansprache der Zentralbehörde an den Bund* [Discurso da sede central à liga], reimpresso em Marx, *Enthüllungen über den Kommunistenprozess zu Köln* [Manifestações acerca do processo comunista a Colônia], ed. Mehring, p. 130. ("Address of the Central Committee to the Communist League". In: *Marx--Engels Reader*, ed. *Tucker, p. 501-11.*)

[78] *Enthüllungen über den Kommunistenprozess zu Köln, ed. Mehring, p. 132.*

5 - Socialismo gnóstico: Marx | 437

atividade revolucionária que deve seguir-se de um centro a fim de tornar-se mais eficaz".[79] Quando se atinge por fim um acordo constitucional, os comunistas têm de coroar cada reforma legislativa proposta pelos democratas com uma exigência mais revolucionária deles próprios.

> Quando o pequeno burguês propõe a compra de estradas de ferro e fábricas, os trabalhadores têm de exigir que essas estradas de ferro e fábricas sejam confiscadas pelo governo sem compensação porque são propriedade de reacionários. Quando os democratas propõem uma taxa proporcional, os trabalhadores exigirão uma taxa progressiva; quando os democratas propuserem uma taxa moderadamente progressiva, os trabalhadores insistirão numa taxa que aumente tão rápido os altos segmentos que o grande capital se arruinará. Quando os democratas propuserem uma regulamentação da dívida pública, os trabalhadores exigirão uma declaração de falência pública. Daí, as exigências dos trabalhadores têm de ser sempre guiadas pelas concessões e medidas dos democratas.[80]

De acordo com a situação mudarão os pormenores do conselho. O padrão é claro e bem conhecido de todos nós: é a perturbação sistemática da sociedade na esperança de criar tal desordem que a minoria comunista possa ascender à vitória.

l. Conclusão

Enquanto apresentávamos a gênese da ideia marxista, abstivemo-nos tanto quanto possível do comentário crítico. O pensamento de Marx é tão pouco conhecido, exceto para uns poucos especialistas, que pareceu importante estabelecer-lhe o conteúdo com bastantes citações de sua obra. Em conclusão, serão úteis algumas observações avaliadoras a fim de equilibrar as partes do sistema contra cada uma das outras assim como estimar-lhes a relevância histórica – o que, é claro, não é idêntico à relevância atribuída a elas por Marx.

---

[79] *Ibidem, p. 135.*
[80] Ibidem, p. 137.

Na raiz da ideia marxista encontramos a doença espiritual, a revolta gnóstica. Não se dirá muito a seu respeito. A doença mostra as características que observamos no caso de Comte; e as características comtianas, a seu turno, pertencem ao padrão mais amplo da doença cientificista e antirreligiosa que estudamos sob o título de "Impotência Espiritual". A alma de Marx está demoniacamente fechada à realidade transcendental. Na situação pós-hegeliana, crítica, ele não consegue desenredar-se das dificuldades, pelo retorno à liberdade do espírito. Sua impotência espiritual não deixa nenhuma saída senão o descarrilamento no ativismo gnóstico. De novo vemos a combinação característica de impotência espiritual com o desejo mundano de poder, levando a um misticismo mirabolante da existência paraclética. E de novo vemos o conflito com a razão, quase literalmente da mesma forma que em Comte, na proibição ditatorial de perguntas metafísicas concernentes à matriz do universo, perguntas que poderiam perturbar a criação mágica de um novo mundo por trás dos muros de prisão da revolta. Marx, assim como Comte, não permite uma discussão racional de seus princípios – tens de ser um marxista ou calar a boca. Vemos de novo confirmada a correlação entre impotência espiritual e antirracionalismo; não se pode negar Deus e conservar a razão.

A impotência espiritual destrói a ordem da alma. O homem está trancado na prisão de sua existência particular. Não destrói, contudo, a vitalidade de operações intelectuais dentro da prisão. As "Teses sobre Feuerbach", o que quer que possamos pensar delas em outros aspectos, são uma obra-prima sem igual de especulação mística no nível da existência demoniacamente fechada. Marx sabia que era um deus criando um mundo. Não queria ser a criatura. Não queria ver o mundo na perspectiva da existência criatural – embora reconhecesse que o homem tem dificuldades em sair da rotina. Rejeitava os grandes dilaceramentos do ser que se dão na experiência, as dilacerações do homem e do mundo, do ser imanente e da realidade transcendental, do homem e de Deus, sujeito e objeto, ação e contemplação, os dilaceramentos que apontam para o mistério da criação. Queria ver o mundo do ponto da *coincidentia oppositorum*,[81] ou seja, da posição de Deus. Conseguiu tal visão nas "Teses" mediante a construção do fluxo hermeticamente selado da existência em que os opostos são transformados um no outro; criou o símbolo do mundo fechado em que os sujeitos são objetáveis, e os objetos, uma atividade subjetiva; em que as coisas são o que são, e ao mesmo tempo são seus opostos. Em suma: ao descrever sua corrente de existência, empregou os métodos de especulação que os místicos empregam ao traduzir a experiência de Deus na linguagem imanente do mundo. Pelos padrões da especulação mística, é impecável a construção. É, provavelmente, o melhor fetiche mundano já construído por um homem que queria ser Deus.

Temos de dar-nos conta da completa seriedade desta empresa. Pode ser repugnante o espetáculo de um homem que se entrega a tais extravagâncias demoníacas, mas os aspectos repugnantes e talvez cômicos do desempenho não o fazem menos perigoso socialmente. Há muitos homens que querem ser deuses. Enquanto Marx era muito esclarecido em seu pessimismo quanto às habilidades do homem médio de elevar-se à força até a divindade, o homem médio é muito capaz de correr atrás de um super-homem autocriado que prometa, a baixo preço, fazer dele também um super-homem. Numa civilização em crise, quando ruíram as instituições espirituais, e, particularmente, quando o cientificismo se institucionalizou, surge a situação que descrevemos em nossa seção "Impotência Espiritual". A organização da defesa social contra o eunuquismo espiritual, que é sempre um perigo para a civilização, é enfraquecida até o ponto onde as espécies mais vitais do tipo humano defeituoso podem tornar-se os criadores de movimentos de massa.

A eficácia da ideia marxista, no entanto, não se apoia apenas na força e na coerência intelectual da revolta antiteísta de Marx. Marx pôs o dedo no lugar dolorido da sociedade industrial moderna, na causa do problema sério (mesmo se o

---

[81] Coincidência dos opostos. (N. T.)

problema não tiver de tomar a forma de uma revolução comunista geral), ou seja, o crescimento de instituições econômicas num poder de influência tão esmagadora na vida de cada homem que diante de tal poder se torna fútil toda conversa acerca da liberdade humana. Com exceções socialmente irrelevantes, numa sociedade industrial o homem não é o senhor de sua existência econômica. Marx tratou o problema sob o título "alienação", e citamos minuciosamente suas variações inexauríveis acerca do tema. Seu caso modelo foi o fado do trabalhador industrial, mas é um fado que está engolfando praticamente toda a nossa sociedade. Quanto progrediu a doença sabemos pelas experiências terríveis da revolução nacional-socialista em que os portadores do movimento não eram os trabalhadores industriais, mas a classe média baixa – para muita consternação dos marxistas ortodoxos que acreditam que os trabalhadores industriais têm um monopólio da miséria da insegurança econômica e do desemprego ameaçador, e, em consequência, um monopólio da revolução.

Embora Marx tenha errado quanto à extensão do mal, não errou quanto à sua natureza. Marx é o único pensador de estatura no século XIX (e ninguém o seguiu) que tentou uma filosofia do trabalho humano assim como uma análise crítica das instituições da sociedade industrial, partindo de sua posição filosófica. Sua obra principal, o *Kapital*, não é uma teoria econômica como a de Adam Smith, ou Ricardo, ou John Stuart Mill; e não pode ser descartada mostrando-se os defeitos das teorias marxistas de valor, de juros, de acumulação de capital, e assim por diante, todas certamente defeituosas. É, como afirma seu subtítulo, uma crítica da economia política; é uma tentativa de revelar o mito social que está contido nos conceitos de teoria econômica e de penetrar até o cerne da matéria, ou seja, até a relação do homem com a natureza e até uma filosofia desta relação, ou seja, do trabalho. Que nenhum teórico econômico depois de Marx se tenha interessado suficientemente pelos fundamentos filosóficos de sua ciência para explorar mais este problema, que não exista nenhuma escola moderna de teoria econômica que compreendesse e desenvolvesse os começos muito importantes de Marx, isso lança uma luz significativa em todo o ramo da ciência.

Como vimos, é duvidoso o resultado da tentativa marxista. A ideia do "individual total" que se "apropriará" do leque de trabalho de um sistema industrial em sua "autoatividade", como um Robinson que faz suas tarefas, é irrealizável empiricamente, e a parte escatológica da solução, a mudança na natureza do homem através da experiência da revolução que tornará possível tal proeza, é um misticismo intramundano descarrilado. Não obstante, no geral, é válido o diagnóstico do mal. O sistema industrial na sociedade atual assemelha-se, empiricamente, a um impasse humano, ameaçado por uma revolução comunista sempre que, por um espaço de tempo apreciável, falhar o remédio provisório de subornar a revolução mediante a "prosperidade" e a "elevação do padrão de vida". E a que muito provavelmente este comunismo se assemelharia, Marx descreveu em sua caracterização impressionante do "comunismo tosco".

Embora o "comunismo tosco" em sua forma mais horrível seja um ingrediente inconfundível na revolução social que se espalha para o Oeste desde a Rússia, e embora devamos considerar uma possibilidade que marcará, no conjunto, a próxima fase na decadência da sociedade ocidental, este curso não é uma necessidade histórica. Em sua interpretação da história, Marx concebeu o desenvolvimento de formas econômicas como ocorrendo numa humanidade abstrata com um apêndice de ideologias. Na verdade, o desenvolvimento corre nas sociedades históricas; e o apêndice ideológico não é nada menos do que a vida espiritual e a civilização dessas sociedades. O problema econômico formidável não tem nenhum conjunto não econômico, considerado por Marx como uma *quantité négligeable*;[82] e a existência deste ambiente não econômico torna impossível predizer que meios podem ser encontrados para mitigar as piores consequências de "alienação" e, no conjunto, lidar com os problemas da sociedade industrializada.

---

[82] Quantidade negligenciável. (N. T.)

Consideremos, finalmente, a questão prática mais interessante que é levantada pelo antirracionalismo da ideia marxista. Vimos que Marx só pode manter seu filosofar no nível da revolta espiritual mediante a proibição de perguntas desagradáveis. Que devastação a perversão da teoria em especulação docetológica tem de produzir na vida do intelecto pudemos observar na farsa de Engels e na comédia baixa dos social-democratas revisionistas alemães. Um clímax de tolice grotesca está na ideia de Lenin de que a dialética da história está preocupada em transformar em fenômenos a *Ding an sich* [coisa em si] kantiana. Quando mostrei esta pérola a amigos filósofos, caíram na gargalhada e mal podiam acreditar que, neste mundo monótono, existisse esse autêntico gracejo inocente. Quando a ideia marxista se torna um credo público, é óbvio que tal diletantismo e estupidez descarada só podem ser protegidos do ridículo por uma proibição radical da filosofia. Que consequências uma proibição da filosofia terá para uma sociedade no nível industrial de produção, a qual, para sua sobrevivência, depende de padrões estritos de racionalidade nas ciências, só o futuro poderá mostrar. Incidentes como os anunciados da Rússia, como o *caso* Lysenko,[83] parecem indicar que, até mesmo nas ciências naturais, o irracionalismo no nível da charlatanice fez suas incursões. Os artigos "filosóficos" russos, publicados em revistas científicas americanas, cumprem as piores expectativas. Não podemos excluir como possibilidade que uma sociedade em que o marxismo seja imposto como credo oficial cometa suicídio por desonestidade intelectual.

---

[83] Trofim Lysenko (1898-1976) foi um biólogo e agrônomo soviético que rejeitou a pesquisa de Mendel, que era então e é ainda hoje considerada o fundamento básico da genética. Em vez disso, Lysenko procurava o que era chamado "a genética socialista", ciência politizada que fez dele o cientista favorito do ditador soviético Josef Stalin. In: NNDB. Disponível em: http://www.nndb.com/people/828/000050678/. Acessado em 1 de julho de 2012. NNDB (*Notable Names Database)* [Base de dados de nomes notáveis] é um conjunto de informações que seguem as atividades de pessoas que foram tidas como dignas de nota, assim vivas como mortas. Superficialmente, assemelha-se muito a um "Quem é Quem" onde fica disponível o curriculum vitae de uma pessoa notável (as informações comuns de data de nascimento, biografia e outros fatos essenciais), em http://en.wikipedia.org/wiki/NNDB. Acesso em 1 de julho de 2012. (N. T.)

ÍNDICE REMISSIVO

A

Abraão:
  no *Calendrier* de Comte, 235
Acheronta (profundezas), 369
Achtzehnte Brumário de Luís Napoleão (Marx), 371
África, Condorcet sobre a, 189
Agostinho:
  sobre *amor sui* e *amor Dei*, 72
  sobre história, 149
Alemanha:
  constituição da, 437-38
  Guerra Camponesa na, 418
  Marx sobre a revolução na, 414-19
  Protestantismo na, 417-19
  Social Democratas na, 373, 375, 443
Alexandre I, Czar, 267-68
Aliança Social-Democrata Internacional, 338-39
Alienação:
  Marx sobre, 419-20, 426, 441-42
Allgemeine Gesinnung (sentimento público), 304
Alquimia, 36,
Altruísmo, Comte sobre, 227-30, 296
Amor Dei, 72, 227

Amor sui, 72
Amor:
  Bakunin sobre eros político, 314-15
  Comte sobre o, 223-25, 231
  e cristianismo, 45-46
Amour de gloire, 87
Amour de soi, 70-73, 87
Anarquismo:
  Bakunin sobre, 329-36, 365
  e d'Alembert, 112, 121
  e terrorismo, 330-31
  Kropotkin sobre, 332-33
  Tolstói sobre, 333-36
Anaximandro, 15
Annenkov, P., 315
Ansprache der Zentralbehörde an den Bund (Marx), 371-72, 437
Anti-Dühring (Engels), 278, 404
Antinomianismo, 43
Appel au conservateurs (Comte), 215
Appel au public occidental (Comte), 214
Aranha, metáfora da, 88-89
Arbre généalogique ou *encyclopédie*, 112

Aristóteles:
sobre *bios theoretikos*, 114, 118, 123, 368, 410
sobre teoria e prática, 410
Artificialidade na política, 103-05
Ásia:
Condorcet sobre, 189
Turgot sobre, 154
Associação Internacional de Trabalhadores, 338
Ateísmo, 428
Aufheben (abolir), 427
Aulard, F.-A., 219
Áustria:
e Santa Aliança, 23, 267-72
Turgot sobre, 175
Autoaniquilação, 349-50

B

Babeuf, François-Noël, 121
Bacon, Francis, 36, 125, 145, 212, 234
Bakunin, Mikhail:
"definhar do estado", 278
a obra tardia de, 352-60
antiestatismo de, 353-56
atividades revolucionárias de, 316, 329, 337-38
carisma de, 343
cartas para compreender as *Confissões*, 310-12
coerência heroica de, 47
como místico, 306-08
comparado com Kropotkin, 332-33
comparado com Marx, 307-08, 323-26, 428
desilusão de, 317
e a Aliança Social-Democrata Internacional, 338-39
e a Primeira Internacional, 337-39
e arrependimento, 312-13
e comunismo, 317-19

e corrupção do Ocidente, 266-67
e Cristandade, 302-04
e elemento fantástico, 343-45
e Muraviov-Amurski, 326
e o caso Nechaiev, 345-52
e o imperialismo pan-eslavo, 324-26
eros político de, 314-15
fuga da Sibéria, 329
materialismo de, 356-60
morte de, 329
niilismo de, 299
prisão de, 308-312, 329
revolta da alma versus necessidade marxista, 326-28
significado de, 258
sobre "fé sob a vontade", 322-23
sobre a ordem social russa do século XIX, 319-21
sobre a Reação na Alemanha, 299-308
sobre anarquismo, 329-37, 365
sobre as classes pobres, 305-06
sobre ativismo e agente histórico, 304-06
sobre autoaniquilação, 349-50
sobre democracia, 300-02
sobre federalização, 354
sobre liberdade, 302-04, 320-21, 358-60
sobre *metanoia*, 13-15, 301, 307
sobre novas elites, 161-62
sobre o desaparecimento da contemplação, 348-49
sobre o estado futuro da sociedade, 353-56
sobre o mal, 350-52
sobre o mistério do drama histórico, 323-24
sobre reacionários, 313-15
sobre revolução, 113, 299-308,

317-20, 322, 324-28, 337-50,
356, 360-61
sobre satanismo, 299, 356-60
sobre terrorismo, 330-31
sociedades revolucionárias
criadas por, 337-45
vida de, como aventura
demônica, 315-16
visão geral sobre, 21-22
obras:
Confession, 308-29
Dieu et l'etat, 356-60, 356
Os Princípios da Revolução,
346-49
Rapport sur l'Alliance, 339
"*Reaktion in Deutschland*",
307, 313-14
Bauer, Bruno, 303, 419
Bauer, Otto, 376
Bazard, Amand, 203-04, 266
Beccaria, Cesare Bonesana, 56
Bentham, Jeremy:
a influência de Helvétius sobre,
57, 66, 89
cidadania francesa estendida a, 251
sobre a felicidade, 58
sobre o poder, 90
sobre o tipo "ascético", 139
obra:
Panopticon, 88, 99
Bergson, Henri:
débito de Voegelin a, 49
obra:
*Deux sources de la morale et
de la religion*, 169
Bernstein, Eduard,
Bewusstsein, bewusstes Sein
(consciência e ser consciente),
362, 371
Bíblia: Comte sobre, 235
Bios theoretikos,

Aristóteles sobre, 115, 118,
123, 368, 410
desaparecimento de, 114-16,
127, 139, 240, 348, 398-99
Bismarck, Otto von, 371-73
Blacas, 264
Blainville, Henri-Marie Ducrotay
de, 209, 220
Blanc, Louis, 375
Blanqui, Adolphe, 161
Bodin, Jean:
como místico, 49
débito de Voegelin a, 49
e Turgot, 173
Bonald, Louis-Gabriel-Ambroise
de, 258, 263, 274
Borniert (natureza limitada das
revoluções), 426
Bossuet, Jacques-Bénigne:
e Turgot, 179
sobre a história profana, 145, 172
obra:
Discours, 134
Bouleversements (sublevação
violenta), 151-52
Bruno, Giordano, 167
Bruto, 85
Buda, 235
Burckhardt, Jacob, 146, 148
Bürgerliche (burguesia), 412
Bürgerliche Gesellschaft (sociedade
burguesa), 414
Burguesia,
Marx sobre, 364, 369, 371, 379
Saint-Simon sobre, 278

C
Cabala, 36, 44
Cabet, Étienne, 365
Calendrier positiviste (Comte), 214,
234-35, 241

Índice remissivo | 447

Calvino, João, *Instituições*, 133
Capitalismo:
 crítica de Marx ao, 28, 366-68, 435
 Hegel sobre o, 28
 Caput mortum, 357
 Carlos Magno:
  e a fundação da Europa Cristã, 246, 262-63, 277
  e a República Ocidental, 24
  monumento para, 204
Carlos X, 254
Carr, E. H., 330
Castlereagh, Viscount, 271
Catão, 86
Catéchisme de morale, 119-20
Catéchisme industriel (Saint-Simon), 278
Catéchisme positiviste (Comte), 214-15
Censeur, Le, 258-61
Chateaubriand, François, 269
Chauri Chaura (o caso), 337
Chefs des travaux (administradores industriais), 290
Chemin-Dupontès, 250
China, Turgot sobre, 154
Christenheit oder Europa (Novalis), 263
Churchill, Winston, 271
Ciência, Política e Gnosticismo (Voegelin), 39-40
Ciência:
 Bonald sobre a, 258
 Comte sobre a, 173, 283-85, 288-92, 295-96, 299
 e comunismo, 162-63
 e fascismo, 162-63
 e lei das Três Fases, 290-91
 e nacional-socialismo, 162-63
 Engels sobre a, 275
 Maistre sobre a, 265-66
 na *Encyclopédie*, 110-11

Saint-Simon sobre a, 273-78
Cientificismo, 162, 166-67, 273, 275, 283-84; e fenomenalismo, 293
Citoyens, 282
Civilização:
 Condorcet sobre a destruição da civilização histórica, 188-90, 243, 432
 Gobineau sobre, 154
 Rousseau sobre, 158
 Toynbee sobre "minoria criativa" e, 160
 Toynbee sobre destruição da, 116, 154
Classe média:
 e utilitarismo inglês, 92-93
 Veja também Burguesia
Clausula rebus sic stantibus, 95
Cognitio fidei, 358
Coincidentia oppositorum, 440
Colônias, independência das, 189
Comte, Auguste:
 "operação" de, 233, 251
 a autobiografia intelectual de, 211-13
 a continuidade na vida de, 210-23
 a influência de d'Alembert sobre, 110
 a situação financeira de, 220-21
 cientificismo de, 172, 283-85, 288-92, 295, 299
 cisão na vida de, 197-210
 comentários finais sobre, 292-97
 comentários introdutórios sobre, 21, 23-28, 47, 195-97
 como gnóstico, 282-87, 439
 como publicista, 279-82
 comparado com Bakunin, 27
 comparado com Marx, 28-29, 223, 275, 307, 428, 439
 criação de novas elites por, 160-61

Dumas sobre, 203-05
e a abolição de Cristo, 241-42
e a crise Ocidental, 195-97
e a harmonização do coração e
do intelecto, 223-25, 296
e a República Global, 215
e a República Ocidental, 198-
200, 214-15, 222, 234, 271-72
e a Revolução Francesa, 234-52
e a vontade de poder, 240-41
e Bakunin, 353
e divinização da mulher, 227-29
e Engels, 399
e fechamento monádico, 231-32,
257
e Littré, 200-10, 232, 257, 296
e o Apocalipse do Homem, 222-23
e o assassínio de Deus, 242
e Saint-Simon, 211, 246-47, 258,
272-78
e Turgot, 25, 128, 131-33, 145, 146
educação de, 211
estilo de explicação de, 218-19
fases do trabalho de, 213-15
hygiène cérébrale de, 212, 216, 233
impotência espiritual de, 238-40
intuição de, 232-33, 279-97
messianismo de, 203-06, 234-
35, 287-92, 294
Mill sobre, 197-98, 206, 217, 257
monumentalização da vida
privada de, 219-21
morte de, 215, 221
perturbação mental de, 198-205
positivismo de, 109, 132, 163,
169, 200, 223, 353
proclamação "decisiva" de, 204
relação com Clotilde de Vaux,
198, 210, 219, 221, 225-27, 234
significado real de, 132
sobre a ficção de Cristo, 235-38

sobre a Religião da
Humanidade, 24, 197, 201-02,
222, 232-51, 258, 263-64, 295-96
sobre as três fases da história, 21,
25, 128, 131-33, 165-67, 211, 291-97
sobre *gouvernants* (governantes)
e *gouvernés* (governados), 282
sobre história, 282-87
sobre historicidade da mente,
229-31
sobre intelectuais políticos, 279-82
sobre intervenção e regeneração
social, 217-18
sobre meditação e renovação
pessoal, 213, 216-18, 409
sobre Napoleão, 204, 244-46
sobre o começo da era
positivista "provisional", 234-35
sobre o *Grand-Être*, 24, 118, 138,
222, 235-38, 256
sobre progresso, 159-60, 165-66
testamento de, 221
unidade mental de, 212, 223-33
utilitarismo de, 121, 231-32
obras:
"A sa majesté le tzar Nicolas",
215
"A son excellence Reschid-
Pascha", 215
"Considérations
Philosophiques sur les
Sciences et les Savants", 214
"Considérations sur le
Pouvoir Spirituel", 214
"Essor empirique du
républicanisme français", 199
"Plan des travaux scientifiques
nécessaires pour réorganiser
la société", 213-14, 287-88
"Préface personnelle", 211-12,
216

Índice remissivo | 449

"Séparation générale entre les opinions et les désirs", 279-82
"Sommaire appréciation de l'ensemble du passé moderne", 282-87
Appel au Conservateurs, 215
Appel au Public Occidental, 214
Calendrier Positiviste, 214, 235, 241
Catéchisme Positiviste, 214
Cours de Philosophie Positive, 197, 205, 211-18, 234, 239-40, 273
Discours préliminaire, 223-24, 229-30
Discours sur l'ensemble du positivisme, 214
Le fondateur de la Société positiviste, à quiconque désire s'y incorporer, 214
Philosophie politique, 213
Prières, 226-28
Synthèse subjective, 215-16, 231
Système de logique positive, 215
Système de politique positive, 197, 214-15, 220, 223, 234-35, 237-38, 247
Comte, Charles, 258-59
Comuna de Paris, 374
Comunidade de negociantes, Helvétius sobre, 96
Comunismo:
"operação" de, 233, 251
antiespiritualismo do, 170
cientificismo de, 172, 283-85, 288-92, 295, 299
cisão na vida de, 197-210
colapso do, 30
como publicista, 279-82
e a crise Ocidental, 195-97
e a República Ocidental, 198-

200, 214-15, 222, 234, 271-72
e a vontade de poder, 240-41
e Bakunin, 317-18
e elites, 160-61
e fechamento monádico, 231-32, 257
e Lenin, 373-78
e o assassínio de Deus, 242
e o imperialismo russo, 380
e o *Manifesto Comunista* de Marx, 258, 370, 372, 430-32
e Saint-Simon, 211, 246-47, 258, 272-78
e sistema industrial, 163
e Turgot, 25, 128, 131-33, 145, 146
em países ocidentais, 342
estilo de explicação de, 218-19
estrutura piramidal de, 344-45
fases do trabalho de, 213-15
impotência espiritual de, 238-40
Marx sobre comunismo tosco e comunismo verdadeiro, 428-30, 442
Marx sobre o objetivo do, 29-30
messianismo de, 203-06, 234-35, 287-92, 294
Mill sobre, 197-98, 206, 217, 257
monumentalização da vida privada de, 219-21
objetivos últimos do, 434-35
perspectiva histórica do, 431-32
perturbação mental de, 198-205
positivismo de, 109, 132, 163, 169, 200, 223, 353
relação com Clotilde de Vaux, 198, 210, 219, 221, 225-27, 234
significado real de, 132
sobre a Religião da Humanidade, 24, 197, 201-02, 222, 232-51, 258, 263-64, 295-96
sobre as três fases da história, 21,

450 | História das Ideias Políticas – A Crise e o Apocalipse do Homem

25, 128, 131-33, 165-67, 211, 291-97

sobre intelectuais políticos, 279-82

sobre Napoleão, 204, 244-46

sobre progresso, 159-60, 165-66

testamento de, 221

tribalismo do, 143-44

unidade mental de, 212, 223-33

utilitarismo de, 121, 231-32

obras:

   Appel au Conservateurs, 215

   Appel au Public Occidental, 214

   "A sa majesté le tzar Nicolas", 215

   "A son excellence Reschid-Pascha", 215

   Calendrier Positiviste, 214, 235, 241

   Catéchisme Positiviste, 214

Concelho de Newton, 275-76

Condillac, Étienne Bonnot de, 61, 84

Conditio humana, 366

Condorcet, Marquis de:

  e Comte, 211, 234, 258, 284

  sobre a destruição da civilização histórica, 188-90, 243, 432

  sobre a direção do destino da humanidade, 186-87

  sobre contemplação e Campos Elíseos, 193

  sobre imprensa, 184

  sobre intelectuais e propagação da fé, 181-85, 280

  sobre o super-homem, 191-93

  sobre progresso, 186-89, 233

  sobre queima de documentos, 183

  sobre reformas sociais, 190-91

  utilitarianismo de, 276

  obra:

    Esquisse, 22, 180-93

Confession (Bakunin), 308-29

Confúcio, 235

Congresso de Viena de 1815, 261

Connaissances humaines (conhecimento humano), 110

Considérations sur la France (Maistre), 263-64

Constant, Benjamin, 254, 269

Constantino, e cristianismo como religião de Estado, 373

Constantinopla, queda de, 124

Contemptus mundi, 146

Contradictio in adjecto, 382-83, 396

Corps de négocians (comunidade de negociantes), 96-97

Corpus Hermeticum, 36

Cours de philosophie positive (Comte), 197, 205, 211-18, 234, 239-40, 273

Crainte, la (cerne da existência), 82

Crédit mobilier, instituições bancárias de, 275

Crisis and the Apocalypse of Man (Voegelin):

  como título escolhido, 17

  visão geral sobre temas de, 18-51

Cristianismo:

  d'Alembert sobre, 116-18

  de Tolstói, 333-36

  distorção gnóstica do, 39-40, 45, 47

  e a terra, 171

  e Amor, 45

  e Bakunin, 301

  e conversão, 177

  e Maistre, 263-67

  Helvétius sobre, 68

  mistério central do, 45-47

  no *Calendrier* de Comte, 235, 241

  o chamado de Voegelin para uma nova filosofia cristã da história, 47-48

  o mal como visto pelo, 332

perda do sentido cristão da história, 137-38

Queda e corrupção da natureza humana, 332

Schelling sobre as três Cristandades, 305

Turgot sobre, 179

visão geral sobre, 45-51

Cristo. *Veja* Jesus Cristo

Cruzadas,

Cruzada Albigense, 35

Culte décadaire, 250

Culte de la Raison, 247, 250, 256

D

A Decadência do Ocidente (Spengler), 177

D'Alembert, Jean Le Rond:

a posição histórica do *Discours*, 110-11

antimedievalismo de, 128

comparado a Engels, 398

e a garantia contra o passado, 123-25

e a ideia de genealogia, 112-21

e *catéchisme de morale*, 119-20

e o desaparecimento do *bios theoretikos*, 114-16, 139

e o dilema da moral utilitária, 118-21, 276

e os princípios da *Encyclopédie*, 111-12

novo *pouvoir spirituel* de, 116-18

sobre a ascensão da América e da Rússia, 128-30

sobre a *Encyclopédie*, 125-26

sobre a garantia contra o futuro, 125-26

sobre a necessidade de um novo culto público para substituir a simbolização cristã, 20

sobre cristianismo, 116-18

sobre o "presente autorizado", 121-23

sobre o progresso, 121-30

sobre revolta e justiça, 112-14

sobre tecnologia, 127

obra:

Discours preliminaire de l'Encyclopédie, 109-130, 186

Daniel, 267

Danton, Georges-Jacques, 247, 250, 258

De l'esprit (Helvétius), 55-58, 85, 93-96

De l'homme (Helvétius), 60-62, 93, 96-99

De Vaux, Clotilde, 198, 210, 219, 221, 225-27, 234

Demi-politiques, 91

Democracia:

Bakunin sobre, 300-03

e a vontade do povo como sempre boa, 333

Descartes, René:

e Comte, 234

significado de, 145

sobre "reprodução espontânea", 213

obra:

Discours de la méthode, 111

Desigualdade:

Condorcet sobre a, 188-90

Turgot sobre a, 155-57

Désir du pouvoir (vontade de poder), 71-73

Desobediência civil, 337

Deus:

como o *Grand-Être* de Comte, 118, 138, 222, 235-38, 256

Feuerbach sobre, 411

Marx sobre, 405-06

morte de Deus, 40, 242

o assassínio de Comte de, 242

Deutsche Ideologie (Marx), 427

Deux sources de la morale et de la religion (Bergson), 169

Dialética,

definição de, 382

de Hegel, 382-86

Diderot, Denis:

e a *Encyclopédie*, 111, 126

sobre o "contemplador inútil", 139

obra:

Discours, 398

Dieu et l'etat (Bakunin), 356-60

Ding-an-sich ("coisa em si"), 399, 443

Diocleciano, 373

Discours (Bossuet), 134

Discours (Diderot), 398

Discours de la méthode (Descartes), 111

Discours préliminaire (Comte), 223-24, 229-30

Discours préliminaire de l'Encyclopedie (d'Alembert), 109-130, 186

Discours sur l'ensemble du positivisme (Comte), 214

Discourses en Sorbonne (Turgot), 130, 133, 139, 145

Discursos de História Universal (Turgot), 130, 134, 145

Divertissement, 80-82, 102

Divisão de trabalho, 421-22, 424

Dokesis (aparência), 393

Dominicanos,

fundação dos, 35

Dostoiévski, Fiódor, 27, 260

Douleur (dor), 67

Doutrina do "direito natural", 291-92

Dreck (velho lixo), 364

Dreyfus, Alfred, 106, 208

Du Pape (Maistre), 263, 265

Ducassé, Pierre, 210, 217, 219, 230-31

Dumas, George, 203-06

Dumont, Étienne, 89

Duncker, Hermann, 375

Dunoyer, Charles, 258-60

Duveyrier, Henri, 204

E

Egito,

Turgot sobre, 154

Ego,

Pascal sobre o, 83, 89

Eliot, T. S., 77

Elites,

a evocação em curto-circuito das elites, 161-62

Elizabeth,

Imperatriz da Rússia, 268

Emancipação,

Marx sobre, 419-20

Encyclopédie, 55, 110-12, 125, 129-30, 186

Encyclopédistes, 55, 399

Endgültigkeit ("peremptoriedade"), 400

Enfantin, Barthelemy-Prosper, 203, 266, 278, 375

Engels, Friedrich:

e Hegel, 393-98

especulação docetológica de, 393-401, 443

idofobia de, 387-89

inversão por, 404

Lenin sobre, 376, 399

símbolos de linguagem de, 390

sobre ciência, 275, 388-89, 399

sobre ética, 400

sobre liberdade, 90, 397-99

sobre o definhar/extinguir-se do Estado, 278, 376

Índice remissivo | 453

sobre progresso, 399-400

sobre proletariado, 376, 432-33

sobre revolução, 375

obras:

   Anti-Dühring, 278, 404

   Luta de Classe na França, 373

   Marx-Engels Gesamtausgabe,
   361

   Zur Geschichte des Bunds der
   Kommunisten, 372

Ennui,

   Helvétius sobre, 66-68

   Pascal sobre, 79-82, 84

Ensaio sobre o Entendimento

   Humano (Locke), 56-60, 62, 64, 79

Entgotterung (desdivinização), 168

Épater le bourgeois, 379

Epicuro, 405

Epigoni, 407

Escatologia,

   e a epifania de Cristo, 41

   e Helvétius, 107, 122

Escritos herméticos, 36

Espanha,

   Turgot sobre a, 175

Especialização, 424

Especulação docetológica, 393-401,
   443

Esprit (intelecto), 60, 125-26, 224

Esprit humain (intelecto humano),
   155, 166, 218, 232

Esquisse (Condorcet), 22, 180-193

Essai analytique sur les lois
   naturelles de l'ordre social
   (Bonald), 263

"Essor empirique du
   républicanisme français"
   (Comte), 199

Estado e Revolução (Lenin), 375

Estado:

   antiestatismo de Bakunin, 303-

04, 353-56

   como igreja, 248-50

   Engels sobre o definhar do
   Estado, 278, 376-77

   Turgot sobre o, 174-75

Estados Unidos:

   ascensão dos, 129-30

   federalismo dos, 354

   Grande Despertar e Segundo
   Grande Despertar nos, 23

   progressismo nos, 149

   Turgot sobre a independência
   americana, 175

Estilo aforístico, 100

Estrutura de classe:

   Bakunin sobre a classe pobre,
   305-06, 308

   Saint-Simon sobre, 278

   Veja também Burguesia, Classe
   média

État théologique, 232

Ética. *Veja* Moralidade

Être Suprême, L', 20, 118, 247, 250, 256

Europa:

   "A República Europeia" de
   Rousseau, 262

   Bakunin sobre a corrupção do
   Ocidente, 317-19

   Bonald sobre a, como "única
   família", 263

   o programa político de Comte
   sobre a, 242-48

Evocação em curto-circuito das
   elites, 161-62

Evolução social:

   e marxismo, 107

   Helvetius sobre, 92-94, 106-07, 111

F

Fábula das Abelhas (Mandeville), 58

Família Medici, 36

Fanatiques, 91
Fascismo:
  antiespiritualismo do, 170
  e elites, 161
  e sistema industrial, 163
  símbolo do, 380
Fase antropomórfica, 165
Fé,
  Bakunin sobre "a fé sob a
  vontade", 322-23
Federação eslava, 324-26
Federalização, 354
Felicidade:
  Bentham sobre a, 58
  d'Alembert sobre a, 119
  Helvétius sobre, 70-73, 90-93, 119
  Lenin sobre, 89-90
  Locke sobre, 58-9
  Marx sobre, 413-14
  Pascal sobre, 81, 83
  princípio da maior felicidade do
  maior número, 90-93, 119
Feminismo, 229
Fenomenalismo, 293
Ferguson, Adam, 158
Feuerbach, Ludwig:
  antropologia de, 307
  e Bakunin, 303
  e destruição de símbolos
  dogmáticos, 419
  "Teses sobre Feuerbach" de
  Marx, 409-13, 439-40
Fichte, Johann, 161, 244, 278
Filosofia do Direito (Hegel), 414
Filosofia,
  d'Alembert sobre, 124
Filosofia hindu, 85,
Filosofia vedanta, 86-88
Física:
  Saint-Simon sobre, 273-74
  Turgot sobre o progresso em, 131

Fisicismo, 60-63
Fludd, Robert, 167
*Fondateur de la Société positiviste,
à quiconque désire s'y incorporer*
(Comte), 214
Fortuna secunda et adversa, 316
Fourier, Charles, 203, 365
Frageverbot, 40
França:
  e a República Ocidental, 242-44
  golpe de estado de Luís
  Napoleão, 199-200, 206
  Igreja Católica na, 250
  o *affaire* Dreyfus na, 106, 208
  restauração seguindo a
  revolução na, 252-58
  Revolução de Julho na, 253
  Segunda República da, 255
  Terceira República da, 106, 255
  Veja também Revolução
  Francesa
Franciscanos, fundação dos, 35
Francisco I, Imperador da Áustria,
  270-71
Frederico II, 117-19
From Enlightenment to Revolution
  (Voegelin), 13, 16

G

Gadamer, Hans Georg, 15
Gandhi, Mahatma, 337
Gattungswesen (ser genérico), 419
Gegenständlich ("objetivo"), 412
Geistigen Vorstellungen
  (concepções mentais), 403
Généalogie des passions, 70-74
Geografia política,
  Turgot sobre, 170-78
Geografia. *Veja* Geografia política
George, Stefan, 164
Gesammtzusammenhang (contexto

Índice remissivo | 455

total), 388

Geschichte des Bunds der Kommunisten (Engels), 372

Gleichschaltung, 190

Gnosticismo:

apogeu do, coincidindo com conjuntos de transcendência em declínio, 44

de Comte, 282-87, 439

de Hegel, 39, 408

de Marx, 39, 404-09, 439

e antinomianismo, 43

e filosofia da consciência, 40

e iluminação de si mesmos, 44

e mistura espiritual, 44-45

e romantismo, 37

em *A Nova Ciência da Política*, 34, 38-40,

em *Ciência, Política e Gnosticismo*, 39-40

ligação entre o gnosticismo antigo e sua variante moderna, 34-39

natureza dual da moralidade do, 43

pesquisa e estudos sobre, 34-35, 42

uso do termo por Voegelin, 34

visão geral sobre, 34-45

Gobineau, Joseph-Arthur de:

teoria da civilização ocidental, 154

Goebbels, Joseph, 185

Gorgias (Platão), 381

Gouhier, Henri, 206, 209, 210, 247, 252-53, 272

Governants (governantes) and *gouvernés* (governados), 282

Grã-Bretanha:

movimentos ou incidentes sufragistas, 337

Veja também Inglaterra

Grande Despertar na América e o Segundo Grande Despertar, 23

Grand-Être, 118, 138, 222, 235-38, 256

Granet, 155

Gregos,

ética dos, 118-19

Guerra Camponesa, 418

Guerra civil:

summum malum da morte na, 101

Guerra dos Trinta Anos, 37, 261

Gustavus Adolphus IV, Rei da Suécia, 268

H

Hallowell, John, 13

Handgreiflichkeiten (experiências tangíveis), 427

Hayek, Friedrich A. von, 275

Hebert, Jacques-René, 256

Hebreus, religião dos, 177

Hegel, G. W. F.:

dialética de, 382-84

e Bakunin, 305

e Engels, 394-98

e gnosticismo, 39, 408

e *List der Vernunft* (astúcia da razão), 88

e Marx, 29, 101, 365-66, 370, 381-87, 393-95, 404-06, 414

Ideia em, 28, 384, 408

sobre história, 150

sobre liberdade e necessidade, 305, 397

sobre o capitalismo, 28

sobre razão, 408

obra:

Filosofia do Direito, 414

Heidegger, Martin:

e gnosticismo, 39

sobre compreensão do material por traduzir, 15

456 | História das Ideias Políticas – A Crise e o Apocalipse do Homem

sobre Deus como salvador, 46
Helvétius, Claude-Adrien:
comentários finais sobre, 100-07
comparado com Pascal, 79-80,
83-84
e escatologia, 107, 122
e instrumentalização do
homem, 19, 73-74, 102
e inversão de direção, 65-66, 101
e salvação como um processo
social, 78-79
estilo aforístico de, 100
fisicismo de, 60-63
hedonismo de, 66
imanentismo social, 104
influência de Locke sobre, 56-65
influência de, sobre Bentham,
56, 66, 89
Nietzsche sobre, 56, 66, 75
nova filosofia da existência de,
65-79
observações iniciais sobre, 19,
55-57
religiosidade anticristã de, 84-88
religisiodade intramundana de,
19, 101
sobre a felicidade do maior
número, 90-92, 119
sobre a genealogia das paixões,
70-74, 111
sobre a natureza humana, 60-63,
65-79
sobre a Ordem Jesuíta, 97-99, 160
sobre *amour de soi*, 70-73, 87
sobre *désir du pouvoir*, 70-74
sobre desordem como a
natureza do homem, 75-77
sobre igualdade, 105-06
sobre inércia e *ennui*, 66-68
sobre internacionalismo, 94-96
sobre legislador, 88, 93, 97-98,

99, 102, 104, 113
sobre luta de classes, 96-97
sobre nacionalismo, 94-96
sobre o poder, 70-77
sobre o véu de *Maya*, 86-88
sobre os dois eus, 84-86
sobre paixões, 68-73, 101-04
teoria da evolução social de,
92-94, 106-07, 111
obras:
De l'esprit, 55-58, 85, 93-96
De l'homme, 60-62, 93, 96-99
Herzen, Alexander, 310-11, 314
Histoire philosophique des Deux-Indes (Raynal), 249
História:
categorias de Turgot da, 149-57
Hegel sobre a, 150
história profana *versus* história
sagrada, 137-38, 145-49
historicismo de Turgot, 130-79
lei de Comte sobre as três fases
da história, 21, 25, 128, 131-33,
165-67, 211, 291-97
Marx sobre substância e
processo da, 420-25
o chamado de Voegelin para
uma nova filosofia cristã da
história, 47-48
perda do significado cristão da,
137-38
visão de Agostinho sobre a, 149
História das Ideias Políticas
(Voegelin):
abordagem idiossincrática da,
13-15
concepção subjacente da, 18, 32-33
problema central na, 17
Historiografia:
de Turgot, 130-79
e os metodologistas alemães, 148

Índice remissivo | 457

Hitler, Adolf, 161, 223, 323
Hobbes, Thomas:
  Leviatã de, 57, 101
  sobre paixão, 84
  voo vindo do *summum malum*
  da morte na guerra civil, 101
  "Homem concreto", 138
  "Homem socialista", 425-28, 441-42
  Homme sensible (homem sensível), 69
  Homo faber, 139
  Homo politicus, 101
  Homonoia, 140
  Humildade,
  Pascal sobre a, 81-82
Hungria, revolução de 1849, 272
Huxley, Thomas, 231
Hygiène cérébrale, 212

I

Ideologia, Marx sobre, 401-04, 421
Idofobia:
  de Engels, 387-89
  de Marx, 386-89, 409
  definição de, 387
Igreja Católica:
  Bakunin sobre, 302-03
  e a Revolução Francesa, 203
  e aparições marianas, 23
  Maistre sobre, 23, 263-65, 271
  na França, 250
Igreja:
  estado como, 248-50
  Igualdade,
  Condorcet sobre, 188-91
  d'Alembert sobre, 112-13
  Helvétius sobre, 105-06
Imanentismo social, 104-05
Imperialismo pan-eslavo, 324-29
Imprensa,
  Condorcet sobre a, 184
Inbegriff (totalidade), 394

Inconsciente, 167-68
Índia:
  resistência passiva de Gandhi
  na, 337
  Turgot sobre a, 154
Inércia e *ennui*,
  Helvétius sobre, 66-68
Inglaterra,
  Ato de Estabelecimento na, 255
  Revolução Gloriosa na, 255
  revolução na, 414
  Veja também Grã-Bretanha
Inquiétude (inquietação), 67
Instituições (Calvino), 133
Instituições bancárias, 275
Instrumentalização do homem, 19,
  73-74, 102
Intelectuais:
  Bakunin sobre, 319-21
  Comte sobre intelectuais
  políticos, 279-82
  Condorcet sobre, 181-85, 280
  e revolução internacional no
  século XIX, 340-41
Internacionalismo:
  e a Revolução Francesa, 261-63
  Helvétius sobre, 94-96
  Turgot sobre, 170-72
Introduction à la connaissance de
  l'esprit humain (Vauvenargues),
  63-65
Introduction aux travaux
  scientifiques du XIXe siècle
  (Saint-Simon), 276-77
Inversão:
  por Engels, 404
  por Helvétius, 65-66, 101
  por Marx, 381-404
Irmãos Internacionais, 344
Isaías, 268
Islã:

458 | História das Ideias Políticas – A Crise e o Apocalipse do Homem

e conversão ao, 177

e sufismo, 44

Itália:

constituição corporativa de
Napoleão para o reino da, 277

escritos herméticos na, 36

organizações conspiratórias
da, 161

Iugoslávia, 378

J

James, William,
sobre "a vontade de crer", 31

Jaspers, Karl, 292

Jeremias, 268

Jesuítas:
e Comte, 222
Helvétius sobre, 97-99, 160

Jesus Cristo:
a abolição de Comte de, 241-42
Comte sobre a ficção de Cristo,
235-38
d'Alembert sobre, 117
e a encarnação divina da ordem,
45
e Judas, 315
e o Sermão da Montanha, 335
epifania de, 41
omissão de, do *Calendrier* de
Comte, 235, 241
Tolstói sobre, 335

João de Salisbury,
Policraticus de, 101

João, São, Revelação de, 265

Judaísmo,
e Cabala, 36, 44

Judas, 315

Jünger, Ernst, 164

Jung-Stilling, Heinrich, 267, 269

Justiça,
d'Alembert sobre, 112-14

K

Kant, Immanuel:
"A República Europeia" de, 262
sobre *Ding-an-sich* ("coisa em
si"), 399, 443
sobre *noumena* e *phenomena*, 167
sobre o homem como fim em si
mesmo, 102
Kapital (Marx), 362, 366-68, 370,
383, 390-91, 402, 441

Kautsky, Karl, 362, 371, 373

Kepler, Johannes, 145, 167

Kierkegaard, Søren,
sobre a angústia da existência, 80

Klassenkämpfe in Frankreich
(Marx), 372

Klopstock, Friedrich Gottlieb, 251

Koiné, 168

Kommunistische Manifest (Marx).
Veja *Manifesto Comunista*
(Marx)

Kraus, Karl, 376

*Kritik der Hegelschen
Rechtsphilosophie* (Marx), 413

Kritik der Politischen Oekonomie
(Marx), 376, 391-92, 402

*Kritik des sozial-demokratischen
Parteiprogramms 1875* (Marx), 375

Kropotkin, Príncipe Peter, 332-34

Kruedener, Baronesa von, 267,
268-69

L

La Boétie, Étienne de,
Servitude Volontaire, 113

La Révellière, Louis-Marie de, 250

Lafayette, Marie-Joseph, 254, 257, 262

Lafitte, Pierre, 258

Lebensweise (modo de vida), 421

Legislador,
Helvétius sobre, 88, 93, 97-99,

102, 104, 113

Législation primitive considérée dans les derniers temps par les seulles lumières de la raison (Bonald), 263

Lei,
Helvétius sobre, 94-95

Leibniz, Gottfried, 145, 240

Lenin, V. I.:
artigo da enciclopédia acerca de Marx por, 376, 389, 399
comparado com Comte, 223
e Bakunin, 326
e comunismo, 373-78
e filósofos franceses do Iluminismo, 161
kairos de, 322-23
significado de, 342
sobre dialética da história, 443
sobre Engels, 376, 399
sobre felicidade, 89-90
sobre novas elites, 162-63
obras:
Estado e Revolução, 375
Materialismo e empirio-criticismo, 399

Lettres d'un habitant de Genève (Saint-Simon), 203, 275-76

Leviatã, 57, 101

Levy-Bruhl, L., 210

Leyden, Jan van, 306

Liberalismo,
de Littré, 206-08

Liberdade:
Bakunin sobre, 302-04, 320-21, 358-60
Engels sobre, 90, 397-99
Hegel sobre, 304, 397
Marx sobre, 366-68, 398, 409
Schelling sobre, 358

Littré, Émile, 200-10, 232, 257,

296, 399

Locke, John:
análise crítica das ideias inatas por, 58-59
influência de, sobre Helvétius, 56-65
sobre a mente, 60-62, 64-65
sobre a natureza humana, 60-62
sobre *esprit*, 60
sobre moralidade, 57-58, 64-66, 113-14
sobre prazer e dor, 57-58, 62-63, 84
sobre sensação e reflexão, 60-61, 63-64, 131
teoria do conhecimento de, 131
Vauvenargues sobre, 62-65
obra:
Ensaio sobre o Entendimento Humano, 56, 57-59, 63, 65, 79

Luís Filipe, 303

Luís Napoleão, 199-200, 206

Luís XVI, rei da França, 257

Luís XVIII, rei da França, 253-54, 258

Luta de classes:
d'Alembert sobre, 119-20
e o princípio da felicidade do maior número, 92
Helvétius sobre, 93, 96-97
Marx sobre, 363-65, 372
Luta de Classes na França (Engels), 372

Lutero, Martinho:
e a Reforma em geral, 277, 418-19
Marx sobre, 418

Luxemburgo, Rosa, 362

M

Maçonaria, 37

Maistre, Joseph-Marie de:
e Comte, 258, 263-67

morte de, 263
sobre a Igreja Católica, 23, 263-
65, 271
obras:
Considérations sur la France,
263-64
Du Pape, 263, 265
Soirées de Saint-Pétersbourg,
263, 265-67
Mal:
a visão cristã sobre o, 332
Bakunin sobre o, 350-51, 355-56
Kropotkin sobre o, 332
Locke sobre o, 58-59, 64
Tolstói sobre o, 333-35
Mandeville, Bernard, 58
Manifesto Comunista (Marx), 258,
370, 372, 430-32
Maomé, 235
Maquiavel, Nicolau,
sobre virtù, 150
Marx, Karl:
"materialismo" de, 29
artigo da enciclopédia de Lenin
sobre, 376, 389, 399
comentários finais sobre, 438-43
como "vigarista intelectual", 40-41
como místico, 363-68, 408, 439
como Paracleto, 408, 439
comparado com Bakunin, 307-
08, 323-26, 428
comparado com Comte, 28-29,
223, 275, 307, 428, 439
descarrilamento de, 368-81
dificuldades de se estabelecer o
Marx "real", 361-62
discurso à Bund der
Kommunisten por, 436-38
dissertação doutoral de, 404-07
e "Teses sobre Feuerbach", 409-
13, 439-40

e a Primeira Internacional,
338-39, 362
e gnosticismo, 39, 404-09, 439
e Hegel, 29, 101, 365-66, 370,
381-87, 393-95, 404-06, 414
e inversão da dialética hegeliana
em geral, 381-404
e o definhar do Estado, 278
e o super-homem, 192
especulação docetológica de,
393-401, 443
gênese da ideia revolucionária
de, 404-43
idofobia de, 386-89, 409
materialismo dialético de, 381-404
revisionismo sobre, 370-72
significado de, 258, 342, 365
símbolos de linguagem de, 390-93
sobre a existência de Deus,
404-07
sobre as "massas", 308
sobre as novas elites, 161
sobre capitalismo, 28, 366-68, 435
sobre comunismo tosco e
comunismo verdadeiro, 428-30,
442
sobre divisão do trabalho, 421-23
sobre emancipação e alienação,
419-20, 426, 441-42
sobre ideologia, 257, 401-04, 421
sobre liberdade, 366-68, 398, 409
sobre luta de classes, 363-65, 372
sobre o homem socialista, 425-
28, 442-43
sobre o objetivo da revolução
comunista, 29-30
sobre o proletariado, 93, 308,
417-18, 431-37
sobre religião, 76, 404-07, 413-
14, 427
sobre revolução política

Índice remissivo | 461

ocidental e revolução radical alemã, 414-17

sobre revolução, 30-31, 363-70, 373-75, 401-02, 414-19, 436-38

sobre substância e processo de história, 420-25

sobre táticas de revolução, 436-38

sobre tecnologia, 403-04

sobre trabalhadores, 352, 422-25

visão geral sobre, 20-21, 28-31, 46-47

Voegelin sobre "idofobia" de, 30

obras:

Achtzehnte Brumaire des Louis Napoleon, 371

Ansprache der Zentralbehörde an den Bund, 371-72, 437

Bürgerkrieg in Frankreich, 371

Deutsche Ideologie, 427

Kapital, 362, 366-68, 370, 383, 390-91, 402, 441

Klassenkämpfe in Frankreich, 372

Kritik der Hegelschen Rechtsphilosophie, 413

Kritik der Politischen Oekonomie, 376, 391-92, 402

Kritik des sozialdemokratischen Parteiprogramms, 375

Manifesto Comunista, 258, 370, 372, 430-32

Marx-Engels Gesamtausgabe, 361

Nationalökonomie und Philosophie, 307

Marxismo:

descarrilamento do, 368-81

e evolução social, 107

e materialismo dialético, 187

e nacional-socialismo, 441

e proletariado, 93, 308

gênese do, 404-43

sátira do, 376

Veja também Marx, Karl

Masse générale, 181

Masse totale (da humanidade), 21, 136-41, 152, 155, 172, 180, 186

Matemática:

e Condorcet, 186

na Encyclopédie, 110-11

Turgot sobre progresso em, 131

Materialismo:

de Bakunin, 356-60

o materialismo dialético de Marx, 28-29, 381-404

Materialismo dialético, 381-404

Materialismo e empirio-criticismo (Lenin), 399

Mathiez, Albert, 248, 250-51

Maya, véu de, 86-88

Mazzini, Giuseppe, 161, 244, 354-55

Mecanismo de prazer e dor, 58, 62, 72, 84, 93, 101

Meditação,

Comte sobre, 213, 216-18, 409

Mélange des nations, 153-54

Mémoire sur la science de l'homme (Saint-Simon), 277

Menschliche Selbstbewusstsein (autoconsciência humana), 405

Mente:

Comte sobre a harmonização do coração e do intelecto, 223-25, 296

Comte sobre a historicidade da, 229-31

Condillac sobre a, 61

les progrès de l'esprit (o progresso da mente), 124

Littré sobre o estado "normal" da, 200-01

Locke sobre a, 60-62, 64-65

Vauvenargues sobre a, 63-64

462 | História das Ideias Políticas – A Crise e o Apocalipse do Homem

Veja também Razão

Messianismo:

de Comte, 203-06, 234-35, 287-92, 294

de Saint-Simon, 203, 266-67

Metafísica,

Confusões de Comte acerca da, 295-96

Metanoia:

Bakunin sobre, 13-15, 301, 307

Marx sobre, 363-64

Tolstói sobre, 333-34

Metathesis, 149-51

Metternich, Klemens, 258, 267, 271

Mill, James, 59

Mill, John Stuart, 198, 202-03, 206, 217, 257, 399, 441

Misticismo:

de Bakunin, 306-08, 315-16, 349-50, 356

de Bodin, 49

de Marx, 363-68, 439

de Nicolau de Cusa, 49

de Nietzsche, 350

de Paracleto, 306

de Schelling, 49

número místico Três, 266

Mito:

como uma linguagem objetiva para a expressão de uma irrupção transcendental, 48

desintegração do, 168

Schelling sobre o, 168

Mobile universel, 68

Moi haïssable, 83

Moisés, no *Calendrier* de Comte, 235

Moralidade:

d'Alembert e o dilema da moral utilitária, 118-21

Engels sobre, 400-401

ética grega, 119

Helvétius sobre, 61-62, 73, 90-91

Locke sobre, 57-58, 64-66, 113-14

Voltaire sobre, 118

Moralistes, 64, 79

Moravianos, 267

Morte de Deus, 40, 242

Mosca, Gaetano, 160, 163

Movimento quiliástico, 268

Mulheres:

comunização das, 429

divinização de Comte das, 227-29

Münster e Osnabrück, Tratados de, 36, 261

Muraviov-Amurski, General, 326

Mussolini, Benito, 161, 164

N

Nacionalismo:

e a *masse totale* de Turgot, 144-45

Helvétius sobre o, 94-96

Nacional-Socialismo:

antiespiritualismo do, 170

e classe média baixa alemã, 261

e elites, 160-61

e marxismo, 441

e sistema industrial, 162-63

Gleichschaltung do, 190

tribalismo de, 143

Nada,

Pascal sobre o, 81-82

Napoleão III, 105

Napoleão:

como Anticristo, 268

Comte sobre, 204, 244-46, 258

Concordata de, 247

destruição do monumento de, 204

e a constituição corporativa para o reino da Itália, 277

guerras de, 261

império plebiscitário de, 254

retorno de, de Elba, 254

Índice remissivo | 463

Nationalökonomie und Philosophie (Marx), 307

Natura rerum, 76

Natureza,
  Bakunin sobre, 358-59

Natureza humana:
  "homem concreto", 139
  Condorcet sobre a criação do super-homem, 191-93
  d'Alembert sobre a, 139
  desigualdade dos homens, 155-57, 188-90
  Helvétius sobre a, 60-63, 65-79
  ideia cristã de, 139-41
  Locke sobre a, 60-62
  Marx sobre "o homem socialista", 425-28, 440-42
  Pascal sobre a, 79-84
  Turgot sobre a, 139-45, 155-57
  Vauvenargues sobre a, 63-65

Naturwissenschaftlichen Materialismus (materialismo naturalista abstrato), 403

Nechaiev, Sergei, 345, 348

New Order and Last Orientation (Voegelin), 13

New Science of Politics (Voegelin):
  Gnosticismo em, 34, 38-39
  Puritanos em, 36

Newton, Isaac:
  e Saint-Simon, 273, 275
  significado (real) de, 144, 266

Nichtigkeit (ninharia absoluta), 302

Nicolau de Cusa,
  como místico, 49

Nicolau I, Czar, 272, 309-13, 319, 328-29

Nicolau II, Czar, 272

Niedertracht (patifaria), 430

Nietzsche, Friedrich Wilhelm:
  como místico, 350
  comparado com Bakunin, 358
  e a crise da Alemanha, 260
  e Helvétius, 56, 66, 75, 88
  e o gnosticismo, 39
  e o super-homem, 192, 350
  e pneumopatologia da "exceção", 331
  estilo aforístico de, 100
  rotulado como "fascista", 163
  sobre "Deus está morto", 242
  sobre "magia do extremo", 322

Niilismo,
  de Bakunin, 299

Nouveau Christianisme, 118

Nouveau régime, 225

Novalis, 263

O

O caso Lysenko, 443

O caso Nechaiev, 345-52

Oberlin, Jean Frederic, 268

Ocultismo, 32

Opinion générale, 181

Opinion publique, 185

Oppenheimer, Franz, 154

Opus operatum, 233

Order and History (Voegelin), 13

Orlov, Conde, 309

Orósio, Paulo, 149-50

Orwell, George, 190

Os Princípios da Revolução (Bakunin), 346-49

Owen, Robert, 365

P

Paine, Thomas, 251

Paixões:
  Helvétius sobre, 68-73, 86-88, 101-02
  Hobbes sobre, 84
  Pascal sobre, 80-84, 86-87

Paley, William, 58
Panopticon (Bentham), 89
Papas,
  Maistre sobre, 23, 263-65
Paracletos, 306, 408
Paresse (passividade ou inércia), 67
Pareto, Vilfredo, 160, 163
Pascal, Blaise:
  comparado com Helvétius, 79-80, 83-84
  sobre angústia da existência, 80
  sobre *divertissement* e felicidade, 80-82, 102
  sobre ego, 83, 89
  sobre *moi haïssable*, 83, 89
  sobre o nada e a humildade, 81-82
  sobre os dois eus, 84-86
  sobre paixões, 80-84, 86-87
  obra:
    Pensées, 79-84
Passions fortes, 69-71
Paulo, São:
  corrupção da cristandade por, 117
  d'Alembert sobre, 117
  no *Calendrier* de Comte, 235, 241
  sobre revelação divina, 168
Pensées (Pascal), 79-84
Perron, Charles, 344
Philosophes, 256
Philosophie der Mythologie und der Offenbarung (Schelling), 168
Philosophie politique (Comte), 213
Physique sociale, 274
Pietismo, 268
Pitágoras, 266
"Plan des travaux scientifiques nécessaires pour réorganiser la société" (Comte), 213-14, 287-88
Platão:
  comparado com Helvétius, 77
  e a crise helênica, 260

pólis de, 344
obras:
  Górgias, 381
  República, 344
Plutarco, 405
Pneumopatologia, 169, 331, 364, 387, 408
Poder:
  Bentham sobre o, 90
  Helvétius sobre o, 70-77
  Turgot sobre o, 174-75
Policraticus (João de Salisbury), 101
Pólis, de Platão, 344
Politeísmo, 177
Politesse (civilização), 145
Política:
  artificialismo em, 102-05
  e a lei de Comte das três fases, 290-92
Politique positive, 109
Polônia:
  insurreição de 1863, 329
  revolução em 1847, 320
Positivismo:
  anti-humanismo do, 115
  e a Revolução Francesa, 234-35
  e Comte, 109, 132, 163, 169, 200, 223, 353
  e o *Discours Préliminaire* de d'Alembert, 109-30
  e o historicismo de Turgot, 130-79
  Esquisse de Condorcet, 22, 180-93
  Huxley sobre o, 231-32
  positivistas incondicionais *versus* "positivistas intelectuais", 200, 202, 210
Potenzenlehre (Schelling), 167
Pouvoir spirituel, 20, 116-18, 128, 160, 169, 199, 205
"Préface personnelle" (Comte), 211-12, 216

Pré-positivistas, 299
Presente autorizado, 121-23
Prières (Comte), 226-28
Priestly, Joseph, 251
Primeira Internacional, 338-39, 362
Principe positif, 224
Produktionsverhältnisse (relações de produção), 391
Profecia de Paracelso, 268
Progrès de l'ésprit (progresso da mente), 124
Progresso:
    "fio de progresso", 159-60
    Comte sobre o, 159-60, 165-66
    Condorcet sobre o, 186-89, 233
    d'Alembert sobre o, 121-30
    e tecnologia, 127-28
    Engels sobre o, 399-400
    o conflito entre progresso e existência política depois de Turgot, 158-62
    Turgot sobre o, 133, 151-60, 164-67, 191
Proletariado:
    Engels sobre o, 376, 432-33
    Marx sobre o, 93, 308, 417-18, 431-37
    Toynbee sobre proletariados internos e externos, 142, 154
Prometeanismo, 50
Prometeu, 405
Protestantismo:
    Bakunin sobre o, 302-04
    na Alemanha, 417-19
    teologia protestante liberal, 333, 365
Proudhon, Pierre-Joseph, 120, 365
Prússia:
    e a Santa Aliança, 23, 267-72
    Turgot sobre a, 175
Psychologie de deux messies (Dumas), 203

Puchkin, Aleksandr, 326
Puissance (poder),
    Turgot sobre, 174-75
Puritanos, 36

Q

Quádrupla Aliança, 267
Quantité négligeable, 442
Quetelet, Lambert, 274

R

Ranke, Leopold von, 148
Rapport sur l'Alliance (Bakunin), 339
Raynal, Abbe:
    Histoire philosophique des Deux-Indes, 249
Razão:
    Condorcet sobre a, 181-82
    Hegel sobre a, 408
    Veja também Mente
Reacionários,
    Bakunin sobre, 313-15
"Reaktion in Deutschland" (Bakunin), 307, 313-14
Realissimum, 88, 102, 138, 144
Récamier, Mme., 269
Reforma:
    e demanda florescente de, 35-63
    Marx sobre a, 419
Reformas sociais,
    Condorcet sobre, 190-91
Régime théologique, 224
Reino:
    direito divino dos reis, 291
    Turgot sobre, 150-51
Relações globais, 170-71
Religião:
    a Religião da Humanidade de Comte, 24, 197, 201-202, 222, 232-51, 258, 263-64, 295-96
    confusões de Comte acerca da, 295

466 | História das Ideias Políticas – A Crise e o Apocalipse do Homem

Feuerbach sobre a, 411
Marx sobre a, 76, 404-07, 413-14, 427
Revolução Francesa e a espontaneidade da religião coletiva, 250-51
Turgot sobre a, 177-78
Veja também Igreja Católica; Cristianismo; Protestantismo
Religiões de mistérios, 45
"Religiões políticas", 33
Religion civile, 249
Religiosidade intramundana, 101-05, 148
da Revolução Francesa, 254-55
em Helvétius, 19
em Marx, 408
Renan, Joseph-Ernest, 164
Renascença,
les progrès de l'esprit (progresso da mente) começando na, 124
Renovatio, 356, 369-70
Renovatio evangelica, 77, 118, 302
Repos (quietude ou repouso), 80
República (Platão), 344
República global, 215
República Ocidental, 199-200, 214-15, 222, 234, 242-46, 272
Resistência passiva, 337
Ressentiment, 80-81, 241-42, 379
Revolução:
a criação de sociedades revolucionárias por Bakunin, 337-45
a revolução permanente dos liberais, 258-61
Bakunin acerca da revolução como a nova pátria, 341
Bakunin sobre a, 113, 299-308, 317-20, 322, 324-28, 337-50, 356, 360-61

e o imperialismo pan-eslavo, 324-28
elemento fantástico da, 321-22, 343-45
em meados do século XIX, 308-09, 315-16, 346-47
Engels sobre a, 375
impossibilidade de organizar democraticamente a, 342-43
mania apocalíptica subjazendo a, 31
Marx sobre a, 30-31, 363-70, 373-75, 401-02, 414-19, 436-38
na Alemanha, 414-17
Turgot sobre a, 151-53
Revolução Francesa:
aspectos internacionais da, 261-63
Bakunin sobre a, 354
clubes da, 161
como antirreligiosa, 203, 247-50
correntes subterrâneas durante a, e depois dela, 13, 32
datas da, 253
e a Comuna de Paris, 374
e a espontaneidade da religiosidade coletiva, 250-51
e a religião da humanidade, 233-51
e Comte, 234-52
e positivismo, 234-35
liberais sobre a, 258-61
Marx sobre a, 414
relação entre revolução e restauração, 252-58
Revolução Russa, 90
Ricardo, David, 441
Robespierre, Maximilien-François-Marie-Isidore de:
e Comte, 258
L'être suprême de, 20, 118, 250, 256
luta entre Robespierre e os hebertistas, 256

Robin, Ch., 209
Rodrigues, Olinde, 273-74
Roher Kommunismus
("comunismo tosco"), 429
Romantismo, 37
Roosevelt, Franklin, 271
Rosacrucianismo, 36, 268, 414
Rousseau, Jean-Jacques:
comparado com Kropotkin, 332-34
e Blanqui, 161
e o retorno à natureza, 333
sobre a doutrina do "direito
natural", 291-92
sobre civilização e a habilidade
humana, 158
sobre paz, 262
sobre *religion civile*, 249
Royal Society, 36
Rússia:
"assalto" na, 350
crise revolucionária na, 27-28
Cristandade Ortodoxa na, 27
e a Santa Aliança, 23, 267-72
e Bakunin, 308-309, 317, 322-23
e Napoleão, 244-46
ordem social do século XIX, 319-21
Revolução de 1917, 377-78, 380
Revolução Russa de 1905, 374
revolucionários do século XIX,
318-20, 326-28
Veja também União Soviética

S

Sachkenntnis (conhecimento
especializado), 397
Saint-Pierre, Abbé, 262
Santa Aliança, 23, 267-72
Saint-Simon, Claude-Henri, Conde de:
e Comte, 211, 246-47, 258, 272-78
e Engels, 399
e Napoleão, 277

e uma nova hierarquia, 160
messianismo de, 203, 266
Nouveau Christianisme de, 118
positivismo de, 163, 169
sobre ciência, 273
sobre estrutura de classe, 278
sobre *organisation sociale*, 274-78
sobre progresso, 159
utilitarismo de, 121
obras:
Catéchisme industriel, 278
*Introduction aux travaux
scientifiques du XIXe siècle*,
276-77
*Lettres d'un habitant de
Genève*, 203, 275-76
*Mémoire sur la science de
l'homme*, 277
Système industriel, 277
Santayana, George, 358
Satanismo,
e magia do mal, 105, 299, 356-60
e mistério do mal, 323-26
e o Apocalipse satânico do
Homem, 223
Savants (cientistas), 214
Say, Jean-Baptiste, 258
Schelling, Friedrich:
acerca das três cristantades, 305
como místico, 49
e Bakunin, 303, 305
sobre a consciência da natureza
humana, 332-33
sobre a liberdade, 358
sobre experiências
protodialéticas, 167
sobre o "retorno interior", 170
sobre o inconsciente, 167
sobre o mito, 168
sobre o processo teogônico, 167-68
sobre *Potenzenlehre*, 167

obra:
Philosophie der Mythologie und der Offenbarung, 168
Schiller, Johann, 251
Schole, 368
Science prétendue (ciência impostora), 124
Seignobos, 255
Selbstbetätigung ("autoatividade"), 426
Selbstgefühl (*pathos* espiritual), 415
Sensations transformées, 61
Sensibilité physique (sensibilidade física), 60, 65, 73
"Séparation générale entre les opinions et les desirs" (Comte), 279-82
Servitude volontaire (La Boétie), 113
Símbolos,
de Marx, 390-93
Sindicalismo, 113, 121
Sinngebung (significado na história), 148
Sinnlich menschliche Tätigkeit (atividade humana sensorial), 412
Sistema industrial, 163, 274-75, 365-66, 425-26, 442
Smith, Adam, 441
Socialismo:
como comunismo verdadeiro, 429
Veja também Comunismo
Société Positiviste, 200
Sociolatrie, 242
Sócrates,
Saint-Simon sobre, 277-78
Soirées de Saint-Pétersbourg (Maistre), 263, 265-67
Solzhenitsyn, Alexander, 17
"Sommaire appréciation de l'ensemble du passé moderne" (Comte), 282-87

Spengler, Oswald:
rotulado como "fascista", 163
sobre Estados Primários, 293
obra:
A Decadência do Ocidente, 177
Stalin, Josef, 167, 243, 326, 342
Stephen, Leslie, 59
Storia eterna ideale, 294
Strauss, David Friedrich, 303, 419
Study of History (Toynbee), 148, 163, 169
Sufismo, 44
Summa Theologica (Tomás de Aquino), 111
Summum bonum, 101
Super-homem,
Condorcet sobre o, 191-93
Synthése subjective (Comte), 215, 231
Systématisation, 224
Système de logique positive (Comte), 215
Système de politique positive (Comte), 197, 214-15, 220, 223, 234-35, 237-38, 247
Système industriel (Saint-Simon), 277

T

Tableau des espérances, 186
Tecnologia, 127, 162-64, 402-403
Teocracia, 250
Teofilantropismo, 247
Terra,
Interdependência econômica, 424
visão cristã da, 171
Terrorismo, 330-31
Théorie du pouvoir politique dans la société civile (Bonald), 263
Tierisch (animalescos), 423
Tolstói, Leão, 333-36
Tomás de Aquino:
Summa Theologica por, 111

Totalitarismo:
exaustão do, atualmente, 16-17
foco de Voegelin no, 16
Toynbee, Arnold:
sobre "minoria criativa" e
civilização, 160
sobre a igreja universal, 177
sobre destruição civilizacional,
116, 155
sobre proletariados internos e
externos, 142, 154
obra:
Study of History, 148, 163, 169
Trabalhadores:
Marx sobre, 352, 422-25
Veja também Proletariado
Traité des sensations (Condillac), 61
Tratados de Münster e Osnabrück,
36, 261
Três como um número místico, 266
Tribalismo, 142-44
Tristesse, 80
Tucker, Abraham, 58
Turgot, Anne-Robert-Jacques:
categorias da história de, 149-57
comentários finais sobre, 179
dilema de, 157-58
e a desigualdade dos homens,
155-57
e a ênfase na existência política,
162-64
e a perda da ideia cristã de
homem, 139
e a perda da ideia cristã de
humanidade, 140-41
e Comte, 25, 128, 131-33, 145-46
e história profana *versus* história
sagrada, 137-38, 145-49
e o apelo à imaturidade
utilitária, 141-45
e o padrão de cruz das ideias, 162-70

e perda do significado cristão da
história, 137-38
historicismo de, 130-79
líderes e *masse totale*, 144-45
pessoas comuns e *masse totale*,
141-42
sobre a estagnação do Leste,
154-55
sobre a lei das três fases, 131-33
sobre a *masse totale*, 21, 136-41,
152, 155, 172, 180, 186
sobre a *mélange des nations*,
153-54
sobre a *metathesis*, 149-52
sobre *bouleversements*, 151-53
sobre geografia política, 170-78
sobre o *continuum* da história,
133-35
sobre o intercurso global, 170-72
sobre o passado, 176
sobre o presente, 174-75
sobre o progresso, 133, 151-60,
164-67, 191
sobre o ritmo interno da forma
política, 150-51
sobre o tribalismo da
humanidade, 142-44
sobre religião e geografia
política, 176-78
visão geral sobre, 20-21
obras:
Discourses en Sorbonne, 130,
133, 139, 145
*Discursos de História
Universal*, 130, 134, 145
Géographie Politique (*Geografia
Política*), 130, 170-78
Turquia,
planos russos para a conquista
da, 245
Type humain, 247

U

Ultras, 254
União Soviética:
  ascensão da, 129-30
  caso Lysenko na, 443
  classe governante elitista da, 163
  constituição de, 342, 374
  imperialismo da, 380
  religião política intramundana, 148-49
  resistência iugoslava à, em 1948, 378
  união do socialismo e do comunismo na, 374-75
  Veja também Rússia
Unité humaine, 224
Unité mentale, 296
Unité théologique, 223
Unmensch ("não homem"), 413
Unwesentlichkeit (não essencialidade), 428
Utilitarismo:
  de Comte, 121, 231-32
  e d'Alembert, 118-21
  e Hélvetius, 19
  utilitarismo inglês, 92
Utilité public (utilidade pública), 91
Utopismo, 365

V

Valéry, Paul, 358
Vanité, 126
Vauvenargues, Luc de Clapiers de, 63-65
Velho Testamento:
  Bakunin sobre a história do Gênesis, 356-57
  profecias de salvador no, 267-68
Verfell (decadência), 417
Vergesellschaftete Mensch ("homem socializado"), 367

Verhimmelten Formen (formas celestificadas), 403
Verkehrte (pervertido), 413
Vernet, Mme., 181
Vico, Giambattista:
  comparado com Comte, 294
  sobre *storia eterna ideale*, 294
Vie sentimentale, 232
Vile matière, 357
Virtú,
  Maquiavel sobre, 150
Virtudes:
  Helvétius sobre, 84-87
  Locke sobre, 57-59, 65
Voegelin, Eric:
  fuga de, dos nazistas, 16
  notoriedade de, com a capa da revista Time, 34
  Veja também obras específicas
Volnay, 262
Voltaire:
  ataque à vida do espírito por, 139
  comparado com d'Alembert, 116
  comparado com Turgot, 134
  irresponsabilidades e impertinências, 59
  sobre abusos eclesiásticos, 76
  sobre moralidade, 118
  sobre revolta e ordem, 113

W

Washington, George, 251, 262
Weltverbesserer (reformador do mundo), 434
Wertauswahl ("valor"), 148
Wesen (essência humana), 413
Wesenhaftigkeit (essencialidade), 428

Z

Zoroastro, 235
Zoroastrianismo, 45

Da mesma coleção, leia também:

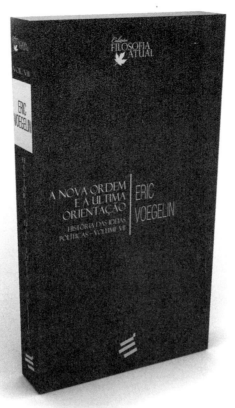

Chegado ao penúltimo volume de sua monumental História das Ideias Políticas, o filósofo alemão Eric Voegelin analisa as figuras-chaves do primeiro ciclo do pensamento político moderno – "a nova ordem" – e aquelas que determinaram "a última orientação" dos debates filosóficos ocidentais, precedendo "a crise" contemporânea que será tema do oitavo volume. A situação britânica no período da Revolução Inglesa, a originalidade de Maquiavel, Bodin e Hobbes, o misticismo de Espinosa e Nietzsche, a condição espiritual de que deriva a obra de Locke, a redescoberta por Schelling da primazia da existência sobre a organização política e a ênfase de Pascal na finitude do homem em vez de em seu progresso são alguns dos temas deste livro provocativo e esclarecedor.